AF412317

Mario Pfeifer

A Formal Film in Nine Episodes, Prologue and Epilogue— A Critical Reader

मारियो प्फाइफर

एक औपचारिक फिल्म नौ प्रकरण, प्रस्तावना और उपसंहार में – एक सूक्ष्म संग्रह

Table of Contents   अनुक्रमणिका

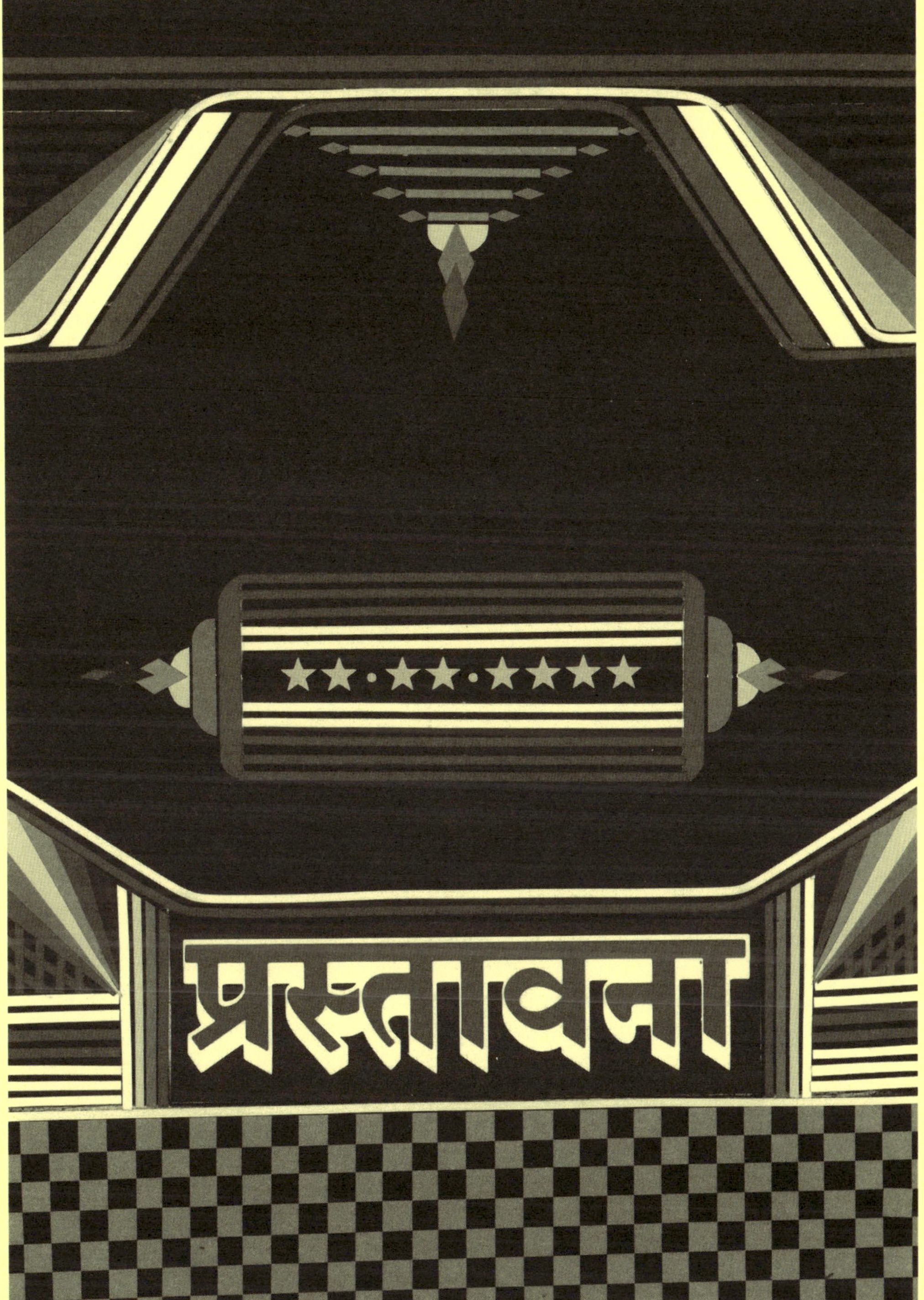

प्रस्तावना

Prologue

Bernd Reiß is an art historian and anthropologist. He is a curator at the MMK Museum für Moderne Kunst Frankfurt am Main with a focus on young international artists.

This publication by Mario Pfeifer was conceived as a critical reader and is being published in conjunction with the presentation of his film installation *A Formal Film in Nine Episodes, Prologue and Epilogue* at the MMK Museum für Moderne Kunst, Frankfurt am Main (2012), KOW, Berlin (2011) and KHOJ International Artists' Association, New Delhi (2013).

A Formal Film in Nine Episodes, Prologue and Epilogue unfolds to become a complex cinematic portrait of Mumbai. It addresses fundamental issues of representation, encompasses various means of cinematic narrative and interweaves several cinematic genres: the documentary, anthropological, ethnographic, essay and narrative film.

Personal notes on social, architectural and performative phenomena served the author as a basis for his further research. He discussed the observations he had made on his explorations of the city in conversations with the local inhabitants. As the process took its course, aspects of the form and content of the recordings took on decisive significance for the choice of the scenes ultimately chosen. In order to come as close as possible to a representation of reality, there was no screenplay, just the pure actions and improvisations of the non-professional performers.

A Formal Film in Nine Episodes, Prologue and Epilogue is thus composed of various mutually independent, self-contained stories. These stories condense aspects of the disparate reality of life in Mumbai into tight-knit imagery. The film critically sounds out the development of the city and its cultural phenomena, calling as much attention to the inhospitable landscape and modern architecture as it does to the archaic form of labour carried out in an ice factory or fishing in the Bay of Mumbai. A consultation for a laser operation, ritual acts, such as shaving the head, rubbing the scalp with sandalwood paste and painting the hands with henna, the hijras (transsexuals) begging on the street corners in bustling suburban districts—all of these scenes provide descriptions of Mumbai's multifarious norms, values and living conditions.

प्रस्तावना

<u>बेन्ड राईस</u> एक कला इतिहासकार और मानवविज्ञानी है। वह MMK म्युज़ियम फ्युर मॉडर्ने कुन्स्ट फ्रैंकफर्ट में एक क्यूरेटर है जो अंतरराष्ट्रीय युवा कलाकारों पर ध्यान देते है।

मारियो प्फाइफर द्वारा यह प्रकाशन आलोचनात्मक पुस्तक के रूप में रचित था और इसे MMK म्यूज़ियम फ्युर मॉडर्ने कुन्स्ट फ्रैंकफर्ट (२०१२), KOW, बर्लिन (२०११) और खोज अंतरराष्ट्रीय कलाकार संघ, नई दिल्ली (२०१३) में उनकी फिल्म संस्थापना एक *औपचारिक फिल्म नौ प्रकरण, प्रस्तावना और उपसंहार में* की प्रस्तुति के साथ प्रकाशित किया जा रहा है।

एक *औपचारिक फिल्म नौ प्रकरण, प्रस्तावना और उपसंहार में* मुंबई का जटिल सिनेमैटिक चित्रण बन जाता है। इसमें प्रतिनिधित्व के मूलभूत मुद्दों का उल्लेख है, इसमें सिनेमैटिक वर्णन के विभिन्न माध्यम सम्मिलित हैं और इसमें विभिन्न सिनेमैटिक शैलियों का ताना-बाना है: वृत्तचित्र, मानव-शास्त्रीय, मानव-जाति विज्ञान संबंधी, निबन्ध और वर्णनात्मक फिल्म।

सामाजिक, वास्तुशिल्पीय और कार्यनिष्पादक तथ्य पर निजी टिप्पणियों ने लेखक के लिए उसके आगामी अनुसन्धान के लिए आधार के रूप में काम किया। उन्होंने अपने स्थानीय निवासियों के साथ बातचीत में नगर के अपने अन्वेषण में स्वयं द्वारा की गई टिप्पणियों पर चर्चा की। प्रक्रिया के आगे बढ़ने के साथ, रिकॉर्डिंगों के रूप और विषय-सामग्री के पहलु, अन्तिम रूप से चुने गए दृश्यों के विकल्प के लिए निर्णायक रूप से महत्वपूर्ण हो गए। वास्तविकता की अभिव्यक्ति के यथासंभव निकट आने के लिए कोई पटकथा नहीं थी, बल्कि गैर-पेशेवर कलाकारों के विशुद्ध कार्य और तात्कालिक प्रदर्शन थे।

एक *औपचारिक फिल्म नौ प्रकरण, प्रस्तावना और उपसंहार में* इस प्रकार विभिन्न परस्पर रूप से स्वतन्त्र, स्वतःस्पष्ट कहानियों से बनी है। ये कहानियाँ सुगठित काल्पनिक चित्र में मुंबई में जीवन की अलग वास्तविकता के पहलुओं का सार प्रस्तुत करती हैं। फिल्म नगर के विकास और इसके सांस्कृतिक परिवेश को आलोचनात्मक रूप से व्यक्त करती है और यह असत्कारशील वातावरण और आधुनिक वास्तुशिल्प की तरफ उतना ही ध्यान आकर्षित करती है जितना यह बर्फ की फैक्टरी या मुंबई की खाड़ी में मछली पकड़ने में किए जाने वाले श्रम के पुराने रूप की ओर आकर्षित करती है। लेज़र आपरेशन के लिए परामर्श लेना, सिर मूंड़ना, सिर की खाल पर चंदन की लकड़ी का लेप मलना और हाथों पर मेंहदी लगाने जैसे रिवाज़, हिजड़ों (ट्रांससेक्सुअलों) द्वारा उप नगरीय ज़िलों में चहल-पहल के बीच गली के नुक्कड़ों पर भीख माँगना - ये सभी दृश्य विविध रूपों, मूल्यों और जीवन की परिस्थितियों के वर्णन प्रदान करते हैं।

ढीले रूप से जुड़ी हुई कड़ियों को गोपाल और नंदिनी के बीच एक काल्पनिक प्रेम कथा माना जा सकता है जो एक राष्ट्रीय उद्यान में एक-दूसरे के प्रति अपने प्यार का इज़हार करते है। अलग कहानियों का कोई सतत क्रम या सुचारु परिवर्तन नहीं है, लेकिन इन्हें स्थान और समय में अवकाश द्वारा भिन्न किया जाता है।

The loosely connected episodes can be read as a fictional love story between Gopal and Nandani, who confess their love for one another in a national park. The individual stories have no continuous thread or smooth transitions, however, but are distinguished by breaks in space and time.

The protagonists are lay actors, filmed in their genuine surroundings. Every scene was shot only once. Dialogues were developed in collaboration with the performers, while at the same time adhering to stage directions.

The camera work reveals a strong formal interest in colour and light. The film is neither descriptive, explanatory nor voyeuristic, but seeks to examine the metropolis's multifaceted cultural structure with a sensitive and curious eye. A complex system of references, allusions and quotations emerges, distinguished by an architectural, sociopolitical, cultural and psycho-emotional character. With an eclectic interlocking of scenes, Mario Pfeifer succeeds in taking an atmospheric look at the complex life of Mumbai.

The work's matter-of-fact-sounding title *A Formal Film in Nine Episodes, Prologue and Epilogue* has a purely structural, informative and descriptive quality. It does not identify either the place, the plot or the theme, but instead emphasizes the film's formal system. A linear-narrative structure does exist but it can only be experienced in the context of a cinema screening. When the work is presented as an installation in the exhibition context, on the other hand, it demands flexible handling with regard to projection size, arrangement and the sequence of the individual, self-contained episodes. A minimum of two and a maximum of nine separate projections are possible. This place and situation-dependent manner of presentation facilitates an entirely different way of experiencing and reading the film, since it dispenses with linearity. Within the work and the installation, the viewer's intellectual involvement undergoes constant poetic transformation.

In analogy to the film, this reader is divided into chapters, a prologue and an epilogue. It contains brief explanations of the individual episodes as well as detailed background research and information on the film's production. Views of its installations at the Frankfurt Kunstverein and the MMK Zollamt (2010), KOW, Berlin (2011) and the MMK Museum für Moderne Kunst Frankfurt am Main (2012) supplement the texts.

The essays provide manifold points of reference for viewing and interpreting the film. Shanay Jhaveri gives an overview of the European-German film productions made in India since the 1920s. He draws attention to the problem of the artist's and the audience's insider/outsider positions and asks whether a neutral position is possible.

In his essay "Surfacing the Alchemical Urban", Kaushik Bhaumik—the author of various books on Indian cinema—describes the depiction of the social structures and classes of protagonists in Indian films.

Suprio Bhattacharjee's essay "Lost Landscapes" outlines Mumbai's urban development, which was influenced by economic, ecological and cultural aspects.

"Blurring the Boundaries" is the title of the essay by Amira Gad in which she discusses the structure, idiosyncrasies and aesthetic of Pfeifer's film installation.

प्रमुख पात्र पेशेवर कलाकार नहीं हैं जिन्हें उनके वास्तविक वातावरण में फिल्माया गया है। प्रत्येक दृश्य को केवल एक बार फिल्माया गया था। संवाद, कलाकारों के सहयोग से लिखे गए थे जबकि इसके साथ-साथ स्टेज के निर्देशों का पालन किया गया था।

कैमरा कार्य रंग और प्रकाश में सुदृढ़ औपचारिक रुचि प्रकट करता है। फिल्म न तो वर्णनात्मक, व्याख्यात्मक और न ही दृश्यरतिक है, लेकिन इसमें संवेदनशील और जिज्ञासु दृष्टि से महानगर के अनेक रूपों वाले पहलुओं की सांस्कृतिक संरचना की जाँच करने का प्रयास किया गया है। संदर्भों, भ्रमों और उद्धरणों की जटिल प्रणाली प्रकट होती है जो वास्तुशिल्पीय, राजनीतिक-सामाजिक, सांस्कृतिक और मनो-भावनात्मक चरित्र द्वारा विशिष्ट होती है। दृश्यों को चयनशील रूप से परस्पर जोड़कर मारिओ प्फाइफर मुंबई में जटिल जीवन पर वातावरणीय दृष्टि डालने में सफल होते हैं।

कलाकृति का तथ्यगत शीर्षक एक *औपचारिक फिल्म नौ प्रकरण, प्रस्तावना और उपसंहार में* में विशुद्ध रूप से संरचनात्मक, सूचनात्मक और वर्णनात्मक गुणवत्ता है। यह न तो स्थान, कथानक और न ही मुख्य विषय की पहचान करती है, बल्कि इसकी बजाए फिल्म की औपचारिक प्रणाली पर बल देती है। एक रैखीय-वर्णनात्मक संरचना विद्यमान है, पर इसे सिनेमा स्क्रीनिंग के संदर्भ में ही अनुभव किया जा सकता है। जब कार्य प्रदर्शनी के संदर्भ में किसी संस्थापना के रूप में प्रस्तुत किया जाता है, दूसरी ओर, यह प्रस्तुति के आकार, प्रबन्ध और वैयक्तिक, स्वतःस्पष्ट कड़ियों के क्रम के संबंध में लचीली साज-सम्भाल की माँग करता है। न्यूनतम दो और अधिकतम नौ अलग प्रस्तुतियाँ सम्भव हैं। यह स्थान और स्थिति - प्रस्तुति का निर्भर तरीका फिल्म को अनुभव करने और इसका अध्ययन करने के बिल्कुल भिन्न तरीके में सहायता करता है क्योंकि यह रैखीयता की आवश्यकता समाप्त कर देता है। कार्य और संस्थापना के भीतर, दर्शक की बौद्धिक संलग्नता में निरन्तर काव्यात्मक रूपान्तरण होता है।

फिल्म के सादृश्य में यह पुस्तक अध्यायों, प्रस्तावना और उपसंहार में विभाजित है। इसमें अलग-अलग कड़ियों की संक्षिप्त व्याख्या के साथ-साथ फिल्म के निर्माण पर विस्तृत पृष्ठभूमि अनुसन्धान और सूचना सम्मिलित है। फ्रैंकफर्ट कुंस्टवेरऐन और MMK ज़ोलआम्ट (२०१०), KOW, बर्लिन (२०११) और MMK म्यूज़ियम फ्यूर मॉडर्न कुंस्ट फ्रैंकफर्ट आम मैंन (२०१२) में इसकी संस्थापनाओं के दृश्य पाठों को पूरित करते हैं।

निबन्ध फिल्म को देखने और इसकी व्याख्या करने के लिए संदर्भ के अनेक बिंदु प्रदान करते हैं। शाने झावेरी १९२० के दशक से भारत में निर्मित भारतीय-यूरोपीय फिल्म निर्माणों की रूपरेखा प्रस्तुत करते हैं। वे कलाकार की समस्याओं और दर्शकों की आन्तरिक/बाहरी स्थितियों की ओर ध्यान आकर्षित करते हैं और पूछते हैं कि क्या कोई तटस्थ स्थिति सम्भव है।

अपने निबन्ध "कीमियाई नगरीय का आविर्भाव", में कौशिक भौमिक - भारतीय सिनेमा पर अनेक पुस्तकों के लेखक - भारतीय फिल्मों में प्रमुख पात्रों की सामाजिक संरचनाओं और वर्गों की प्रस्तुति का वर्णन करते हैं।

सुप्रियो भट्टाचारजी के निबन्ध "खोया भूदृश्य" में मुंबई के नगरीय विकास का वर्णन किया गया है जो आर्थिक, पारिस्थितकीय और सांस्कृतिक पहलुओं द्वारा प्रभावित हुआ था।

"धुंधले सीमाएँ" अमीरा गड द्वारा लिखित निबन्ध का शीर्षक है जिसमें मारियो प्फाइफर की फिल्म संस्थापना की संरचना, विशिष्टताओं और सौंदर्यपरकता पर चर्चा करती हैं।

रंजीत होसकोटे प्फाइफर के फिल्म में "अस्थायी संबंधों" का वर्णन करते है और साथ में संवेदनशीलता के साथ पुनःप्राप्ति की यात्रा "औपनिवेशिक संशिक्षा कि प्रक्रिया" से "हमारे अपने व्यक्तिपरकता की समझ" का स्पष्ट रूप से उच्चारण करते हैं। होसकोटे विपरीत संस्कृतियों को पार करते हुए परायान होने कि चर्चा करते हैं और सांस्कृतिक उत्पादन की प्रक्रिया को दर्शाते है, जिसे अनिवार्य रूप से अनुवाद जैसा देखा जाता है।

"टैक्सी स्टिकर कला" में, कुर्नल रावत शिल्पकारों, टैक्सी स्टिकरों की मुद्रण कला और डिज़ाइनों और बंबई में उनके सामाजिक-आर्थिक के साथ-साथ सांस्कृतिक महत्व का वर्णन करते

Ranjit Hoskote describes the "transient relationships" within Pfeifer's film while sensitively articulating the journey of recovery from "the process of colonial pedagogy" towards an "understanding of our own subjectivity". Hoskote also discusses the estranging activity of traversing other cultures and reflects on the process of cultural production, seeing it essentially as an act of translation.

In "Taxi Sticker Art", Kurnal Rawat reports on the typography and designs of taxi stickers as well as the craftsmen who make them and their socio-economic and cultural significance in Bombay today. Every chapter in this publication is preceded by a graphic conceived by Rawat in collaboration with the local craftsmen.

Markus Weisbeck tells the intriguing story of a trip to Bombay with Mario Pfeifer in March 2012, undertaken by the author and the artist for the purpose of carrying out research for this book. The journey had a decisive influence on the design and formal content of the publication.

In addition to the essays, the reader also contains an informative discussion between Susanne Gaensheimer and Mario Pfeifer about how the film project *A Formal Film in Nine Episodes, Prologue and Epilogue* was conceived and realized, as well as a conversation between Shuddhabrata Sengupta (Raqs Media Collective, Sarai), Nikolaus Hirsch and Mario Pfeifer about travel as an artistic practice, about urbanity and architecture in metropolises, and about migration and artistic education in India.

The reader is a compendium of ideas, information and discussions, which complement the film and help to open up various new and different perspectives on it. Its comprehensiveness mirrors the project's openness and provides access to the deeper levels of complexity underlying the work and thus is a means of questioning existing viewpoints, clichés and ways of thinking, but also of exploring representative issues concerning the metropolis and the culture under consideration.

The reader's publication in two languages, English and Hindi, is not only a graphic enhancement but also promotes and heightens the ability to communicate in the symbiosis of culture, discussion and reception.

The book was produced with various printing methods and, like the film, adopts various conceptual approaches. A range of materials and production techniques used in India were chosen and its design mirrors the film's episodic character. The result is a gripping and multifaceted publication that offers the reader various ways of acquainting him/herself with Mumbai and India.

हैं। इस प्रकाशन के प्रत्येक अध्याय से पहले रावत द्वारा स्थानीय शिल्पकारों के सहयोग से निर्मित ग्राफिक आता है।

मार्कुस वाईसबैक मार्च २०१२ में मारियो प्फाइफर के साथ बंबई की उस यात्रा की रोचक और रहस्यपूर्ण कहानी सुनाते हैं जो लेखक और कलाकार द्वारा इस पुस्तक के लिए अनुसन्धान करने के प्रयोजन से की गई थी। इस यात्रा का प्रकाशन के डिज़ायन और विषय-सामग्री पर निर्णायक प्रभाव पड़ा।

निबन्धों के अलावा, पुस्तक में सुसाना गेन्सहैमर और मारियो प्फाइफर के बीच फिल्म परियोजना एक *औपचारिक फिल्म नौ प्रकरण, प्रस्तावना और उपसंहार में* के दृष्टिकोण और अनुभूति के बारे में सूचनात्मक चर्चा के साथ-साथ शुद्धा सेनगुप्ता (रेक्स मीडिया कलेक्टिव, सराय), निकोलॉस हिर्श और मारियो प्फाइफर के बीच कलात्मक पद्धति के रूप में यात्रा के बारे में, महानगरों में नगरीयता और वास्तुशिल्प के बारे में और भारत में आप्रवास और कलात्मक शिक्षा के बारे में बातचीत भी है।

पुस्तक उन विचारों, सूचना और चर्चाओं का सार-संग्रह है जो फिल्म को पूरित करती हैं और इस पर विभिन्न नए और भिन्न परिदृश्य प्रस्तुत करने में सहायता करती हैं। इसकी व्यापकता परियोजना का खुलापन प्रतिबिम्बित करती है और कार्य में निहित जटिलता के अधिक गहरे स्तरों तक पहुँच प्रदान करती है और इस प्रकार यह मौजूदा दृष्टिकोणों, रूढ़ोक्तियों और सोचने के तरीकों के बारे में प्रश्न पूछने का साधन है, लेकिन इसके साथ ही महानगरों और संबंधित संस्कृति के बारे में प्रतिनिधि मुद्दों की खोज करने का भी साधन है।

दो भाषाओं (अंग्रेज़ी और हिंदी) में पुस्तक का प्रकाशन न केवल ग्राफिक वृद्धि है, बल्कि यह संस्कृति, चर्चा और अभिग्रहण के सहजीवन में सम्प्रेषित करने की योग्यता को बढ़ाता है और इसमें वृद्धि करता है।

पुस्तक विभिन्न प्रिंटिंग तरीकों से निर्मित की गई थी और फिल्म की तरह विभिन्न संकल्पनात्मक दृष्टिकोण अपनाती है। भारत में उपयोग की जाने वाली विविध सामग्रियों और उत्पादन तकनीकों का चयन किया गया था। इसका डिज़ायन फिल्म के कड़ी वाले चरित्र को व्यक्त करता है। परिणाम एक रहस्यपूर्ण और बहुत से पहलुओं वाला प्रकाशन है जो पाठक को मुंबई और भारत से स्वयं को परिचित कराने के विभिन्न साधनों की पेशकश करता है।

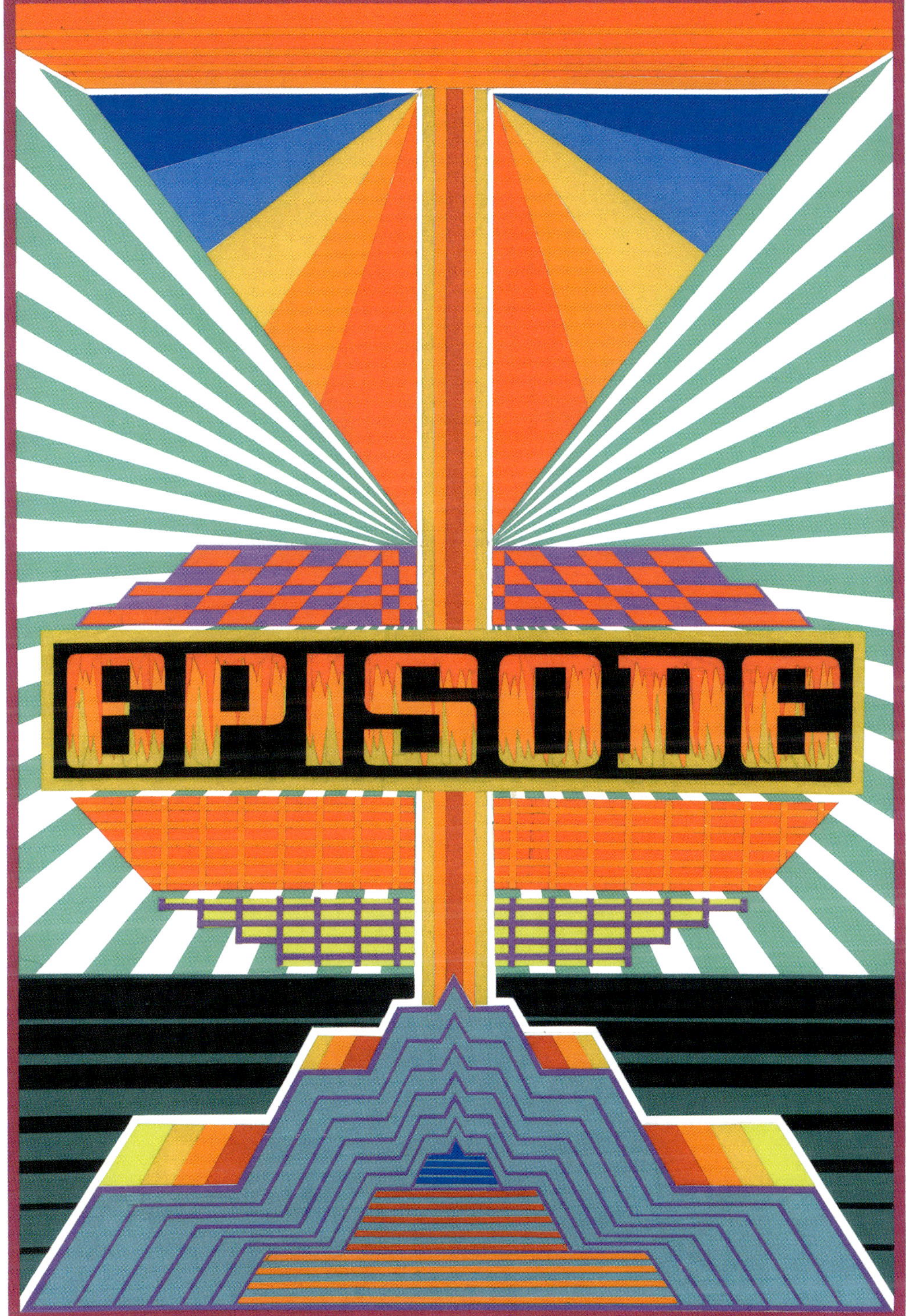
EPISODE

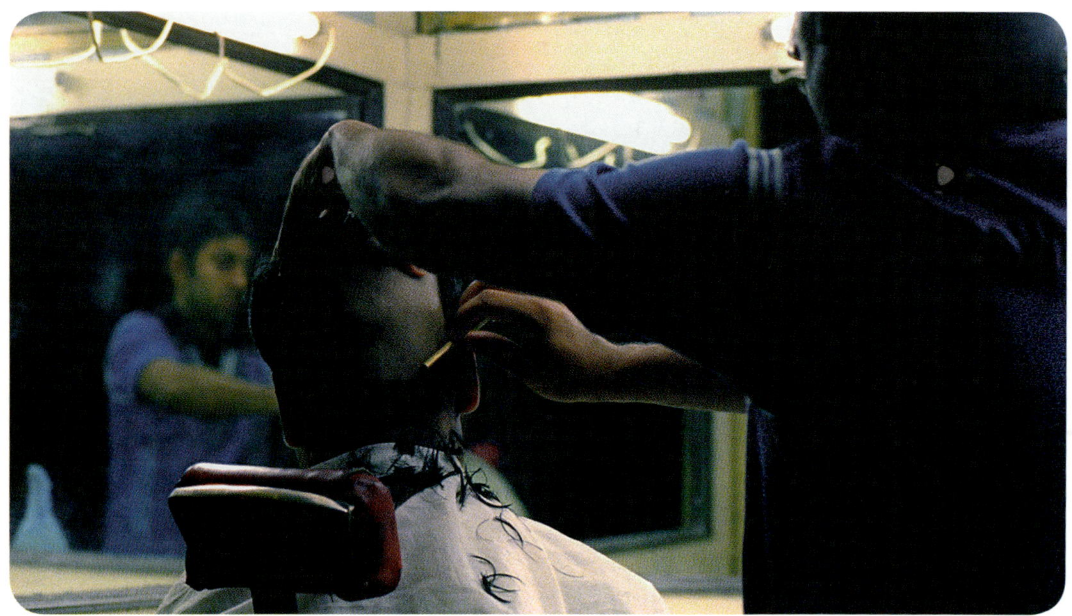

The shaving of the male head and the application of the yellow, sandalwood powder locally known as *chandamam* is interpreted by a local inhabitant as follows:

The shaving of the head is a sign of grief for the bereaved after the death of a father—or a mother, depending on the caste of the family. A small part of the hair is left on the top section of the head as a sign of respect for ancient Hindu traditions.

The sandalwood paste closes small cuts on the surface of the head and has a cooling and healing effect. Small children have to get their heads shaved in a holy temple (for example, Tirupati in southern India) at least once and have the sandalwood paste applied to their heads as a gesture to the gods and also because it helps their hair grow better.

पुरुष के बाल मुंडवाना और उसके ऊपर *चंदमम* नाम से पीला, चंदन पाउडर लगाये जाने की परंपरा को स्थानीय निवासी इस रूप में व्याख्या करते हैं:

पिता या माँ की मृत्यु पर शोकसंतप्त संतान सिर मुंडवाना उसके शोक की ओर संकेत करती है और इसका संबंध परिवार की जाति से भी है। प्राचीन हिंदू परंपराओं के अनुसार सिर के ऊपरी हिस्से पर बालों का एक छोटा सा भाग छोड़ दिया जाता है।

चंदन का लेप सिर पर हुए छोटे चीरे को बंद कर देता है और सिर को ठंडा रखता है तथा यह दवा का काम करता है। छोटे बच्चों का कम से कम एक बार किसी पवित्र मंदिर (जैसे दक्षिण भारत में तिरुपति) में सिर मुंडवाया जाता है और देवताओं के सम्मान में उस पर चंदन का लेप लगाया जाता है। इससे बाल भी बेहतर तरीके से उगते हैं।

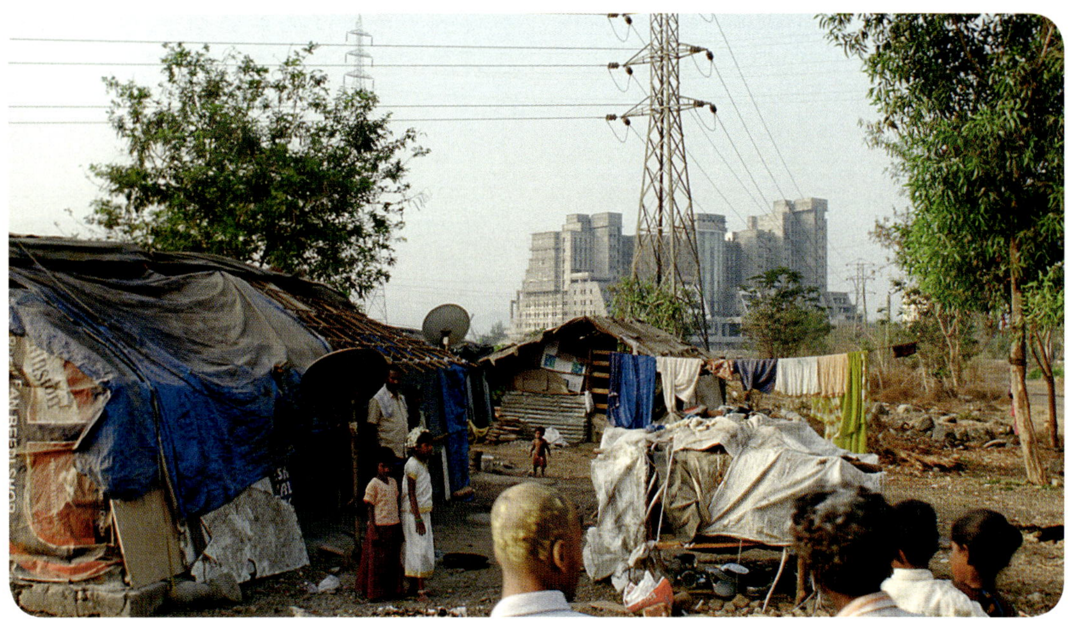

Belapur is an industrial area located on the outskirts of Navi Mumbai. It was developed as a satellite to the main city and became known as a rapidly growing commercial area hosting some of the most prominent call centres in Mumbai.

In the past few decades, real estate has been acquired for housing and hotel projects, the kind of prominent architecture we see in the film's image background. This building , Seaview Terrace, has been unsuccessfully developed over the last ten years after various failed attempts from different investors.

The family, who settled here about twenty years ago, migrated from Chennai (Madras) in Tamil Nadu in southern India to find work in Bombay. The family built several shelters on land that was provided by the local municipality CIDCO (City and Industrial Development Corporation) of Maharashtra. Having worked in the hotel business, the failure of real estate developments forced the family to earn their living through paper recycling.

During their conversation, they speak Tamil, a South Indian language. Their houses are built of a mix of materials that have been brought in from "home". This can be seen in the writing that adorns them — local signs and advertisements, indicating the cultural displacement of their inhabitants.

बेलापुर नवी मुम्बई के बाहरी इलाके में स्थित एक औद्योगिक क्षेत्र है। इसे मुख्य शहर के एक सहायक शहर के रूप में विकसित किया गया था और एक तेजी से बढ़ता हुआ वाणिज्यिक क्षेत्र के रूप में जाना जाता है क्योंकि यहां मुंबई के कुछ प्रमुख कॉल सेंटर स्थित हैं।

पिछले दशकों में, आवास और होटल परियोजनाओं के लिए जमीन की खरीद की गयी थी, ऐसी परियोजनाएं फिल्म की पृष्ठभूमि में दिखा करती हैं। यह बिल्डिंग, सीव्यू टेरेस, को पिछले दस वर्षों में विकसित किया गया है जबकि इस तरह के कई निवेशक असफल रहे।

दक्षिण भारत के चेन्नई (मद्रास), तमिलनाडु से मुम्बई में रोजगार की तलाश में आए परिवार लगभग बीस साल पहले यहां बस गये। यह परिवार कई आश्रयों, महाराष्ट्र के स्थानीय नगर पालिका, सिडको (शहर और औद्योगिक विकास निगम) द्वारा प्रदान किए गए भूमि पर बनाए। अचल संपत्ति के विकास की विफलता ने होटल व्यवसाय में काम कर रहे परिवारों को कागज रीसाइक्लिंग के माध्यम से अपनी रोजी कमाने के लिए मजबूर कर दिया।

बातचीत के दौरान वे दक्षिण भारतीय भाषा तमिल बोलते हैं। उनके घर सामग्रीओं का एक मिश्रण से निर्माण किया गया है जो "घर" से लाया गया है। उनके घरों में वहां की स्थानीय लेखन और विज्ञापन मिलते हैं जो उनके मूल स्थान, संस्कृति और विस्थापन कि ओर संकेत करते हैं।

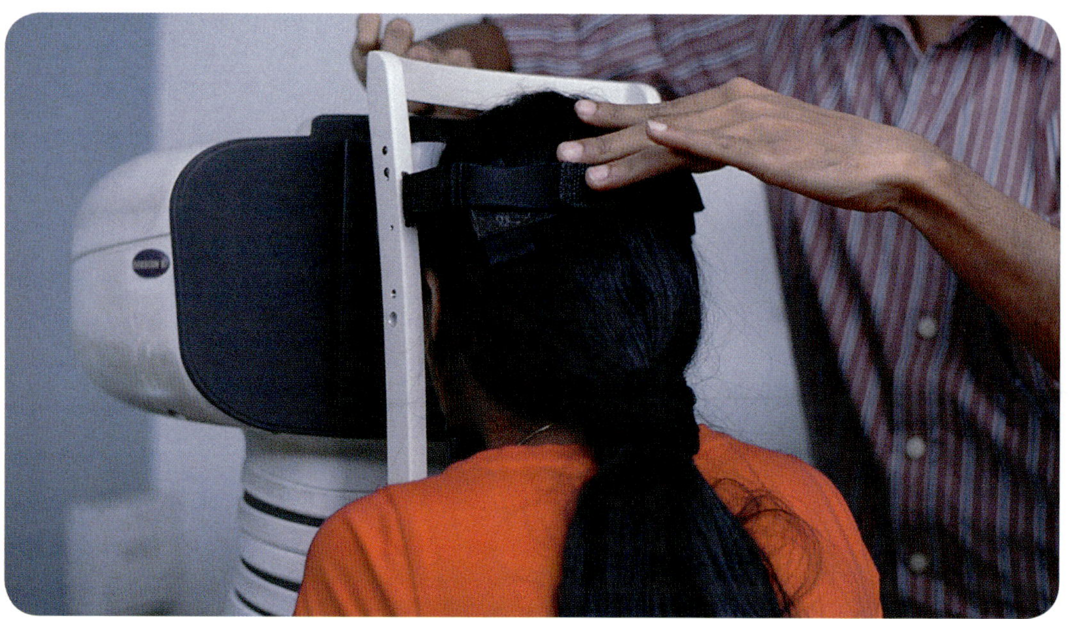

LASIK laser treatments for dioptre corrections became popular and affordable for the middle class in the last decade. Advertisements of this treatment can be found all over the city. Some young, unmarried women use LASIK to improve their dowry at the family's request so that they can later avoid wearing glasses or contact lenses.

डॉयोप्टर में सुधार के लिए लासिक लेजर उपचार लोकप्रिय हो गया है और पिछले एक दशक में यह मध्यम वर्ग की पहुंच में आ गयी है। शादी प्रस्ताव आने पर युवा, अविवाहित महिलाएं परिवार के अनुरोध पर लासिक लेजर उपचार का प्रयोग करते हैं जिससे चश्मा या लेंस लगाने से बच सकति हैं और उनके दहेज में भि कमी आ सके।

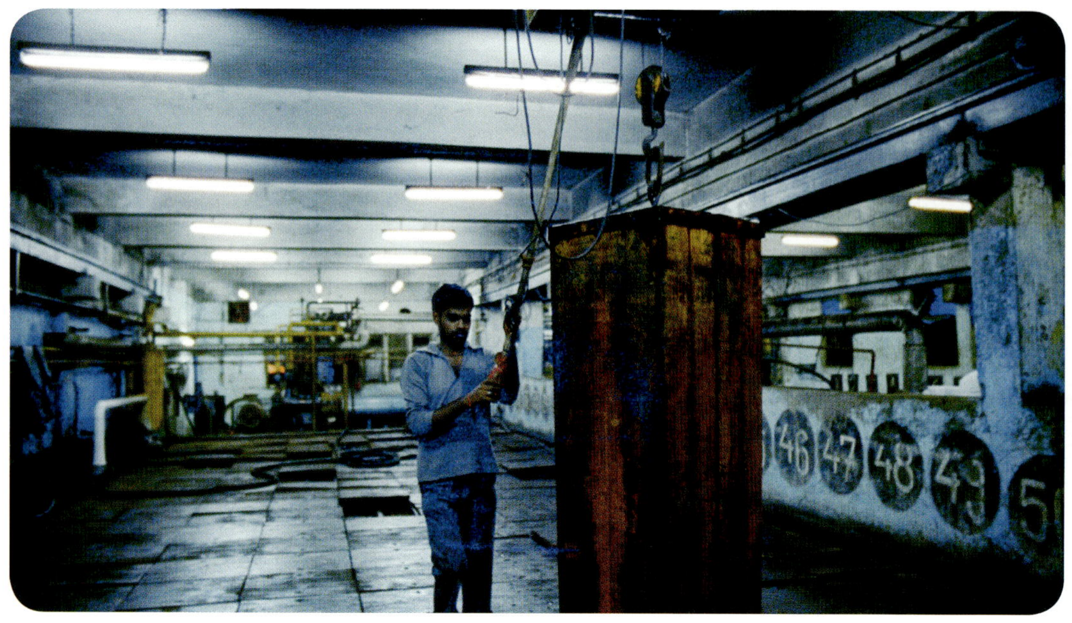
46 47 48 49 5

This ice-producing facility is located in a fishing village in the area of Versova, a suburb and slum area of Brihanmumbai (Greater Bombay).

The 24-hour manual ice production plant mainly serves the local fishing industry, as well as local families who buy small portions of the ice blocks, which they transport on bicycles or scooters throughout the city.

The interior walls carry signs of different Indian goddesses, such as Om Shri Mansa Devi and Ekveera Devi—goddesses of the Koli, the original inhabitants of Mumbai and today's fishermen. The name Mumbai comes from the local goddess Mumba Devi, who is the main goddess of Mumbai, while Bombay comes from the Portuguese name for "beautiful bay", Bom Bahia.

बर्फ उत्पादन की यह सुविधा बृहद मुंबई (बृहन्मुंबई) के उपनगर और झुगी-झोपड़ी वाले एक क्षेत्र, वर्सोवा, के एक मछली पकड़ने गांव के अंदर स्थित है।

२४ घंटे लगातार बर्फ का उत्पादन कर मुख्य रूप से स्थानीय मछली उद्योग को बर्फ की आपूर्ति करने के साथ-साथ स्थानीय परिवारों को भी यह बेची जाती है, जो थोड़ी मात्रा में बर्फ की सिल्ली की खरीद करते हैं और जिसे वे साइकिल और स्कूटर से शहर भर में ले जाते हैं।

भीतरी दीवारों पर मुम्बई के मूल निवासी और आज के मछुआरे कोली समाज की देवियों जैसे ओम श्री मनसा देवी और एकवीरा देवी जैसे विभिन्न भारतीय देवियों के चित्र उकेरे गए हैं। मुम्बई का नाम स्थानीय देवी मुम्बा देवी के नाम पर रखा गया है जो मुम्बई की प्रमुख देवी है, जबकि बॉम्बे नाम पुर्तगालीयों से आया, पुर्तगाली में "खुबसूरत खाड़ी" को बोम-बाहिया कहते हैं।

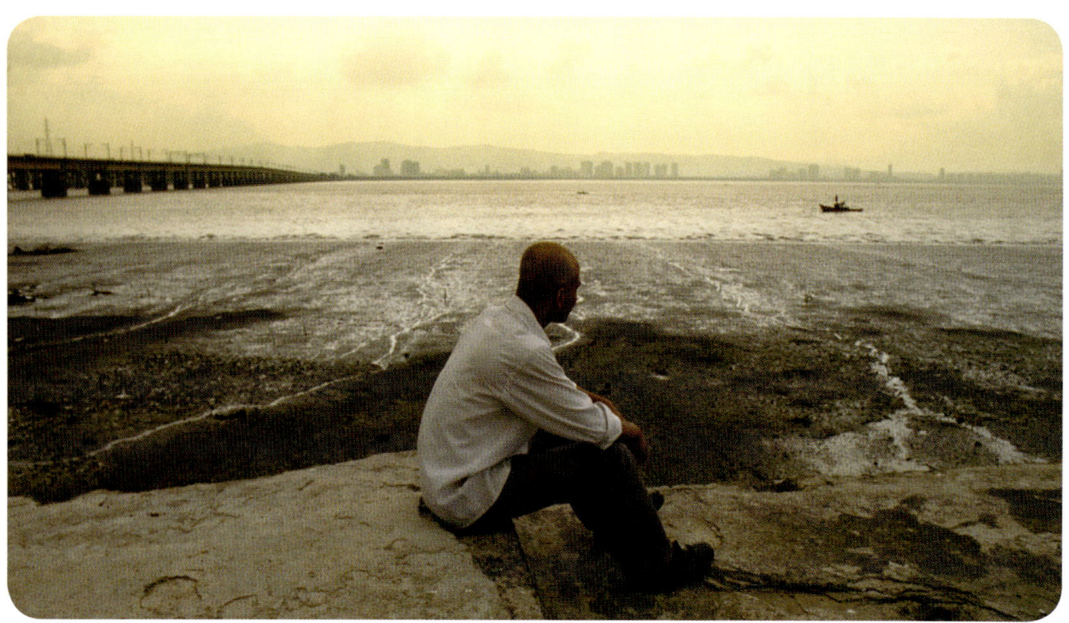

Vashi Bridge (1973), Railway Bridge (1992) and Sion Panvel Expressway (2010) connect Mumbai with Navi Mumbai, a satellite township founded in 1971. Navi Mumbai is the largest planned city worldwide, a failed concept designed to decongest the business centre of the city, which is situated to the east towards the mainland. Since, culturally, the centre of the city has always been the node for all infrastructure, such a concept would only have worked if the infrastructure had been expanded. Since the rail, road and waterway connections were a bottleneck this transition never succeeded.

The local creeks have now become highly secure areas due to the terrorist attacks on November 26, 2008, executed by gunmen operating from the sea. Thane Creek, which separates Mumbai from the mainland, is also the connection between the Arabian Sea and the waterfront area of the port regions of Bombay, making it a highly sensitive sluiceway.

There are several fishing techniques. The most basic one consists of a rubber tube, a line and a hook, while the fishermen sit with crossed legs, floating and paddling with their hands. The catch is sold on site to vendors who bring the fish to ice storage facilities and markets in the city.

वाशी ब्रिज (१९७३), रेलवे ब्रिज (१९९२), और सायन पनवेल एक्सप्रेसवे (२०१०) नवी मुंबई को मुम्बई के साथ जोड़ती है, जो १९७१ में स्थापित एक उपनगर है। नवी मुंबई दुनिया के सबसे बड़े सुनियोजित शहर में से एक है जिसे मुम्बई शहर के पूर्वी हिस्से पर व्यापारिक केंद्रों के जमावड़े को कम करने के लिए बनाया गया था परंतु यह अवधारणा असफल रही। चूंकि सांस्कृतिक तौर पर शहर के केंद्र में ही सभी प्रकार की बुनियादी सुविधाएं उपलब्ध करायी गयी, ऐसी अवधारणा तब काम करती है जब बुनियादी सुविधाओं का विस्तार किया जाए। हालांकि रेल, सड़क और जलमार्ग से जोड़ने का प्रयास विफल रहा और इस प्रकार परिवर्तन को लागू नहीं किया जा सका।

समुद्र के रास्ते आए आंतकवादियों द्वारा २६/११/२००८ को हुए आतंकी हमलों के बाद से खाड़ी अत्यधिक सुरक्षित क्षेत्र बन गया है। ठाणे कि खाड़ी मुम्बई को मुख्य भूमि से अलग करती है और यह अरब सागर और मुंबई के बंदरगाह के तटीय हिस्से के बीच की कड़ी है जिसके कारण यह एक बेहद संवेदनशील जलमार्ग है। इसलिए शहर की सुरक्षा व्यवस्था में इस पुल का बहुत बड़ा महत्व है।

मछली पकड़ने की कई तकनीक मौजूद है। सबसे बुनियादी तरीका एक, फाइबर और एक हुक से मछली पकड़ना है जिसमें मछुआरे रबर ट्यूब पर बैठ कर अपने हाथों से आगे बढ़ते हुए मछली पकड़ते हैं। पकड़ी गयी मछलियों को वहीं बेचा जाता है और वहां से मछलियों को बर्फ में रखकर शहर के बाजार की ओर रवाना कर देते हैं।

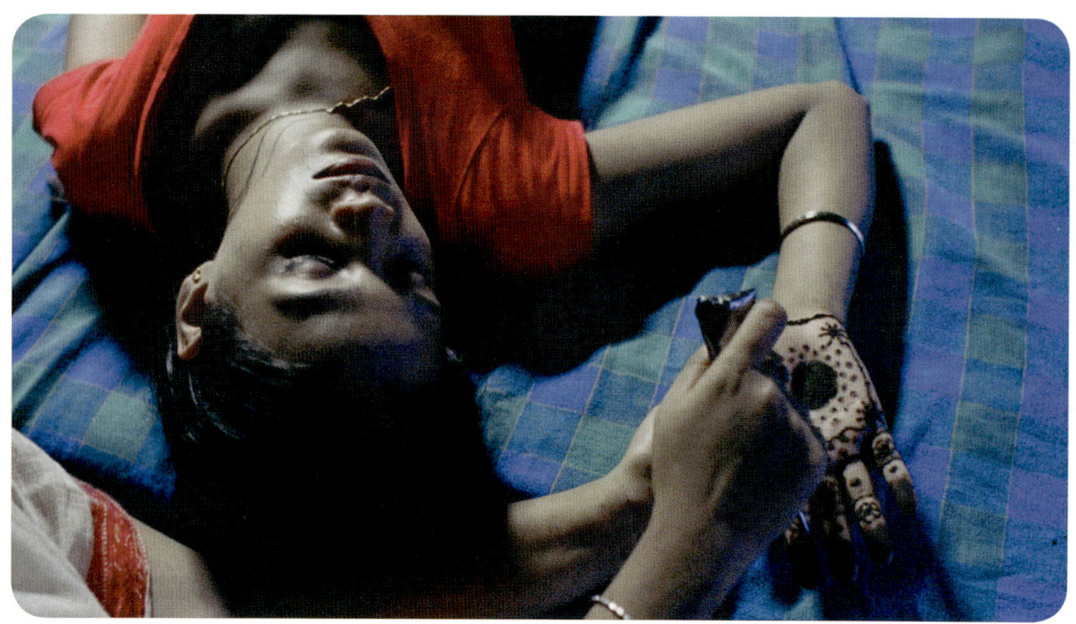

Mehendi, also known as henna, originated as ceremonial art in ancient India and is typically applied to brides before wedding ceremonies. Mehendi is used in most of the traditional Hindu weddings where young girls get beautiful patterns painted on their hands and feet for the function.

According to tradition, it is said that the darker the pattern on the hand of a virgin girl, the more chance she has of finding a good husband. Nowadays, mehendi is also available in commercial forms that can be easily washed away as compared to the traditional form, which would remain for a few weeks.

मेहंदी, जिसे हिना के रूप में भी जाना जाता है, प्राचीन भारत में आनुष्ठानिक कला के रूप में विकसित हुयी और आम तौर पर शादी समारोह से पहले दुल्हनों पर लगायी जाती है। मेहंदी मुख्य रूप से पारंपरिक समारोह में लगायी जाती है जहां युवा लड़कियां समारोह के लिए अपने हाथों और पैरों पर सुंदर पैटर्न बनाने में इसका प्रयोग करती हैं।

परंपरा के अनुसार, यह कहा जाता है कि जिस कुंवारी लड़की के हाथ पर मेंहदीं का रंग जितना ज्यादा गाढ़ा चढ़ता है उसके अच्छा पति पाने की संभावना उतनी ही बढ़ जाती है। आजकल बाजार में उस तरह के भी मेहंदी उपलब्ध हैं जिसे आसानी से हटाया जा सकता है। पारंपरिक मेंहदी कुछ हफ्तों तक टिकता है।

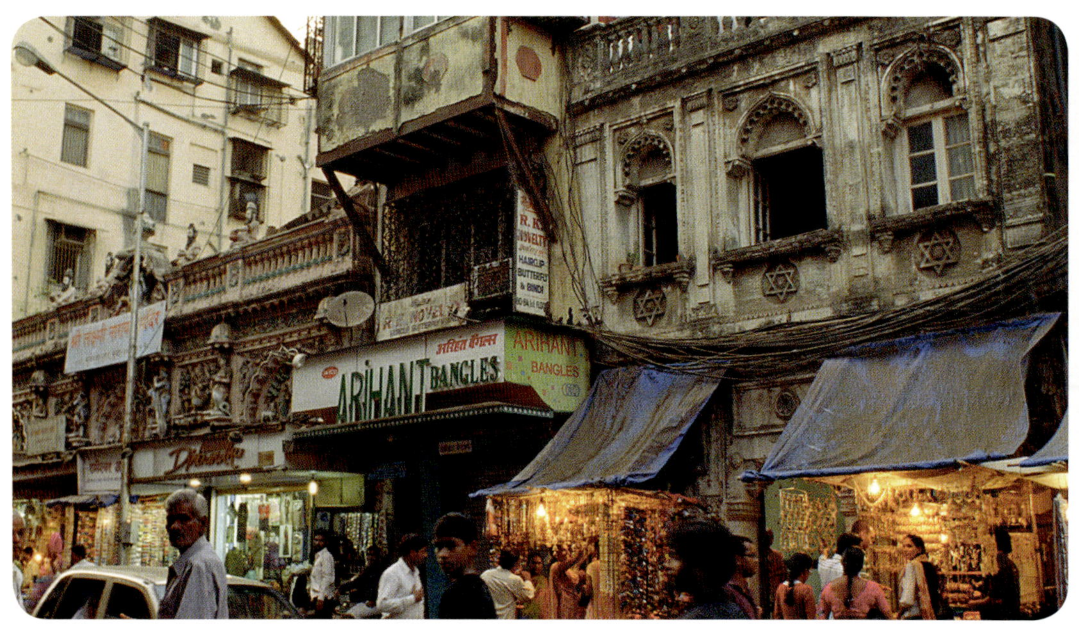
ARIHANT BANGLES
ARIHANT
BANGLES
R. K.
NOVELTY
HAIRCLIP
BUTTERFLY
& BINDI

This temple is one of approximately 150 privately owned temples in an area known as Crawford Market, which is also one of the highest and most densely populated areas of South Bombay. This part of the city was formerly the main residential area for mill and dock workers in Bombay during British rule. The facade of the building is adorned with hexagrammic symbols.

In Indic lore, the shape is generally understood to consist of two triangles—one pointed up and the other down—locked in harmonious embrace. The two components are called *Om* and *Hrim* in Sanskrit, and symbolize man's position between earth and sky.

The downward triangle symbolizes Shakti, the sacred embodiment of femininity, and the upward triangle symbolizes Shiva, or *Agni Tattva*, representing the focused aspects of masculinity.

The mystical union of the two triangles represents Creation, occurring through the divine union of male and female. The two locked triangles are also known as Shanmukha, the six-faced, representing the six faces of Shiva and Shakti's progeny Kartikeya.

यह मंदिर क्राफोर्ड मार्केट, दक्षिण बंबई की सबसे ज्यादा आबादी और सबसे सघन क्षेत्रों, लगभग १५० निजी मंदिरों में से एक है। ब्रिटिश शासन के दौरान शहर के इस हिस्से में बंबई की मिलों और गोदी के काम करने वाले मजदूर रहते थे। इन इमारतों के दिवारों मे षष्ठाकार आकार है।

भारतीय संस्कृति में, इस प्रकार की आकृति आम तौर पर दो त्रिकोण से मिलकर बनी होती है और सामंजस्यपूर्ण तरीके से एक दूसरे से जुड़े होते हैं। इसका एक हिस्सा ऊपर की ओर तथा दूसरा हिस्सा नीचे की ओर होता है। इन दोनों हिस्सों को संस्कृत में *ओम* और *ह्रम* कहा जाता है और पृथ्वी और आकाश के बीच आदमी की स्थिति का प्रतीक है।

अधोगामी त्रिकोण शक्ति, स्त्रीत्व का पवित्र अवतार, का प्रतीक है, और उर्ध्वगामी त्रिकोण शिव, या *अग्नि तत्त्व* का प्रतीक है जो मर्दानगी के विभिन्न पहलुओं का प्रतिनिधित्व करती है।

दो त्रिकोण की रहस्यमयात्मक मिलन पुरुष और महिला के परमात्मक मिलन के माध्यम से रचनात्मकता का प्रतिनिधित्व करती हैं। आपस में मिले हुए दो त्रिकोण शुमुख - छ:मुखी - के रूप में भी जाना जाता है जो शिव और शक्ति की संतान कार्तिकेय के छह चेहरे को दर्शाते हैं।

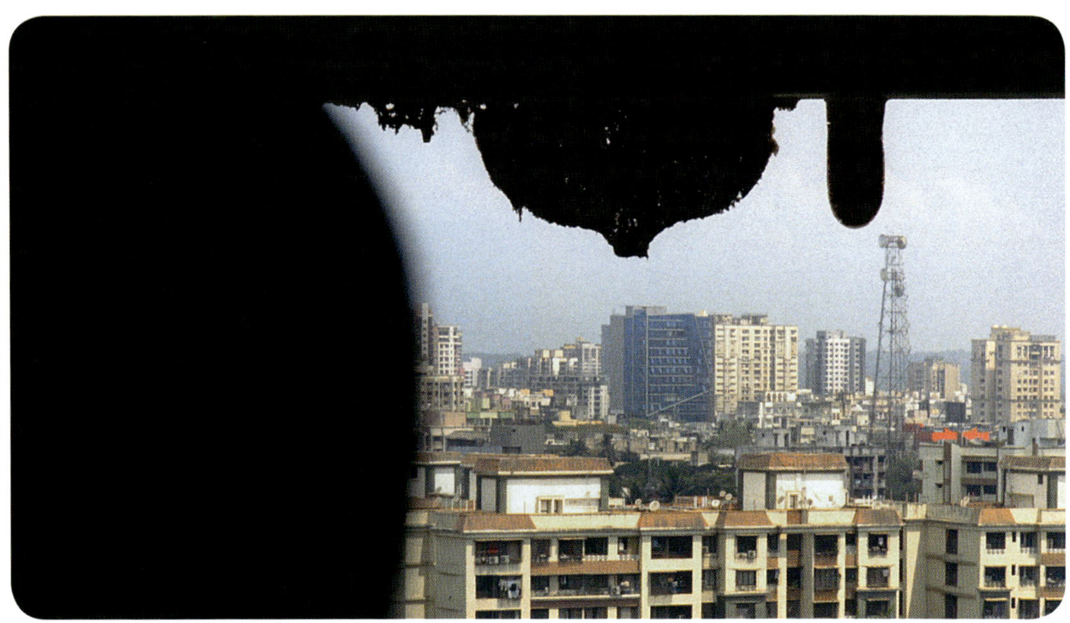

The housing complex Avon Classic is situated in Borivali, the most northern part of Greater Mumbai, overlooking the suburban area developed over the past four decades and traditionally home to middle-class families.

This suburban development is powered by a large number of investors, who work with the real estate companies to develop these large gated housing societies. The apartment is located inside a group of buildings called Avon Classic, Avon Majestic and Avon Galaxy, names that refer to an abstract, Western influenced ideology amongst local property developers and potential buyers.

The architecture and mapping of these suburbs are characterized by purely economic factors with engineered rather than designed facades. The colours are typically grey, brown or yellow, washed out by sun, rain and constant humidity in the summer months.

The traffic system has collapsed in recent years. As a result of the economic boom, a great number of newly registered vehicles choke the streets to the south of the city. The visible air pollution has become a serious health issue.

एवोन क्लासिक, एक आवासीय परिसर बोरीवली में है, जो मुंबई शहर के उतरिय भाग में है और उपनगर के उस ओर जो पिछले चार दशक में विकसित हुआ है जहाँ परंपरागत रूप से मधयम श्रेणी के परिवार रहते हैं।

यह उपनग्रीय विकास बहुत से निवेशकारों जो रिअल एस्टेट संस्थाओं के साथ मिलकर इन संकृत हाउसिंग सोसायटी को विकसित किया गया हैं। यह आवास उस परिसर जिनके नाम एवोन क्लासिक, एवोन मेजेसटिक और एवोन ग्लेक्सी है, अपने नाम से ही दर्शाते हैं की किस तरह के परिसर इन के बनाने वाले लोगों को बेचना चाहते हैं।

इन उपनगरों कि वासतुकला और आयोजन मुखय रूप से आर्थिक है, अभिकलपित इमारतों के बजाय इंजीनियरों से बनाया हुआ है। इन का रंग आमतौर पर भूरा, पीला और सिलेटी है, जो गरमी के महीनों में धूप, बारिश और एक सथिर नमी के कारण धुंधला पड़ जाता है।

शहर कि यातायात व्यवस्था पिछले सालों में ढह गई है। आर्थिक उननित का एक परिणाम के रूप में, नव पंजीकृत वाहनों की एक बड़ी संख्या में शहर के दक्षिण में सड़कों पर भार डाल रहे हैं। वायु पदूषण एक गंभीर स्वास्थ्य समस्या बन गया है।

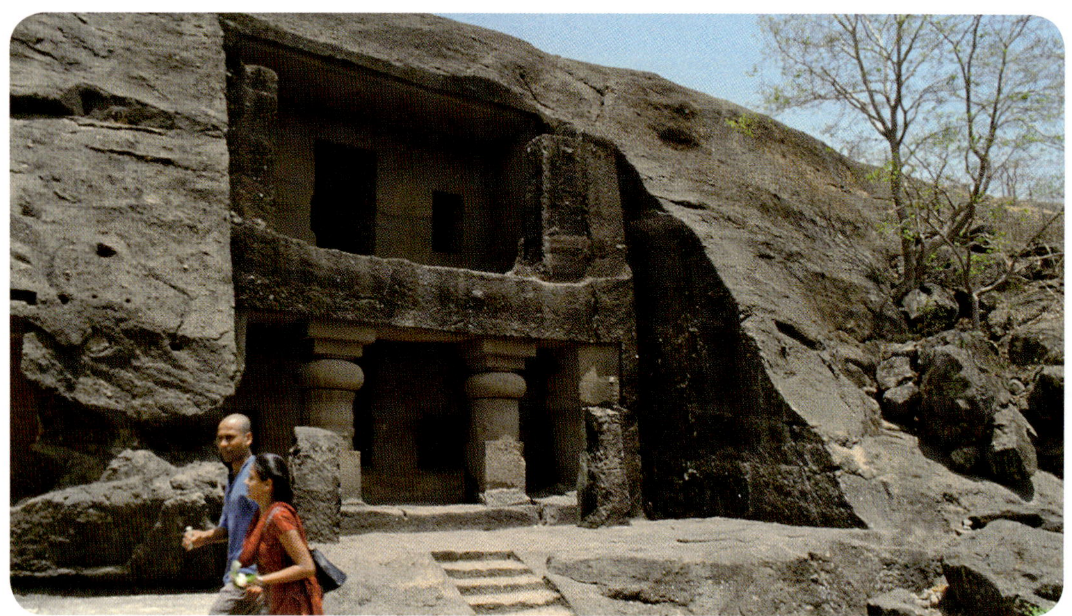

Sanjay Gandhi National Park, previously known as Borivali National Park, is a large protected area on the northern fringes of suburban Mumbai City. In the park there are 2,400-year-old monuments cut in the rocks, called the Kanheri Caves.

The caves occupy the centre of the park and are an important Buddhist learning centre and pilgrimage site. Sculpted by Buddhist monks between the first and ninth century BCE, these caves were chiselled out of a massive basalt rock, which appears in the background of the film.

The park serves as a hideout for young couples sharing romantic moments, away from the public gaze and cultural conventions. The park is also often used as a site for film shoots for Bollywood movies.

संजय गांधी राष्ट्रीय उद्यान, जिसका पुराना नाम बोरिवली राष्ट्रीय पार्क था, उत्तर मुंबई शहर के उपनगरिय भाग का एक राखीव क्षेत्र है। इस क्षेत्र में २४०० वर्ष पुरानी चट्टान मे बनि गुफाए है जो केन्हेरी गुफाओं के नाम से जाना जाता है।

यह गुफाए उद्यान के बीचों-बीच मे है और एक महत्वपूर्ण बौद्ध क्षिकषण केंद्र और तीर्थ स्थल है। बौद्ध भिक्षुओं से पहली और नौवीं सदी ई. पू. के बीच मे बने गुफाओं, जो इस फिल्म की पृष्ठभूमि में प्रतीत होता है, एक बड़े पैमाने पर बेसाल्ट चट्टान से बाहर गढ़े हुए थे।

यह गुफाएं युवा दंपतियों को एक आकर्षक स्थान है, जो अपने आप्सि प्रेम लोगों कि नज़रों और सांस्कृतिक परंपराओं से बच कर अकेले रह सकते हैं। यह उद्यान अक्सर बॉलीवुड फिल्मों के लिए शूटिंग के स्थान की रूप में इस्तेमाल किया जाता है।

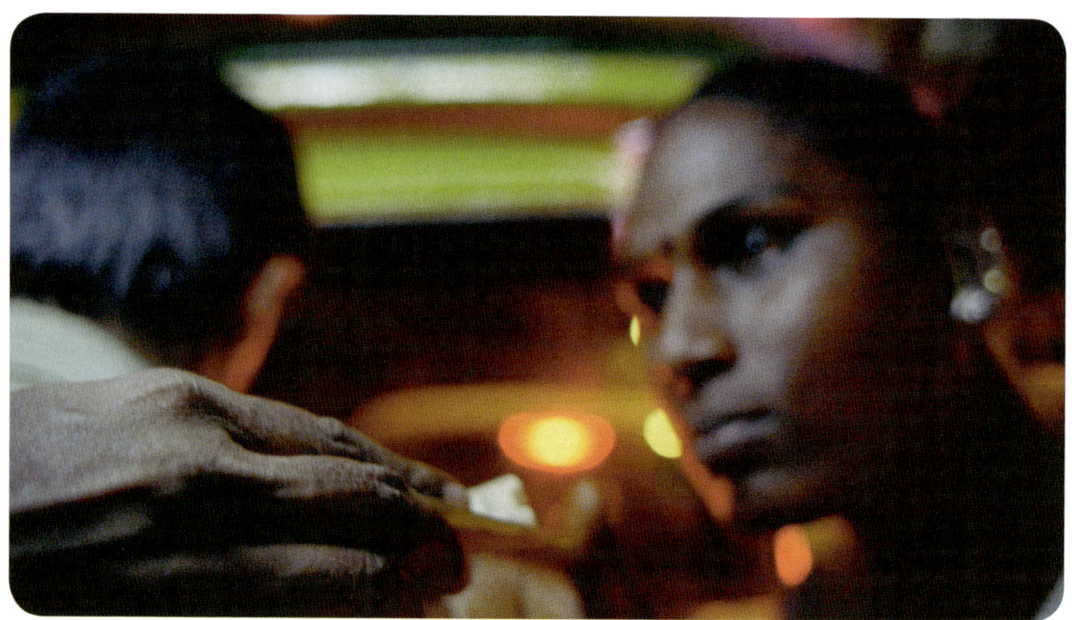

In suburban Mumbai the most common means of public transport is a three-wheel auto rickshaw using a loud gas powered engine. At busy traffic lights, one often sees eunuchs or *hijrahs*, an Indian term for transgenders, begging for money and coming face to face with those they beg from as they advise them on matters like love, marriage, fertility and wealth. *Hijrahs* are also invited to family festivities when a child is born to bless the child.

Hijrahs include people born with a male body, but with a non-male or female gender identity, individuals born with ambiguous genitalia (intersex or hermaphrodites) and individuals who have had castration/genital reassignment surgery performed on them, sometimes without their consent.

The word *hijrah* is Urdu, derived from the Arabic root *hjr* in its sense of "leaving one's tribe", and is a loan word in Hindi. In Mumbai specifically, *hijrahs* are also known as *chakkas* (sixers). The term is also used in cricket when a batsman scores a six, a *chakka*.

In India, *hijrahs* originally come from the south of India. There, they were part of a tradition of certain temples where eunuchs were assigned specific spiritual roles in temple life.

Since the late twentieth century, some *hijrah* activists and Western non-government organizations have been lobbying for official recognition of the *hijrah* as a kind of "third sex" or third gender, neither man nor woman.

Most *hijrahs* live on the margins of society with very low social standing and the word itself is sometimes used in a derogatory manner.

मुंबई के उपनगर में परिवहन का सबसे आम तरीका एक तीन पहिये वाला ऑटोरिक्शा है जो एक आवाज़ करने वाला गैस संचालित इंजन का उपयोग करता है। व्यस्त सडकों मे सिग्नल के पास अक्सर नपुंसक या *हिजड़ा* - एक भारतीय शब्द विपरीतलिंग के लिए, भीक मांगते देखा जा सकता है और जिन्से वे भीख मांगते है उन्हें प्रेम, विवाह, उपजाऊपन और धन जैसे मामलों पर सलाह देते हैं। जब परिवार में बच्चे पैदा होते है तब परिवार के उत्सव मे बच्चे को आशीर्वाद देने के लिए *हिजड़ों* को आमंत्रित किया जाता है।

हिजड़ा पुरुष के शरीर के साथ पैदा हुए लोगों में शामिल हैं, लेकिन जो एक गैर - पुरुष या महिला लिंग पहचान के साथ, या व्यक्तियों जो अस्पष्ट जननांग के साथ पैदा हुए हैं (अंतरसेक्स या उभयालिंगी); और व्यक्तियों को, जो उन पर, कभी-कभी अपनी सहमति के बिना वंध्यकरण / जननांग पुन:समनदेशन सर्जरी किया जाता है।

हिजड़ा एक उर्दू शब्द है, जो अरबी शब्द *हिज़* से प्राप्त किया गया है जिसका मतलब "अपना कबीला को छोड़ना", और हिन्दी में एक ऋण शब्द है। मुंबई में *हिजड़ा* विशेष रूप से *छक्का* के नाम से भी जाना जाता हैं। यह शब्द क्रिकेट में प्रयोग किया जाता है जब एक बल्लेबाज एक *छक्का* (छह दौड़) मारता है।

भारत में *हिजड़ा* मूल रूप से दक्षिणि भारत से आते हैं। वहाँ, वे कुछ मंदिरों में एक परंपरिक हिस्सा थे जहां नपुंसक को मंदिरों में विशिष्ट आध्यात्मिक भूमिकाए सौंपा गया था।

बीसवीं सदी में, कुछ *हिजड़ा* कार्यकर्ताओं और पश्चिमी गैर सरकारी संगठनों *हिजड़ा* को "तीसरा सेक्स" या तीसरे लिंग के रूप में सरकारी मान्यता प्रप्त करने कि कोशिश कर रहे हैं, जो न तो आदमी और न ही महिला है।

अधिकांश *हिजड़े* बहुत कम सामाजिक स्थायित्व के साथ समाज के हाशिए पर रहते हैं और यह शब्द ही कभी-कभी एक अपमानजनक तरीके से इस्तेमाल किया जाता है।

Barber's Shop
Chembur Station, Chembur
Mumbai, Maharashtra

Belapur Railway/Sea View Terrace
Sakai Bhavan Road, Belapur
Navi Mumbai, Maharashtra

Eye Clinic
18th Road, Chembur
Mumbai, Maharashtra

Ice Factory
Yari Road, Versova
Mumbai, Maharashtra

Interior Apartment
Pandit Madan Mohan Malviya Marg
Arya Nagar, Tulsiwadi, 14th floor, Tardeo
Mumbai, Maharashtra

Vashi Bridge, Mankhurd
Mumbai, Maharashtra

Crawford Market
Dhobi Talao
Mumbai, Maharashtra

Apartment Complex
113 Avon Classic
Dattapada Road, Borivali East
Mumbai, Maharashtra

Sanjay Gandhi National Park and
Kanheri Caves
Borivali East
Mumbai, Maharashtra

Auto Rickshaw Cruise
Borivali East
Mumbai, Maharashtra

नाई की दुकान
चेम्बूर स्टेशन, चेम्बूर
मुंबई, महाराष्ट्र

बेलापुर रेलवे/सी व्यू टैरेस
सकाई भवन रोड, बेलापुर
नवी मुंबई, महाराष्ट्र

आँखों का क्लिनिक
१८ वां रोड, चेम्बूर
मुंबई, महाराष्ट्र

बर्फ फैक्टरी
यारी रोड, वरसोवा
मुंबई, महाराष्ट्र

इंटीरियर अपार्टमेंट
पंडित मदन मोहन मालवीय मार्ग
आर्य नगर, तुलसीवाड़ी, १४ वीं मंज़िल, ताड़देव
मुंबई, महाराष्ट्र

वाशी पुल, मानखुर्द,
मुंबई, महाराष्ट्र

क्राफोर्ड मार्केट
धोबी तालाब
मुंबई, महाराष्ट्र

अपार्टमेंट कॉम्पलेक्स
११३, एवोन क्लासिक,
दत्तापाड़ा रोड, बोरिवली पूर्व
मुंबई, महाराष्ट्र

संजय गाँधी राष्ट्रीय उद्यान और
कन्हेरी गुफाएं
बोरिवली पूर्व,
मुंबई, महाराष्ट्र

ऑटो रिक्शा यात्रा
बोरिवली पूर्व
मुंबई, महाराष्ट्र

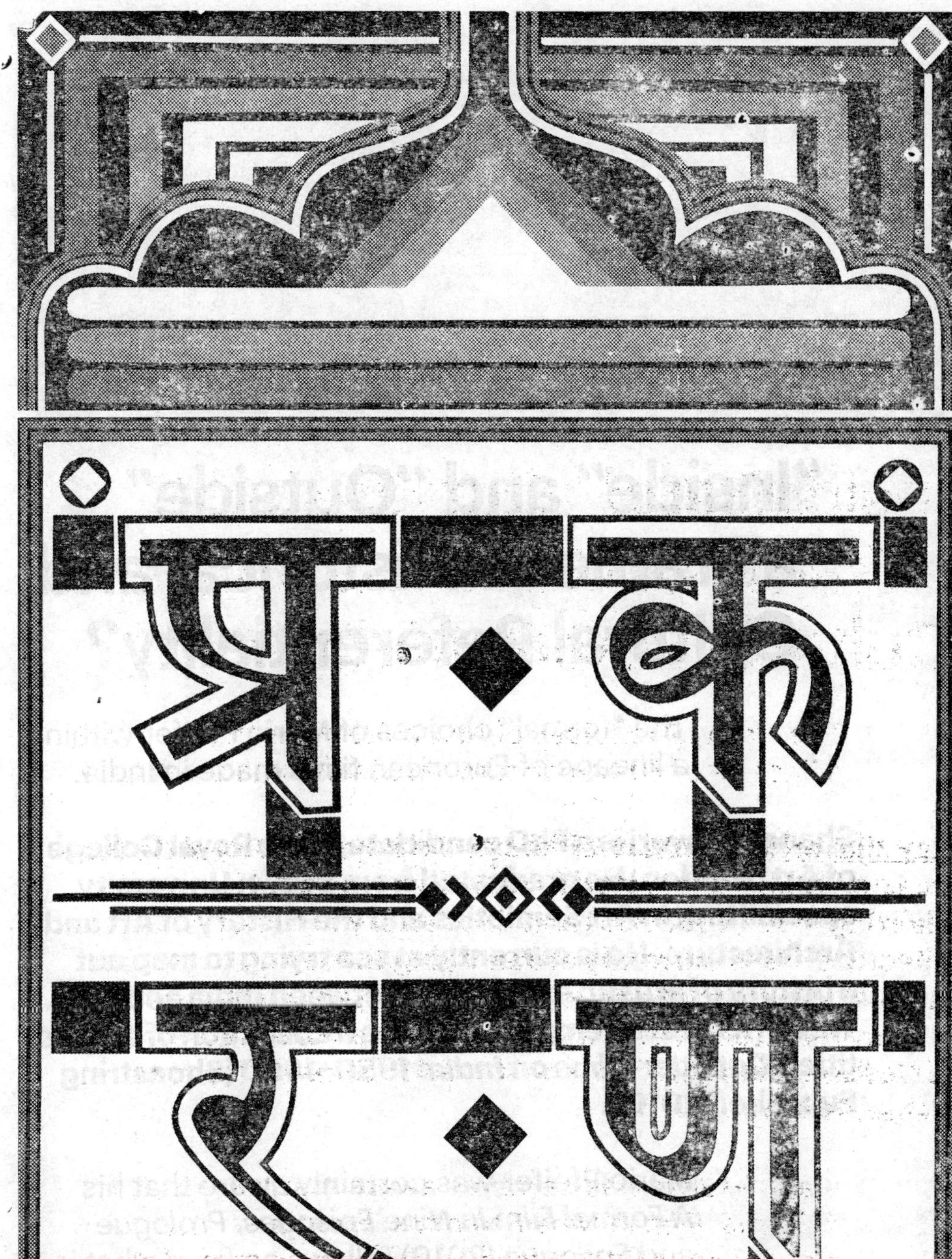

Keywords: formal, self-awareness, translating, ambiguity, unfinisl

"Inside" and "Outside" a Frame of Historical and Cultural Referentiality?

The "formal" choices of Mario Pfeifer within a lineage of European films made in India.

Shanay Jhaveri is a PhD candidate at the Royal College of Art, London. He graduated from Brown University specializing in Art Semiotics and the History of Art and Architecture. He is currently at sea trying to map out a history of artistic exchanges between India and the West. His first attempt at this was a collection of essays titled *Outsider Films on India: 1950–1990* (Shoestring Publisher, 2010).

Mario Pfeifer was certainly aware that his *A Formal Film in Nine Episodes, Prologue and Epilogue* (2010) follows on from what is a considerable lineage of European film-makers who have made works in or on India since the early part of the twentieth century.

संकेतशब्द: औपचारिक, आत्म जागरूकता, अनुवाद, अस्पष्टता, अधूरा

ऐतिहासिक और सांस्कृतिक संदर्भिकता के ढाँचे के "भीतर" और "बाहर"?

भारत में किए गए यूरोपीय फिल्मों के भीतर मारियो प्फाइफर के "औपचारिक" विकल्पे।

शाने झावेरी लंदन के रॉयल कॉलेज ऑफ आर्ट के पी एच डी याशी हे। उन्होंने ब्राउन विश्वविद्यालय से स्नातक की उपाधि कला लाक्षणिकता और कला और स्थापत्य कला के इतिहास में विशेषज्ञता प्राप्त की। वह वर्तमान में भारत और पश्चिम के बीच कलात्मक आदान-प्रदान का एक इतिहास नक्शा की कोशिश कर रहा है। इस पर उनका पहला प्रयास *आउटसाइडर फिल्म्स ऑन इंडिया: १९५० - १९९० (शूस्ट्रिंग प्रकाशक, २०१०)* शीर्षक निबंध का एक संग्रह था।

मारियो प्फाइफर को निश्चित रूप से पता था कि उनकी एक औपचारिक फिल्म नौ प्रकरण, प्रस्तावना और उपसंहार में (२०१०) वही दिखाया गया है जो बीसवीं सदी के शुरुआत से भारत में या भारत पर बहुत-से यूरोपीय फिल्म निर्माताओं की फिल्मों में दिखाया जा चुका है।

A strong Indo-German connection[1] has existed, since the late 1920s and 1930s when Franz Osten held the special status of insider in the Indian film industry. He made three silent films with his Indian producer, Himansu Rai, at a time when foreign co-productions were uncommon.

They were all filmed in India with an entirely Indian cast.[2] Paul Zils followed Osten, arriving in 1945, and would continue to live in India for nearly two decades, assuming a prominent role in guiding the country's post-1947 documentary movement.[3] In 1959, Fritz Lang would make his lurid, mostly unacknowledged, late masterpieces *The Tiger of*

1

German interest in Indian philosophy and culture emerged in the early nineteenth century. It can be witnessed in the writings of Johann Wolfgang von Goethe (1749–1832), Arthur Schopenhauer (1788–1860) and the influential Indologist Max Müller (1823–1900), a renowned scholar of Sanskrit and Indian philosophy and a key interpreter of Indian philosophy for the West.

2

See Devika Singh, "A German Insider in Bombay Cinema: Franz Osten's Situated Orientalism", in Shanay Jhaveri (ed.), *India: Visions from the Outside* (Brugge: Cultuurcentrum Brugge, 2012). It is the catalogue which accompanied the exhibition of the same title, curated by Shanay Jhaveri, where a linear version of *A Formal Film in Nine Episodes, Prologue and Epilogue* was shown along with works by thirty other artists and filmmakers.

3

See *Documentary Films of India*, special issue (1960), MARG, for more information on Paul Zils and the early Indian documentary movement.

भारत और जर्मनी के बीच मज़बूत संबंध' रहा है जो १९२० के दशक के अन्तिम वर्षों और १९३० के दशक में मौजूद था जब फ्रेंज़ ऑस्टन को भारतीय फिल्म उद्योग में घनिष्ठ व्यक्ति का दर्जा हासिल था। उन्होंने भारतीय फिल्म निर्माता हिमांशु राय के साथ उस समय तीन मूक फिल्में बनाईं जब विदेशियों के साथ मिलकर फिल्में बनाना अनोखी बात थी।

इन सभी को भारत में फिल्माया गया था और इनमें पूरी तरह से केवल भारतीय कलाकारों ने काम किया था। पॉल ज़िल्स ने १९४५ में आकर ऑस्टन का अनुकरण किया और वे भारत के १९४७ के बाद के वृत्तचित्र आन्दोलन³ को दिशा देने में मुख्य भूमिका निभाते हुए लगभग दो दशकों तक भारत में रहे। फ़्रिट्ज़ लैंग ने १९५९ में अपनी पूर्व पत्नी

१
भारतीय तत्वविचार और संस्कृति में जर्मन रुचि उन्नीसवीं शताब्दि के आरम्भ में उत्पन्न होती है। यह जोहान वोल्फगैंग फॉन गोएथे (१७४९-१८३२), आर्थर शोपेनहोयर (१७८८-१८६०) और प्रभावशाली इंडोलॉजिस्ट मैक्स म्यूलर (१८२३-१९००) की रचनाओं में देखा जा सकता है जो संस्कृत और भारतीय तत्वविचार के प्रसिद्ध विद्वान और पश्चिम के लिए भारतीय तत्वविचार के प्रमुख व्याख्याकार थे।

२
देखें देविका सिंह: 'ए जर्मन इनसाइडर इन बॉम्बे सिनेमा: फ्रेंज़ ऑस्टन्स सिचुएटेड ऑरिएन्टलिज़म', शाने झावेरी (सम्प.) के *इंडिया: विज़न्स फ्रॉम द आउटसाइड* (कल्चरसेन्ट्रम ब्रगे, २०१२) में। यह वही सूची-पत्र है जो शाने झावेरी के नेतृत्व वाली समान शीर्षक की प्रदर्शनी के साथ आया था जहाँ ३० अन्य कलाकारों और फिल्म निर्माताओं की कृतियों के साथ एक औपचारिक फिल्म *नौ प्रक्रमण, प्रस्तावना और उपसंहार में* का रेखीय संस्करण किया गया था।

३
पॉल ज़िल्स और पुराने भारतीय वृत्तचित्र आन्दोलन के बारे में अतिरिक्त जानकारी के लिए *डॉक्यूमेंटरी फिल्म्स ऑफ़ इंडिया*, विशेष अंक (१९६०), MARG देखें।

Eschnapur and *The Indian Tomb*,[4] based on a 1917 novel by his ex-wife Thea von Harbou, which had been adapted twice before for the screen, in 1921 (director: Joe May) and 1938 (director: Richard Eichberg). It has been contended that the three versions together "represent an archive of German fantasies of India as they evolved over the twentieth century, and they have probably shaped Germany's imaginary map of India more than any other popular text of the twentieth century".[5] While the general narrative of these works of fiction pivot around a Maharajah who invites a European architect to build a shrine more glorious than the Taj Mahal, Werner Herzog's *Jag Mandir* (1991) is a very real record of a folk art festival arranged by the Austrian actor, singer and conceptual artist André Heller for the Maharana Arvind Singh Mewar at the

4
See Tom Gunning, "The Indian Tomb of the Dinosaur of Eschnapur", in Shanay Jhaveri (ed.), *Outsider Films on India: 1950–1990* (Mumbai: The Shoestring Publisher, 2009) for a detailed appraisal of *The Tiger of Eschnapur* and *The Indian Tomb*.

5
See Meenakshi Shedde and Vinzenz Hediger, "Come On, Baby, Be My Tiger", *Rouge* (June 11, 2005), http://www.rouge.com.au/7/tiger.html. This article, available through the online journal *Rouge*, provides an insightful and detailed discussion of all three versions of *The Indian Tomb* in terms of German reception of Indian culture. It is reprinted from M. Dutta, A. Fitz, A. Schneider and D. Wenner (eds.), *Import/Export Cultural Transfer between India and Germany* (Berlin: Parthas. 2005).

थियो वोन हार्बो द्वारा १९१७ में लिखे गए उपन्यास पर आधारित अपनी दो सनसनीखेज़, अधिकतर अनभिज्ञात, दो बेहतरीन फिल्में बनाईं – द टाइगर ऑफ एस्चनापुर और द इंडियन टूम्ब* – जिसे पर्दे पर दिखाए जाने के लिए १९२१ (निर्देशक: जो मे) और १९३८ (निर्देशक: रिचर्ड ईचबर्ग) में दो बार अनुकूलित किया गया था। इस बात पर विवाद किया गया है कि तीन रूपांतरण एक साथ मिलकर "बीसवीं शताब्दी में उत्पन्न जर्मनी की भारत संबंधी कल्पनाओं के लेखे-जोखे का प्रतिनिधित्व करते हैं और इन्होंने सम्भवतया बीसवीं शताब्दि के किसी अन्य लोकप्रिय पाठ की तुलना में जर्मनी के भारत के काल्पनिक नक्शे को साकार किया है"५। जबकि काल्पनिक कहानी की इन कृतियों की सामान्य कथा ऐसे महाराज के इर्द-गिर्द घूमती है जो ताज महल से भव्य मंदिर बनाने के लिए एक यूरोपीय वास्तुशिल्पी को आमंत्रित करता है, वहीं वर्नर हर्जॉग की *जग मन्दिर* (१९९१) राजस्थान में उदयपुर के नगर महल में महाराणा अरविंद सिंह

इंडियन टूम्ब के विस्तृत मूल्यांकन के लिए शाने झावेरी (सम्प.) *आउटसाइडर फ़िल्म्स ऑन इंडिया: १९५० - १९९० (द शूस्ट्रिंग पब्लिशर, २००९) में टॉम गनिंग, "द इंडियन टूम्ब ऑफ द डायनासोर ऑफ एस्चनापुर" देखें।

५

मीनाक्षी शेड्डे और विन्जेंज़ हेडिगर का, 'कम ऑन, बेबी, बी माई टाइगर', रूज़ (जून ११, २००५), http://www.rouge.com.au/7/tiger.html देखें। ऑन-लाइन पत्रिका रूज़ के माध्यम से उपलब्ध यह लेख भारतीय संस्कृति की जर्मन स्वीकृति के संबंध द इंडियन टूम्ब के सभी तीन संस्करणों की गहन और विस्तृत चर्चा प्रदान करता है। इसे एम दत्ता, ए फिट्ज़, ए श्नीडर और डी वेन्नर (स), *इम्पोर्ट/एक्सपोर्ट कल्चरल ट्रांसफर बिटवीन इंडिया एंड जर्मनी* (बर्लिन: पार्थॉज़, २००५) से फिर से मुद्रित किया गया है।

City Palace in Udaipur, Rajasthan. A significant portion of the film is devoted to simply documenting the show itself. Ute Aurand also assumes an observational but more lyrical and sketch-like approach in her symphonic 16mm piece simply titled *India* (2005). Aurand establishes an unmistakable rhythm through her editing and camera technique, foregrounding her own presence very subtly by including shots of a shirt, an earring or self-reflections in a mirror.

What emerges from this synopsized history is a set of responses, which have consistently ranged, in equal measure, from the orientalist and camp to the documentarian and poetic, assuming varying degrees of self-awareness. There is no ambiguity: Pfeifer is clearly disposed to a more "formalist" approach, as boldly announced in the title of his work. What does that mean and imply? Do the formal choices made by Pfeifer speak only of a system of aesthetics, or also politics? How are his images to be apprehended? Are they going to demand more than simple testimony and produce a kind of knowledge? The decision by Pfeifer to present Louis Malle's seven part, 378-minute film *Phantom India* (1969)—a film which he saw only after his return to Germany—within the geography of his installation, instead of having it screen independently, can be used as a point of orientation to infer what is at stake in his chosen methodology. Some of the "formal" choices Pfeifer seemed to have made in India find striking resonances with Malle.

Central to Malle's film is a question of ethics: "How does one film another culture with, as

मेवाड़ के लिए ऑस्ट्रिया के कलाकार, गायक और वैचारिक कलाकार आंद्रे हेलर द्वारा आयोजित लोक कला उत्सव का बहुत वास्तविक ब्यौरा है। फिल्म का एक बड़ा भाग शो को ही चित्रित करने के लिए समर्पित है। उटे ओरांद भी अपनी संगीतमय १६ मि.मी. की बस इंडिया (२००५) नामक फिल्म में विचारात्मक, लेकिन अधिक काव्यात्मक और रेखाचित्र जैसा रवैया अपनाती हैं। ओरांद अपने सम्पादन और कैमरा तकनीक के माध्यम से सुस्पष्ट लय कायम करती हैं और शर्ट, बालियों या आइने में स्वयं के प्रतिबिंब के शॉट सम्मिलित करके बहुत बारीकी से अपनी मौजूदगी दर्ज कराती हैं।

इस संक्षिप्त इतिहास से ऐसे उत्तरों का समूह प्रकट होता है जो आत्मचेतना की भिन्न मात्राओं के साथ समान रूप से लगातार प्राच्यविद् और कैम्प से लेकर वृत्तचित्रकार और काव्यात्मक रहे हैं। कोई अस्पष्टता नहीं है, प्फाइफर ने स्पष्ट रूप से 'औपचारिकतावादी रवैया' अपनाया है जैसा कि उनकी कृति के शीर्षक में निःसंकोच रूप से घोषित किया गया है। इसका क्या अर्थ और तात्पर्य है? क्या प्फाइफर द्वारा किए गए औपचारिक चयन केवल सौंदर्यशास्त्र या राजनीति की प्रणाली से बात करते हैं? चित्र कैसे उकेरे जाएंगे? क्या वे सामान्य घोषणा से अधिक की माँग करेंगे और एक प्रकार का ज्ञान उत्पन्न करेंगे? प्फाइफर द्वारा लुइस माल्ले के सात भाग, ३७८ मिनट की फिल्म फैंटम इंडिया (१९६९), वह फिल्म जो उन्होंने जर्मनी में अपने लौटने के बाद ही देखी थी, को अलग से दिखाने की बजाए अपनी संस्थापना के भूगोल के भीतर प्रस्तुत करने के निर्णय का यह निष्कर्ष निकालने के लिए अभिविन्यास के बिंदु के रूप में उपयोग किया जा सकता है कि उनकी चुनी हुई पद्धति पर दांव पर क्या है। प्फाइफर द्वारा भारत में किए गए प्रतीत होने वाले कुछ 'औपचारिक' चयनों का माल्ले में ज़बरदस्त प्रभाव मिलता है।

the title of the first episode of *Phantom India* puts it, the 'impossible camera'? How can one make sense of an event that is witnessed from without? Are structures of dominance and subjection inscribed on the camera's very lens?"[6] Malle's film is not a "work of compensation but of an intense negotiation, a working through, a way of making sense of past, present and self…producing a document of himself as much as of India".[7] Much of which is communicated by an omnipresent, overwhelmingly self-reflexive voice-over. Pfeifer refrains from voice-over or the use of an overt narrator, but instead of merely translating the dialogue witnessed in the multiple episodes, he has had them subtitled in a summarizing third person voice. These are précising relays of what is transpiring. It is an authorial gesture, an intervention that cannot be ignored. The discrete presence of these bracketed phrases has the effect of distancing the viewer (who may or may not be familiar with Hindi) from the immediacy of the words, the language as it is spoken, and by doing so it paradoxically makes the words and the language all the more visible. It, like

6

Erika Balsom, "Haunted by Impossibility: Louis Malle's 'Phantom India'", in Jhaveri (ed.), *Outsider Films*, 126.

7

Ibid., 127.

माल्ले की फिल्म के संबंध में नैतिकता का प्रश्न महत्वपूर्ण है: "कोई व्यक्ति कोई अन्य संस्कृति, जैसा कि *फैंटम इंडिया* की पहली कड़ी का शीर्षक इसे प्रस्तुत करता है, 'असम्भव कैमरे' से कैसे फिल्माता है? किसी व्यक्ति को किसी ऐसी घटना का अहसास कैसे हो सकता है जो इसके बिना देखी जाती है? क्या प्रभुत्व और विजय की संरचनाएं कैमरे के लेंस पर उकेरी गई होती हैं?"[6] माल्ले की फिल्म "क्षतिपूर्ति की कृति नहीं है बल्कि यह गहन बातचीत, काम करने, अतीत, वर्तमान और स्वयं को समझने का तरीका...स्वयं के साथ-साथ भारत का दस्तावेज़ उत्पन्न करने की कृति है"[7]। इसमें से अधिकांश को सर्वव्यापी, ज़बरदस्त रूप से आत्मवाचक वॉयस ओवर द्वारा व्यक्त किया जाता है। प्फाइफर वॉयस ओवर या किसी प्रत्यक्ष वर्णनकर्ता से परहेज़ करते हैं, लेकिन इसकी बजाए बहुत-सी कड़ियों में देखे गए संवाद को बस अनुवाद करने की बजाए उन्होंने उन्हें अन्य पुरुष की संक्षिप्त आवाज़ में सबटाइटलों के रूप में रखा है। ये उसके संक्षिप्त रिले है जिसका पता लग रहा है। यह एक लेखकीय संकेत है, एक ऐसा हस्तक्षेप है जिसकी उपेक्षा नहीं की जा सकती। इन ब्रेकेट वाले वाक्यांशों की भिन्न मौजूदगी में दर्शक (जो हिंदी से परिचित हो भी सकता है या नहीं भी हो सकता है) को शब्दों, बोली जाने वाली भाषा, की तात्कालिकता से दूर

झावेरी (सम्पा.), *ऑउटसाइडर फिल्म्स* में एरिका बैलसम, 'हॉंटेड बाय ऩेबिलिटी: लुइस माल्लेज़ फैंटम इंडिया', १२६

Malle's voice-over, secures the image translation, not only in a simple and straight-forward sense, but also by acknowledging the linkage of these images to a specific and generalized somatic position—the presence of the presumptive 'eye' operating the camera—with which we, as a receptive audience, identify in order to possess and consume images".[8]

This is not the only signifier of the film-maker's presence: both Pfeifer and Malle appear physically in their works. In *Phantom India*, episode 5, "A Look at the Castes", after witnessing a long music performance in the middle of a village, described by Malle as something of a reconstruction, at the very centre of the frame Malle himself is seen holding a 16 mm camera, with soundman Jean-Claude Laureux walking beside him. As Erika Balsom very perceptively notes, this is "a unique occurrence in the almost eight hours of footage ... this sudden appearance of the filmmaker is jarring. Although the voice-over often acknowledges the 'impossible camera', representations of intervention are minimal in the rest of the film, confined perhaps to those who choose to return the camera's gaze by staring back at it. This moment opens on to another space, another

8

Thomas Zummer, "On Translation in an Older Sense: Notations on India, Cinema & Certain Problematics of Representation", in Jhaveri (ed.), *Outsider Films*, 224.

करने का प्रभाव होता है, और ऐसा विरोधाभासी रूप से करके शब्द और भाषा और अधिक दृश्य बन जाते हैं। यह माल्ले के वॉयस ओवर जैसे चित्र को इस रूप में सुरक्षित कर लेता है – "एक अनुवाद जो केवल सरल और खरे रूप में नहीं है, बल्कि इन चित्रों को एक विशेष और व्यापक दैहिक स्थिति – कैमरे को चलाने वाली प्रकल्पित 'आँख' की मौजूदगी से संबद्ध करने को स्वीकार करने के माध्यम से भी है – जिससे हम विचार प्राप्त करने वाले दर्शक के रूप में चित्रों को अपने पास रखने और इनका उपभोग करने के लिए तादात्म्य स्थापित करते हैं।"[८]

फिल्म निर्माताओं की मौजूदगी के ऐसे व्यापक संकेतक प्फाइफर और माल्ले अपनी कृतियों में वास्तविक रूप से प्रतीत नहीं होते। *फैंटम इंडिया* की ५वीं कड़ी "ए लुक एट द कास्ट्स" में गाँव के मध्य में एक लम्बे संगीत कार्यक्रम को देखने के बाद, जो माल्ले द्वारा एक पुनर्निर्माण के रूप में वर्णित किया गया है, फ्रेम में बिल्कुल मध्य में स्वयं माल्ले हैं जो स्वयं १६ मि.मी. का कैमरा थामे हुए दिखाई दे रहे हैं, साउंडमैन जीन-क्लॉडे लॉरेक्स उनके साथ-साथ चल रहे हैं। एरिका बैलसम बहुत कुशाग्र बुद्धि से इसका उल्लेख करती है: "फुटेज के लगभग आठ घंटों में एक अनूठी घटना..., फिल्म निर्माता की यह अचानक दिखावट हिलाकर रख देने वाली है। हालांकि वॉयस ओवर प्रायः 'असम्भव कैमरा' को स्वीकार करता है, फिर भी हस्तक्षेप का प्रतिनिधित्व बाकी फिल्म में न्यूनतम है, जो सम्भवतया उन लोगों तक सीमित

८
शाने झावेरी (सम्पा.) *आउटसाइडर फिल्म्स*, में थॉमस ज़म्मर, 'ऑन ट्रांसलेशन इन एन ओल्डर सेंस: नोटेशंस ऑन इंडिया, सिनेमा एंड सर्टेन प्रॉब्लमेटिक्स ऑफ रिप्रेज़ेंटेशन', २२४

scene, fastidiously repressed by film; here we are given access—if only for an instant—to Malle as part of the represented event and not merely an external observer of it."

Correspondingly, at the beginning of one of the episodes in *A Formal Film in Nine Episodes, Prologue and Epilogue*, on the left hand side of the frame sitting on a small partition, Pfeifer is looking straight into the camera. He will then look away to his right and left smoking a cigarette.[9] The moment feels like a self-portrait until the female performer seen in the preceding episode, who will emerge in subsequent episodes as the female protagonist of the film's very basic narrative, enters the frame, after which the camera will follow her movements. It is as if Pfeifer, whose appearance is scripted and mannered, is very much within the place he is depicting, observing the fiction he has set in motion from the inside, as well as from the outside. An act of acknowledgement by the filmmaker of his own decision to explore, formally, in no uncertain terms, a staged interplay of the overlap between documentary and fiction. A tendency with a tremendous history of its own, one that has previously been employed in relation to India with great success by

9

A distinct numbering of the episodes only takes place in the linear version of the work, not in the multi-channel installation form. So this occurrence of Pfeifer's presence takes place in what is introduced as episode four.

है जो कैमरों के घूरने का जवाब इस पर वापस टकटकी लगाकर देते हैं। यह क्षण एक अन्य स्थान, एक अन्य दृश्य पर खुलता है, जो फिल्म द्वारा तुनकमिज़ाजी से रोक दिया जाता है; यहाँ हमें प्रतिनिधित्व वाली घटना के भाग के रूप में और केवल इसे बाहर से देखने वाले प्रेक्षक के रूप में नहीं, माल्ले तक पहुँच दी जाती है - चाहे वह क्षणिक ही हो।"

इसके अनुसार, एक *औपचारिक फिल्म नौ प्रकरण, प्रस्तावना और उपसंहार में* की एक कड़ी के आरम्भ में फ्रेम की बाईं तरफ एक छोटे से पार्टिशन पर प्फाइफर बैठे हैं जो सीधे कैमरे की तरफ देख रहे हैं। फिर वे अपनी दाईं तरफ दूर तक देखते हैं और सिगरेट पीना बन्द कर देते हैं।[९] यह क्षण तब तक आत्म-चित्रण जैसा लगता है जब तक पिछली कड़ी में देखी गई महिला कलाकार फ्रेम में नज़र नहीं आती जो फिल्मों की प्रमुख स्त्री के रूप में बाद की कड़ियों में आएगी, जिसके बाद कैमरा उसकी हरकतों पर निगाह दौड़ाएगा। ऐसा लगता है कि मानों प्फाइफर जिनकी दिखावट लिखी हुई और व्यवस्थित है, उनके द्वारा दिखाए जा रहे स्थान के काफी भीतर हैं और वे उस कल्पना को भीतर और बाहर से देख रहे हैं जिसे उन्होंने चलायमान रूप दिया है। फिल्म निर्माता द्वारा औपचारिक रूप से, निश्चित अर्थों में, वृत्तचित्र और कल्पना के बीच अतिव्यापन के मंचित परस्पर - प्रभाव की खोज करने के लिए स्वीकृति का काम। स्वयं के ज़बरदस्त इतिहास

---

[९] कड़ियों का विशिष्ट संख्याकन कृति के रेखीय संस्करण में ही होता है, मल्टी चैनल इंस्टालेशन फॉर्म में नहीं। इसलिए प्फाइफर की मौजूदगी की यह घटना उसमें घटती है जिसे कड़ी चार के रूप में प्रस्तुत किया गया है।

Roberto Rossellini in his difficult to see *India: Matri Bhumi* (1959).[10]

An obvious parting of the ways for Malle's and Pfeifer's projects is that, while Malle attempts to confront all of India, traversing its length and breadth, Pfeifer remains only in Mumbai. In fact, Pfeifer's piece is preceded notably by two other multi-channel installations that exclusively engage with Mumbai: Doug Aitken's *Into the Sun* (1999) and Kimsooja's *Mumbai: A Laundry Field* (2008). Both Aitken and Kimsooja employ third-person perspectives focusing on particular rhythms of labour. *Into the Sun*, shot on the sound stages and film sets of Mumbai, concerns itself with the city's film industry, capturing the miscellaneous behind-the-scenes spot boys, camera attendants and assistants at work, while *Mumbai: A Laundry Field* fixates on the figure of the anonymous migrant *dhobi* (laundryman). In 2011, as part of the Pompidou Centre's ambitious but misguided exhibition *Paris-Delhi-Bombay*, Kader Attia showed a multi-channel installation, *Collages* (2011), which juxtaposes across its three screens a meeting of transsexuals from Paris, Algiers and Mumbai. So unlike such concentrated approaches, Pfeifer's presentation is a little less determined, though they all tend to document marginal forms of labour. Pfeifer's handpicked locales (lensed

10
See Jonathan Rosenbaum, "The Creation of the World: Rossellini's 'India Matri Bhumi'", in Jhaveri (ed.), *Outsider Films*.

वाला रुझान, ऐसा रुझान जो रॉबर्ट रोसेलिनी द्वारा उनकी कठिनाई से दिखने वाली *इंडिया: मातृ भूमि* (१९५९) में अत्यधिक सफलता से भारत के संबंध में उपयोग किया गया है।[१०]

माल्ले और प्फाइफर की परियोजनाओं के बीच भिन्नता का स्पष्ट बिंदु यह है कि जहाँ माल्ले पूरे भारत में यात्रा करते हुए पूरे भारत का सामना में रहते हैं। वास्तव में, प्फाइफर की कृति से पहले उल्लेखनीय रूप से दो अन्य बहुत से चैनल वाले इंस्टालेशन आए हैं जो खासतौर पर मुंबई से संबंधित हैं, डग एटकेन का *इनटू द सन* (१९९९) और किमसूजा का *मुंबई: ए लांड्री फील्ड* (२००८)। एटकेन और किमसूजा दोनों मज़दूरों की विशेष लयों पर ध्यान केन्द्रित करते हुए अन्य पुरुष परिदृश्यों का उपयोग करते हैं। मुंबई के ध्वनि स्टेजों और फिल्म सेटों पर फिल्माई गई *इनटू द सन* पर्दे के पीछे के स्पॉट बॉयज़, कैमरा अटेंडैंटों और काम में सहायक लोगों जैसी विविध बातों का चित्रण करते हुए नगर के फिल्म उद्योग से संबंधित है जबकि *मुंबई: ए लांड्री फील्ड* अज्ञात, प्रवासी धोबी के चरित्र पर केन्द्रित है। २०११ में सेंटर पोम्पिडो की महत्वाकांक्षी पर राह से भटकी प्रदर्शनी *पेरिस-दिल्ली-बॉम्बे* के भाग के रूप में केदार एट्टिया ने एक मल्टी चैनल इंस्टालेशन *कोलाजेस* (२०११) दिखाई जिसमें पेरिस, अलजियर्स और मुंबई के ट्रांससेक्सुअलों के मेल को इसकी तीन स्क्रीनों पर पास-पास रखा गया है। इसलिए ऐसे संकेन्द्रित दृष्टिकोणों के विपरीत प्फाइफर की प्रस्तुति थोड़ी कम दृढ़ संकल्प वाली है। उन्होंने मुंबई के चारों तरफ फैले हुए भूभाग से स्थानीय व्यक्तियों (अविजित मुकुल किशोर द्वारा ज़बरदस्त तरीके

१०
शाने झावेरी (स.) *आउटसाइडर फिल्म्स* में जोनाथन रोसेनबॉम, 'द क्रिएशन ऑफ द वर्ल्ड: रोस्सेलिनी का इंडिया मातृ भूमि' देखें।

gloriously by Avijit Mukul Kishore) from the sprawling landscape of Mumbai, each of which form a single episode of the work, speak to a variety of conditions being experienced in and by the city, extending from mutating topographies to fraying class and social relations. Pfeifer insists that each episode is autonomous and one of the interests of his enterprise as a whole is in how they can be combined and exhibited. They can either be experienced in a linear form or as the aforementioned "multi-channel" installation, one, which would evolve, and change with each exhibition, depending on the physical space and curatorial decisions. The work could expand to up to nine different projections, with differing screen sizes for each episode, or shrink down to tw It is a flexibility which constantly alters the order of the episodes. This use of the episodic structure by Pfeifer, and its seeming elasticity, is designed to further support the wilful ambiguity of his images, which **are** themselves deliberate meldings of documentary and fiction.

The emphatic use of seriality, either as a governing structure or internal guiding concept, is a characteristic Pfeifer's work shares with both Rossellini's *India: Matri Bhumi* and Malle's *Phantom India*. In all three works, the episodic—or seriality—is crucial to the core agendas, all the filmmakers employing varying strategies that cohere in their refusal to offer definite meaning. Rossellini enacts such uncertainty through the morphing of narratological voice across the four stories of his film, while still

से फोटोग्राफी की गई) को चुना जिनमें से प्रत्येक व्यक्ति कृति की एक कड़ी की रचना करता है, नगर में और इसके द्वारा अनुभव की जा रही भिन्न परिस्थितियों के बारे में बात करता है जो बदली हुई भौगोलिक स्थितियों से लेकर लड़ने वाले वर्ग और सामाजिक संबंधों तक से जुड़ी होती हैं। प्फाइफर इस पर बल देते हैं कि प्रत्येक कड़ी स्वतन्त्र है और कुल मिलाकर उनके उद्यम की एक रुचि यह है कि उन्हें किस प्रकार मिश्रित और प्रदर्शित किया जा सकता है। इन्हें या तो रेखीय रूप में अनुभव किया जा सकता है या ऊपर वर्णित मल्टी चैनल इंस्टालेशन के रूप में, जो भौतिक स्थान और रक्षक के निर्णयों के आधार पर प्रत्येक प्रदर्शनी के साथ विकसित होगा और बदलेगा। यह काम प्रत्येक कड़ी के लिए भिन्न स्क्रीन आकारों के साथ ९ भिन्न प्रोजेक्शनों तक विस्तृत हो सकता है या २ तक सिमट सकता है। यह लोच कड़ियों के क्रम को लगातार बदलती है। प्फाइफर द्वारा कड़ी की संरचना और इसकी प्रतीत होने वाली लोच का यह उपयोग उनके उन चित्रों की इरादतन अस्पष्टता को और अधिक बढ़ावा देने के लिए है जो स्वयं वृत्तचित्र और कल्पना का जान-बूझकर विलीन हो जाना है।

नियन्त्रक संरचना या आन्तरिक मार्गदर्शी संकल्पना के रूप में धारावाहिकता का ज़ोरदार उपयोग, रोसेलिनी की *इंडिया:मातृ भूमि* और माल्ले की *फैंटम इंडिया* के साथ प्फाइफर के काम द्वारा साझा की जाने वाली विशेषता है। तीनों कृतियों में प्रासंगिकता और धारावाहिकता मुख्य उद्देश्यों के लिए महत्वपूर्ण हैं, सभी फिल्म निर्माता ऐसी अलग-अलग तरकीबों का उपयोग कर रहे हैं जो निश्चित अर्थ देने के लिए उनकी मनाही से जुड़ी होती हैं। रोसेलिनी अपनी फिल्म की चार कहानियों में वर्णन वैज्ञानिक आवाज़ का रूप बदलने के माध्यम से ऐसी अनिश्चितता उत्पन्न करते हैं लेकिन इसके बावजूद स्पष्ट रूप से परिभाषित आमुख और उपसंहार को बनाए रखते हैं। माल्ले, जिन्होंने

maintaining a clearly defined prologue and epilogue. Malle, who filmed on an indefinite schedule, winding up with thirty hours of rushes, which he edited down to eight—the ratio is closer to four to one—and whose film might seem overloaded with a gratuity of scattered, impression-led, impulsive shots, relies on a pervasive use of pattern:

"By placing people and objects within a generalized series, he confronts the questions of sameness and difference head-on; while one or two shots of people sleeping outside the temple might have been able to stand in metaphorically for all people sleeping outside temples, Malle chooses the sliding chain of metonymy to attune the viewer to the multiplicity of differences that lie within things often perceived as uniform."[11]

Pfeifer, who completed shooting in four days and used 95% of the material, seems the most economical and conventional but he forces the episodes into a provisional tense by keeping their order and placement constantly in flux. Such a tentativeness in form aligns *A Formal Film in Nine Episodes, Prologue and Epilogue* with Pier Paolo Pasolini's *Notes for a Film on India* (1968),[12]

[11]

Balsom, "Haunted by Impossibility", 129.

[12]

See Kaunteya Shah, "All is Burning: A Pasolinian Encounter with Indian Modernity as Seen in 'Notes on a Film on India'", in Jhaveri (ed.), *Outsider Films.*

अनिश्चित समय तक फिल्मांकन किया और तीस घंटे तक के रशेज़ बनाए, जिन्हें उन्होंने सम्पादित करके आठ कर दिया, जो लगभग तीन से एक का अनुपात है और जिनकी फिल्म बिखरे हुए प्रभाव और प्रेरक शॉटों की भेंट से भरपूर लग सकती है, पैटर्न के व्यापक उपयोग पर निर्भर करते हैं:

"लोगों और वस्तुओं को एक व्यापक शृंखला में रखकर वे आमने-सामने समानता और अन्तर के प्रश्नों का सामना करते हैं; जबकि मन्दिर के बाहर सो रहे लोगों के एक या दो शॉट मन्दिरों के बाहर सो रहे सभी लोगों को लाक्षणिक रूप से प्रस्तुत कर सकते थे, वहीं माल्ले प्राय: समान मानी जाने वाली चीज़ों के भीतर के अन्तरों की बहतायत से दर्शकों का तालमेल स्थापित करने के लिए लाक्षणिक प्रयोगों की सरकती हुई शृंखला का चयन करते हैं।"[11]

चार दिनों में शूटिंग पूरी करने वाले और ९५% सामग्री जारी करने वाले प्फाइफर सबसे अधिक किफायती और परम्परागत लगते हैं, लेकिन वे कड़ियों के क्रम और रखे जाने को लगातार जारी रखकर कड़ियों को अस्थायी तनाव में डाल देते हैं। रूप में ऐसी अनिश्चितताए एक *औपचारिक फिल्म नौ प्रकरण, प्रस्तावना और उपसंहार में* का पियर पाओलो पेसोलिनी की *नोट्स फॉर ए फिल्म ऑन इंडिया* (१९६८)[12] से मेल बिठा देती है जो एक लम्बी, कभी न बनाई जाने वाली फिल्म के पूर्वानुमान में एकत्रित इंटरव्यू, मुलाकातों और चित्रों के समूह के

१९
बैलसम, "हॉंटेड बाय इम्पॉसिबिलिटी", १२९

१२
शाने झावेरी (सम्पा.) *आउटसाइडर फिल्म्स* में कोन्टिया शाह, "ऑल इज़ बर्निंग: ए पेसोलिनियन एनकाउंटर विद इंडियन मॉडर्निटी एज़ सीन इन 'नोट्स फॉर ए फिल्म ऑन इंडिया'" देखें।

a work that exists as a group of interview encounters and images gathered in antipation of a longer film, never to be mac Pfeifer saw the work in Mumbai during first few weeks of his stay. This unfinish condition of Pasolini's project ensured t images collected within the film would never be fixed but filled with a multitude of potential meanings that could be engaged with in numerous ways by various people. It is a condition Pfeifer seems eager to court and whether he is successful or not depends on each individual viewer's relation to the work.

So it is easy to see that Pfeifer's images are informed by other filmic approaches, which have preceded him. But do the images cave in under the layered formal choices that seek to clearly forefront an awareness of the ethics of representation or do they absorb the formal choices and reveal themselves as mysterious, enigmatic and generous, suggesting new ways of sharing one's encounters however "correct" or not? Are they able to stand simultaneously "inside" and "outside" a frame of historical and cultural referentiality? Are these questions even worth asking? Are they even possible? Should the entire project of cross-cultural representation be abandoned? Pfeifer does not repress or try to ignore these questions; they have prompted a challenge to his creative self. They are used as a starting point for sel expression, the choice to look, and to l with a compelling self-confidence.

रूप में मौजूद कृति है। प्फाइफर ने अपने ठहरने के पहले कुछ सप्ताहों के दौरान मुंबई में कृति को देखा। पैसोलिनी की परियोजना की इस अधूरी स्थिति ने यह सुनिश्चित किया कि फिल्म के भीतर एकत्रित चित्र कभी फिक्स नहीं किए जाएंगे बल्कि इनमें ऐसे बहुत-से सम्भावित अर्थ भरे जाएंगे जिन्हें विभिन्न व्यक्तियों द्वारा अनगिनत तरीकों के उपयोग किया जा सके। यह ऐसी शर्त है जिसे प्फाइफर पाने का प्रयत्न करने के लिए उत्सुक प्रतीत होते हैं, और क्या वे सफल हैं या नहीं – यह प्रत्येक वैयक्तिक दर्शक के कृति से संबंध पर निर्भर करता है।

इसलिए यह देखना आसान है कि प्फाइफर के चित्र उन अन्य फिल्मी दृष्टिकोणों द्वारा सूचित हैं जो उनसे पहले के हैं। पर क्या चित्र उन परत वाले औपचारिक चयनों के नीचे धंस जाते हैं जो प्रतिनिधित्व की आचारनीतियों की जागरूकता के स्पष्ट रूप से सबसे आगे होने का प्रयास करते हैं या वे औपचारिक चयनों को आत्मसात कर लेते हैं और स्वयं को रहस्यपूर्ण, अस्पष्ट और उदार के रूप में प्रकट करते हैं और इस प्रकार किसी व्यक्ति के सामनों को साझा करने के नए तरीके सुझाते हैं, चाहे ये "सही" हों या न हों? क्या ये एक साथ ऐतिहासिक और सांस्कृतिक संदर्भगतता के खाँचे के 'भीतर' और 'बाहर' डटे रहने में समर्थ हैं? क्या ये प्रश्न पूछने के योग्य हैं भी? क्या ये सम्भव हैं भी? क्या परस्पर-सांस्कृतिक प्रतिनिधित्व की पूरी योजना को त्याग देना चाहिए? प्फाइफर इन प्रश्नों को नहीं टालते या इनकी उपेक्षा करने का प्रयास नहीं करते; उन्होंने उनके सृजनात्मक अहम को चुनौती दी है। इनका देखने के लिए चयन करने और अत्यधिक आत्म-विश्वास के साथ देखने के संबंध में आत्म-अभिव्यक्ति के लिए आरम्भिक बिंदु के रूप में उपयोग किया जाता है।

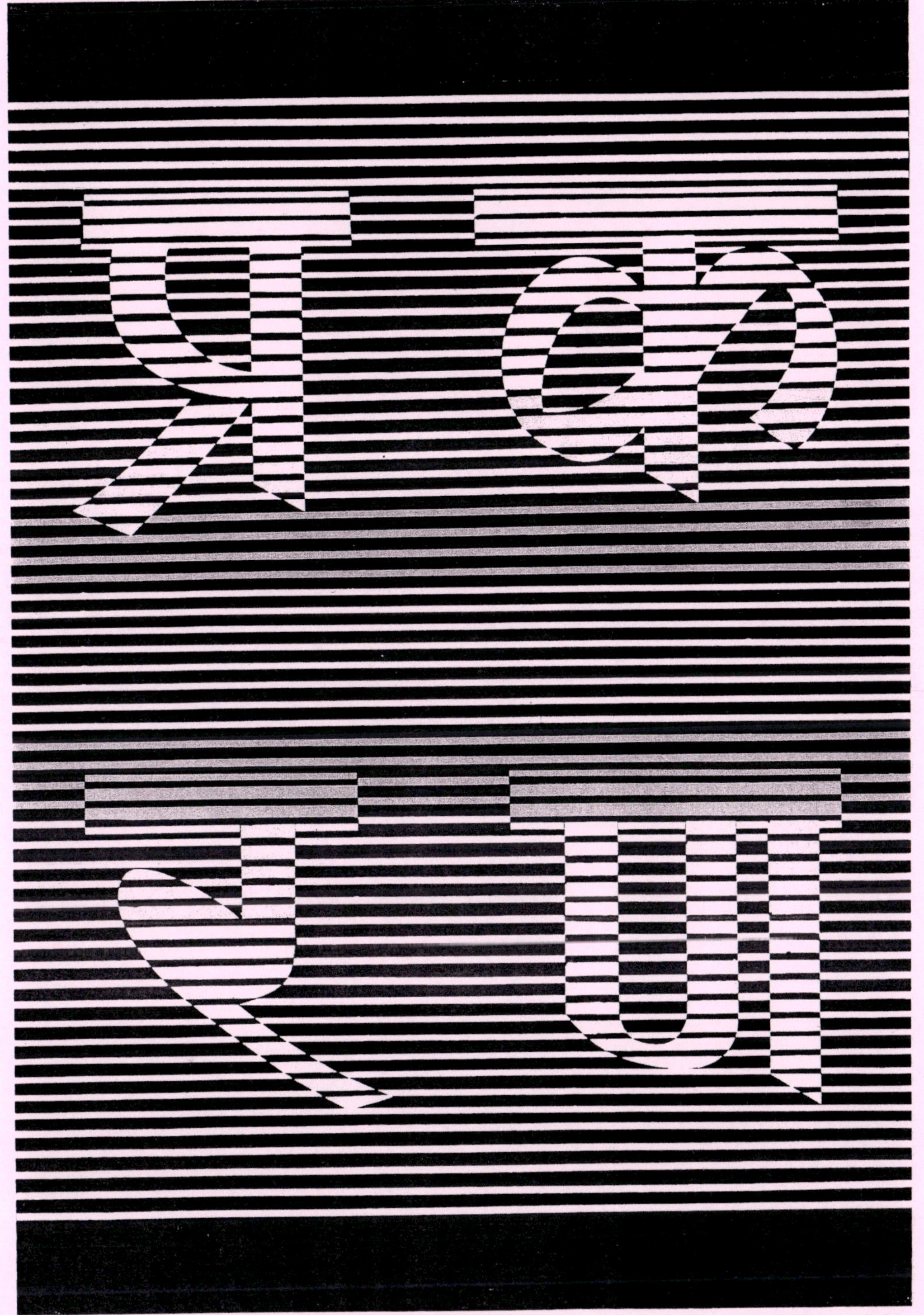

Keywords: reality/fiction, (re-)presentation, internationality, methodology, fascination, naivety

In Conversation
[Frankfurt am Main, October 4, 2012]

Susanne Gaensheimer with Mario Pfeifer

<u>Susanne Gaensheimer</u> is the Director of MMK Museum für Moderne Kunst Frankfurt am Main, Germany and appointed Commissioner for the German Pavilion at the Venice Biennale 2011/13.

Susanne Gaensheimer: Let's begin with the question of how this film came about—a film with this scope and form, with this intensity about this precise place, the city (and region) of Bombay? Why this particular situation?

Mario Pfeifer: Well, my living and working in Bombay was the result of an invitation that had a very different aim in mind—to involve me in a collaboration with two Indian artists, to work together on their project, a 16 mm film installation for the exhibition *Being Singular Plural, Moving Images from India* (2010) for the Guggenheim in Berlin and New York.

SG: Who was responsible for the invitation and which artists were involved?

MP: A Berlin based curator, who is friends with both artists and knew my work, made the initial suggestion for me to work with Shumona Goel and Shai Heredia and edit their 16 mm film. When the request came along, I didn't have any specific plans for other projects as such and spontaneously accepted the invitation, for two months at the start. I was very impressed by the city while I was working with the artists in Bombay during this period. Before I left for India—the trip was organized at very short notice—I decided not to make any particular preparations or do any special background research, like reading books, watching films or looking at any other reference materials to generate information or get some prior knowledge of the subject. Instead, I was more interested in generating all my knowledge locally.

SG: So this was your first time in India?

MP: In India, yes, but I have travelled in South-East Asia on several occasions. I got to know the city, the region and the people during these two months; I sort of exposed myself to all these situations without much of a clue and that was the way I experienced things. Through the collaboration with the two artists, I also had a good network of information and contacts, wich in turn hooked me into very different parts of the city and put me in contact with very different people. One of those people was my cinematographer, Mukhul Kishore, whose apartment we swapped films in; he recommended literature on architecture and the urban history of Bombay. The window of his

संकेतशब्द: वास्तविकता/कल्पना, (पुन:)प्रस्तुतीकरण, अन्तरराष्ट्रीयता, पद्धति, सैद्धांतिक उत्पादन-पश्चात, आकर्षण, सरलता

बातचीत में
[फ्रेंकफर्ट आम मैंन, ४ अक्टुबर, २०१२]

सुसाना गेन्सहैमर के साथ मारियो प्फाइफर

सुसाना गेन्सहैमर MMK म्यूज़ियम फ्युर मॉडेर्न कुन्स्ट फ्रेंकफर्ट आम मैंन, जर्मनी की निदेशक हैं और वेनिस में होने वाले द्विवार्षिक समारोह २०११/१३ में जर्मनी के मंडप के लिए आयुक्त के रूप में नियुक्त किए गए हैं।

सुसाना गेन्सहैमर: हम सबसे पहले हम इस प्रश्न से प्रारम्भ करते हैं कि यह फिल्म कैसे बनी – एक फिल्म जो ऐसे दायरे और रूप का है, ऐसे प्रबलता के साथ इस निश्चित स्थान, नगर (और क्षेत्र) बंबई के बारे में ऐसी फिल्म? यह विशेष स्थिति हि क्यों?

मारियो प्फाइफर: बंबई में मेरा रहना और काम करना एक ऐसे आमंत्रण का परिणाम था जिसका मन में बहुत भिन्न उद्देश्य था – मुझे दो भारतीय कलाकारों के साथ बर्लिन और न्यू यॉर्क में गुगनहाइम के लिए प्रदर्शनी के संबंध में उनकी १६ मि.मी. की फिल्म संस्थापना *बिइंग सिन्गुलर प्लूरल - मूविंग इमेज़ेस फ्रॉम इंडिया* (२०१०) के लिए उनके साथ सहयोग हेतु संलग्न करना।

SG: इस आमंत्रण के लिए कौन विख्यात था और कौन-से कलाकार इस में शामिल थे?

MP: बर्लिन में रहने वाले एक क्यूरेटर, जो दोनों कलाकारों का मित्र है और मेरा कार्य जानता था, ने मेरे द्वारा शुमोना गोयल और शाई हेरेडिया के साथ काम करने और उनकी १६ मि.मी. की फिल्म को सम्पादित करने का सुझाव दिया। जब अनुरोध आया, तब मेरी अन्य परियोजनाओं के लिए कोई विशिष्ट योजना नहीं थी और मैंने आरम्भ में आमंत्रण दो महीनों के लिए सहज रूप से स्वीकार कर लिया। जब मैं इस अवधि के दौरान बंबई में कलाकारों के साथ काम कर रहा था, तब मैं नगर से बहुत प्रभावित हुआ। मेरे द्वारा भारत रवाना होने से पहले – यात्रा की व्यवस्था बहुत कम समय में की गई – मैंने विषय के बारे में सूचना जुटाने या कुछ पूर्व जानकारी करने के लिए किताबें पढ़ने, फिल्में देखने या कोई अन्य संदर्भ सामग्रियाँ देखने जैसी कोई विशेष तैयारियाँ करने या कोई विशेष पृष्ठभूमि अनुसन्धान न करने का निर्णय किया। इसकी बजाए, मेरी केवल स्थानीय रूप से सारी जानकारी जुटाने में रुचि थी।

SG: तो, क्या आप पहली बार भारत गए थे?

MP: हाँ, पहली बार भारत गया था, पर मैं अनेक बार दक्षिण-पूर्व एशिया की यात्रा कर चुका हूँ। मैंने इन दो महीनों के दौरान नगर, क्षेत्र और लोगों को जाना; मैंने अधिक जानकारी के बिना इन सभी स्थितियों में कुछ हद तक स्वयं को प्रस्तुत किया और मैं इसी तरीके से चीज़ों का अनुभव प्राप्त करता हूँ। दो कलाकारों से सहयोग के माध्यम से, मेरे पास सूचना और सम्पर्कों का अच्छा नेटवर्क भी था जिससे मैं नगर के बहुत भिन्न भागों से जुड़ गया और बहुत भिन्न लोगों से मेरा सम्पर्क हो गया। इन लोगों में से एक व्यक्ति मेरे सिनेमेटोग्राफर मुखुल किशोर थे, जिनके अपार्टमैंट में हमने फिल्मों का आदान-प्रदान किया; उन्होंने बंबई के वास्तुशिल्प और नगरीय इतिहास से संबंधित साहित्य की सिफारिश की। उनके अपार्टमैंट की खिड़की से राष्ट्रीय उद्यान का बहुत सुन्दर दृश्य दिखता था जो बाद में मेरी फिल्म का एक स्थान बन गया। दो कलाकारों

apartment had a wonderful view of the National Park, which later became one of the locations for my film. After I'd finished the project with the two artists I decided to stay in Bombay for a further three months to work on a personal project, to research a film project in fact.

SG: What form did this research take?

MP: At first it was an intuitive process and was initially really physical and sensual, as I was using public transport, taxis, regional trains and buses— I was travelling to all kinds of different places in the city and its periphery, ultimately exploring these places on foot. All I had was a city map, which I used to determine the places I would visit. The map itself indicated various urban developments and served as a sort of reference tool if you like.

SG: And why did these specific places look interesting to you?

MP: Because of their geographic location or the cultural references embedded in them.

SG: Can you give me an example?

MP: Crawford Market—shown in the episode in which a woman visits a temple and later meets the male protagonists at a jewellery stand on the street. It is one of the older examples of public architecture, a maze of street markets and the central market halls in South Bombay. At the same time, this district is one of the most densely populated parts of Bombay, India, and possibly the world. There is tremendous religious diversity in this district. At the time I was also doing research on a minority of African descent, the Sidis, and actually met one of the few remaining families in this area, as well as their religious community. The architecture shows influences of British colonial power (like Crawford Market) but there are also numerous traditional and private temples, which are part of Indian architecture, mostly designed to accommodate the working class.

SG: What do you mean by private temples?

MP: Mostly Hindu places of worship built in residential houses and often cared for by the families living in the houses. These temples were established and funded by private, often wealthy, believers and function both privately and publicly. They are also accessible at fixed opening times, something that I found really interesting, along with the immese throngs of people negotiating the extremely narrow streets, not to mention the sheer range of products on sale there. One of the reasons why I chose this temple was the building's façade, where I discovered hexagrams, ornaments that looked very similar to the Star of David. Of course, I then made some false assumptions about how to identify these symbols. The family living in this house and looking after the temple was unable to give us any information. Other people, some of them professional tour guides whom we consulted, tended to agree with my supposition. In the end, I asked Shuddha Sengupta at a meeting in New Delhi and he told me about Mogul-style ornaments that do indeed have a similar shape to the Star of David but are designed differently and have a different symbolism and message.

के साथ परियोजना को पूरा करने के बाद मैंने एक निजी परियोजना पर काम करने, वास्तव में एक फिल्म परियोजना पर अनुसन्धान करने के लिए बंबई में और तीन महीनों के लिए ठहरने का निर्णय लिया।

SG: इस अनुसन्धान ने क्या रूप लिया?

MP: पहले यह सहज ज्ञान संबंधी प्रकिया थी और आरम्भ में यह वास्तव में भौतिक और भोगवादी थी क्योंकि मैं सार्वजनिक परिवहन, टैक्सियों, क्षेत्रीय ट्रेनों और बसों का उपयोग कर रहा था – मैं नगर और इसके दायरे में सभी प्रकार के भिन्न स्थानों की यात्रा कर रहा था, मैं अन्ततः इन स्थानों को पैदल घूमकर जान रहा था। मेरे पास केवल नगर का नक्शा हुआ करता था जिसका इस्तेमाल मैं उन स्थानों को तय करने के लिए किया करता था जहाँ मुझे जाना होता था। स्वयं नक्शे ने विभिन्न शहरी घटनाएं प्रकट कीं और इच्छा होने पर इसने एक प्रकार के संदर्भ उपकरण के रूप में काम किया।

SG: और आपको ये विशिष्ट स्थान रोचक क्यों लगते हैं?

MP: उनके भौगोलिक स्थान और उनमें अंतर्निहित सांस्कृतिक संदर्भों के कारण।

SG: क्या आप मुझे कोई उदाहरण दे सकते हैं?

MP: क्रॉफोर्ड मार्केट – जिसे उस प्रकरण में दिखाया गया है जिसमें एक महिला मन्दिर जाती है और बाद में गली में गहनों के एक स्टैंड पर प्रमुख पुरुष पात्र से मिलती है। यह लोक वास्तुशिल्प का एक पुराना उदाहरण है, यह गलियों के बाज़ारों की भूलभुलैयाँ हैं और दक्षिणी बंबई के प्रमुख बाज़ार हॉल हैं। इसी के साथ-साथ यह इलाका बंबई, भारत और सम्भावित रूप से विश्व के सबसे घनी जनसंख्या वाले क्षेत्रों में से एक है। इस ज़िले में ज़बरदस्त धार्मिक विविधता है। उसी समय में मैं अफ्रीकी वंशजों, सिदिज़, के अल्पसंख्यकों पर भी अनुसन्धान कर रहा था और मैं वास्तव में इस क्षेत्र में कुछ बाकी परिवारों के साथ-साथ उनके धार्मिक समुदाय से मिला। इस जगह कि वास्तुशिल्प ब्रिटिश औपनिवेशी शक्ति के प्रभाव (जैसे क्रॉफोर्ड मार्केट) प्रकट करता है लेकिन वहाँ बहुत-से परम्परागत और निजी मन्दिर भी हैं जो भारतीय वास्तुशिल्प के भाग हैं और अधिकाँशतया कामकाजी वर्ग के अनुकूल होने के लिए निर्मित किए गए हैं।

SG: निजी मन्दिरों से आपका क्या मतलब है?

MP: रिहायशी मकानों में निर्मित अधिकाँशतया हिंदू पूजा स्थल और प्रायः जिनकी देखभाल मकानों में रह रहे परिवारों द्वारा की जाती है। ये मन्दिर निजी, प्रायः धनी श्रद्धालुओं द्वारा स्थापित किए गए थे और उन्होंने ही इनके लिए धन दिया था और ये निजी तौर पर और सार्वजनिक तौर पर - दोनों रूपों में काम करते हैं। इनमें खुलने के नियत समयों पर भी पहुंचा जा सकता है और यह बात मुझे वास्तव में रोचक लगी और इसके साथ-साथ बेहद तंग गलियों में असंख्य लोगों का उमड़ना भी दिलचस्प था और वहाँ बिकने वाले भिन्न किस्मों के उत्पादों की तो बात ही कुछ और होती थी। मेरे द्वारा इस मन्दिर को चुनने का एक कारण इमारत का सामने वाला भाग था जहाँ मैंने हैक्साग्राम, जहाँ मैंने एसे आभूषण देखें जो स्टार ऑफ डेविड से काफी समान लगते थे। बेशक, तब मैंने इस बारे में कुछ झूठी धारणाएं कीं कि इन चिन्हों को कैसे पहचानें। मकान में रह रहा और मन्दिर की देखभाल कर रहा परिवार हमें कोई भी सूचना देने में असमर्थ था। अन्य लोग जिनके साथ हमने सम्पर्क किया था, जिनमें से कुछ पेशेवर टूर गाइड थे, मेरी अटकल से सहमत लगे। अन्त में, मैंने नई दिल्ली में एक बैठक में शुद्धाब्रता सेनगुप्ता से पूछा और उन्होंने मुझे मुगल शैली के उन आभूषणों के बारे में बताया जिनका वास्तव में स्टार ऑफ डेविड जैसा आकार है, पर जिन्हें भिन्न तरीके से निर्मित किया जाता है और जिनका भिन्न प्रतीकवाद और सन्देश होता है। सम्भवतया यह स्थिति मेरे अनुसन्धान सिद्धांत के बारे में अच्छी जानकारी देती है और इसके अतिरिक्त उन स्थानों तथा जगहों के बारे में बाद के निर्णयों की तो बात ही करना बेमानी है जिनका

Perhaps this situation gives a good idea of my research principle, not to mention the subsequent decisions about locations—places I wanted to communicate about in my project without actually explaining them but still providing sufficiently complex information in picture and sound. These locations are discussed in this publication.

In the Crawford Market area it is possible to experience a very specific form of urban architecture that is still intact and functions in a complex way (approximately 1.5 million people live in a confined space in this district and the population density is approximately five times higher than in other districts). If you look at the neighbourhood's environment, then you can learn how new architecture, apartment blocks and skyscrapers threaten this historic building stock, and with it certain life choices, the cultural and social conditions of communal, private and public life. In this sense, my research and subsequent film production was also a means to look at parts of this environment and preserve it for further discussion. By the way, I consider this essential quality of film—the possibility of investigating something visually over a limited period using a realistic means of observation, and so preserving processes and movements—to be one of the main reasons why I choose to work in this medium.

Furthermore, the geographical term Navi Mumbai interested me—a satellite city on the mainland, which in its time was considered to be the most extensive planned city and thus represents probably the biggest failure of an urban planning concept at that time. For example, a number of large wholesalers moved into the region, together with huge gated communities, enormous agglomerations of self-contained residential centres (built on the American principle) that were created in the 1990s and have an autonomous infrastructure: supermarkets, shopping malls, cinemas, restaurants, etc. They are surrounded by countryside, huge complexes in totally monstrous, outsized buildings (the film *John and Jane* [2005] by Ashim Alhuwalia describes this development in a very special and profound way, combining sci-fi stylistic devices with a documentary approach). One reason for the replanning of these suburbs is that, historically, Bombay grew from south to north, along the coast and the route of the regional railway. As a result of the rapid overpopulation of these rather limited urban spaces, the municipal authorities decided upon a northeasterly axis for the city's expansion. Lines for an east-west rail connection are being built. To the northeast, for example, several regional train and motorway flyovers have been built since the 1970s over the Bombay Creek—these appear in one of my episodes.

In addition to the Central Business Districts (CBD) in Navi Mumbai, spacious and inexpensive residential centres have been constructed, in the hope of getting inhabitants from the overpopulated city to move to these localities and occupy homes that tend to follow a Western model rather than taking local housing styles into account.

SG: Were these areas designed and implemented by Indian architects?

उल्लेख मैं उनके बारे में वास्तव में बताए बिना अपनी परियोजना में करना चाहता हूँ पर फिर भी चित्र और ध्वनि में पर्याप्त रूप से जटिल सूचना प्रदान कर रहा हूँ। इन स्थानों पर इस प्रकाशन में चर्चा की गई है।

क्रॉफोर्ड मार्केट क्षेत्र में शहरी वास्तुशिल्प के ऐसे बहुत विशेष रूप का अनुभव करना सम्भव है जो अभी भी बरकरार है और जटिल रूप से काम करता है (इस ज़िले में लगभग १.५ मिलियन लोग संकरे स्थान में रहते हैं और जनसंख्या का घनत्व अन्य ज़िलों की तुलना में लगभग पाँच गुणा अधिक है)। अगर आप पड़ोस के वातावरण को देखें, तो आप यह जान सकते हैं कि किस प्रकार नया वास्तुशिल्प, अपार्टमेंट ब्लॉक और गगनचुंबी इमारतें इन ऐतिहासिक इमारतों के साथ-साथ साम्प्रदायिक, निजी और सार्वजनिक जीवन की निश्चित जीवन शैलियों, सांस्कृतिक और सामाजिक स्थितियों को खतरे में डाल रही हैं। इस संदर्भ में, मेरा अनुसन्धान और बाद का फिल्म निर्माण इस वातावरण के भागों को देखने का और आगामी चर्चा के लिए इसे संरक्षित करने का साधन भी था। बहरहाल, मैं इसे फिल्म का अनिवार्य गुण मानता हूँ – प्रेक्षण के यथार्थ साधनों का उपयोग करते हुए सीमित अवधि में किसी चीज़ को देखकर उसकी जाँच-पड़ताल करने की सम्भावना और इस प्रकार प्रक्रियाओं और हलचलों को बनाए रखना – यह मेरे द्वारा इस माध्यम में काम करना चुनने का एक मुख्य कारण है।

इसके अलावा, भौगोलिक शब्द नवी मुंबई मुझे रोचक लगा – मुख्य भूभाग से सटा हुआ नगर जो अपने समय में सबसे व्यापक योजनाबद्ध नगर माना जाता था और इस प्रकार सम्भवतया उस समय किसी शहरी नियोजन संकल्पना की सबसे बड़ी विफलता का प्रतिनिधित्व करता है। उदाहरण के लिए, बहुत-से बड़े थोक व्यापारी क्षेत्र में आ गए जहाँ विशाल समुदाय थे, स्व-सीमित आवासीय केन्द्रों (अमरीकी सिद्धांत पर निर्मित) के विशाल समूह थे जिन्हें १९९० के दशक में निर्मित किया गया था और जिनमें स्वतन्त्र बुनियादी सुविधाएं: सुपरमार्केट, शॉपिंग मॉल, सिनेमा, रेस्तरांट इत्यादि थे। ये ग्रामीण क्षेत्र, बहुत विशाल, बेढंगे आकार की इमारतों में बड़े परिसरों से घिरे हैं (अशिम अहलूवालिया की फिल्म *जॉन एंड जेन* [२००५] में इस घटना को बहुत विशेष और गहन तरीके से, वैज्ञानिक काल्पनिक कलात्मक माध्यमों को वृत्तचित्र दृष्टिकोण से मिश्रित करते हुए वर्णित किया गया है)। इन उपनगरों के दोबारा नियोजन का एक कारण यह है कि ऐतिहासिक रूप से बंबई का विकास तट के किनारे दक्षिण से उत्तर और क्षेत्रीय रेलवे के मार्ग में हुआ। इन बेहद सीमित नगर स्थानों में तेज़ी से जनसंख्या बढ़ने के परिणामस्वरूप नगर निगम प्राधिकरणों ने नगर के विस्तार के लिए उत्तर-पूर्वी धुरी पर निर्णय लिया। पूर्व-उत्तर रेल संबंध के लिए लाइनें निर्मित की जा रही हैं। उदाहरण के लिए, उत्तर-पूर्व में बंबई खाड़ी पर १९७० से अनेक क्षेत्रीय रेल और वाहन मार्ग फ्लाईओवर निर्मित किए गए हैं – इन्हें मेरी एक कड़ी में दिखाया गया है। नवी मुंबई में केन्द्रीय व्यावसायिक ज़िलों (सी. बी. डी) के अलावा, बड़े और गैर-महंगे आवासीय केन्द्र इस उम्मीद से बनाए गए हैं कि अधिक आबादी वाले नगर से निवासी इन स्थानों में जाएं और ऐसे घरों में रहें जिनमें स्थानीय आवास शैलियों पर ध्यान देने की बजाए पश्चिमी मॉडल अपनाने की प्रवृत्ति होती है।

SG: क्या ये क्षेत्र भारतीय वास्तुशिल्पियों द्वारा निर्मित और लागू किए गए हैं?

MP: यह एक ऐसा प्रश्न था जो मैंने वहाँ होने पर खुद से बार-बार पूछा और मुझे प्रायः समान उत्तर मिला ... अधिकांश इमारतों की विकासकर्ताओं द्वारा योजना बनाई गई है और निर्माण किया गया है जबकि वास्तुशिल्पी अपने लिए निर्धारित दिशानिर्देशों का पालन करते हैं और एक तकनीकी, पूरी तरह से कार्यकारी क्षमता में पेशेवरों के रूप में काम करते हैं। उनका इस प्रकार के सार्वजनिक स्थान के वास्तुशिल्पीय डिज़ायन पर बहुत सीमित प्रभाव भी होता है। इस राजनीतिक और आर्थिक दृष्टिकोण का परिणाम

MP: This was one question I repeatedly asked when I was there and just as often got the same response to … most of the buildings are planned and constructed by developers, whereas architects follow the guidelines laid down for them and function as professionals in a technical, purely executive capacity. They also have very limited impact upon the architectural design of this kind of public space. The outcome of this political and economic approach is obvious. Two rare exceptions to this rule are Uttam Jain and Charles Corea, who managed to realize a number of public buildings, including the Kanchenjunga Apartments.

However, there were also reasons for my researching public places in particular. I often noticed blocks of ice on bicycles and mopeds being transported across the city in the midday sun. This observation prompted the question as to where and how those somewhat ephemeral materials are produced, which of course interested me, due to their abstract, formalistic nature and socio-economic function. So I visited several ice factories in very different parts of the city, all of which were located within the fishing communities in the city, and only employ workers from the local villages, often slums. These places reveal some of the historical origins of Bombay, as the Koli fisherman community is one of the oldest in the city's history. In the film episode you can see this from the inscriptions on the walls naming Koli deities (they are described in the second chapter of this book). Another, more contemporary, locality is the eye clinic. While I was moving around in the city, I kept coming across advertisements in public places or on public transport promoting LASIK laser treatment. Most of these ads had a more Western or Southeast Asian look, but clearly addressed a regional clientele in Bombay. Then my assistants and I visited several eye clinics and talked to ophthalmologists, who pointed out that one reason for young, unmarried women to avoid wearing contact lenses or glasses when their eyesight is impaired (and this is something that also acts as a motivation for their families) might be to obtain a higher dowry in the event of a possible marriage. I was really interested by the implications of this, culturally speaking, because this rather traditional idea is communicated through a decidedly contemporary advertising message, in which ideals of beauty are also conveyed, as can be seen in a shot from the episode in the clinic.

SG: What are the precise symptoms treated by this method?
MP: It is used to correct various forms of defective eyesight…
Another place that caught my interest was the Sanjay Gandhi National Park in the northern part of the city. The Khaneri Caves are situated here, hewn out of the rocks by Buddhist monks about 3,000 years ago and used as a training and meditation centre. So you can gather from this that these places are among the oldest settlements in the city. This park is better known nowadays as a place where young couples can be romantic away from the public gaze, whereas in other places they might run the risk of being

स्पष्ट है। इस नियम के दो दुर्लभ अपवाद उत्तम जैन और चार्ल्स कोरिया हैं जिन्होंने कंचनजंगा अपार्टमेंट्ससहित अनेक सार्वजनिक इमारतों का निर्माण कर पाए। फिर भी, मेरे द्वारा विशेष रूप से सार्वजनिक स्थानों का अनुसन्धान करने के पीछे कारण भी थे। मैंने प्रायः दोपहर में नगर में साइकलों और मोपेडों पर बर्फ के ब्लॉकों को ले जाए जाते हुए देखा। इस देखने पर मन में प्रश्न उत्पन्न हुआ कि ये कुछ अल्पकालिक सामग्रिया कहाँ और कैसे निर्मित की जाती हैं, जिसमें निसंदेह उनकी अमूर्त, औपचारिकतावादी प्रकृति और सामाजिक-आर्थिक कार्य के कारण मुझे रुचि होती है। इसलिए मैं नगर के बहुत भिन्न क्षेत्रों में स्थित कुछ बर्फ फैक्टरियों में गया जो सभी नगर में मछुआरा समुदायों में स्थित थीं और इनमें केवल स्थानीय गाँवों, प्रायः झोपड-पट्टियों में कामगारों को ही काम पर लगाया जाता है। ये स्थान बंबई के कुछ ऐतिहासिक उद्गमों को प्रकट करते हैं क्योंकि कोली मछुआरा समुदाय नगर के इतिहास में एक सबसे पुराना समुदाय है। फिल्म की कड़ी में आप दीवारों पर लिखे गए कोली देवी-देवताओं के नामों से इसे देख सकते हैं (इनका इस पुस्तक के दूसरे अध्याय में वर्णन किया गया है)।

एक अन्य, अधिक समकालीन, समुदाय आँखों का क्लिनिक है। जब मैं नगर में चल रहा था, तब मुझे सार्वजनिक स्थानों या सार्वजनिक परिवहन पर लेज़िक लेज़र उपचार का प्रचार करने वाले विज्ञापन दिखे। इनमें से अधिकाँश विज्ञापनों की शैली पश्चिमी या दक्षिण-पूर्वी थी, पर इनमें स्पष्ट रूप से बंबई में क्षेत्रीय ग्राहकों को सम्बोधित किया गया था। इसके बाद मेरे सहायक और मैं आँखों के कुछ क्लिनिकों में गए और नेत्र रोग विशेषज्ञों से बात की जिन्होंने यह बताया कि युवा, अविवाहित महिलाओं (और उनके परिवारों के लिए) की नज़र कमज़ोर होने पर कॉन्टेक्ट लेंस न लगाने या चश्मा न पहनने का एक कारण सम्भावित विवाह की स्थिति में अधिक दहेज प्राप्त न करना हो सकता है। मेरी वास्तव में इसके निहितार्थों में सांस्कृतिक रूप से बहुत रुचि उत्पन्न हुई क्योंकि यह बहुत परम्परागत विचार निर्णायक रूप से समकालीन विज्ञापन सन्देश द्वारा सम्प्रेषित किया जाता है जिसमें सुन्दरता के आदर्शों को भी व्यक्त किया जाता है जैसा कि क्लिनिक में कड़ी के एक शॉट में देखा जा सकता है।

SG: इस तरीके से किन निश्चित लक्षणों का उपचार किया जाता है?

MP: इसका नज़र खराब होने के अनेक रूपों में सुधार करने के लिए उपयोग किया जाता है। एक अन्य स्थान मुझे रुचिकर लगा, वह था – नगर के उत्तरी भाग में संजय गाँधी राष्ट्रीय उद्यान। यहाँ कन्हेरी गुफाएं स्थित हैं जो बौद्ध भिक्षुओं द्वारा लगभग ३,००० वर्ष पहले चट्टानें काटकर बनाई गई थीं और इनका प्रशिक्षण और ध्यान केन्द्र के रूप में उपयोग किया जाता है। इसलिए आप इससे यह पता लगा सकते हैं कि ये स्थान नगर की प्राचीनतम बस्तियों में से हैं। इस उद्यान को आजकल ऐसे स्थान के रूप में जाना जाता है जहाँ जवान जोड़े लोगों की नज़रों से दूर प्रेमालाप कर सकते हैं जबकि अन्य स्थानों में उन पर लोगों द्वारा हमला किए जाने का जोखिम हो सकता है। आज के इन मानवशास्त्रीय स्थान के इस पुनःउपयोग में मेरी रुचि जगी, विशेषकर इसलिए क्योंकि बहुत-सी बॉलीवुड फिल्मों में इस पार्क में "रोमांटिक दृश्य" फिल्माए गए हैं।

SG: आपने वह क्यों चुना जो इस कड़ी में अवास्तविक वर्णन लगता है? पहली नज़र में ऐसा लगता है कि सभी अन्य कड़ियों की प्रकृति वृत्तचित्र की है, जबकि यहाँ एक कहानी दिखाई जा रही है: एक जोड़ा – एक महिला और एक पुरुष प्रमुख पात्र भिन्न स्थितियों और भिन्न स्थानों में आते हैं – एक-साथ पार्क में जाते हैं, उनका व्यवहार निर्णायक रूप से निजी और रूमानी है। दृश्य

attacked publicly. This reutilization of what is today an anthropological site caught my interest, especially as many Bollywood film productions with "romantic themes" have been shot in this park.

SG: Why did you choose what looks to be a contrived narrative in this episode? All the other episodes seem at first sight to have a documentary nature, whereas a story is being told here: a couple—a female and a male protagonist appear in the film in different situations and in different places—visit a park together, their behaviour decidedly personal and romantic. The scene ends with a kind of symbolic, albeit somewhat hidden, proposal of marriage. This episode is thus different from all the others in its explicit narrative structure.

MP: A large part of the film does indeed have a documentary feel, but this begs the question of what "documentary" actually means or is—not to mention the promise that goes along with it. Personally, I am talking more about a documentary approach. So in each episode there are elements that are controlled or have been suggested, which in turn relate to situations that have already been experienced. In the case of the episode at the National Park, both protagonists appear together (for the first time) and act in a fictional, but nonetheless plausible, situation. In reality, these two characters hadn't met before and got to know one another as people during the film production. And this reality, which came about via my project, is investigated in this episode in order to simulate or recreate the kind of scene you get in the context of a classic Bollywood script, like the ones frequently produced in these places.

SG: But was there a romance during the production?

MP: Well, as is usually the way, there was indeed some romance in the air during this production …

SG: … between the two of them?

MP: … even if it had a different ending in their case.

SG: That's an interleaving of different levels of narration and structure, of the real and the fictional …

MP: … which is to do with thinking about where a so-called reality begins and where it seems to end. In this sense a film is something very real—for the many people involved it simply means a lot of work and the labour that is invested is real; at the same time it may depict something fictional or invented. Neither of my protagonists were (or have become) actors nor had they ever appeared in front of a film camera before. Rather, they were residents of the city and took four days off work to collaborate on the film, so this experience is real to them. You could say they also conducted themselves very naturally and authentically in the situation—a situation they understood and accepted as genuine and real for themselves, just as it was for me. In one scene, I asked both protagonists to say, "I love you", which, to my amazement, presented both of them more or less with an emotional challenge. It gives a pretty good idea, perhaps, of how the two of them

एक प्रकार के सांकेतिक, हालांकि कुछ छिपे हुए, विवाह के प्रस्ताव से समाप्त होता है। इस प्रकार यह कड़ी अपनी स्पष्ट वर्णनात्मक संरचना में अन्य सभी कड़ियों से भिन्न है।

MP: फिल्म के एक बड़े भाग में वास्तव में वृत्तचित्र का आभास है, पर इससे वास्तव में यह प्रश्न उत्पन्न होता है कि "वृत्तचित्र" और इसके साथ के वचन का वास्तव में क्या अर्थ है। वैयक्तिक रूप से, मैं अधिकांशतया किसी वृत्तचित्र दृष्टिकोण के बारे में बात कर रहा हूँ। इस प्रकार प्रत्येक कड़ी में ऐसे तत्व हैं जो या तो नियंत्रित हैं या जिनका सुझाव दिया गया है, जो ऐसी स्थितियों से संबद्ध हैं जिनका पहले ही अनुभव किया जा चुका है। राष्ट्रीय उद्यान वाली कड़ी के मामले में, दोनों प्रमुख पात्र (पहली बार) एक-साथ आते हैं और एक काल्पनिक लेकिन विश्वसनीय स्थिति में अभिनय करते हैं। वास्तविकता में, ये दो पात्र पहले नहीं मिले थे और इन्होंने फिल्म निर्माण के दौरान एक-दूसरे को जाना। और इस वास्तविकता, जो मेरी परियोजना के माध्यम से प्रस्तुत हुई, का इस कड़ी में विश्लेषण किया गया है जिससे उस प्रकार के दृश्य की नकल की जा सके या पुनःप्रस्तुत किया जा सके जो आप किसी कलात्मक बॉलीवुड आलेख के संदर्भ में देखते हैं, ऐसे दृश्यों के समान जो इन स्थानों में बार-बार निर्मित किए गए हैं।

SG: पर क्या निर्माण के दौरान रोमांस था?

MP: जैसा कि प्रायः होता है, इस निर्माण के दौरान थोड़े-से रोमांस की चर्चा थी ...

SG: ... उन दोनों के बीच?

MP: ... यहाँ तक कि उनके मामले में भी एक भिन्न समाप्ति थी।

SG: यह वास्तविक और काल्पनिक के वर्णन और संरचना के भिन्न स्तरों का परस्पर-संबंध था ...

MP: ... तब सोचने से क्या संबंधित होता है जब कोई तथाकथित वास्तविकता आरम्भ होती है और जहाँ यह समाप्त होती हुई प्रतीत होती है। इस अर्थ में फिल्म कुछ बहुत वास्तविक है – इसमें संलग्न होने वाले बहुत-से लोगों के लिए इसका अर्थ बहुत-सा काम और किया जाने वाला श्रम है जो वास्तविक है; इसी के साथ-साथ यह कुछ काल्पनिक या आविष्कृत दिखा सकती है। मेरा कोई प्रमुख पात्र कलाकार नहीं है (या बन नहीं गया है) और न ही वह पहले किसी फिल्म कैमरे के सामने आया है। इसकी बजाए वे फिल्म के निवासी थे और फिल्म में सहयोग देने के लिए उन्होंने चार दिन की छुट्टी ली, इसलिए यह अनुभव उनके लिए वास्तविक है। आप यह कह सकते हैं कि उन्होंने इस स्थिति में बहुत स्वाभाविक और प्रामाणिक रूप से व्यवहार किया – ऐसी स्थिति जो उन्होंने और मैंने सहज और वास्तविक समझी और स्वीकार की। एक दृश्य में मैंने दोनो प्रमुख पात्रों से यह कहा कि वे ये बोलें, "मुझे तुमसे प्यार है" और मुझे यह देखकर आश्चर्य हुआ कि दोनों कमोबेश भावनात्मक रूप से असहज हो गए। यह इस संबंध में काफी अच्छी जानकारी देता है कि सम्भवतः कैसे उन दोनों ने परियोजना में अपना काम बेहद निजी योगदान समझा और जहाँ फिल्म निर्माण प्रक्रिया तुरन्त भावनाएं उत्पन्न कर देती है और इसी के साथ-साथ फिल्म के निर्माण के सिलसिले में उन्हें प्रभावित और साकार करती है – और यह बेशक मेरे लिए सच था।

निजी रूप से मैं वृत्तचित्र और काल्पनिक छवियों के बीच परम्परागत अन्तरों के बारे में कम सोचता हूँ और सन्देश और निर्माण के बारे में बहुत अधिक सोचता हूँ क्योंकि मैं यह मानता हूँ कि दोनों कार्यनीतियाँ ज्ञान के उत्पादन के बहुत रोचक तरीके हैं और वह छवियाँ सामान्यतः किसी सच्चाई या प्रामाणिकता के किसी भाग को ही व्यक्त करती हैं। फिर भी, समझ की सम्भावनाएं उत्पन्न करने और इसी के साथ-साथ इन अध्ययनों और अनुभवों को अस्थिर करने के लिए मुझे दर्शक को इन प्रश्नों में संबद्ध करना बहुत रोचक लगता है। क्योंकि इससे दर्शक अपने द्वारा देखी जा रही चीज़ से सापेक्ष व्यवहार

understood their work on the project, as an extremely personal contribution and one where the filmmaking process evokes emotions in an immediate way and at the same time influences and shapes them as individuals in the course of the film's genesis—and the same was true for me, of course. Personally I think less about the conventional distinctions between documentary and fictional images and much more about their message and construction, as I believe that both strategies are very interesting methods of knowledge production and that images generally convey only part of a truth or authenticity. However, I find it more interesting to involve the viewer in these questions, to create possibilities of understanding, and also at the same time to destabilize these readings and experiences. Because this may put viewers in a better position to adopt an attitude relative to what they are seeing. I am fundamentally interested in responses based on ambiguous interpretations. This is true for both documentary and fictional sequences, no matter if it's me producing them or some other author(s).

> SG: Maybe we could talk again about why you chose an episodic structure for this project, this film. As you describe it, you ended up in Bombay more or less by chance, experiencing the environment there as a guest or an outsider. So how did you develop and ultimately realize the film?

MP: Yes, I sort of found myself again in what was effectively a very complex environment, left to my own devices. This was followed by attempts to find my way in this environment, to interpret it as best I could with the means available to me at the time. This situation gave rise to the question of what one can interpret and understand per se and under what conditions. I am convinced that you understand something from the outset, irrespective of whether you speak the language or are able to read it or understand the actual context. In my case, the immediate experience initially had to do with a formal investigation: paying attention to materials, objects, typography, architecture, sound ... essential experiences.

On a secondary level, I worked with two research assistants, who both live and work in Bombay. I discussed and analysed these formal observations and experiences with them and relied on their knowledge and networks. Many of my proposed topics, places and situations presented difficulties for them, too, which they duly reflected on through conversations, research and bouncing off other sources. During this process, interesting information about these formal considerations crystallized; this often became the substance of several different readings and forms of interpretation in the episodes I ultimately selected, most of which were characterized not by one single idea but by many.

Since my research took place in many different locations and situations, each with their own context, the idea of episodes came up—autonomous films, approaches and contexts that could be experienced individually but also together. A fundamental idea that I was trying to communicate with this

अपनाने के लिए किसी बेहतर स्थिति में आ सकते हैं। मैं अस्पष्ट व्याख्याओं के आधार पर मूलभूत रूप से उत्तरों में रुचि रखता हूँ। यह वृत्तचित्र और काल्पनिक दृश्यों – दोनों के लिए सत्य है चाहे इन्हें मैं निर्मित कर रहा हूँ या कोई अन्य लेखक कर रहे हैं।

SG: कदाचित हम इस बारे में फिर से बात करें कि आपने इस परियोजना, इस फिल्म के लिए कड़ी वाली संरचना क्यों चुनी। जैसा कि आपने बताया है, आप कमोबेश संयोग द्वारा बंबई पहुँचे और आपने वहां अतिथि या बाहरी व्यक्ति के रूप में वातावरण का अनुभव किया। तो आपने यह फिल्म कैसे विकसित और अन्ततः निर्मित की?

MP: हाँ, मैंने स्वयं को दोबारा ऐसी स्थिति में पाया जो कारगर रूप से बहुत जटिल वातावरण थी और मेरे पास स्वयं के साधन थे। इसके बाद मैंने उस समय अपने पास उपलब्ध साधनों के साथ वातावरण में स्वयं को ढालने और इसे समझने का प्रयास किया। इस स्थिति ने इस प्रश्न को उत्पन्न किया कि कोई व्यक्ति स्वयं और किन परिस्थिति में क्या समझ और जान सकता है। मैं इससे सन्तुष्ट हूँ कि आप प्रारम्भ से कोई बात समझ सकते हैं, चाहे आप भाषा बोलें या न बोलें या इसे समझ पाएं या न समझ पाएं या वास्तविक संदर्भ को समझें या न समझें। मेरी स्थिति में, आरम्भिक अनुभव प्रारम्भ में किसी औपचारिक जाँच-पड़ताल से संबंधित था: सामग्रियों, वस्तुओं, मुद्रण कला, वास्तुशिल्प, ध्वनि ... आवश्यक अनुभवों पर ध्यान देना।

सहायक स्तर पर, मैंने उन दो अनुसन्धान सहायकों के साथ काम किया जो दोनों बंबई में रहते हैं और काम करते हैं। मैंने उनके साथ इन औपचारिक मतों और अनुभवों पर चर्चा की और विश्लेषण किया और उनके ज्ञान और नेटवर्कों पर विश्वास किया। मेरे बहुत-से प्रस्तावित विषयों, स्थानों और स्थितियों ने उनके लिए भी कठिनाइयाँ उत्पन्न कीं जो उन्होंने बातचीत, अनुसन्धान और अन्य स्रोतों के माध्यम से विधिवत रूप से प्रकट कीं। इस प्रक्रिया के दौरान इन औपचारिक पहलुओं के बारे में रोचक सूचना ने निश्चित रूप धारण किया; यह प्रायः उन कड़ियों में अनेक भिन्न अध्ययनों और व्याख्या के रूपों का केन्द्र बन गया जिन्हें मैंने अन्ततः चुना, जिनमें से अधिकाँश कड़ियों की विशेषता कोई एक विचार न होकर बहुत-से विचार थी।

मेरा अनुसन्धान कार्य भिन्न स्थानों और स्थितियों में हुआ, इसलिए उनके स्वयं के संदर्भ से कड़ियों का विचार उत्पन्न हुआ – ऐसी स्वतन्त्र फिल्में, दृष्टिकोण और संदर्भ जिनका वैयक्तिक रूप से और साथ में अनुभव किया जा सके। जिस मूलभूत विचार को मैं इस कार्यनीति के साथ व्यक्त करने का प्रयास कर रहा था वह यह था कि प्रस्तुत की गई सामग्री को सम्पूर्ण के रूप में न देखा जाए, इसकी बजाए यह एक ऐसा पहलू, बड़े संदर्भ का भाग दिखाती है जिसे मैंने स्वयं फिल्माने में असमर्थ होने के रूप में देखा था। इसके अलावा, मैं यह भी नहीं मानता कि ऐसा राग्भव या उपयुक्त होगा। इन स्थितियों की जटिलता और उनके सारे प्रभावों को समझने के लिए व्यक्ति को स्वयं को प्रस्तुत करना होगा – कोई फिल्म (या संस्थापना) ऐसे अनुभव को बिल्कुल नहीं बदल सकती। दर्शक के रूप में स्वयं बहुत-सी फिल्मों और चलचित्र आधारित संस्थापनाओं का अनुभव कर लेने के बाद, मैंने भी यह सोचा कि किसी प्रदर्शनी स्थान में लोगों को इस विकल्प की पेशकश करना ठीक रहेगा कि वे इनमें से कितनी कड़ियाँ चाहते हैं या देखने की आवश्यकता है और ऐसा उन्हें परियोजना के भीतर और अनेक स्वतन्त्र प्रोजेक्शनों वाली प्रदर्शनी के संदर्भ में स्थानिक रूप से अलग करके किया जा सकता है।

स्थानों, वस्तुओं, कार्यों और कलाकारों को चुनने के बाद और योजनाबद्ध शूटिंग कार्यक्रम और स्थानों वाली नोटबुक के साथ फिर मैंने अपने सहायक और अपने कैमरामैन के साथ मिलकर फिल्म के कर्मी-दल का गठन किया, यह ऐसे पेशेवरों से बनी टीम थी जिसे वृत्तचित्र, विज्ञापन या फीचर फिल्म निर्माण का अनुभव था। यहाँ महत्वपूर्ण व्यक्ति

strategy was that material represented is not to be seen as complete but instead shows only an aspect, part of a larger context that I saw myself as being unable to capture. And I also don't believe that it would be possible or worthwhile. One would need to expose oneself to these situations to understand their complexity and all their repercussions—a film (or installation) cannot replace such an experience at all. Having myself experienced many films and moving-image based installations as a viewer, I also thought it would be liberating to offer an audience a choice of how many of these episodes they want or need to watch in an exhibition space, by separating them both within the project and spatially in the context of an exhibition comprised of several autonomous projections.

Having chosen locations, objects, actions and actors, and a notebook containing the planned shooting schedule and locations, I then put a film crew together, in conjunction with my assistant and my cameraman, a team made up of professionals who had supervised documentary, advertising or feature film productions. A key figure here was my production manager, who secured access to public places and sites—which meant keeping the police away from the shooting locations—without it costing us a fortune in bribes. Ultimately, our team consisted of up to twenty-five people, a relatively small team, as I was told in Bombay, but one I was initially somewhat sceptical of, as I had never worked with so many people any time before and prefer a smaller group of collaborators.

The fact that I wanted to shoot each scene only once was something of a challenge for my crew. It meant that from the outset I was not interested in whether what happened on camera was perfect or not, seeing it rather as something real in the moment of filming. There were also economic constraints which I made use of conceptually, as a result, I achieved a very interesting ratio of realism to representation. I had steadfastly rejected suggestions for me to shoot this project on video or 16 mm, on the one hand because of these constraints and, on the other, because the materiality and colour depth of 35 mm were important formal criteria for this work and its overall conception.

>   SG: Could you transfer this same approach to another place in a non-
>   Western country or does it have something specific to do with this
>   place, this city?

MP: In my case, this project has to do exclusively with this place. It certainly has something to do with me as well and with my immediate situation there, with my level of knowledge at that time. I wouldn't translate this exact approach to a different place in any case, because I developed and applied this approach based on the situation I found myself in. So it has something to do with the time and place it was made and less perhaps with the geopolitical circumstances in general, although the complex and dynamic situation in Bombay of course led me to express myself in just the way I did. It remains to be seen whether I would work again in a similar

मेरा निर्माण प्रबन्धक था जिसने सार्वजनिक स्थानों और स्थानों तक पहुँच बनाई – जिसका यह अर्थ था कि रिश्वत में पैसा दिए बिना पुलिस को शूटिंग के स्थानों से दूर रखना। अन्ततः हमारी टीम में पच्चीस लोग थे और जैसा कि मुझे बंबई में बताया गया यह तुलनात्मक रूप से छोटी टीम थी लेकिन आरम्भ में मैं इस टीम के प्रति सशंकित था क्योंकि मैंने पहले कभी इतने सारे लोगों के साथ काम नहीं किया था और मैं सहयोगकर्ताओं का छोटा समूह पसन्द करता हूँ।

यह बात मेरे कर्मी-दल के लिए कुछ चुनौतीपूर्ण थी कि मैं प्रत्येक दृश्य को केवल एक बार में शूट करना चाहता था। इसका यह मतलब था कि आरम्भ में मेरी इस बात में रुचि नहीं थी कि कैमरे में जो कैद हुआ है, वह बढ़िया है या नहीं, इसकी बजाए मैं इसे फिल्माने के क्षण कुछ वास्तविक मान रहा था। कुछ आर्थिक कठिनाइयाँ भी थीं जिनका मैंने संकल्पनात्मक रूप से उपयोग किया और वास्तविकता से प्रतिनिधित्व का बहुत रोचक अनुपात अर्जित किया। मैंने इस परियोजना को वीडियो या १६ मि.मी. पर फिल्माने के सुझावों को एक ओर इन कठिनाइयों और दूसरी ओर इस कारण से दृढ़तापूर्वक अस्वीकार कर दिया क्योंकि तात्विकता और ३५ मि.मी. की रंग गहराई इस कार्य और इसके सम्पूर्ण सृजन के लिए महत्वपूर्ण औपचारिक मापदंड थे।

SG: क्या आप यही दृष्टिकोण किसी गैर-पश्चिमी देश में किसी अन्य स्थान में स्थानांतरित कर सकते हैं या क्या यह इस स्थान, इस नगर से कुछ विशेष रूप से संबंधित है?

MP: मेरे मामले में यह परियोजना इस स्थान से विशिष्ट रूप से संबंधित है। यह निश्चित रूप से मुझसे और वहाँ मेरी तात्कालिक स्थिति और उस समय ज्ञान के मेरे स्तर से किसी रूप में संबंधित है। मैं इस निश्चित दृष्टिकोण को किसी भी स्थिति में किसी भिन्न स्थान में रूपान्तरित नहीं करूँगा क्योंकि मैंने यह दृष्टिकोण उस स्थिति में विकसित और लागू किया है जिसमें मैंने स्वयं को पाया। तो, यह इसे निर्मित किए जाने के समय और स्थान से किसी रूप में संबंधित है और सामान्य रूप से भूराजनैतिक परिस्थितियों से सम्भवतया कम संबंधित है, हालांकि बंबई में निसंदेह जटिल और गतिशील स्थिति ने मुझे स्वयं को उसी तरीके से व्यक्त करने का अवसर दिया जैसा मैंने किया। यह देखना बाकी है कि क्या मैं उस स्थिति में उसी तरीके से फिर से काम करूँगा अगर मैं स्वयं को ऐसी ही स्थिति और ऐसे ही स्थान में पाता हूँ। पर मुझे लगता है कि मेरी अपने तात्कालिक वातावरण के प्रति प्रतिक्रिया करने और ऐसा दृष्टिकोण या कार्यनीति विकसित करने में अधिक रुचि है जो उस वातावरण और कार्य स्थिति से उत्पन्न होती है, यह रुचि मेरे द्वारा किसी सिद्धांत का पालन करने से अधिक है – और मैं अब तक किन्हीं दो स्थानों पर नहीं गया हूँ, यह उतना समान प्रतीत होता है, विशेष रूप से अगर कोई व्यक्ति किसी स्थिति में अधिक समय व्यतीत करता है और इसके अधिक सूक्ष्म पहलुओं का अनुभव करता है।

SG: आपके विचार में इस स्थान के बारे में क्या इतना विशेष है? क्या आप यह कहेंगे कि क्या यह सामान्य रूप से बंबई पर लागू होता है या आपकी फिल्म में स्थानों पर ही लागू होता है? इस स्थान के बारे में ऐसा क्या है जिसने एक बाहरी व्यक्ति के रूप में इस दृष्टिकोण, आपके बोध की जाँच का सुझाव दिया, जैसा कि आप कहते हैं?

MP: सबसे पहले, मुझे यह कहना चाहिए कि सांस्कृतिक रूप से मेरे लिए बंबई जैसे नगर में फिल्म का निर्माण करना सापेक्ष रूप से कठिन स्थिति थी। एक ओर, यह इस तथ्य से संबंधित है कि मैंने स्वयं को ऐसी स्थिति में पाया जो बहुत सौभाग्यशाली स्थिति हो सकती है और मुझे वहाँ काम करने का मौका मिला; वहीं दूसरी ओर यह इस प्रश्न को उठाता है कि इस प्रकार का सांस्कृतिक निर्माण निश्चित रूप से किसके लिए

way if I found myself in a similar situation and a similar place. But I think I'm more interested in responding to my immediate environment and developing an approach or strategy that grows out of that environment and work situation, more than I am in following a principle—and no two places I have so far visited seem all that similar, especially if one spends more time in a situation and experiences the more subtle aspects of it.

SG: What would you say is so special about this place? Would you say it holds for Bombay in general or just for the locations in your film? What is it about this place that suggested this approach, this examination of your perceptions as an outsider, as you say?

MP: First of all, I should say that, from a cultural point of view, it was a relatively difficult situation for me to produce a film in a city like Bombay. On the one hand, this has to do the fact that I found myself in what may have been a rather privileged situation and had the opportunity to work there; on the other hand, it raises the question of who exactly a cultural production of this kind could be useful for. Another question relates to what one can actually represent anyway and, once again, for whom? I was aware that it is pretty well impossible to represent Bombay as a city and it was not really my intention to do so. I knew that it would certainly be extremely difficult too! I saw myself rather as simply being in a position to discuss certain aspects, excerpts as it were from an environment or particular situation. Besides, the name of the city appears neither in the title of the work nor in the film, so one can surmise that it is not intended as a representation of a city, but about specific situations in an urban environment and its specific culture.

In terms of content I wanted to be very accurate in how I formulated these studies, or representations. I also wanted to articulate them in as open a way as possible, since the complexity of the situation depicted would otherwise be more severely limited by me, and because the situation was alien to me up to that point—and to some extent still is—which, in turn, is tied up with the cultural history of these places and the region. Each of these places and situations contains great potential for different interpretations. At the same time, each place points to formal qualities that interested me, be it a block of ice or the poster advertising perfect vision, the golden sandalwood powder that is applied to the scalp after shaving the head, the clapping of hermaphrodites or shelters built by migrant workers using local plastic bags. The formal considerations point to a variety of sociopolitical circumstances and conditions, which can be interpreted according to the degree of knowledge on the part of the viewer, and yet all of them are equally interesting in my opinion.

What interested me in these places is the complex relationship between the formal quality, which the camera brings into focus, and the sociopolitical, cultural, religious and urban information that is expressed. We have formulated some of the information in this publication in the descriptions of the episodes, even though we run the risk that these episodes will now define

उपयोगी हो सकता है। एक अन्य प्रश्न इस बात से संबंधित है कि क्या वास्तव में किसी चीज़ का प्रतिनिधित्व कर सकता है, पुनः किसके लिए? मैं यह जानता था कि एक नगर के रूप में बंबई को प्रस्तुत करना बिल्कुल असम्भव है और ऐसा करने का वास्तव में मेरा इरादा नहीं था। मैं यह जानता था कि ऐसा करना निश्चित रूप से बहुत कठिन भी होगा! मैंने स्वयं को बस निश्चित पहलुओं, उद्धरणों पर चर्चा करने की स्थिति में पाया क्योंकि ये किसी वातावरण या विशेष स्थिति से थे। इसके अलावा, नगर का नाम न तो कृति के शीर्षक और न ही फिल्म में आता है, इसलिए कोई व्यक्ति यह अनुमान लगा सकता है कि इसका इरादा किसी नगर को प्रस्तुत करना नहीं है, बल्कि यह किसी नगरीय वातावरण की विशेष स्थितियों और उसकी विशेष संस्कृति से संबंधित है।

विषय-सामग्री के संबंध में मैं इस संबंध में बहुत सटीक होना चाहता था कि मैंने ये अध्ययन या प्रस्तुतीकरण कैसे तैयार किए। मैं उन्हें अधिक से अधिक मुक्त रूप से भी व्यक्त करना चाहता था क्योंकि प्रदर्शित स्थिति की जटिलता मेरे द्वारा अधिक तीव्र रूप से सीमित कर दी जाएगी और क्योंकि स्थिति उस बिंदु तक मेरे लिए अजनबी थी और कुछ सीमा तक अभी भी है जो इसके बदले इन स्थानों और क्षेत्र के सांस्कृतिक इतिहास से संबद्ध है। इनमें से प्रत्येक स्थान और स्थिति में भिन्न व्याख्याओं के लिए बहुत सम्भावना है। इसी समय प्रत्येक स्थान उन औपचारिक गुणों की ओर संकेत करता है जिनमें मेरी रुचि है, चाहे यह बर्फ का ब्लॉक हो या बढ़िया नज़र का विज्ञापन करने वाला पोस्टर हो या सुनहरी चंदन पाउडर हो जो सिर को मूंडने के बाद खोपड़ी पर लगाया जाता है, चाहे हिजड़ों का ताली बजाना हो या प्रवासी कामगारों द्वारा स्थानीय प्लास्टिक बैगों का उपयोग करते हुए शरण-स्थलों का निर्माण करना हो। औपचारिक पहलू अनेक प्रकार की सामाजिक-राजनीतिक परिस्थितियों और स्थितियों की ओर इंगित करते हैं जिनकी दर्शक के ज्ञान की मात्रा के अनुसार व्याख्या की जा सकती है और इसके बावजूद ये सभी मेरी राय में समान रूप से रोचक हैं।

मुझे इन स्थानों में जो बात रोचक लगती है, वह है औपचारिक गुणवत्ता के बीच जटिल संबंध जो कैमरा फोकस में प्रस्तुत करता है और सामाजिक-राजनीतिक, सांस्कृतिक, धार्मिक और नगर सूचना जिसे व्यक्त किया गया है। हमने कड़ियों के विवरणों में इस प्रकाशन की कुछ सूचना तैयार की है, हालांकि हमें यह जोखिम है कि ये कड़ियाँ अब इस सूचना को परिभाषित करेंगी – ये उनसे कहीं अधिक व्याख्याओं को सम्भव बनाती हैं जिन्हें यहाँ प्रस्तुत किया जा सकता है। इसी संकेत द्वारा सबटाइटल अधिकाँश कड़ियों में जान-बूझकर वर्णनात्मक रखे गए हैं और ये शाब्दिक अनुवाद नहीं हैं। भिन्न भाषाओं और बोलियों का उल्लेख नहीं किया गया है, उदाहरण के लिए, पर इन्हें दर्शकों के एक वर्ग में पहचाना जा सकता है जबकि मेरे जैसे किसी व्यक्ति के लिए इनका केवल ध्वनि के रूप में औपचारिक रूप से अनुभव किया जा सकता है।

समझ के ये संकेत मेरे लिए बहुत महत्वपूर्ण थे, विचार यह था कि कुछ परिस्थितियों में औपचारिक अनुभव आरम्भ में आकर्षक होता है और यह भी कि इस प्रकार के वातावरण में आप बहुत अधिक प्रयास के बिना इस अनुभव से परे नहीं जा सकते। इस संदर्भ में, मैं यह कल्पना कर सकता था कि यह परियोजना लोगों को किसी समान तरीके से किसी समान स्थान को अनुभव करने के लिए और जहाँ आवश्यक हो, वहाँ विषय-सामग्री के संबंध में इन मतों पर कुछ सीमा तक प्रश्न पूछने के लिए लुभाती है। इस संबंध में मेरी परियोजना उस परम्परागत वृत्तचित्र से भिन्न है जो विदेशागत वातावरणों और स्थितियों की व्याख्या करने का प्रयास करते हैं – और मैं इन व्याख्याओं पर उस मात्रा तक अविश्वास करता हूँ जिस तक वे इस प्रश्न को उठाती हैं कि किसी व्यक्ति को ऐसी चीज़ की व्याख्या करने की क्यों आवश्यकता है जो रोज़मर्रा का अनुभव

this information—they allow many more interpretations than can be reproduced here. By the same token, the subtitles are deliberately descriptive in most episodes and not word for word translations. The different languages and dialects are not mentioned, for example, but are identifiable to a section of the audience, while for someone like me they can only be experienced formally, as sound.

These gestures of understanding were very important for me, the idea that, in some circumstances, a formal experience is initially fascinating and also that, in this kind of environment, you can't get beyond this experience without considerable effort. In this sense, I could imagine that this project tempts people to experience a similar place in a similar manner and, where necessary, to go to some length to question these observations in terms of content. In this regard, my project is different from a conventional documentary that tries to explain exotic environments and situations—and I mistrust these explanations inasmuch as they raise the question of why one needs to explain something that is an everyday experience and totally comprehensible for the person involved. I wanted—and I did this from a relatively early stage with my working title *A Formal Film*—to make a clear statement about what I could actually achieve, namely a formal consideration of a complex situation.

> SG: An analysis of your take on something alien to you and the significance you saw for yourself through your own personal process.

MP: Yes, an awareness of the formal considerations as determined by the immediate context of this form. The ice factory episode is perhaps a concrete example here: to begin with I had never seen a block of ice as big as this and I was really taken with its formal structure and consistency. At the same time, a block of ice like this has a whole bunch of ordinary functions, such as being a temporary refrigerator for locals or used in the preparation of sugarcane juice in mobile street cafes. The production of this ephemeral material and its specific shape and dimensions led me to the shift workers, where I saw the working conditions in a fishing village, inside a slum. The interior design and wall inscriptions of such a facility were, of course, quite intriguing, the colour of the walls, the arrangement of light, the sounds … The things I experienced in these places and situations can be difficult to articulate but this film project gets very close to them, especially because it offers an experience and, on principle, foregoes any form of explanation. I prefer to leave any explaining to those who receive this project and those who we invited to contribute to this publication. So it is again a piece of collaborative knowledge production derived from issues my film project suggests—and hopefully it goes even further than that.

> SG: So, on the basis of formal considerations, you decided to get closer to these places. You also wanted to avoid making interpretations or speculating and projecting your feelings. This was your reason for creating the formal structure of nine episodes as a first step. In the next step, during the presentation, you separate the episodes from one

है और संबंधित व्यक्ति को पूरी तरह समझ आती है। मैं चाहता था – और मैंने इस बारे में एक स्पष्ट कथन करने के लिए अपने कार्य शीर्षक एक *औपचारिक फिल्म से* सापेक्ष रूप से आरम्भिक चरण से ऐसा किया कि मैं वास्तव में क्या प्राप्त कर सकता था, नामतः किसी जटिल स्थिति का कोई औपचारिक पहलू।

SG: आपके लिए किसी अजनबी चीज़ पर आपके विचार और आप द्वारा अपनी स्वयं की निजी प्रक्रिया के माध्यम से देखे गए महत्व का विश्लेषण।

MP: हाँ, इस रूप से तात्कालिक संदर्भ द्वारा निर्धारित औपचारिक पहलुओं की जागरूकता। बर्फ की फैक्टरी की कड़ी कदाचित यहाँ एक ठोस उदाहरण है: आरम्भ में मैंने बर्फ का इतना बड़ा ब्लॉक आज तक नहीं देखा था और मैं इसकी औपचारिक संरचना और संगतता से वास्तव में प्रभावित हुआ था। इसी समय, इस जैसे बर्फ के ब्लॉक में सारे सामान्य कार्य होते हैं, जैसे स्थानीय लोगों के लिए अस्थाई रेफ्रिजरेटर या गलियों के चलते-फिरते कैफों में गन्ने का जूस तैयार करने में उपयोग किए जाने वाला। इस अल्पकालिक सामग्री के उत्पादन और इसके विशेष आकार और आयामों ने मुझे पारी वाले कामगारों की तरफ आकर्षित किया जहाँ मैंने एक झोंपड़-पट्टी में मछुआरों के एक गाँव में कार्य की परिस्थितियाँ देखीं। आन्तरिक डिज़ायन और ऐसी सुविधा के इसके दीवार लेख निसंदेह बहुत पहेलीनुमा थे, दीवारों का रंग, रंग की व्यवस्था, ध्वनियाँ ... इन स्थानों और स्थितियों में मैंने जिन चीज़ों का अनुभव किया, उन्हें व्यक्त करना कठिन हो सकता है, पर यह फिल्म परियोजना उनके बहुत समीप जाती है, विशेष रूप से इसलिए क्योंकि यह एक अनुभव की पेशकश करती है और सिद्धांत रूप में व्याख्या का कोई रूप खो देती है। मैं कोई व्याख्या उन लोगों पर छोड़ने को प्राथमिकता देता हूँ जो यह परियोजना प्राप्त कर रहे हैं और जिन्हें हमने इस प्रकाशन में योगदान करने के लिए आमंत्रित किया था। तो इस प्रकार यह उन मुद्दों से उत्पन्न सहयोगात्मक ज्ञान निर्माण का एक भाग है जिसका मेरी फिल्म परियोजना सुझाव देती है-और आशाहै कि यह इससे आगे जाएगा।

SG: तो, औपचारिक पहलुओं के आधार पर आपने इन स्थानों के और अधिक करीब जाने का निर्णय लिया। आप अपनी अनुभूतियों की व्याख्या करने या इनका अनुमान लगाने या कल्पना करने से भी बचना चाहते थे। यह पहले चरण के रूप में नौ कड़ियों की औपचारिक संरचना निर्मित करने का आपका कारण था। अगले चरण में, प्रस्तुतीकरण के दौरान, आप इन प्रोजेक्शनों में दिखाई गई कड़ियों की स्क्रीनों की संख्या और क्रम को फिर से निरन्तर व्यवस्थित करके कड़ियों को एक-दूसरी से अलग करते हैं, चाहे मैं असमर्थ हूँ फिर भी कड़ियाँ प्रदर्शनी स्थान में हमेशा दिखाई जाती हैं एक लचीली, हाई-डेफिनेशन वीडियो संस्थापना। जब आप इन कड़ियों को किसी म्यूज़ियम/प्रदर्शनी स्थान में प्रस्तुत करते हैं, तब आप किसी ऐसे अंतर-सम्बन्ध को अलग कर देते हैं जो इन कड़ियों के भीतर सम्भावित रूप से उत्पन्न हो सकता है। कड़ियाँ एक अलग क्रम में प्रस्तुत की जाती हैं या इन्हें सम्पूर्ण संदर्भ से अलग किया जा सकता है। इस औपचारिक दृष्टिकोण का उपयोग करके क्या आप अलग करने का क्षण या स्तर प्रस्तुत करने में सफल हुए जिसने आपको शुद्ध आकर्षण में जाने से रोका (जो निःसंदेह वहाँ था)?

MP: बेशक, यह आकर्षण मौजूद था (और यह निश्चित रूप से फिल्म में प्रकट है)। बहरहाल, मैं अभी भी इस स्थिति का सामना करने के लिए किसी साधन की खोज कर रहा था। यह निश्चित रूप से एक कलाकार के रूप में मेरे व्यवहार और प्रशिक्षण से संबंधित है और मैं ऐसे प्रतिनिधित्व के बारे में अधिक सशंकित हूँ, विशेष रूप से अगर यह आकर्षण से उत्पन्न होता हो। हमारे सांस्कृतिक इतिहास में तब प्रतिनिधित्व के

another by constantly rearranging the number of screens and the order of the episodes shown in these projections, even if all the episodes are always on show in the exhibition space—a flexible, high-definition video installation. You take apart any interrelationships that might emerge within these episodes when you put them in a museum/exhibition space. The episodes are presented in a different order or can be seen detached from the overall context. By using this formal approach, did you succeed in introducing a moment or level of abstraction that prevented you from giving into pure fascination (which was there, of course)?

MP: Of course, this fascination was there (and is certainly evident in the film). Nevertheless, I still looked for a means to counter this situation. This certainly has to do with my attitude and training as an artist and the fact that I am more sceptical about a representation as such, especially if it derives from fascination. In our cultural history there are plenty of problems in terms of representation when it comes to conveying something exotic, so I was well aware of this whole aspect of the project and yet still wanted to suggest a different approach as to how to deal artistically with such a situation. A fundamental idea here was to think about how I might design a project in which I assume that a viewer from the immediate context of my film, from Bombay, will think about and interpret the work. Would the film in itself be perceived as alien, exotic, an outsider work or something like that? Or not?

My deciding for the episodic structure has mainly to do with the fact that I wanted to communicate the idea of incompleteness, that my film project doesn't undertake a general representation of an urban system; instead a number of autonomous, short films that refer to larger a system are presented in context. My episodes are—from a particular point of view—exclusively concerned with excerpts of everyday situations in different parts of the city and yet they still tell us something about the region and culture per se, which cannot, however, be represented in its overall complexity. This distinguishes my way of thinking and my project, for example, from Louis Malle's *L'Inde Fantôme* (1968) and the cultural and critical developments that historically separate these two projects and approaches. The project's title also reflects that somehow. I was aware early on that I didn't want to suggest a linear shape and viewpoint for a presentation in the exhibition space, because at the content level there were no persuasive reasons for doing so. Generally, I think that—in a different way from a movie theatre— the exhibition space has a great potential for presenting moving images and gives an audience a variety of options for engaging and participating, and also reflecting on the environment and viewing conditions. Unlike conventional documentaries and feature films, I don't propose a predetermined order with my installation: there is no beginning or end to the installation.

SG: But there's still a prologue and an epilogue …

संबंध में बहुत-सी समस्याएं आती हैं जब किसी विदेशागत चीज़ को सम्प्रेषित करने की बारी आती है, इसलिए मैं परियोजना के सारे पहलू से भली-भाँति परिचित था और इसके बावजूद इस बारे में कोई भिन्न दृष्टिकोण सुझाना चाहता था कि ऐसी स्थिति से कलात्मक रूप से कैसे निपटें। यहाँ मूलभूत विचार इस बारे में सोचना था कि मैं कोई ऐसी परियोजना कैसे तैयार कर सकता हूँ जिसमें मैं यह मानता हूँ कि मेरी फिल्म के तात्कालिक संदर्भ से बंबई का कोई दर्शक काम के बारे में सोचेगा और इसकी व्याख्या करेगा। क्या स्वयं फिल्म को अजनबी, विदेशागत, किसी बाहरी व्यक्ति का कार्य या इस जैसा समझा जाएगा? या नहीं?

कड़ी संबंधी संरचना के लिए मेरे द्वारा निर्णय करना मुख्य रूप से इस तथ्य से संबंधित है कि मैं अपूर्णता के विचार को सम्प्रेषित करना चाहता था, कि मेरी फिल्म परियोजना किसी नगरीय प्रणाली का सामान्य प्रतिनिधित्व नहीं करती; इसकी बजाए अनेक स्वतन्त्र, लघु फिल्में जो संदर्भ में प्रस्तुत किसी बड़ी प्रणाली को संदर्भित करती हैं। मेरी कड़ियाँ – किसी विशेष दृष्टिकोण से – नगर के भिन्न भागों में दिन-प्रतिदिन की स्थितियों के उद्धरणों से विशेष रूप से संबद्ध हैं और इसके बावजूद वे हमें स्वतः क्षेत्र और संस्कृति के बारे में बताती हैं जिसे, तथापि, समग्र जटिलता में प्रस्तुत नहीं किया जा सकता। यह मेरी सोच के तरीके और परियोजना को, उदाहरण के लिए, लुइस माल्ले के *ल'इन्ड फान्टोम* (१९६८) और उन सांस्कृतिक और महत्वपूर्ण घटनाओं से अलग करता है जो इन दो परियोजनाओं और दृष्टिकोणों को ऐतिहासिक रूप से अलग करती हैं। परियोजना का शीर्षक भी इसे किसी तरीके से व्यक्त करता है। मुझे इस बारे में पहले पता था कि मैं प्रदर्शनी स्थान में प्रस्तुतीकरण के लिए कोई रेखीय आकार और दृष्टिकोण नहीं सुझाना चाहता था क्योंकि विषय-सामग्री के स्तर पर ऐसा करने के लिए कोई प्रबोधक कारण नहीं थे। सामान्यतया, मैं सोचता हूँ कि – किसी मूवी थिएटर से भिन्न तरीके से – प्रदर्शनी स्थान में चलती-फिरती छवियों को प्रस्तुत करने की बढ़िया क्षमता होती है और यह दर्शकों को संलग्न होने और भाग लेने और वातावरण तथा देखने की स्थितियों पर विचार व्यक्त करने के लिए अनेक विकल्प प्रदान करता है। परम्परागत वृत्तचित्रों और फीचर फिल्मों के विपरीत, मैं अपनी संस्थापना के साथ पूर्वनिर्धारित क्रम का प्रस्ताव नहीं करता; संस्थापना का कोई आरम्भ या अन्त नहीं है।

SG: किंतु इसके बावजूद प्रस्तावना और उपसंहार मौजूद है ...

MP: ... जो मैं निश्चित रूप से नहीं बताता। इसकी बजाए मैं यह दर्शकों पर छोड़ देता हूँ कि वे ये काम करें। इस परियोजना को लंदन अन्तरराष्ट्रीय वृत्तचित्र फिल्म समारोह और न्यू यॉर्क नगर में एंथोलॉजी फिल्म अभिलेखागार में फिल्म समारोहों में भी पेश किया गया है। दोनों मामलों में मैंने स्क्रीनिंग के लिए रेखीय व्यवस्था का उपयोग किया पर यह केवल उपयुक्त रूप से लैस परिसरों में फिल्म प्रस्तुतीकरण और इसके विशेष सांस्कृतिक/फिल्म संदर्भ के लिए है।

SG: आपकी परियोजना में प्रस्तावना और उपसंहार किसका प्रतिनिधित्व करते हैं?

MP: दोनों यह तर्क देते हुए थिएटर संबंधी संरचना स्थापित करते हैं कि हम जिसे देख रहे हैं वह कुछ सीमा तक इसकी संकल्पना और संभाषण से इस पूर्व-निर्धारित तरीके से एक मंचित परिदृश्य है। यह सम्भावित रूप से ऐसी कुछ कड़ियों के विपरीत हो सकता है जिनमें वह है जो वृत्तचित्र छवियाँ लगती हैं। अन्य कड़ियों में कार्य सम्मिलित होता है जिसमें निश्चित रूप से ऐसे वर्णनात्मक क्षण होते हैं जो फिल्म के कथानक (और निर्माण) में कतिपय सामयिक निरन्तरता की ओर इंगित करते हैं। सिर को मूंड़ने का दृश्य निश्चित रूप से ऐसी निरन्तरता की ओर इंगित करता है क्योंकि हम प्रमुख पात्रों को बालों की किसी अन्य शैली में नहीं देखते। कड़ियों, प्रस्तावना और उपसंहार को क्रम देने या व्यवस्थित करने और इस प्रकार कहानी के सम्भावित अध्ययन को निर्धारित

MP: ... which I don't exactly specify. Instead I leave it to the viewer to make these assignments. This project has also been presented at film festivals, at the London International Documentary Film Festival and at Anthology Film Archives in New York City. In both cases I came up with a linear arrangement for the screenings but this is only intended for a film presentation in suitably equipped premises and in its specific cultural/film context.

SG: What do the prologue and epilogue stand for in your project?

MP: Both establish a theatrical structure, arguing that what we are looking at is, to some extent, a staged scenario from the way it is preset, from its concept and discourse. This might come into collision with some episodes that contain what seem like documentary images. Other episodes include action, which certainly contains narrative moments that gesture towards a certain temporal continuity in the storyline (and production) of the film. The head-shaving scene definitely points to such a continuity, as we don't see the protagonists with any other hairstyle. The idea of giving an order or arrangement to the episodes, prologue and epilogue, and thus determining a possible reading of the story, is not what I intended. I'm more interested in different ways of combining the strands and associations between the episodes. I think of each episode initially as a complex unit, which can, depending on interpretation, be combined with other episodes—the construction of a narrative sequence is very individual and depends on a whole load of different conditions affecting the viewer. Also how much they watch and for how long, and how they actually think and feel about what they see.

SG: So you are effectively placing the viewer back in your original situation, because you initially experienced these things without knowing the overall context—more for tactical or strategic reasons.

MP: Yes, more for formal reasons. During my travels over the past few years, I was always very interested in visiting places and developing projects, using information and experiences available to me there, in as unbiased a way as possible. Presenting the viewer with the most open, but nonetheless specific, situations possible and dealing with concrete issues definitely corresponds to my personal experience there. At the same time, I think the episodic structure conveys the idea that this only treats selected, representative excerpts of a larger, complex aesthetic and social situation.

SG: Allow me another question about fascination: did this formal structure prevent you from giving in to this fascination? What happened there?

MP: A sense of fascination is certainly noticeable in the film. This is reflected on the film's surface, the image and sound. The decision to work with 35 mm film stock with this colour spectrum bolsters the feeling of fascination I had for the materials, places and action depicted. It was important for me not to work exclusively on this level of pure fascination but to treat other themes discursively behind this formal level. I am interested in social, urban, cultural and religious issues just as much as the formal qualities of the objects and places that are actually represented in this aesthetic and act

करने का विचार वह नहीं है जो मेरा इरादा था। मेरी कड़ियों के बीच पहलुओं और संबंधों को संयोजित करने के भिन्न तरीकों में अधिक रुचि है। मैं प्रत्येक कड़ी को आरम्भ में एक जटिल इकाई के रूप में देखता हूँ, जो व्याख्या के आधार पर अन्य कड़ियों से मिलाई जा सकती है — किसी वर्णनात्मक दृश्य का निर्माण बहुत वैयक्तिक होता है और दर्शक को प्रभावित करने वाली सम्पूर्ण भिन्न परिस्थितियों पर निर्भर करता है। इसके अलावा वे कितना और कितने समय तक देखते हैं, और वे वास्तव में अपने द्वारा देखी जाने वाली चीज़ के बारे में कैसे सोचते और महसूस करते हैं।

SG: तो आप दर्शक को प्रभावी रूप से अपनी मूल स्थिति में वापस रख रहे हैं क्योंकि आपने इन चीज़ों का आरम्भ में अधिकाँशतया नीतिगत या कार्यनीतिक कारणों से पूरे संदर्भ को जाने बिना अनुभव किया।

MP: हाँ, अधिकाँशतया औपचारिक कारणों से। पिछले कुछ वर्षों में अपनी यात्राओं के दौरान मैं यथासंभव निष्पक्ष तरीके से स्थानों में उपलब्ध सूचना और अनुभवों का उपयोग करके स्थानों में जाने और परियोजनाएं विकसित करने में हमेशा बहुत रुचि रखता था। दर्शकों को सबसे मुक्त लेकिन फिर भी ठोस मुद्दों से संबंधित विशिष्ट सम्भावित स्थितियाँ प्रस्तुत करना निश्चित रूप से वहाँ मेरे निजी अनुभव के अनुरूप है। इसी समय, मेरे विचार में कड़ी से संबंधित संरचना यह विचार सम्प्रेषित करती है कि यह किसी बड़ी जटिल, सौंदर्यपरक और सामाजिक स्थिति के चुनिंदा, प्रतिनिधि उद्धरणों का ही उल्लेख करती है।

SG: आकर्षण के बारे में मुझे एक और प्रश्न पूछने की अनुमति दें: क्या इस औपचारिक संरचना ने आपको इस आकर्षण से हार मानने से रोका? वहाँ क्या हुआ?

MP: फिल्म में आकर्षण का भाव निश्चित रूप से देखा जा सकता है। यह फिल्म की सतह, छवि और ध्वनि पर व्यक्त होता है। इस वर्णक्रम के साथ ३५ मि.मी. फिल्म स्टॉक के साथ काम करने का निर्णय आकर्षण की उस अनुभूति को सुदृढ़ करता है जो मेरे मन में दिखाई गई सामग्रियों, स्थानों और कार्यों के संबंध में थी। मेरे लिए विशुद्ध आकर्षण के इस स्तर पर विशेष रूप से काम न करना, बल्कि इस औपचारिक स्तर के पीछे अन्य विषयों को तर्कमूलक मानना महत्वपूर्ण था। मेरी सामाजिक, नगरीय, सांस्कृतिक और धार्मिक मुद्दों में उतनी ही रुचि है जितनी उन वस्तुओंऔर स्थानों की औपचारिक विशेषताओं में है जिन्हें इस सौंदर्यपरक में वास्तविक रूप से प्रदर्शित किया गया है और जो संकेतकों के रूप में काम करते हैं। इन दो दृष्टिकोणों और रुचियों का संयोजन और दोनों के लिए निश्चित आकर्षण, जैसा कि मैं अनुभव करता हूँ, अलग न करने योग्य घटक हैं। मैं अभी भी दोनों को ऐसे कलात्मक साधन मानता हूँ जो एक-दूसरे के बारे में प्रश्न पूछते हैं और मेरी ज़मीनी स्थिति और स्थान के भाव को व्यक्त करते हैं।

SG: क्या आपने यह फिल्म कभी बंबई में प्रदर्शित की है?

MP: एक बार — मैंने एक कलाकार के निवास पर तब वार्ता की जब मैं मार्कुस वाईसबैक के साथ इस पुस्तक के लिए एक-साथ अनुसन्धान कर रहा था। जिन पचास अतिथियों को मैंने क्लिप भेंट किए, उन्होंने उत्साहपूर्ण चर्चा की — जिससे मुझे प्रसन्नता हुई क्योंकि मेरे अनुसन्धान से स्पष्ट समानताएं थीं, जिसमें सभी प्रकार के विषयों पर सभी प्रकार के मत व्यक्त किए गए, चाहे यह भिन्न भाषाएं और बोलियाँ हों, फिल्म में एक-दूसरे से इनके गुँथे होने का तरीका हो, कड़ियों में किन समयों पर यह या वह भाषा प्रस्तुत होती है और किस प्रकार से शब्दों, जिनमें कभी-कभी विभिन्न भाषाएं सम्मिलित होती हैं, का उपयोग किया जाता है और उनके कौन-से सांस्कृतिक तात्पर्य हो सकते हैं।

as signifiers. The combination of these two approaches and interests, and a certain fascination for the two are, as I see it, inseparable components. I still consider both to be stylistic devices that ask questions of one another and reflect my on-the-ground situation and sense of place.

SG: Have you ever screened this film in Bombay?

MP: Once—at a talk I gave at an artist residency, while I was doing research for this book together with Markus Weisbeck. The fifty guests who I presented the clips to entered into an animated discussion—which I was delighted about because there were obvious similarities to my research, which took in a whole variety of opinions about all sorts of things, be it the different languages and dialects, the way they are intertwined with one another in the film, at which points in the episodes this or that language appears or how words, which at times consist of several languages, are used and the cultural implications they then have.

The aesthetic and conceptual strategies visible in the episodes prompted the viewers to pose more questions and it seemed to me that a local audience can also be both fascinated and ignorant about social topics in places they aren't familiar with. I saw that certain visual experiences were articulated in a similar way to my experience, say, in Frankfurt, yet with a stronger sense of place and context. The installation will be presented in 2013 at KHOJ, a non-profit exhibition and research centre in New Delhi, and then in an exhibition space in Bombay.

SG: Did you actually show this work to anyone in Bombay not involved in the movie production before the first presentation of the installation?

MP: Yes, I showed the project to some people I know in Bombay. Dev Benegal, an Indian filmmaker I was getting friendly with at the time, gave me some very good advice and also expressed a certain amount of confidence and enthusiasm about how this project might be received in Bombay. I had a lot of constructive support while I was editing the film in Berlin, which was very important for me and gave me some essential input, as I wasn't exactly sure how this material would be received by people outside the project or, indeed, how a response to images and sounds like this would be articulated.

SG: What reaction did you get to the episodes from the people who came to your presentation, who may have felt that such an environment was nothing out of the ordinary? The way you represented things cinematically, with technically advanced means creating complex and impressive images ... we invariably find it all incredibly beautiful but to the ordinary people there it all seems totally normal. Did the question ever arise as to why you filmed it?

MP: I was really amazed because almost none of the people who saw the film knew what the inside of a local ice factory looked like and only a few of them could identify the inscriptions. The question as to why I shot in that precise spot was less important than what I had experienced there. But I still think that there is a local sense of beauty inherent in this or that episode,

कड़ियों में प्रकट सौंदर्यपरक और संकल्पनात्मक कार्यनीतियों के परिणामस्वरूप दर्शक और अधिक प्रश्न पूछने के लिए प्रेरित हुए और मुझे यह लगा कि स्थानीय दर्शक अपने से अपरिचित स्थानों में सामाजिक विषयों के बारे में आकर्षित और अनभिज्ञ हैं। मैंने यह देखा कि कतिपय दृश्य अनुभव मेरे अनुभव के समान तरीके में व्यक्त किए गए थे, उदाहरण के लिए फ्रैंकफर्ट में, लेकिन यह स्थान और संदर्भ के पुरज़ोर भाव से व्यक्त किए गए थे। संस्थापना २०१३ में खोज में प्रस्तुत की जाएगी जो नई दिल्ली में एक गैर-लाभ प्रदर्शनी और अनुसन्धान केन्द्र है और इसके बाद बंबई में किसी प्रदर्शनी स्थान में प्रस्तुत की जाएगी।

SG: क्या आपने संस्थापना के पहले प्रस्तुतीकरण से पहले बंबई में किसी ऐसे व्यक्ति को यह कार्य वास्तविक रूप से दिखाया जो फिल्म के निर्माण में संलग्न नहीं था?

MP: हाँ, मैंने बंबई में अपने कुछ जानकार लोगों को परियोजना दिखाई। देव बेनेगल, एक भारतीय निर्माता, जिनसे मेरी उस समय मित्रता हो रही थी, ने मुझे कुछ बहुत अच्छी सलाह दी और इस बारे में भी कुछ आत्मविश्वास और उत्साह प्रकट किया कि इस बंबई में इस परियोजना के लिए सम्भावित रूप से कैसी प्रतिक्रिया होगी। जब मैं बर्लिन में इस फिल्म को सम्पादित कर रहा था, तब मेरे पास बहुत-सा रचनात्मक सहयोग था जो मेरे लिए बहुत महत्वपूर्ण था और इसने मुझे आवश्यक मत प्रदान किया क्योंकि मैं इस बारे में निश्चित रूप से आश्वस्त नहीं था कि इस सामग्री के संबंध में परियोजना से बाहर के लोगों द्वारा कैसी प्रतिक्रिया व्यक्त की जाएगी या वास्तव में इसकी जैसी छवियों और ध्वनियों के संबंध में प्रतिक्रिया कैसे बताई जाएगी।

SG: आपको उन लोगों से कड़ियों के संबंध में कैसी प्रतिक्रिया प्राप्त हुई जो आपके प्रस्तुतीकरण में आए, जिन्होंने सम्भावित रूप से यह अनुभव किया होगा कि ऐसा वातावरण सामान्य से भिन्न नहीं था? आपने जिस सिनेमेटिक तरीके से, तकनीकी रूप से उन्नत माध्यम से चीज़ों को प्रस्तुत किया और जटिल और प्रभावकारी छवियों का निर्माण किया ... हम इस सब को निरन्तर अत्यन्त सुन्दर पाते हैं, पर आम लोगों के लिए यह सब पूर्ण रूप से सामान्य प्रतीत होता है। क्या इस संबंध में कभी प्रश्न उठा कि आपने इसे क्यों फिल्माया?

MP: मैं वास्तव में बहुत आश्चर्यचकित था क्योंकि फिल्म देखने वाले किसी भी व्यक्ति को यह पता नहीं था कि किसी स्थानीय बर्फ फैक्टरी के भीतर कैसा दिखता है और उनमें से कुछ ही लेखों की पहचान कर पाए। यह प्रश्न कि मैंने उस निश्चित स्थान में क्यों फिल्माया इससे कम महत्वपूर्ण था कि मैंने वहाँ क्या अनुभव किया था। पर मैं अभी भी ऐसा मानता हूँ कि इस या उस कड़ी में सुन्दरता का स्थानीय भाव अंतर्निहित है जो सम्भवतया उस बहुत विशिष्ट तरीके के कारण है जिसमें फिल्म में ध्वनि और छवि की कल्पना की गई और इन्हें प्रस्तुत किया गया। यह दर्शकों को फिल्म को दृश्य रूप से अनुभव करने के लिए बहुत से भिन्न तरीके प्रदान कर सकता है, उदाहरण के लिए, कैमरे की स्वयं की धुरी के आसपास ३६०° पर घूमने वाले कुछ देरी करने वाले यात्रा शॉट।

SG: क्या आपने उदाहरण के लिए, बर्फ फैक्टरी की कड़ी वहाँ के कामगारों को प्रस्तुत की है या करेंगे? वे कैसे प्रतिक्रिया व्यक्त करेंगे और वे फिल्म में क्या देखेंगे?

MP: मैं ऐसा करना चाहूँगा और वास्तव में मेरी ऐसा करने की योजना है। ऐसा प्रदर्शनी के संदर्भ में होना चाहिए, अन्यथा यह फिल्म को किसी पूरी तरह से भिन्न माध्यम में इसकी औपचारिक विशेषताओं के साथ प्रस्तुत करने में परिणत होता है, और यह आवश्यक रूप से मेरे विचार व्यक्त नहीं करता और दर्शकों को बहुत सीमित अनुभव

which is perhaps due to the very specific manner in which the sound and image were conceived and realized in the film. This can give the audience quite a number of different ways to experience the film visually, for example, the somewhat lingering travelling shots moving 360° around the camera's own axis.

   SG: Have you presented or would you present, for example, the ice factory episode to the workers there? How would they react and what would they see in this film?

MP: I would love to, and indeed plan to. This would need to happen in an exhibition context, otherwise it ends up presenting the film with its formal qualities in a completely different medium, and it does not necessarily represent my ideas and would give the viewers a rather limited experience. The way in which the installation is formulated in a specific architectural context is an important part of this work for me and how it is communicated. In the second part of our publication, which will appear at the exhibitions in Bombay and New Delhi, I will be able to report on the reaction of these workers, as well as other workers who take part in the film.

   SG: Because of the fact that the film has to be finished before you present it, you are also facing a dilemma in that you were never able, for example, to reflect the reactions and perceptions of the people you filmed in your work. This is obviously a dilemma which one has to face as an artist. It is certainly also part of this work.

MP: This dilemma is always there in my opinion—in all of my previous film projects, be it Krumping performers in Berlin, actors in Frankfurt or a factory owner in California, I think this problem crops up again and again whenever you pictorially represent, and thereby also abstract, what others consider to be their reality.

   SG: Precisely—it doesn't matter whether it's a different reality within our social context, so to speak, or a different culture.

MP: Yes, I think one can say that …

   SG: The conceptual cinematic method recurs in all your other work, in one way or another way. In this work, however, the object or situation you are looking at is situated in a different cultural space and is therefore potentially more complex. However, your way of operating seems unchanged by this context.

MP: My strategic approach, my thinking, of course, is initially based on my identity. Nevertheless, I would argue that my thinking is affected and altered by my approach and the involvement I have with an object, subject or situation, especially in a cultural setting of the kind I found myself in, where you would otherwise cut yourself off from some possible resources. On the other hand, those conceptual ideas also gave me sufficient confidence and independence to implement the project in this way. They also provide information about my cultural identity. If I look at some earlier cinematic projects, I think they are all different in their own way, because they were realized in

प्रदान करेगा। यह मेरे लिए इस कार्य का महत्वपूर्ण भाग है कि किस तरीके से संस्थापना किसी विशेष वास्तुशिल्पीय संदर्भ में निर्मित की गई है और इसे कैसे सम्प्रेषित किया जाता है। हमारे प्रकाशन के दूसरे भाग में, जो बंबई और नई दिल्ली में प्रदर्शनियों में प्रस्तुत होगा, मैं इन कामगारों के साथ-साथ फिल्म में भाग लेने वाले अन्य कामगारों की प्रतिक्रिया के बारे में सूचित कर पाऊँगा।

SG: इस तथ्य के कारण कि आप द्वारा फिल्म को प्रस्तुत करने से पहले इसे पूरा किया जाना है, आप इस संबंध में किसी ऊहापोह का भी सामना कर रहे हैं कि उदाहरण के लिए, आप उन लोगों की प्रतिक्रियाओं और बोधों को कभी व्यक्त नहीं कर पाए जिन्हें आपने अपने कार्य में फिल्माया था। यह स्पष्ट रूप से ऐसी ऊहापोह है जिसका व्यक्ति को एक कलाकार के रूप में सामना करना है। यह निश्चित रूप से इस कार्य का भी भाग है।

MP: मेरी राय में यह ऊहापोह हमेशा मेरी सभी पिछली फिल्म परियोजनाओं में मौजूद रही है, चाहे यह बर्लिन में क्रिम्पिंग अदाकार हों, फ्रैंकफर्ट में कलाकार हों या केलीफोर्निया में कोई फैक्टरी मालिक हो, मेरा विचार है कि यह समस्या तब बार-बार उत्पन्न होती है जब कभी आप उसे चित्र द्वारा व्यक्त करते हैं और इसके द्वारा उसे प्रस्तुत करते हैं जिसे अन्य अपनी वास्तविकता मानते हैं।

SG: निश्चित रूप से – इससे कोई फर्क नहीं पड़ता कि क्या यह हमारे सामाजिक संदर्भ, या यो कहें किसी भिन्न संस्कृति में कोई भिन्न वास्तविकता है।

MP: हाँ, मेरे ख्याल में ऐसा कहा जा सकता है ...

SG: संकल्पनात्मक सिनेमेटिक तरीका आपके अन्य सभी कार्य में किसी न किसी तरीके से दोबारा उत्पन्न होता है। तथापि, इस कार्य में, आप जिस वस्तु या स्थिति को देख रहे हैं वह किसी भिन्न सांस्कृतिक स्थान में स्थित है और इसलिए सम्भावित रूप से अधिक जटिल है। तथापि, आपका काम करने का तरीका इस संदर्भ द्वारा अपरिवर्तित लगता है।

MP: मेरा कार्यनीतिक दृष्टिकोण, मेरी सोच, बेशक, आरम्भिक रूप से मेरी पहचान पर आधारित है। बहरहाल, मैं यह तर्क दूँगा कि मेरी सोच किसी वस्तु, विषय या स्थिति के प्रति मेरे दृष्टिकोण और संलग्नता द्वारा प्रभावित और परिवर्तित होती है, विशेष रूप से उस प्रकार के सांस्कृतिक परिवेश में जहाँ मैंने स्वयं को पाया था जहाँ आप अन्यथा स्वयं को कुछ सम्भावित संसाधनों से स्वयं को विमुख कर लेंगे। दूसरी ओर, उन संकल्पनात्मक विचारों ने मुझे इस तरीके से परियोजना को लागू करने के लिए पर्याप्त आत्मविश्वास और स्वतन्त्रता प्रदान की। वे मेरी सांस्कृतिक पहचान के बारे में भी सूचना प्रदान करते हैं। अगर मैं कुछ पिछली सिनेमेटिक परियोजनाओं पर देखता हूँ, तो मैं यह सोचता हूँ कि ये सभी अपने स्वयं के तरीके में भिन्न हैं क्योंकि इन्हें भिन्न सांस्कृतिक वातावरणों, विशेष स्थितियों और भिन्न प्रतिभागियों के साथ तैयार किया गया था जिन सबका इस पर महत्वपूर्ण प्रभाव है कि कोई परियोजना कैसे अपना आकार और तर्क प्राप्त करती है। बहरहाल, ऐसे बहुत-से औपचारिक और संकल्पनात्मक विचार हैं जिनका मैं लम्बे समय से पालन करता रहा हूँ और जो *एक औपचारिक फिल्म* में संयोजित हैं। इन कार्यों में एक कठिनाई है जिसे मेरे संकल्पनात्मक दृष्टिकोण से संबंधित किया जा सकता है।

SG: हाँ, यह फिल्म (सिर्फ) मूलभाव या विषय को ही नहीं, बल्कि आपको भी प्रदर्शित करती है। आप ऐसी स्थिति से कलाकार के रूप में कैसे निपटते हैं? और क्या आप यह कहेंगे कि बंबई में आपके अनुभव के बाद से आपके दृष्टिकोण के संबंध में कुछ परिवर्तन हुआ है? क्या आप अपने भविष्य के काम के लिए इस अनुभव से कोई मौलिक निष्कर्ष निकाल सकते हैं?

different cultural environments, specific situations and with different partici-pants, who all have an important impact on how a project finds its shape and argument. Nevertheless, there are a number of formal and conceptual ideas I have been following for a long time and which are combined in *A Formal Film*. There is a rigour within these works which can be traced back to my conceptual approach.

SG: Yes, the film doesn't (just) show the motif or subject but you as well. How do you treat such a situation as an artist? And would you say that something has changed in terms of your approach since your experience in Bombay? Can you draw a seminal conclusion from this experience for your future work?

MP: This is a rather complex question, which I have actually asked myself many times since the completion of this project, and in any case I find this situation very interesting. How does one proceed from this point on and wouldn't this be a moment, after a project of this nature, to express quite different artistic ideas in a variety of different ways?

SG: Have you gone as far as you can go with your method in this project?

MP: It has more to do with my idea that I have actually learned enormously from this and previous projects and that a certain amount of knowledge has been generated by this process, which enriches me and, at the same time, gives me a fresh take on my future ideas and strategies. That doesn't mean that one shouldn't necessarily make any more films but it doesn't do any harm to thoroughly question how one can explore a different topic using other approaches. I see my role as a cultural producer here, in not just following a potentially successful strategy but thinking fundamentally about how to approach an issue. And that could be the bottom line, although it sounds a little pragmatic.

On the other hand, after this kind of intense and complex project, there's also the question of what it does to you. Well, a certain scepticism has prompted me here to not try to repeat a project like this in any form anywhere else. Thanks to this publication project, I have been able to occupy myself for another two years with this film installation, something I personally find important for a number of reasons—you can reconsider certain experiences in parallel and can also question them so as to arrive at other solutions for other issues. I have been concentrating on new projects this year that have taken me to completely different localities. On the one hand, to New York, where I have been working together with research assistants on a publish-ing project that basically deals with a project for a revolution in New York. Another project is happening in the Western Sahara, on Moroccan territory. Over a period of several months now I have spent several weeks with a nomadic family in the Sahara and have proposed a conversation piece, dis-cussions between me and the inhabitants of the region on fundamental issues. First, I filmed this project with an iPhone 4S for the simple reason that I couldn't see myself in a position to set up a 35 mm production, which

MP: यह बहुत जटिल प्रश्न है, जो मैंने वास्तव में इस परियोजना के पूरा होने के बाद से स्वयं से कई बार पूछा है और किसी भी स्थिति में मैं इस स्थिति को बहुत रोचक पाता हूँ। कोई व्यक्ति इस बिंदु से आगे कैसे बढ़ता है और क्या यह इस प्रकृति की परियोजना के बाद अनेक भिन्न तरीकों में बिल्कुल भिन्न कलात्मक विचार व्यक्त करने का क्षण नहीं होगा?

SG: क्या आपने इस परियोजना में अपने तरीके का उतना उपयोग किया है जितना आप कर सकते हैं?

MP: यह मेरे विचार से अधिक संबंधित है कि मैंने इस और पिछली परियोजनाओं से अत्यधिक सीखा है और इस प्रक्रिया द्वारा ज्ञान की निश्चित मात्रा उत्पन्न हुई है जो मुझे समृद्ध करती है और इसके साथ-साथ यह मुझे अपने भविष्य के विचारों और कार्यनीतियों के लिए नई पहल प्रदान करती है। इसका यह अर्थ नहीं है कि किसी व्यक्ति को आवश्यक रूप से और फिल्में नहीं बनानी चाहिए पर यह इस सम्पूर्ण प्रश्न को कोई हानि नहीं पहुँचाता कि कोई व्यक्ति अन्य दृष्टिकोणों का उपयोग करते हुए किसी भिन्न विषय का अन्वेषण कैसे कर सकता है। मैं यहाँ अपनी भूमिका एक सांस्कृतिक निर्माता के रूप में पाता हूँ, न केवल सम्भावित रूप से सफल कार्यनीति का पालन करने में बल्कि मूलभूत रूप से यह सोचने में कि किसी मुद्दे से कैसे निपटें। और वह निर्णायक बिंदु हो सकता है – पर यह थोड़ा व्यावहारिक लगता है।

दूसरी ओर, इस प्रकार की गहन और जटिल परियोजना के बाद, इस संबंध में भी प्रश्न है कि यह आपके साथ क्या करता है। यहाँ मुझे एक निश्चित अविश्वास ने प्रेरित किया है कि मैं कहीं से भी किसी भी रूप में कोई परियोजना दोहराने का प्रयास न करूँ। इस प्रकाशन परियोजना के कारण, मैं स्वयं को इस फिल्म संस्थापना से दो अन्य वर्षों के लिए व्यस्त रख पाया हूँ, यह एक ऐसी बात है जो मुझे अनेक कारणों से व्यक्तिगत रूप से महत्वपूर्ण लगती है – आप समानांतर रूप से कतिपय अनुभवों पर पुनर्विचार कर सकते हैं और इन मुद्दों के लिए अन्य समाधानों पर पहुँचने के लिए इनके संबंध में प्रश्न भी पूछ सकते हैं। मैं इस वर्ष ऐसी नई परियोजनाओं पर ध्यान केन्द्रित करता रहा हूँ जो मुझे पूरी तरह से भिन्न समुदाओं में ले गई हैं। एक तरफ, न्यू यॉर्क में, जहाँ मैं ऐसी प्रकाशन परियोजना पर अनुसन्धान सहायकों के साथ काम करता रहा हूँ जो मुख्य रूप से न्यू यॉर्क में किसी क्रान्ति के लिए किसी परियोजना से संबंधित है। एक अन्य परियोजना मोरोक्को के क्षेत्र में पश्चिमी सहारा में चल रही है। कुछ महीनों की अवधि में मैंने सहारा में एक खानाबदोश परिवार के साथ कुछ सप्ताह गुज़ारे हैं और बातचीत भाग का प्रस्ताव किया है जो मेरे और क्षेत्र के निवासियों के बीच मूलभूत मुद्दों पर चर्चाएं हैं। पहले, मैंने यह परियोजना एक आइफोन ४एस से बस इस कारण फिल्माई कि मैं स्वयं को ३५ मि.मी. निर्माण स्थापित करने की स्थिति में नहीं देख पाया जिसका क्षेत्र में कोई औचित्य और आर्थिक आधार न होता। फिर भी, आइफोन ४एस की छवियाँ कम रोचक या घटिया गुणवत्ता की नहीं हैं क्योंकि ये किसी भिन्न चीज़ को व्यक्त करती हैं, इनकी भिन्न सुन्दरता है और ये उन अनुभवों और स्थितियों से अच्छी तरह काम कर सकती हैं जिनका मैंने वहाँ अनुभव किया।

SG: आपकी पद्धति के किस पहलू ने इस बारे में आपके लिए प्रश्न उत्पन्न किए हैं कि क्या आप इस रूप में काम करना जारी रखना चाहते हैं या कुछ बदलना चाहते हैं?

MP: सैद्धांतिक रूप से मैं यह सोचता हूँ कि मैं बहुत संशयी हूँ, उदाहरण के लिए, विशेष रूप से विश्व के ऐसे भागों में काम करने के बारे में जिन्हें मैं नहीं जानता पर इसी के साथ-साथ, निसंदेह मेरी अपरिचित स्थानों में अधिक समय गुज़ारने में वास्तव में रुचि है। उत्पादक होने के लिए विदेश जाने का यह पहलू बहुत ठोस मुद्दा है। वर्तमान समय

would have had no justification and economic basis in this region. However, iPhone images are no less interesting or of inferior quality, because they communicate something different, have a distinct aesthetic and may work quite well with the experiences and situations I was exposed to there.

SG: What aspect of your methodology has raised questions for you about whether you want to continue working in this form or change something?

MP: In principle, I think I am rather sceptical, for example, about working exclusively in parts of the world I don't know but at the same time, of course, I am really interested in spending longer periods of time in unfamiliar places. This aspect of going abroad to be productive is one rather concrete issue. For the time being I am pretty well exclusively preoccupied with the New York project, which I've been working on for some time now. But then again, I am equally motivated to travel to the Sahara to continue my project. Perhaps these poles—the process of questioning one's identity between and with these places and their inhabitants—have the power to preoccupy one for a considerable time. The questions they pose may ultimately be the same ones that my work poses for me on a personal level and which there are really no definitive answers to but ultimately only the experiences one gathers and that exert a future influence.

SG: We take our cultural engagement for granted—the way the art world is organized today—and in the way we act we are strongly imprinted by globalization: we are constantly working in countries which are exotic or alien to us. We are also constantly working with artists whose cultural background is totally foreign to us and we are incredibly open and incredibly interested to see and do this. But we will always hit a wall at some point. We have to rid ourselves of our European perspective and perhaps, in a manner of speaking, the only thing we can achieve is to accept that "the other" exists and that we might only be able to see it in a blinkered way. But there are artists who succeed in providing access to the other view, for example, the pictures by Santu Mofokeng, who is the only black South African photographer of his generation—all the other photographs you see have been taken by white photographers, like David Goldblatt—that's why his photographs are different and are accessible to me in a different way. And this experience was so precious for me and is certainly a topic that preoccupies me to the extent that I ask myself how we deal with this ever-increasing networking and interweaving, all of which is doubtless wonderful and incredibly rewarding but which we still remain so endlessly naïve about. Maybe you just have to accept it, because that's the way it is.

MP: One of the experiences I take from this project, precisely for the reasons you describe, is the need to proceed sensitively with such a project and the resulting emotions.

SG: To be aware …

में मैं न्यूयॉर्क परियोजना में विशेष रूप से व्यस्त हूँ जिस पर मैं अब कुछ समय से काम कर रहा हूँ। पर मैं दोबारा, अपनी परियोजना जारी रखने के लिए सहारा की यात्रा करने के लिए बहुत प्रोत्साहित हूँ। सम्भवतः इन छोरों – इन स्थानों और इनके निवासियों के बीच और इनसे किसी की पहचान के बारे में प्रश्न पूछने की प्रक्रिया में किसी को देर तक बाँधे रखने की क्षमता है। उनके द्वारा किए जाने वाले प्रश्न अन्ततः उन प्रश्नों के समान हो सकते हैं जो मेरा काम मुझसे निजी स्तर पर पूछता है और जिनके वास्तव में कोई निश्चित उत्तर नहीं हैं पर अन्ततः व्यक्ति अनुभव प्राप्त करता है और भविष्य के लिए उपयोग करता है।

SG: हम अपनी सांस्कृतिक संलग्नता को बिना प्रमाण के मान लेते हैं – जिस तरीके से आज कला विश्व संगठित है – और जिस तरीके से हम काम करते हैं, उसमें हम पर वैश्वीकरण की पुरज़ोर छाप है: हम लगातार ऐसे देशों में काम कर रहे हैं जो हमारे लिए विदेशी या अजनबी हैं। हम निरन्तर ऐसे कलाकारों के भी साथ काम कर रहे हैं जिनकी सांस्कृतिक पृष्ठभूमि हमारे लिए पूरी तरह विदेशी है और हम अविश्वसनीय रूप से इसे देखने और करने के लिए स्वच्छंद हैं और हम इसमें अविश्वसनीय रूप से रुचि रखते हैं। पर हम हमेशा दीवार पर एक ही जगह चोट करेंगे। हमें यूरोपीय परिदृश्यों से मुक्ति पानी है और सम्भवतया बोलने के तरीके में जो अकेली चीज़ हम अर्जित कर सकते हैं, वह यह स्वीकार करना है कि अन्य विद्यमान है और हम इसे सम्भवतया दिशा संकेतक रूप में ही देख पाएंगे। किंतु ऐसे कलाकार हैं जो अन्य दृष्टिकोण तक पहुँच प्रदान करने में सफल होते हैं, उदाहरण के लिए, सेंटु मोफोकेंग द्वारा चित्र, जो अपनी पीढ़ी के अकेले अश्वेत दक्षिणी अफ्रीकी फोटोग्राफर हैं – आप जो अन्य सभी फोटोग्राफ देखते हैं वे डेविड गोल्डब्लाट जैसे श्वेत फोटोग्राफरों द्वारा ले लिए गए हैं – इसीलिए उनके फोटोग्राफ भिन्न हैं और मुझे किसी भिन्न तरीके से उपलब्ध हैं। और यह अनुभव मेरे लिए इतना महत्वपूर्ण था और यह निश्चित रूप से ऐसा विषय है जो मुझे इस सीमा तक ध्यानमग्न किए रहता है कि हम इस हमेशा बढ़ती हुई नेटवर्किंग और परस्पर संबंध से कैसे निपटें जो सभी निसंदेह ज़बरदस्त है और अविश्वसनीय रूप से फलदायक है पर जिसके विषय में अन्तहीन रूप से अनभिज्ञ रहते हैं। हो सकता है कि आपको इसे स्वीकार करना पड़े क्योंकि यह इसी रूप का है।

MP: मैं इस परियोजना से निश्चित रूप से आप द्वारा वर्णित कारणों से जो एक अनुभव प्राप्त करता हूँ, वह ऐसी परियोजना और इसके परिणामस्वरूप उत्पन्न होने वाली भावनाओं के संबंध में संवेदनशील रूप से व्यवहार करने की आवश्यकता है।

SG: जानकारी प्राप्त करने के लिए ...

MP: मेरे लिए, इसका यह अर्थ था कि बाद में आने वाली परियोजनाओं में बस इस आज़माई हुई और परीक्षित कार्यनीति का दोबारा उपयोग सम्मिलित नहीं होगा। इस प्रकार की पद्धति में मैं इस प्रकार के अनुभवों वाले संवाद पर कलात्मक कार्यनीतियाँ क्रमिक रूप से लागू करने की वैयक्तिक रूप से अत्यधिक आलोचना करता हूँ। इस समय में मेरी ऐसी सांस्कृतिक प्रणाली के भीतर कार्य करने में अधिक रुचि है जो मेरे अधिक निकट है। या, सहारा परियोजना के मामले में, संभाषी के रूप में स्वयं को अधिक प्रकट रूप से संलग्न करने के लिए और उस अद्भुतता को अधिक प्रकट बनाने के लिए जिसका मेरे आसपास के लोग वर्णन करते हैं – अन्य लोगों का मुझसे मेरी पृष्ठभूमि के साथ उसी प्रकार सामना होता है जिस प्रकार मेरा उनसे सामना उनकी पृष्ठभूमि के साथ होता है। मैं इसे बहुत विशेष मानता हूँ कि मेरा कार्य मुझे लोगों के साथ प्रगाढ़ रूप से संलग्न होने, उनका पूरी स्वतन्त्रता और समान स्तर पर किसी भी स्थिति में सामना करने में

MP: For me, it meant that the projects that would follow wouldn't simply involve the reapplication of this tried and tested strategy. In this kind of practice I would personally be highly critical of serially applying artistic strategies to a discourse like this involving these experiences. At the moment I'm more interested in working within a cultural system that is closer to me. Or, in the case of the Sahara project, to involve myself more visibly as an interlocutor and to make the strangeness visible, as articulated by the people surrounding me—the fact that other people confront me with my background just as I confront them with theirs.

I consider it something very special that my work permits me to engage so closely with people, to encounter them in any situation with total freedom and on an equal footing, regardless of where I'm working. I am equally interested in the problems that lie in a practice of this nature and the myriad ways they manifest themselves. Presenting *A Formal Film* in India, for example, and communicating it the way we did in Europe confronts us with certain difficulties, which in turn provide us with very good information about the situation regarding exhibition spaces and the options for presenting the film in the region. This reflects the conditions for both recipients and producers. Of course, one could make the installation available as a video on YouTube, but this would mean forfeiting essential elements of the work at the same time. By the way, the film, and a trailer, is available on YouTube and Vimeo, although it by no means represents the project in the way I feel it should be communicated.

I am planning to set up a temporary open-air cinema in *Conversation Piece [Western Sahara]* for the family I lived and worked with—the cinema will be there for a short period in the vicinity of their tents—to show them the videos produced on site and if possible, to see their critical interaction as part of the project. One can certainly regard this as a consequence of my experience with *A Formal Film* or perhaps more as a necessary measure in this very personal interaction with farmworkers in the Sahara.

I am convinced that artworks can influence people's thinking, either as individuals or as groups, and I deal with my own work in the same way, trying to learn from situations, projects and outcomes, and seeking too to expose myself to a possible critique of these projects. The most interesting aspect here for me is, however, the people who are actively and directly participating in such a collaboration.

The decision to continue my involvement with the project by means of this publication, two years after completion of the actual work, together with other thinkers, cultural producers, artists, anthropologists and architects—and to engage them in the film as a kind of nudge towards addressing the issues of this cityscape and the information inscribed in it, as well as its representation ... this perhaps best describes my interest in having a sustained involvement with these experiences and the formulation of an artistic project, as well as in providing space for other opinions and expertise.

मेरी सहायता करता है, चाहे मैं कहीं भी काम कर रहा होऊँ। मेरी उन समस्याओं में समान रूप रुचि है जो इस प्रकृति की प्रक्रिया में मौजूद हैं और जिन असंख्य तरीकों में ये स्वयं को व्यक्त करती हैं। उदाहरण के लिए, भारत में एक *औपचारिक फिल्म* प्रस्तुत करने और इसे यूरोप में इस तरीके से व्यक्त करने, जैसा हमने यूरोप में किया था, से हमारे सामने कतिपय कठिनाइयाँ उत्पन्न हो जाती हैं जो हमें प्रदर्शनी स्थानों और क्षेत्र में फिल्म प्रस्तुत करने के विकल्पों के बारे में बहुत अच्छी सूचना प्रदान करती हैं। यह प्राप्तकर्ताओं और निर्माताओं – दोनों के लिए स्थितियों को व्यक्त करता है। निसंदेह, कोई व्यक्ति यूट्यूब पर वीडियो के रूप में संस्थापना उपलब्ध करा सकता है, पर इसका अर्थ इसके साथ ही कार्य के आवश्यक घटकों से हाथ धोना होगा। बहरहाल, फिल्म और एक ट्रेलर, यूट्यूब और वीमियो पर उपलब्ध है, हालांकि यह परियोजना को उस तरीके से व्यक्त नहीं करता जैसा मेरे विचार में इसे सम्प्रेषित किया जाना चाहिए।

मैं *बातचीत भाग [पश्चिमी सहारा]* में उस परिवार के लिए अस्थायी ओपन-एअर सिनेमा स्थापित करने की योजना बना रहा हूँ जिसके साथ मैं रहा और काम किया – सिनेमा उनके टेंटों के क्षेत्र में थोड़े समय के लिए होगा – जिससे उन्हें साइट पर निर्मित वीडियो दिखाए जा सकें जिससे वे परियोजना के भाग के रूप में अपनी आलोचनात्मक बातचीत देख सकें। कोई व्यक्ति निश्चित रूप से इसे एक *औपचारिक फिल्म* के साथ मेरे अनुभव का परिणाम या सम्भवतः सहारा में खेत कामगारों के साथ इस बहुत निजी चर्चा में आवश्यक उपाए मान सकता है।

मैं इस बात से आश्वस्त हूँ कि कला कार्य व्यक्तियों या समूहों के रूप में लोगों की सोच को प्रभावित कर सकते हैं और मैं अपनी स्थितियों, परियोजनाओं और परिणामों से सीखने और इन परियोजनाओं की सम्भावित प्रत्यालोचना से स्वयं को संबद्ध करने का प्रयास करते हुए इसी तरीके से स्वयं के काम से निपटता हूँ। फिर भी, मेरे लिए यहाँ सबसे अधिक रोचक पहलू वे लोग हैं जो ऐसे सहयोग में सक्रिय रूप से और प्रत्यक्ष रूप से भाग ले रहे हैं।

अन्य विचारकों, सांस्कृतिक निर्माताओं, कलाकारों, मानवशास्त्रियों और वास्तुशिल्पियों के साथ और उन्हें इस नगर परिदृश्य और इसमें वर्णित सूचना और प्रतिनिधित्व के मुद्दों को उठाने के प्रति इस प्रकार के प्रयास के रूप में फिल्म में संलग्न करने के लिए वास्तविक कार्य की पूर्णता के दो वर्ष बाद इस प्रकाशन के माध्यम द्वारा परियोजना के साथ अपनी संबद्धता जारी रखने का निर्णय कदाचित इन अनुभवों और एक कलात्मक परियोजना के निर्माण के साथ-साथ अन्य मतों और विशेषज्ञता में निरन्तर संबद्ध रहने में मेरी रुचि को सर्वोत्तम रूप से व्यक्त करता है।

    SG: यह अनुसन्धान के जारी रहने जैसा प्रतीत होता है, न केवल स्थान के बारे में बल्कि पूरी परियोजना के बारे में।

MP: हाँ, यह मेरी परियोजना के भीतर एक प्रकार का स्वतन्त्र निर्माण भी है क्योंकि बंबई में डिज़ायनर और इस प्रकाशन के लेखक संस्थापना और फिल्म को अपनी व्याख्याओं, रुचियों और विशेषज्ञता के लिए आरम्भिक बिंदु मानते हैं। अनुसन्धान सहायकों, कलाकारों, सिनेमैटोग्राफरों, निर्माण प्रबन्धकों इत्यादि के साथ मेरे सहयोग के समान प्रकाश स्वयं समान पूर्व-शर्तों पर आधारित है और इसके समान लक्ष्य हैं, हालांकि यह पाठ्य सहयोग और ज्ञान निर्माण का उपयोग करता है। और स्पष्ट रूप से हमने पुस्तक में धारावाहिक संरचना के साथ-साथ उस स्थानीय निर्माण सामग्री को रखा जो बहुत अधिक सूक्ष्म सूचना सम्प्रेषित करती है, जो सभी उस अनुसन्धान पर आधारित है जो फिल्म के लिए मेरे आरम्भिक अनुसन्धान के लगभग दो वर्ष बाद किया गया था।

SG: It seems like a continuation of the research, not just about the place itself but about the entire project.

MP: Yes, it is also a kind of autonomous production within my project, as both the designer in Bombay and the authors of this publication take the installation and the film as a starting point for their interpretations, interests and expertise. Not unlike my collaboration with research assistants, actors, cinematographers, production managers, etc., the publication itself is based on the same preconditions and has similar goals, although it uses textual collaboration and knowledge production. And obviously we kept the episodic structure in the book, as well as local production materials that communicate a great deal of subtle information, all based on research that took place about two years after my initial research for the film.

SG: This aspect of post-production, not the cinematic but the theoretical follow-up, may be just the tool you need to deal with the fascination and naivety you mentioned, to move a step forward.

MP: And I would say that, in my form of conversation or in a publication, the work of art forms the basis ... I use it as a platform for suggesting this conversation—perhaps even eliciting it through the work itself—in order, as you put it, to move a step forward.

SG: निर्माण के बाद का यह पहलू, जो सिनेमैटिक न होकर सैद्धांतिक अनुसरण है, बस ऐसा उपकरण हो सकता है जिसकी आपको थोड़ा आगे जाने के लिए आप द्वारा उल्लेख किए गए आकर्षण और अनभिज्ञता से निपटने के लिए ज़रूरत हो सकती है।

MP: ... और मैं यह कहूँगा कि बातचीत के अपने रूप, या किसी प्रकाशन में, जिसका कला कार्य आधार है ... मैं इसे इस बातचीत का सुझाव देने – कदाचित यहाँ तक कि इसे स्वयं कार्य के माध्यम से प्रकट करने – जिससे, जैसा कि आपने उल्लेख किया है, आगे बढ़ने के लिए मंच के रूप में उपयोग करता हूँ।

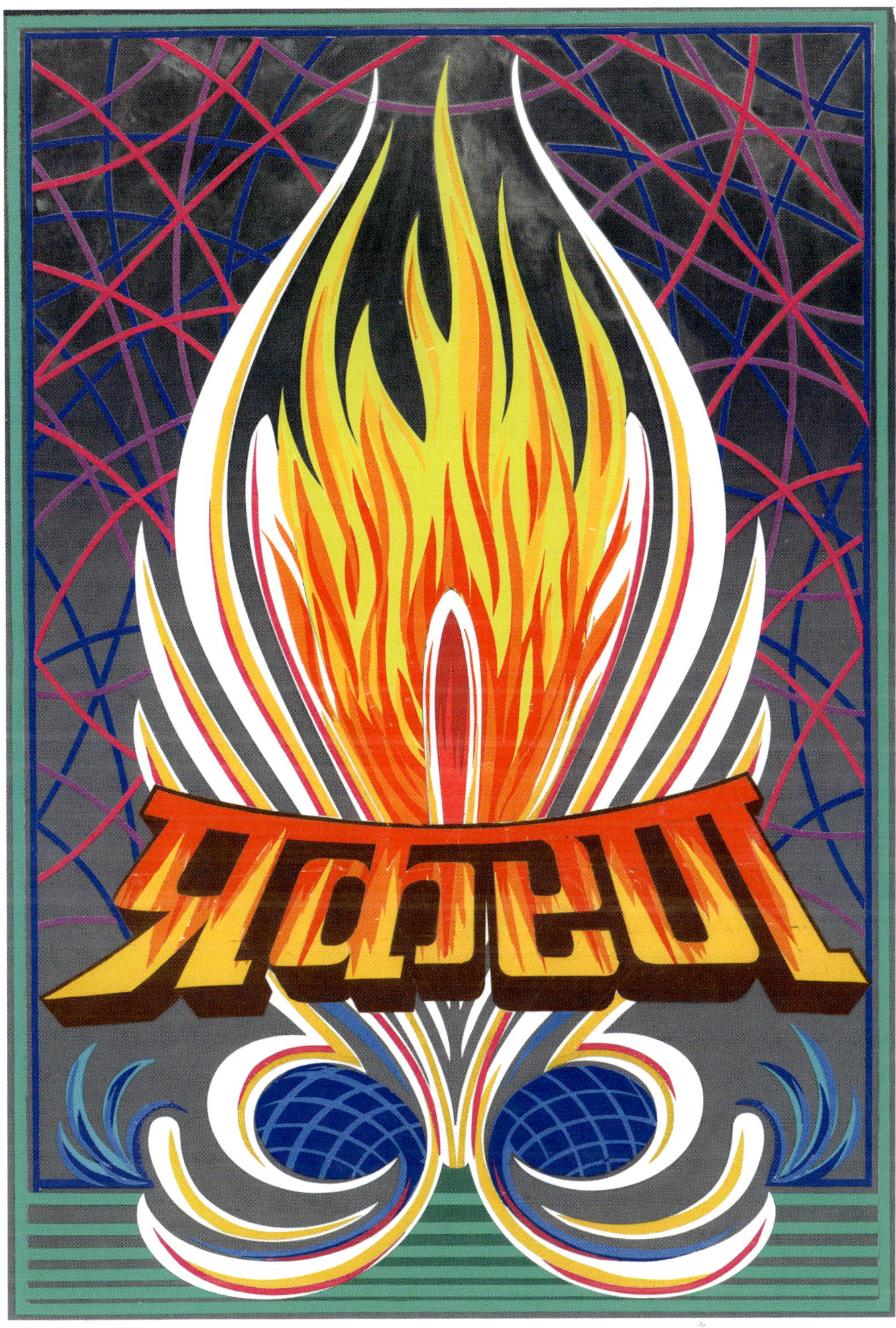

मशाल

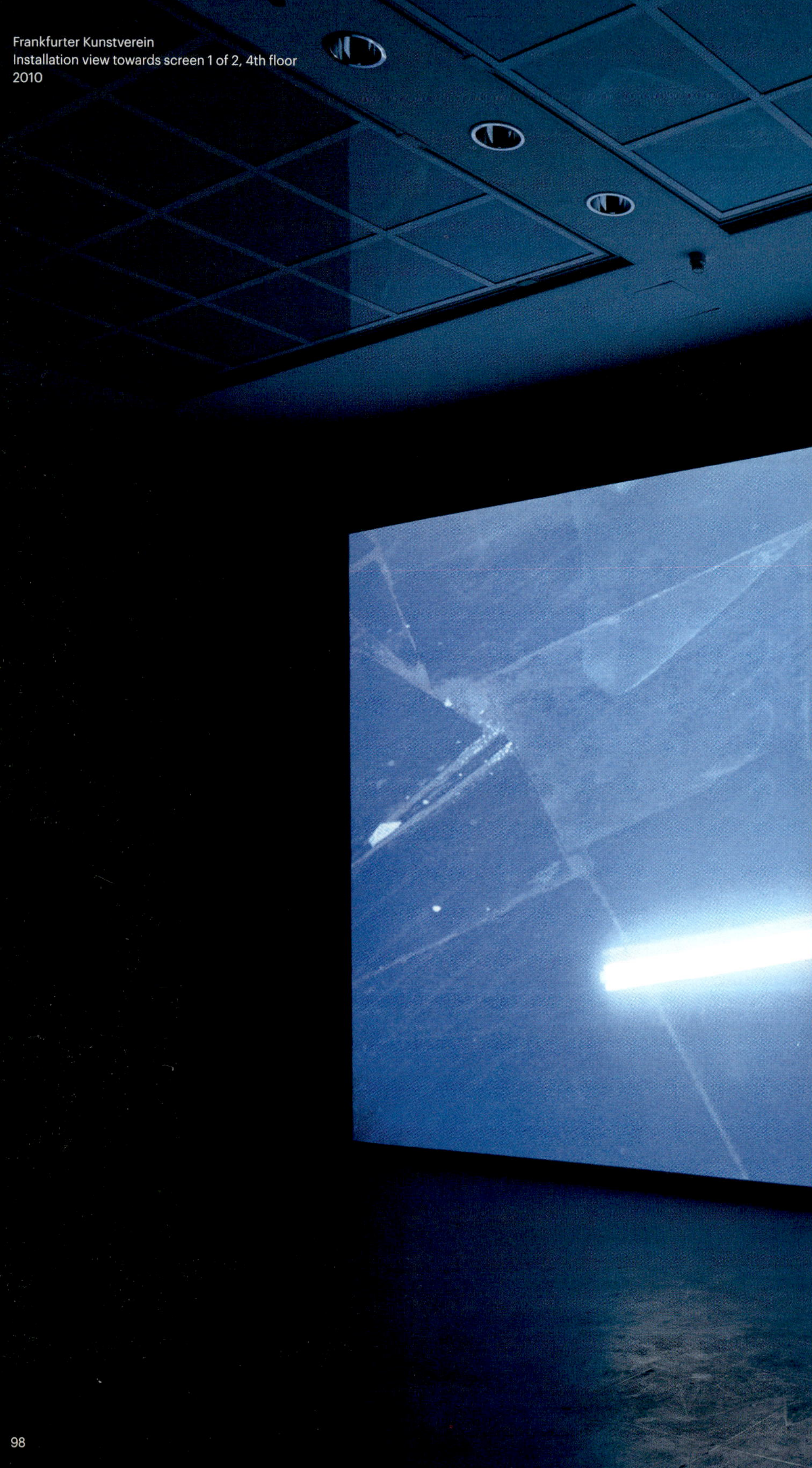

Frankfurter Kunstverein
Installation view towards screen 1 of 2, 4th floor
2010

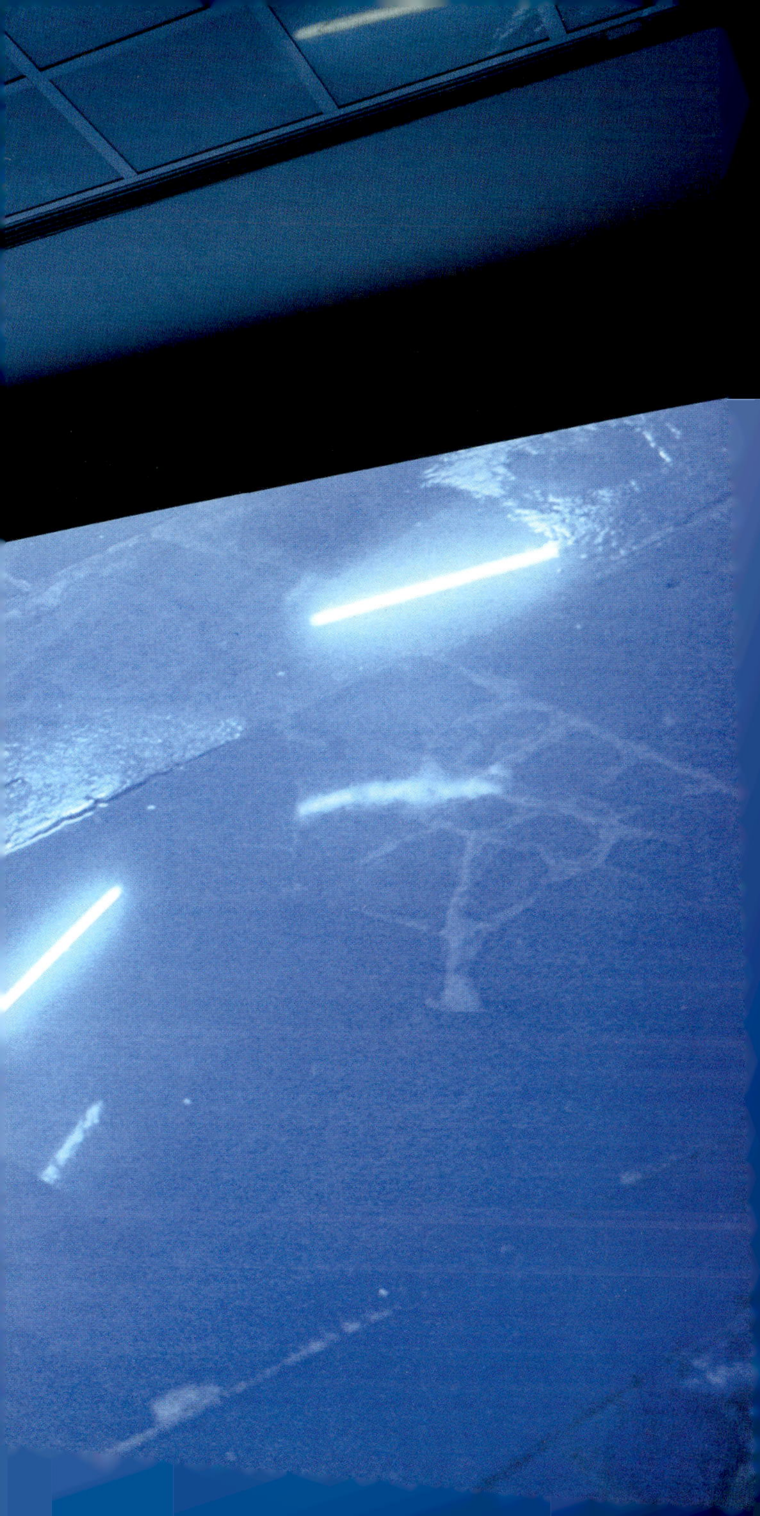

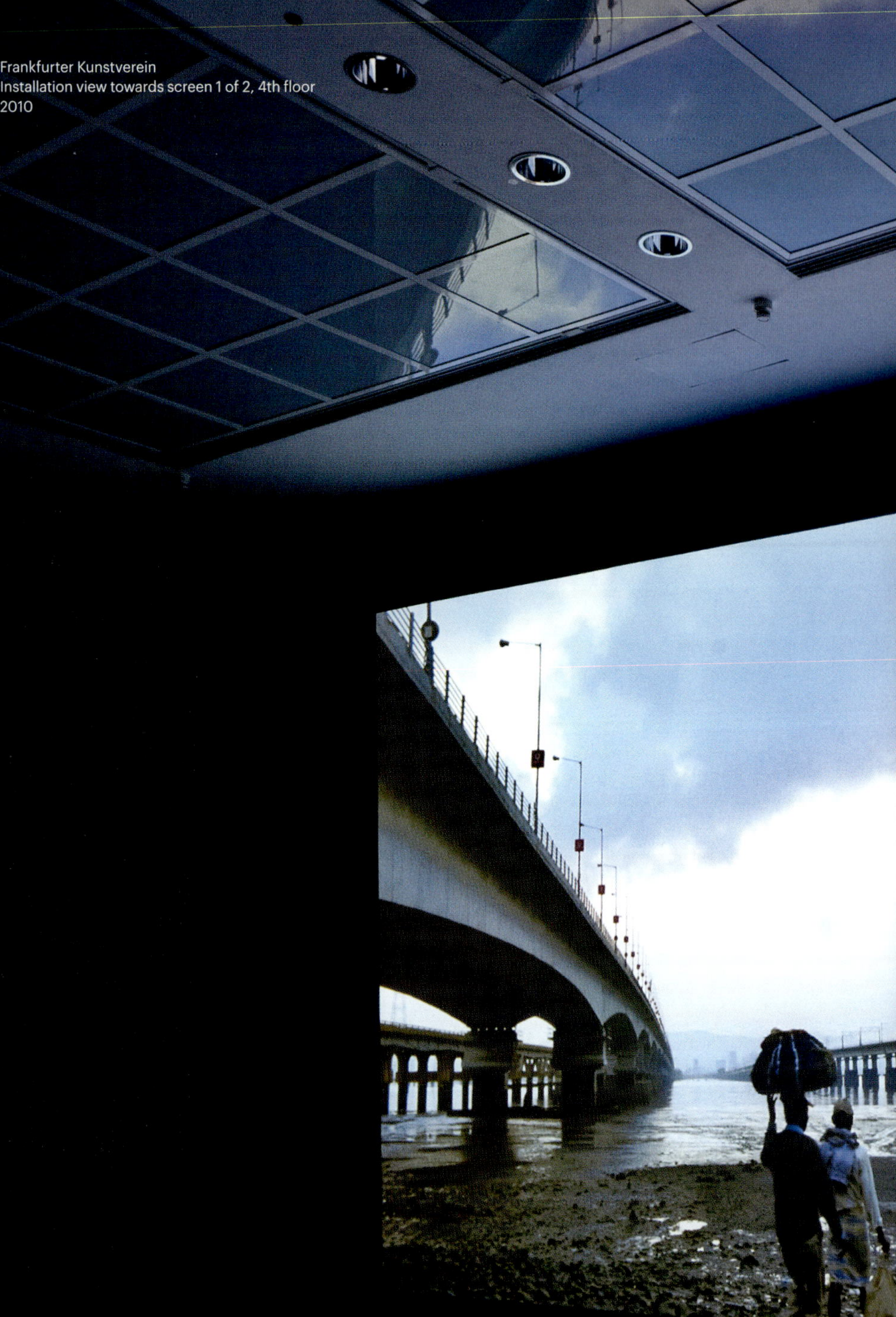

Frankfurter Kunstverein
Installation view towards screen 1 of 2, 4th floor
2010

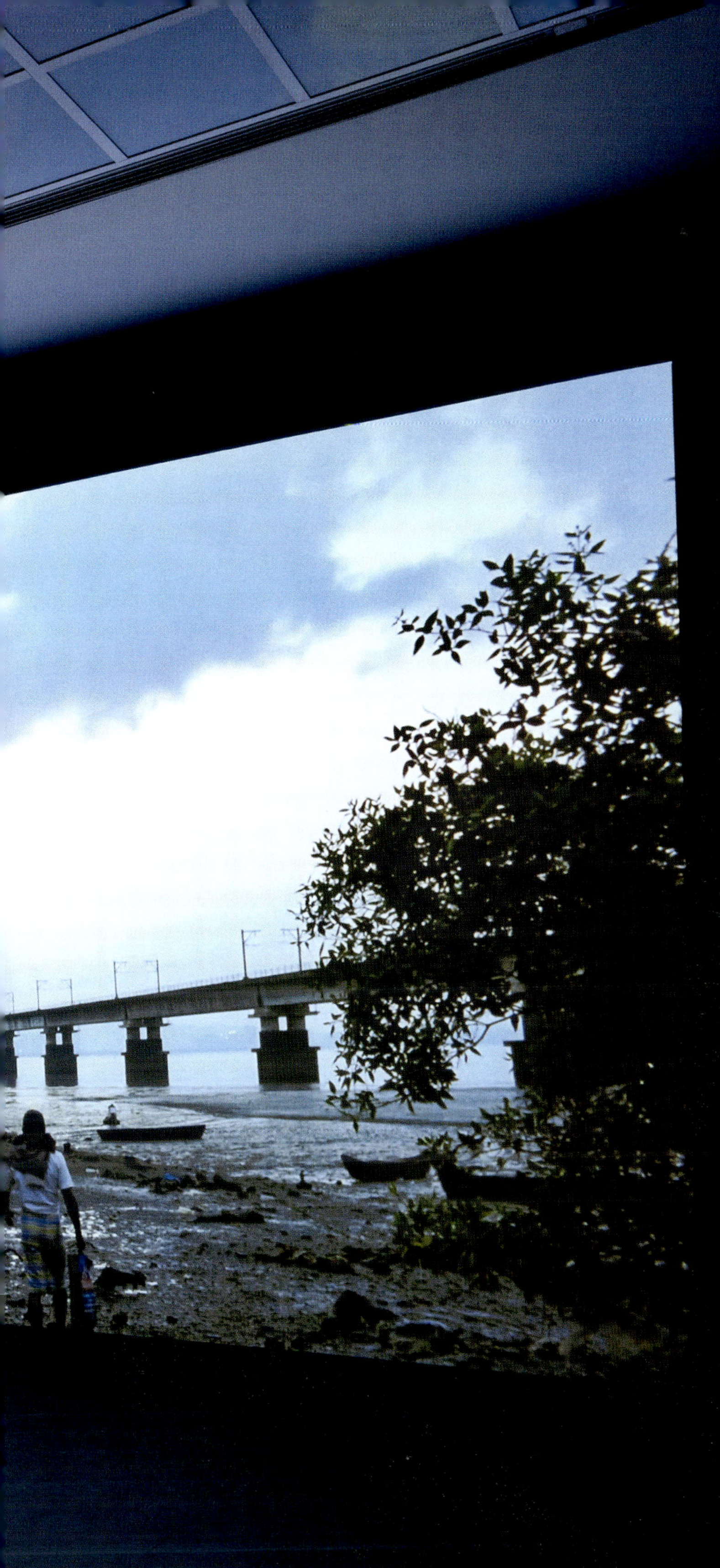

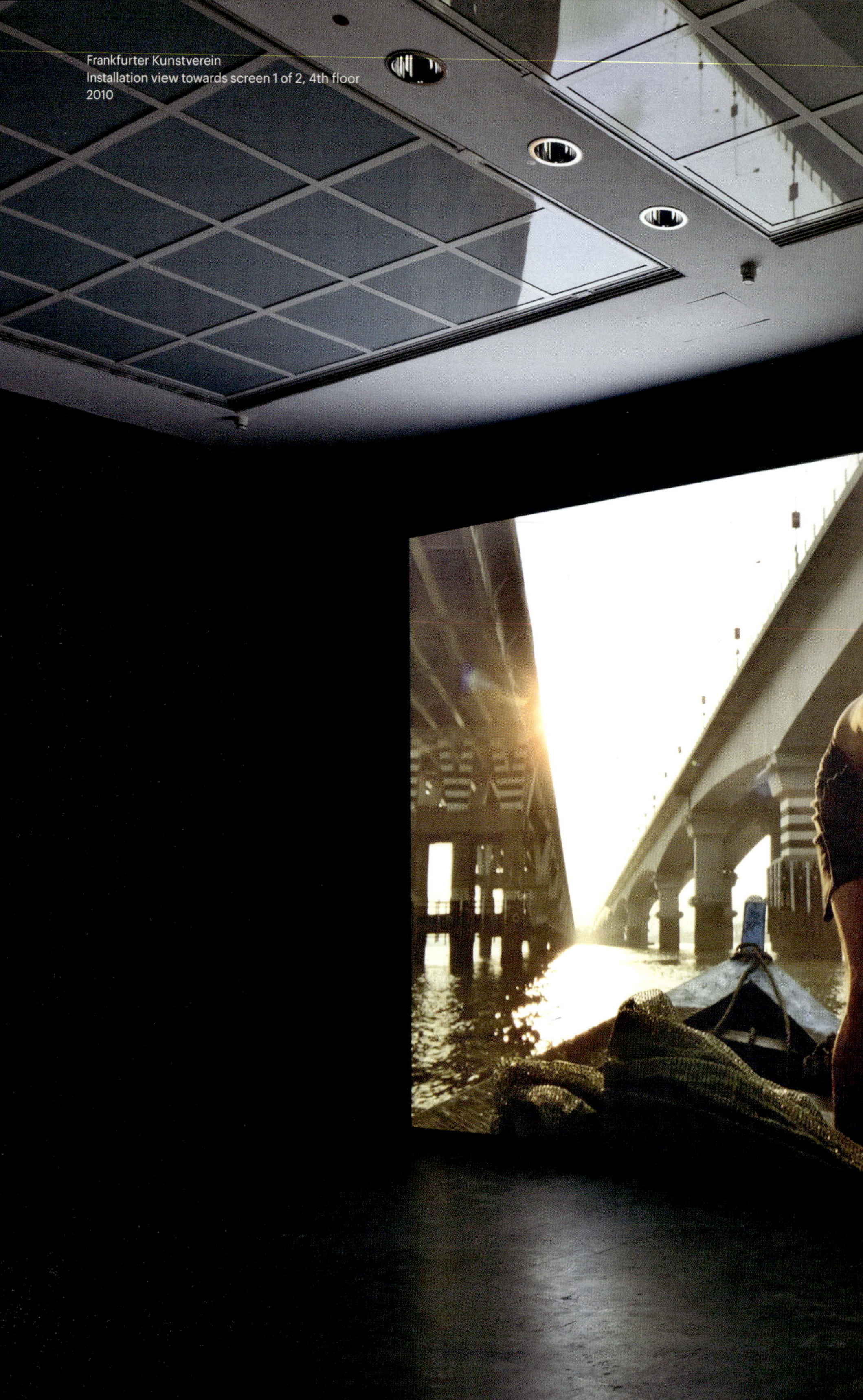

Frankfurter Kunstverein
Installation view towards screen 1 of 2, 4th floor
2010

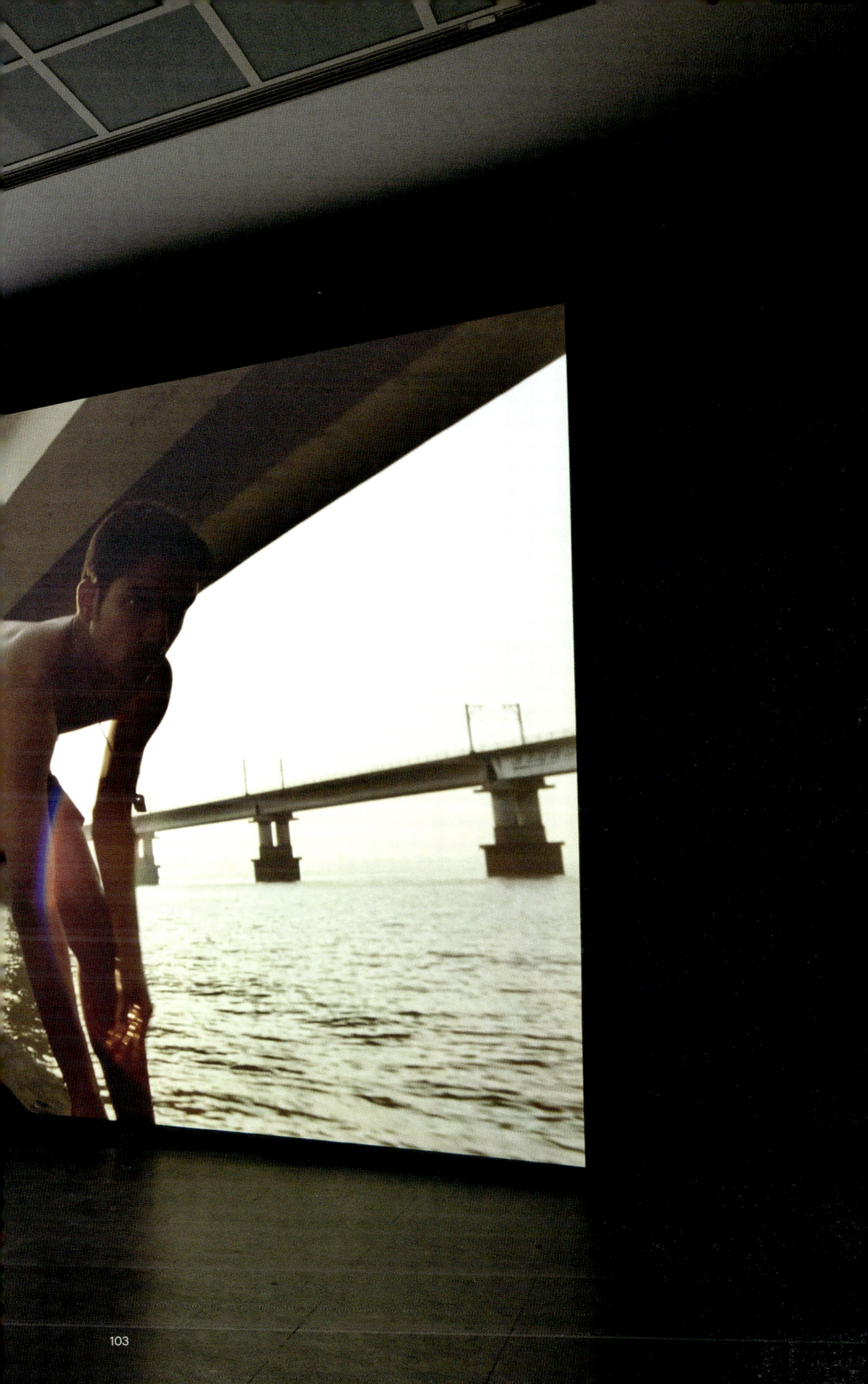

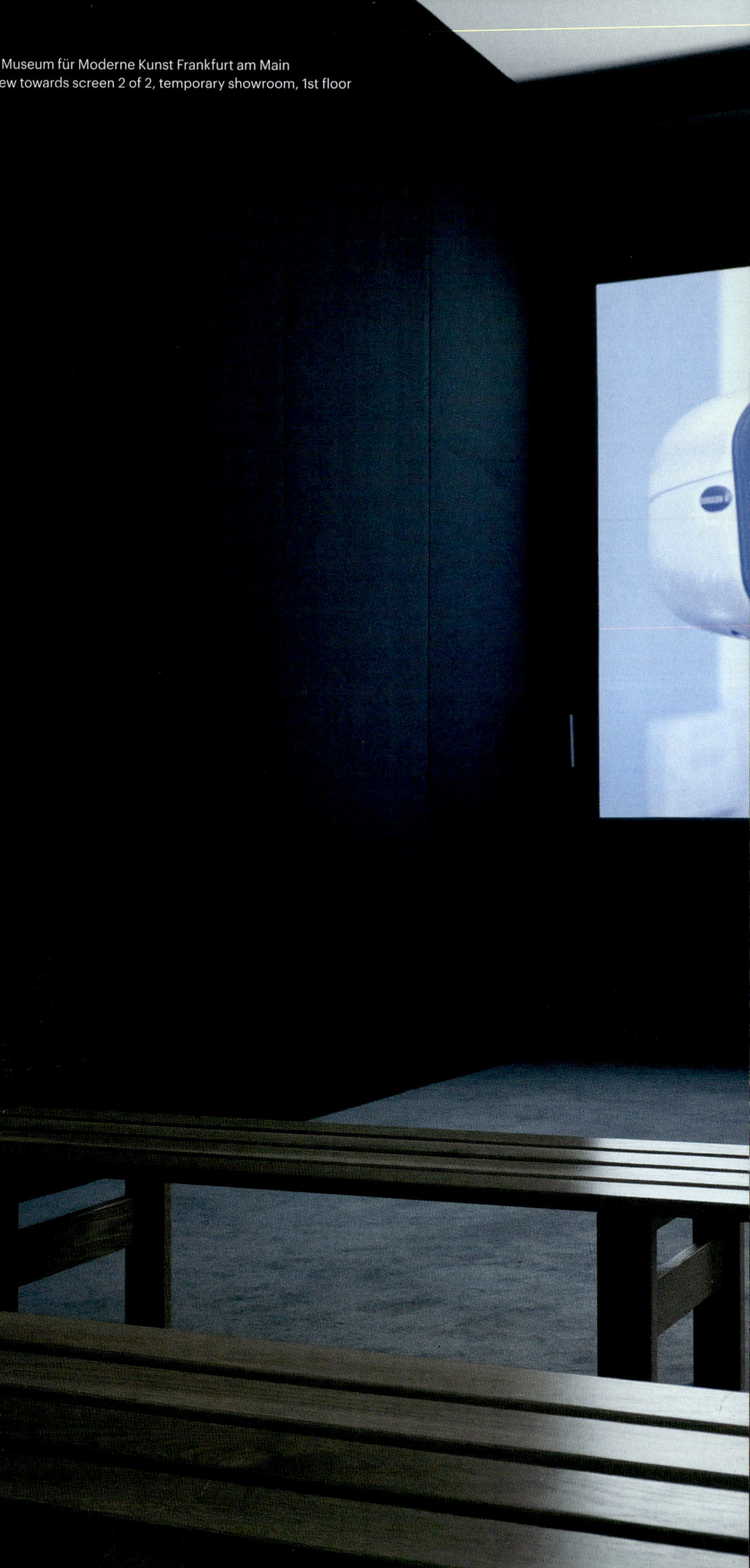
Museum für Moderne Kunst Frankfurt am Main
ew towards screen 2 of 2, temporary showroom, 1st floor

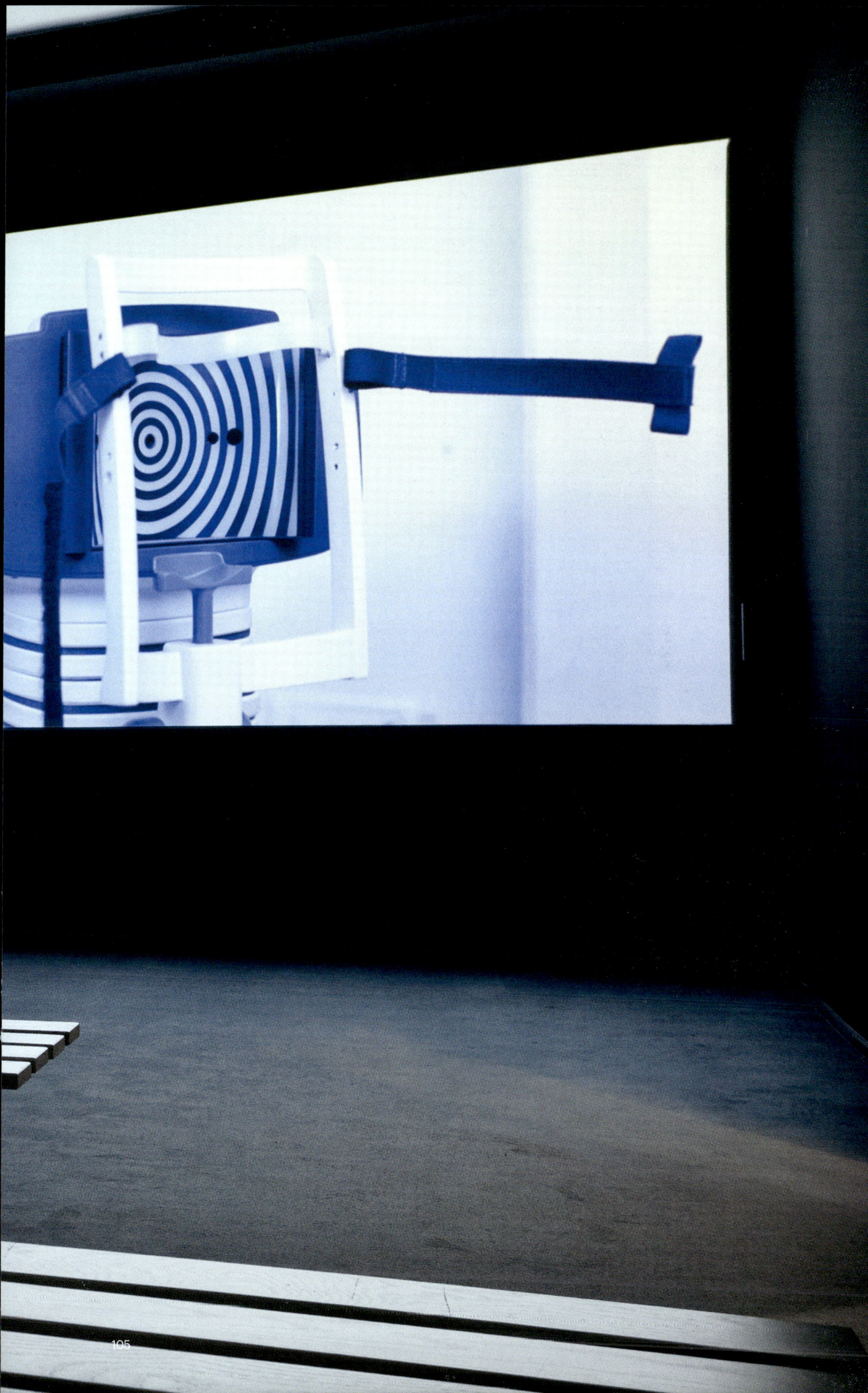

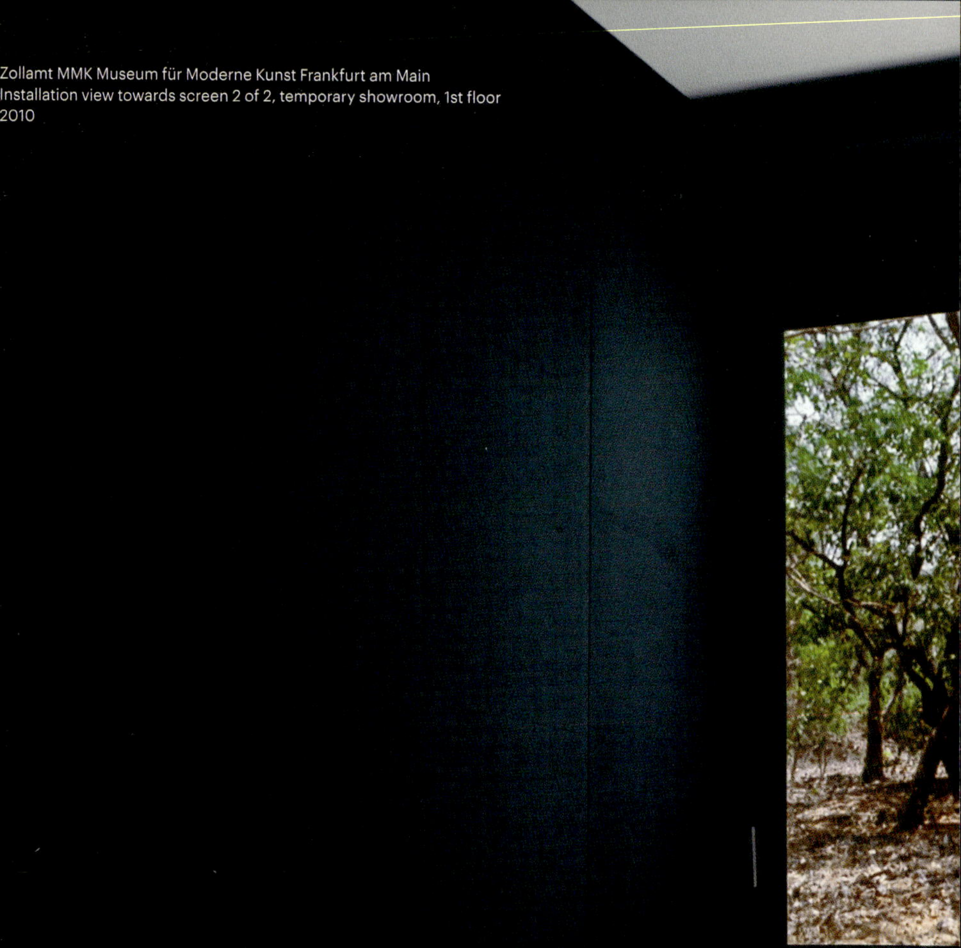

Zollamt MMK Museum für Moderne Kunst Frankfurt am Main
Installation view towards screen 2 of 2, temporary showroom, 1st floor
2010

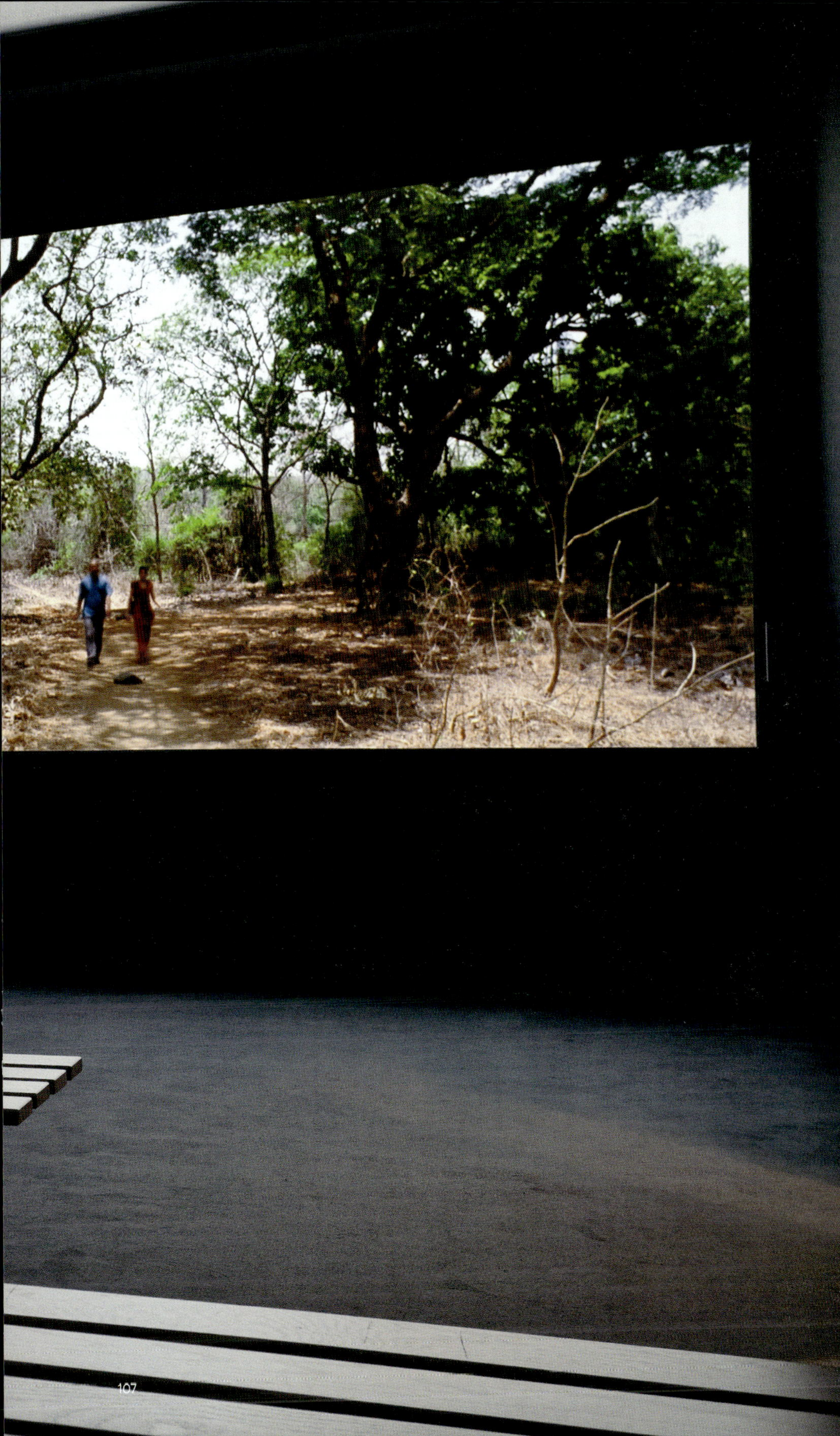

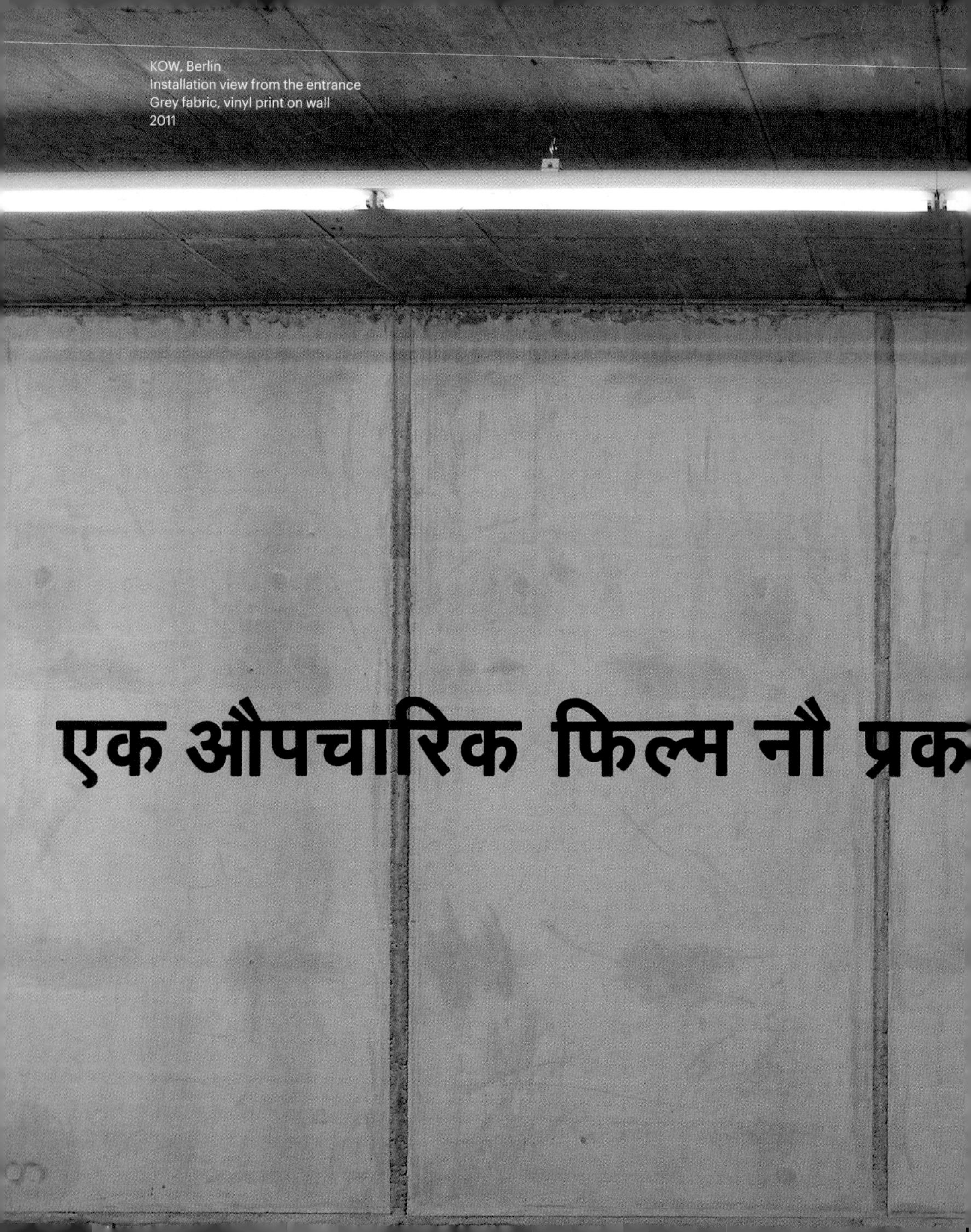

KOW, Berlin
Installation view from the entrance
Grey fabric, vinyl print on wall
2011

एक औपचारिक फिल्म नौ प्रक

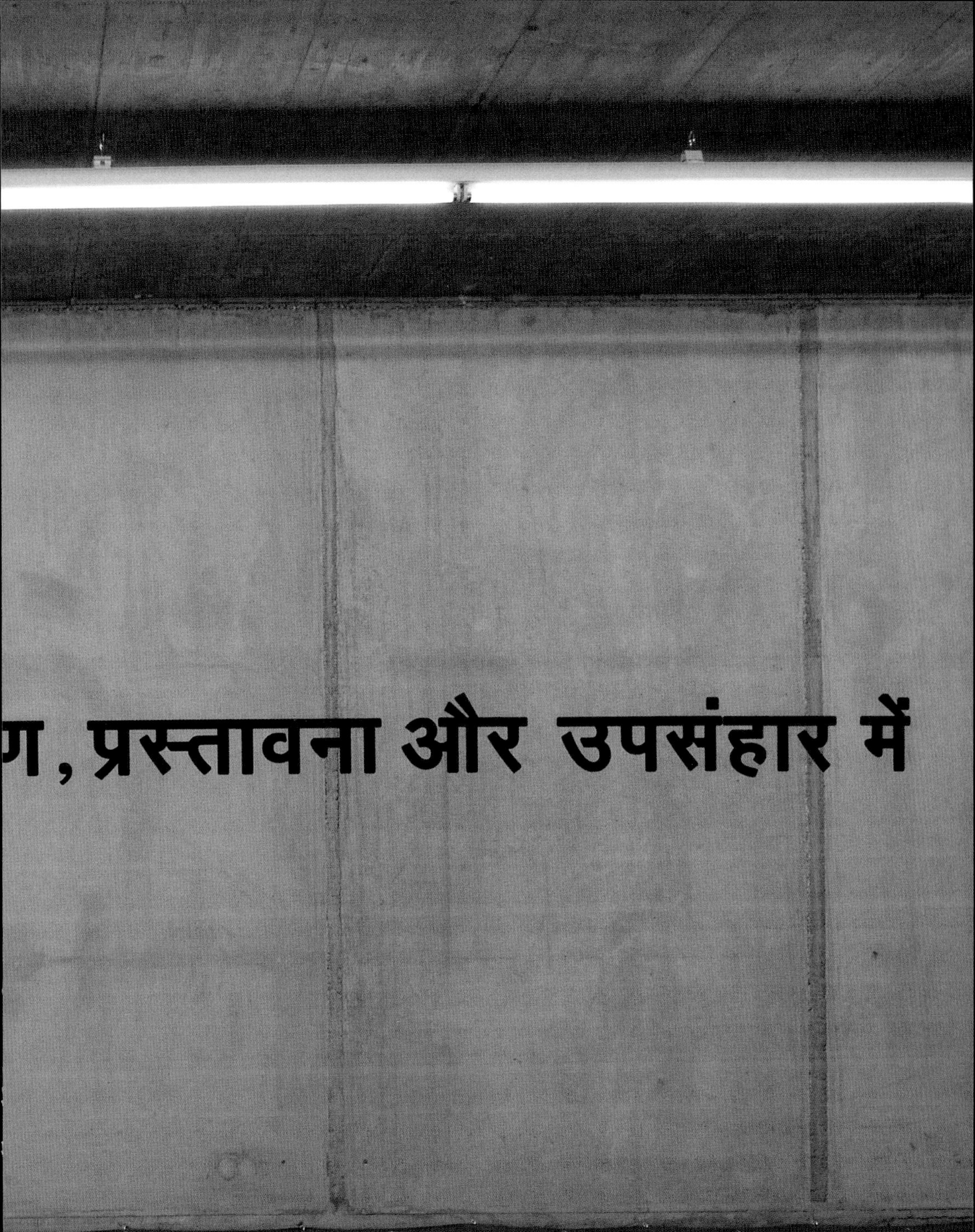

ण, प्रस्तावना और उपसंहार में

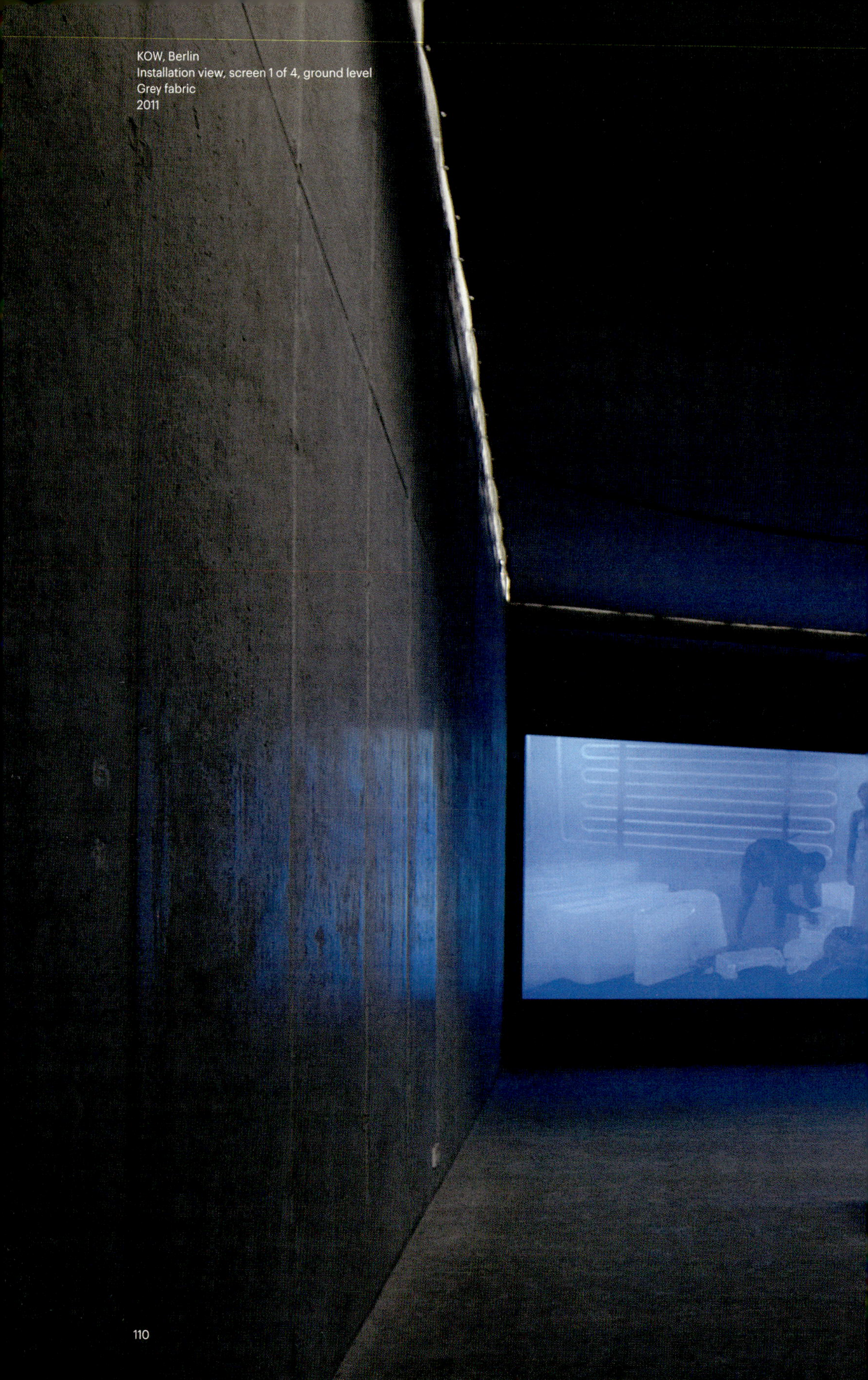
KOW, Berlin
Installation view, screen 1 of 4, ground level
Grey fabric
2011

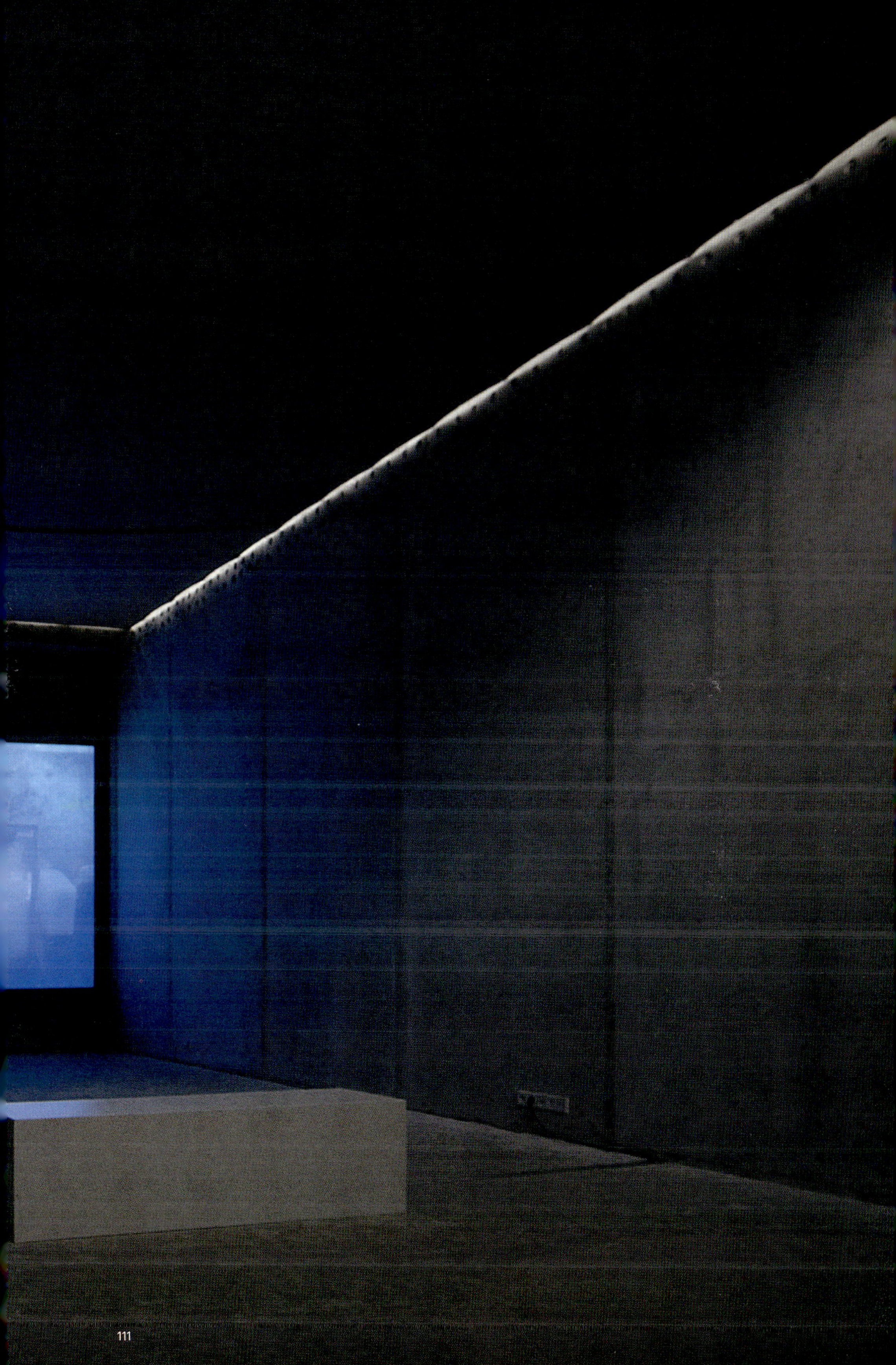

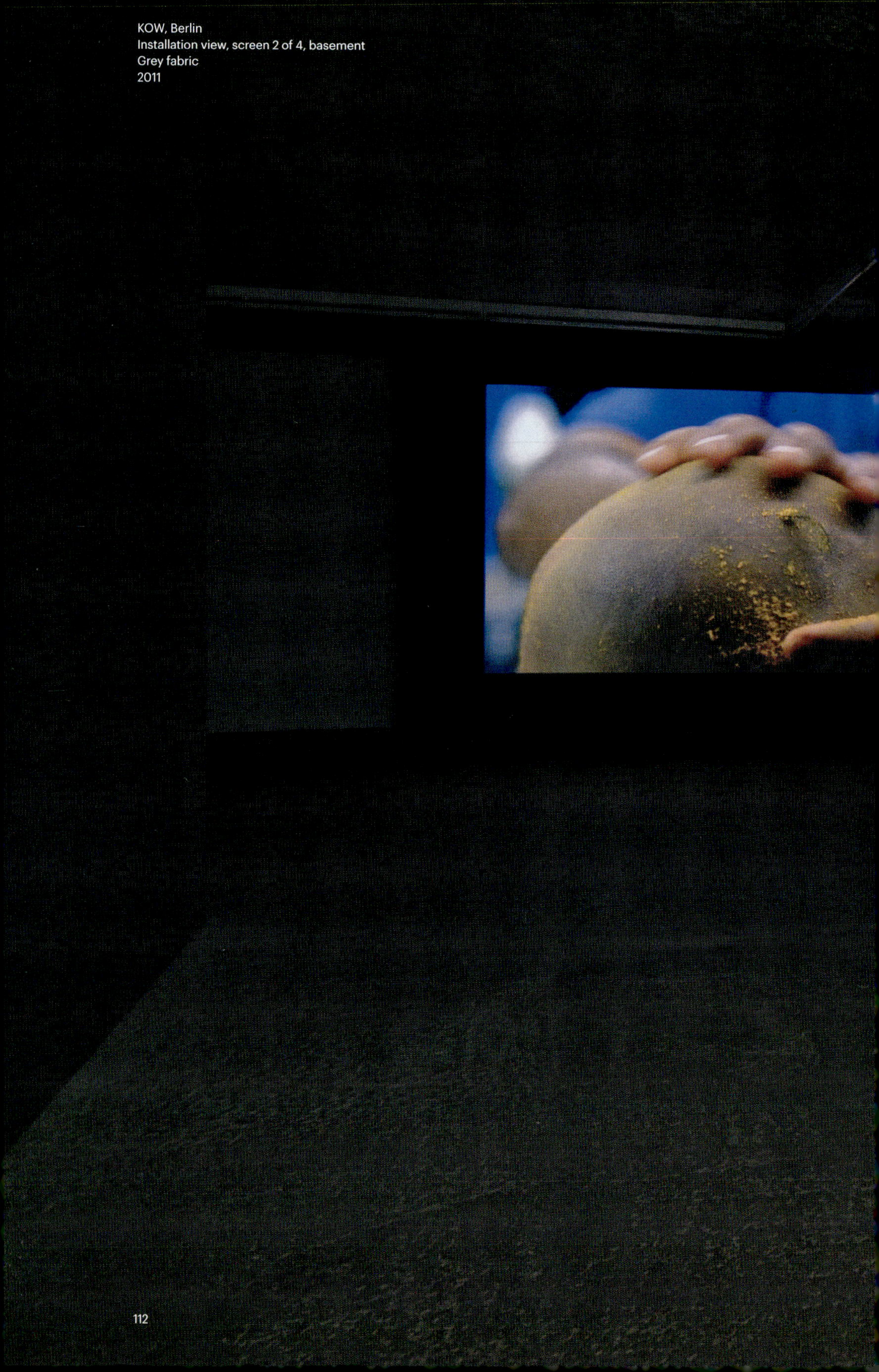

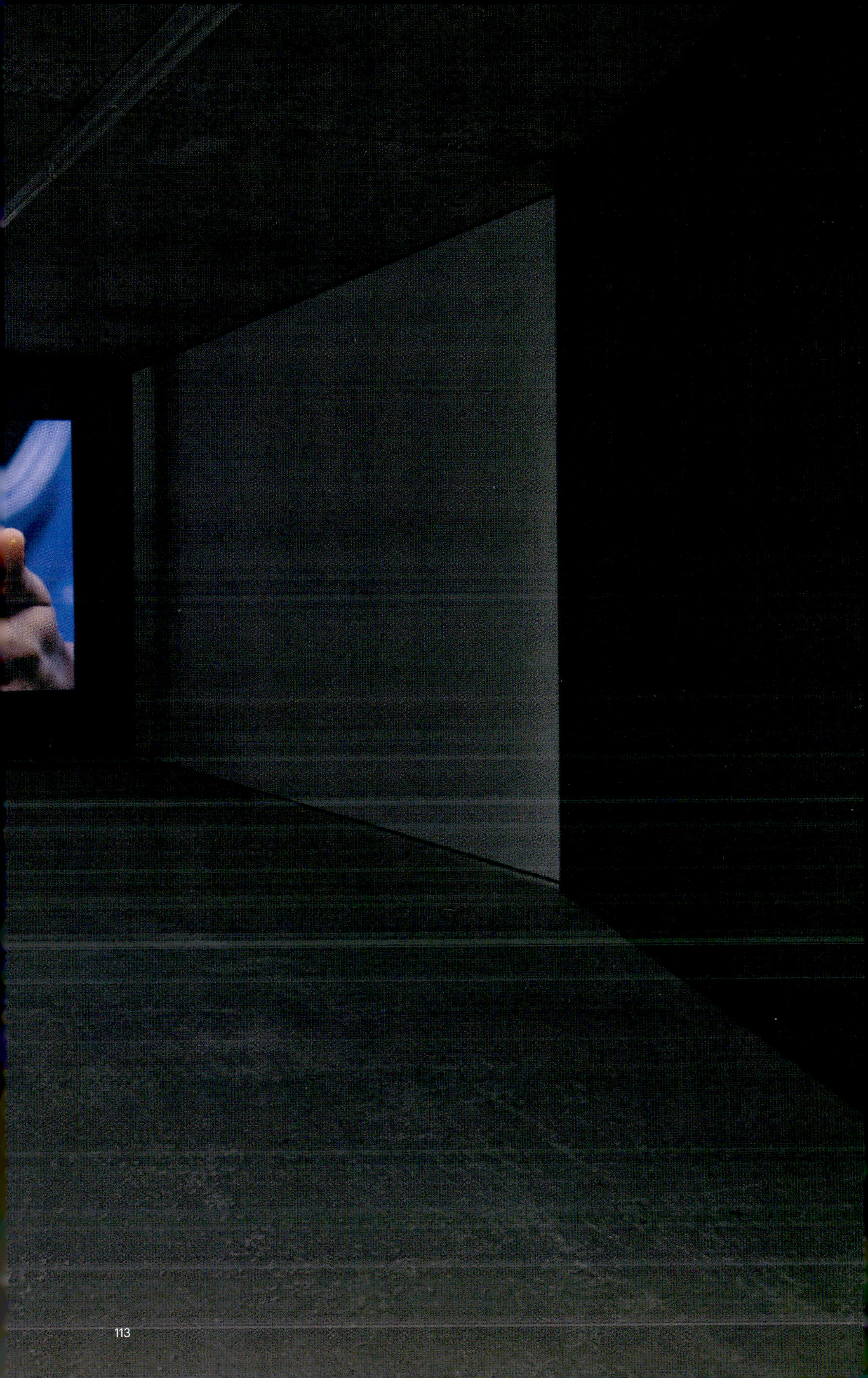

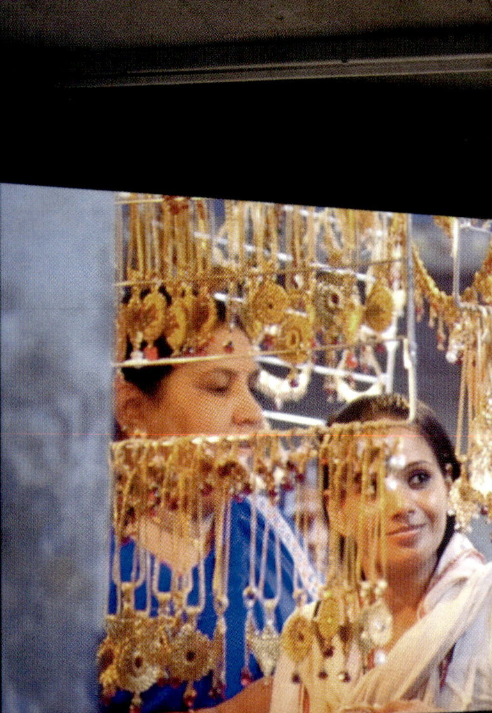

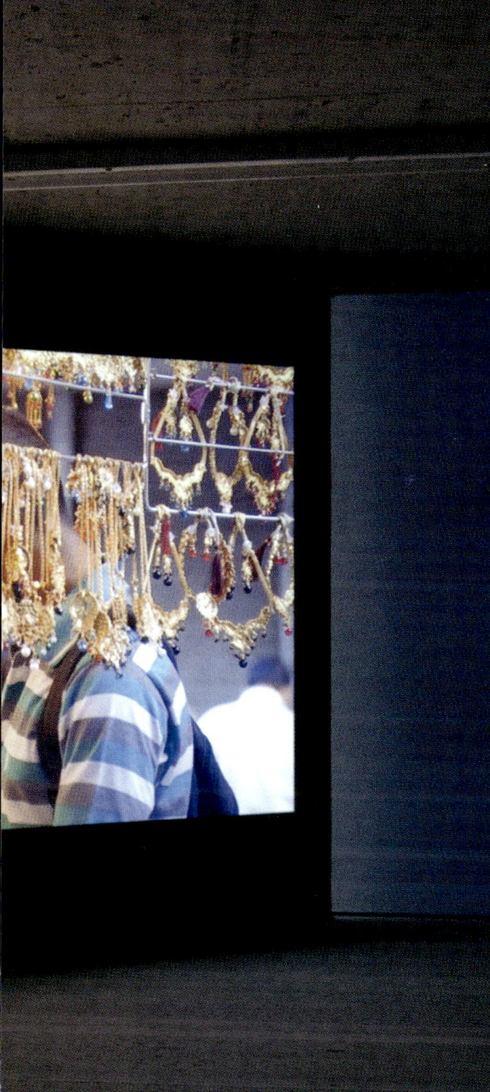

KOW, Berlin
Installation view, screen 4 and 3 of 4, basement
Grey fabric
2011

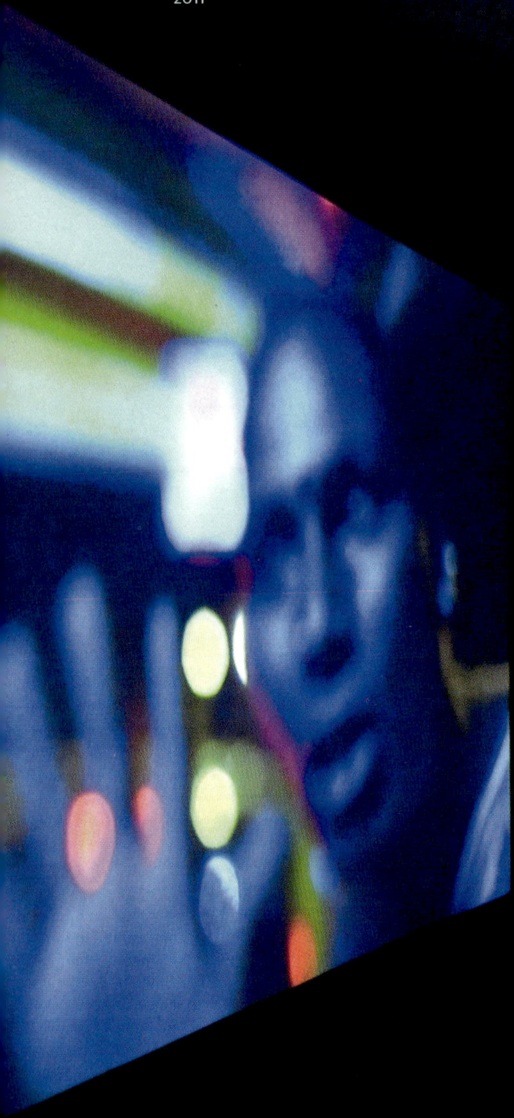

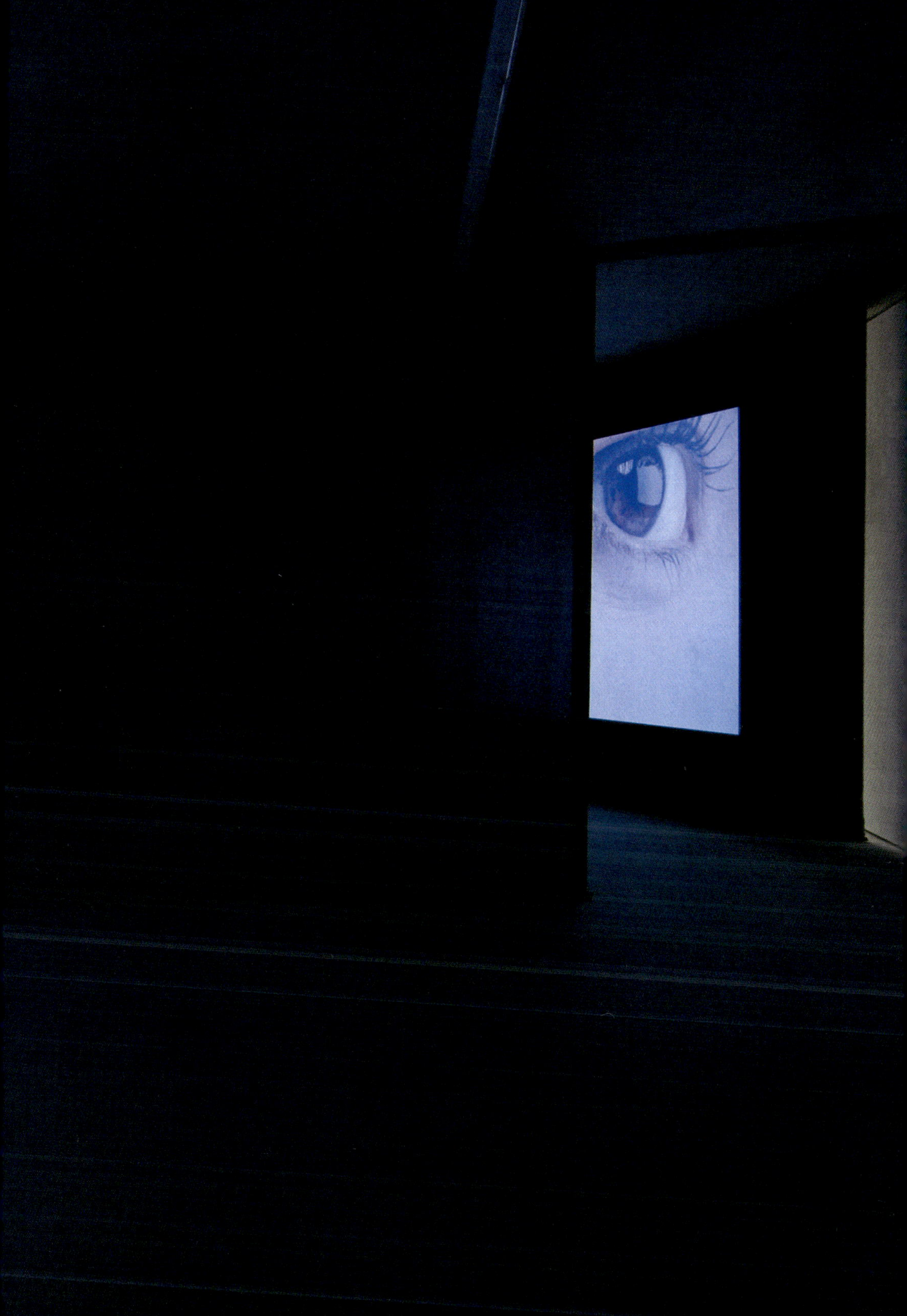

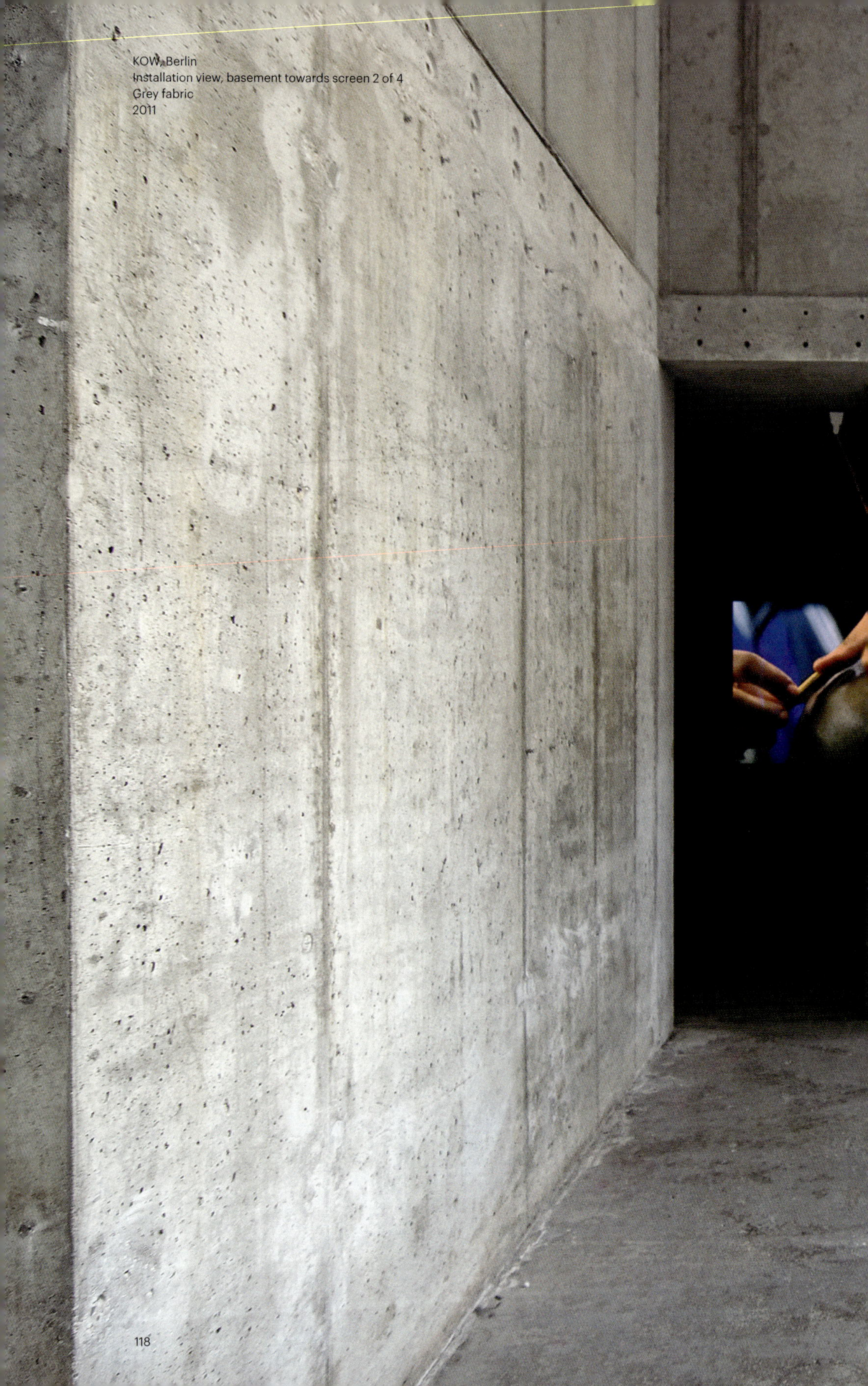

KOW, Berlin
Installation view, basement towards screen 2 of 4
Grey fabric
2011

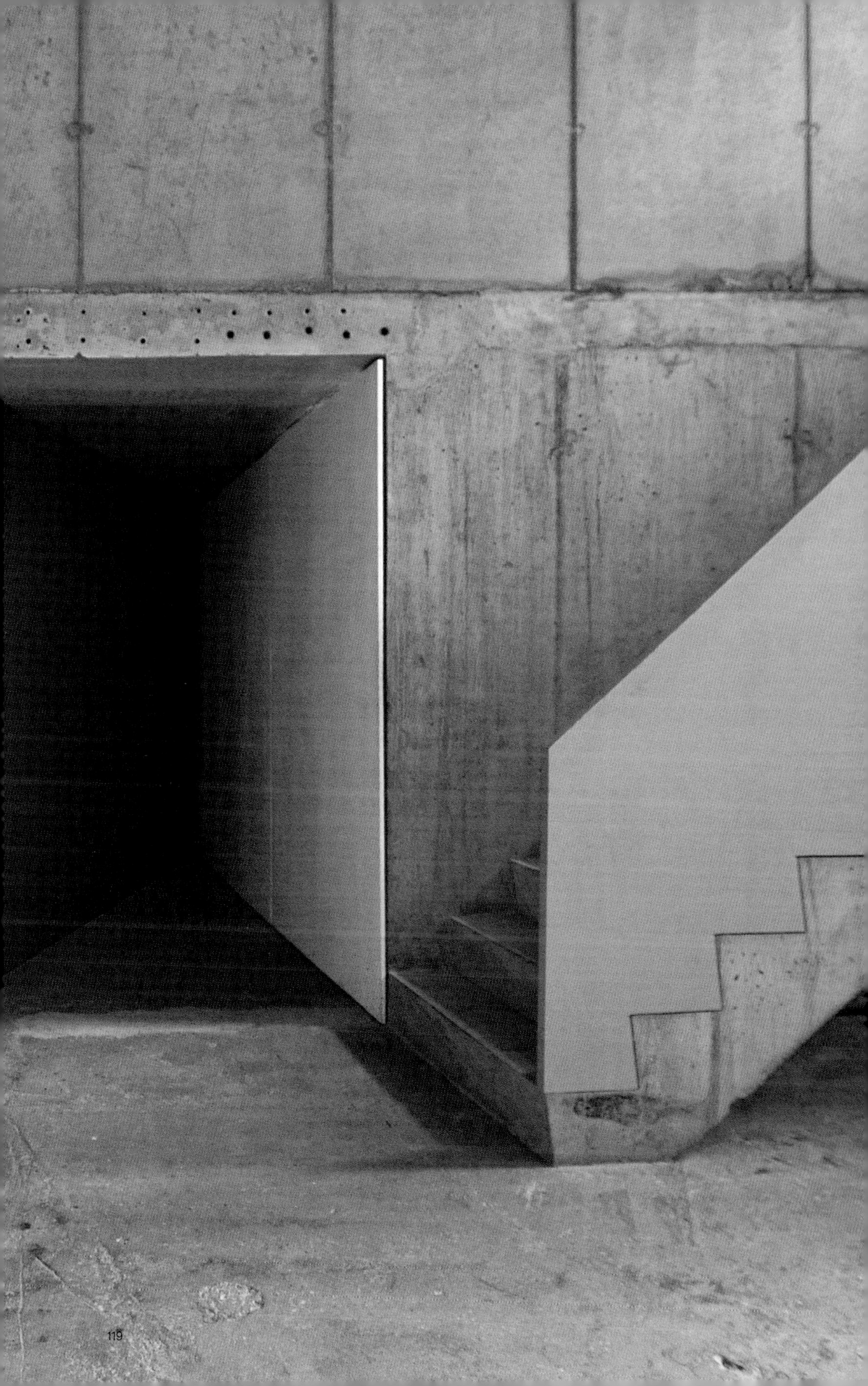

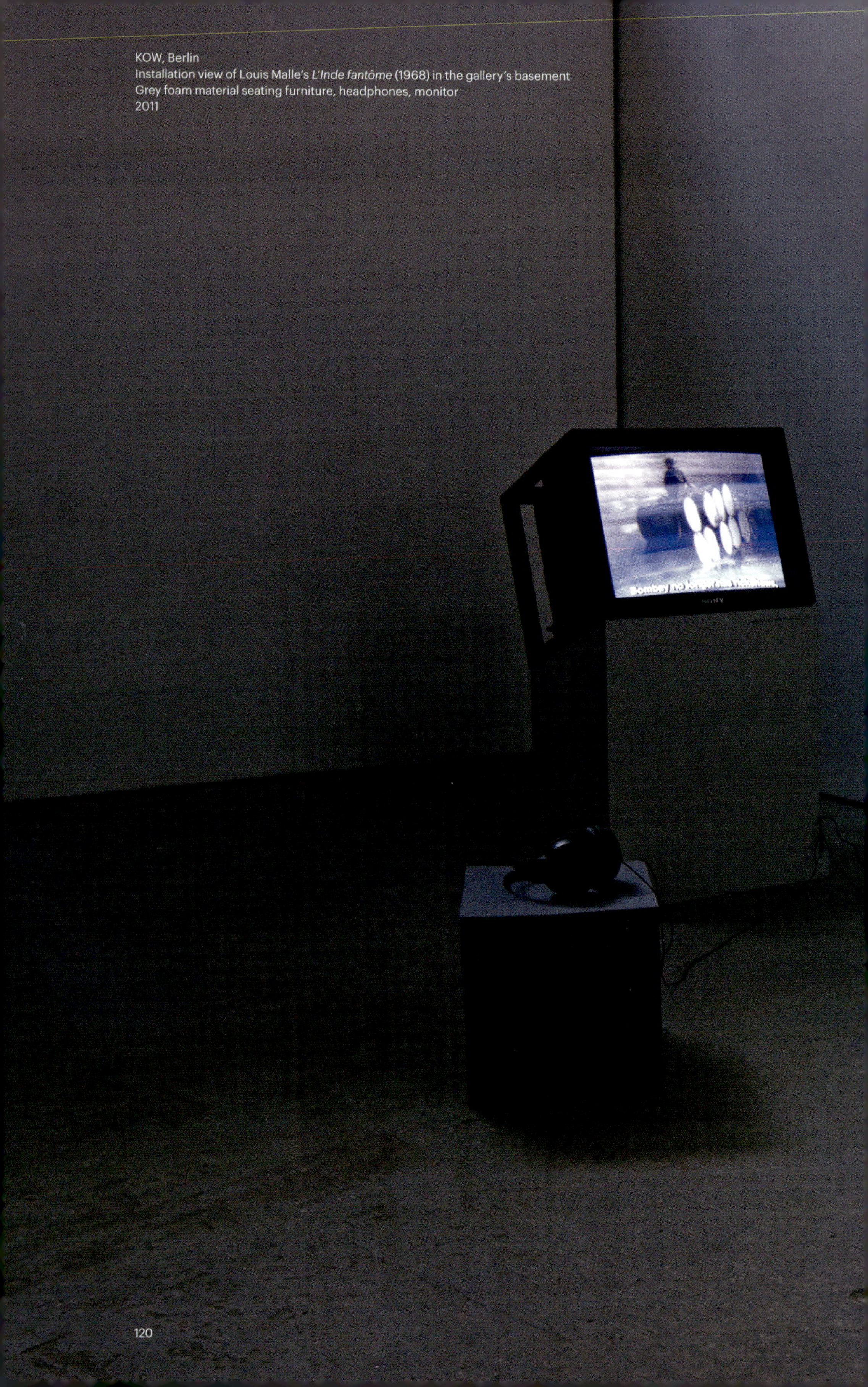

KOW, Berlin
Installation view of Louis Malle's *L'Inde fantôme* (1968) in the gallery's basement
Grey foam material seating furniture, headphones, monitor
2011

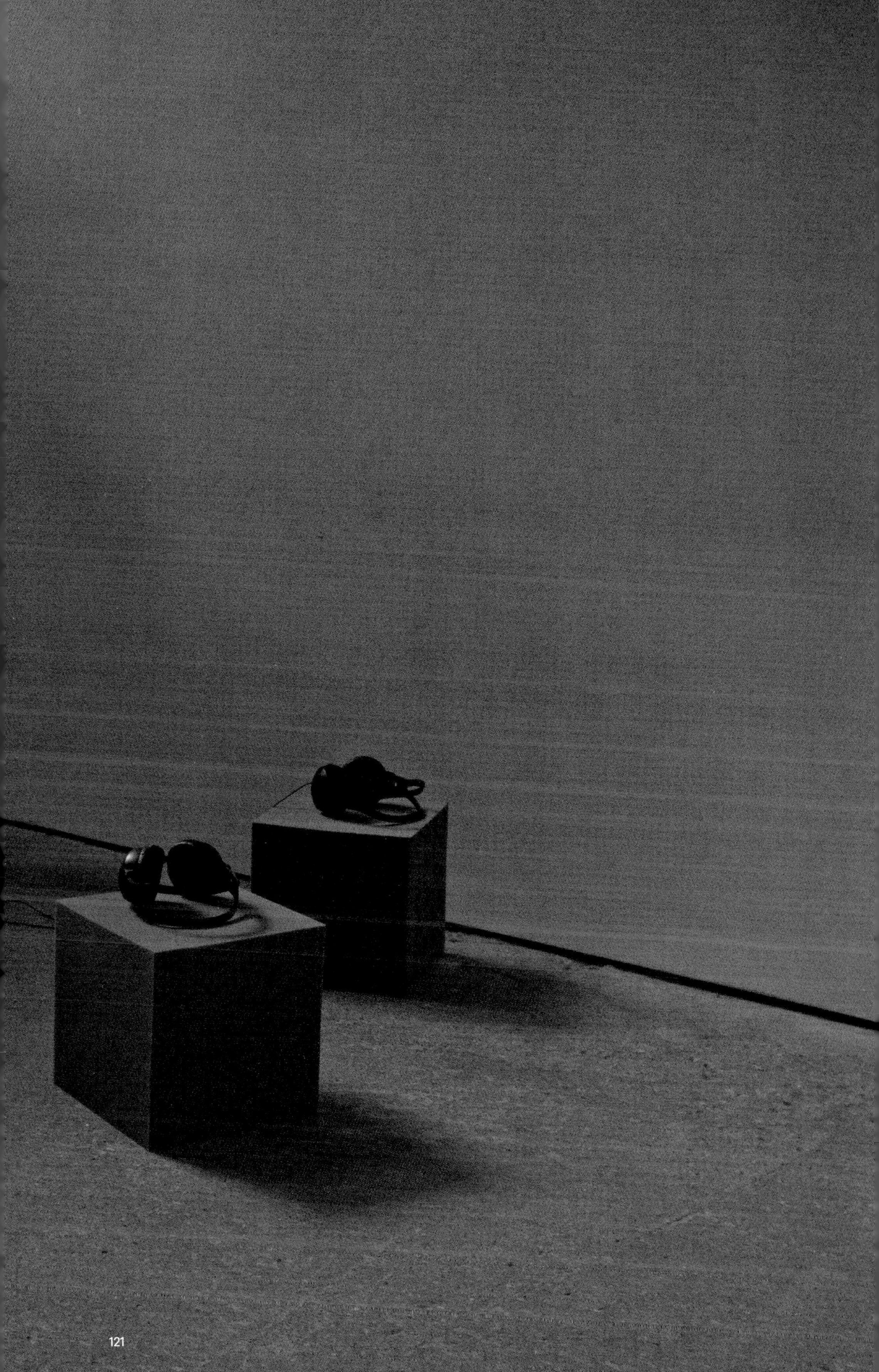

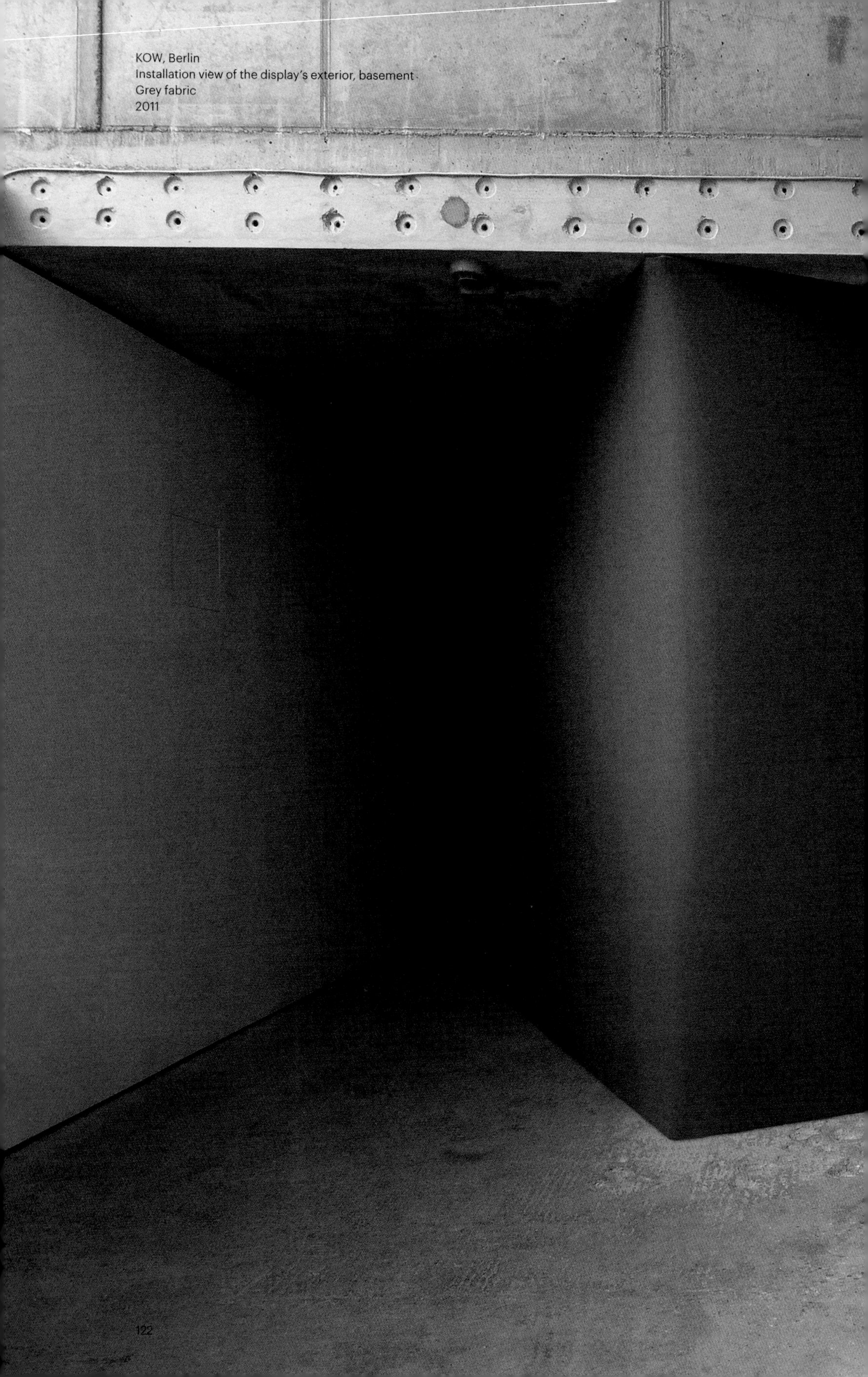

KOW, Berlin
Installation view of the display's exterior, basement
Grey fabric
2011

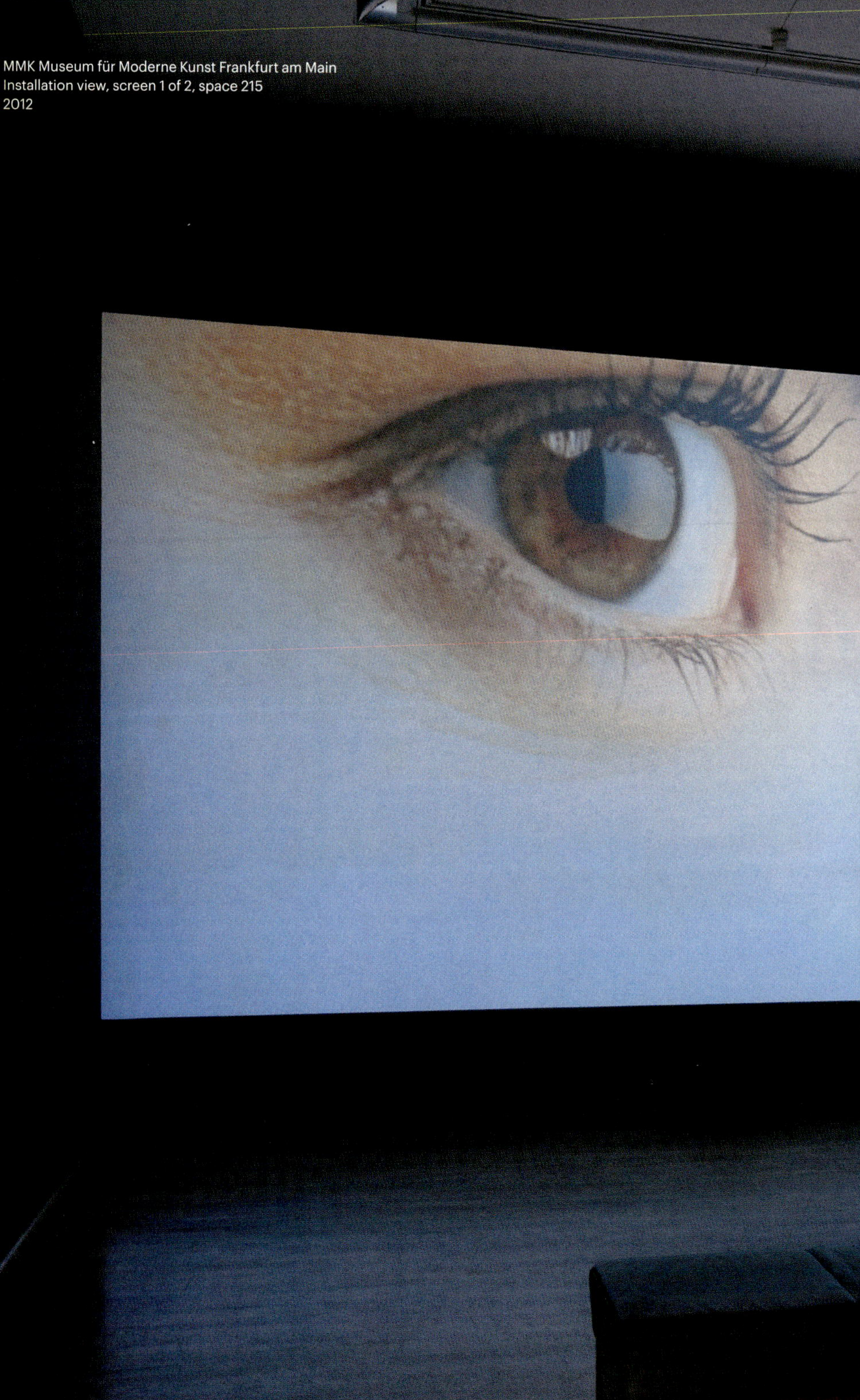

MMK Museum für Moderne Kunst Frankfurt am Main
Installation view, screen 1 of 2, space 215
2012

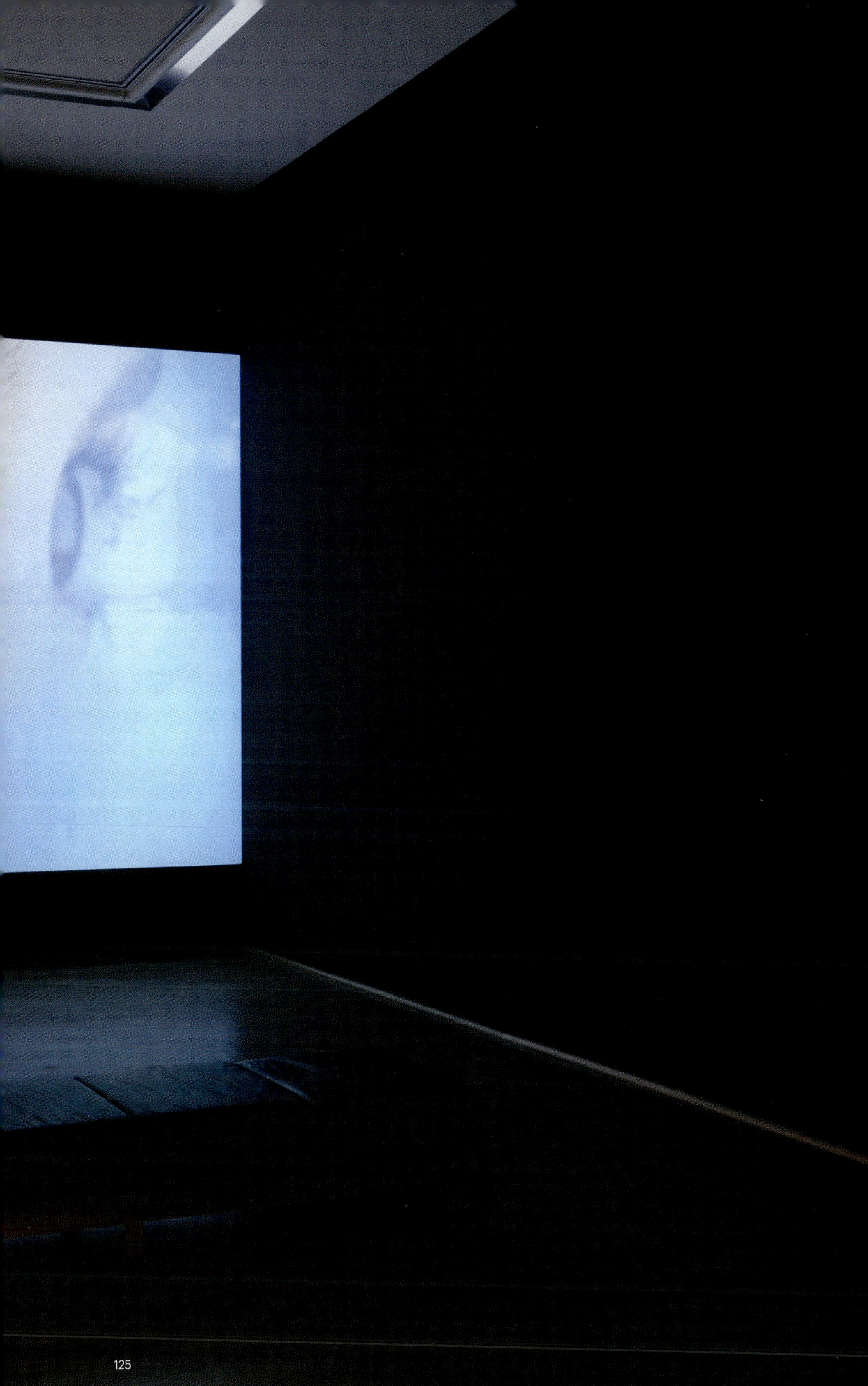

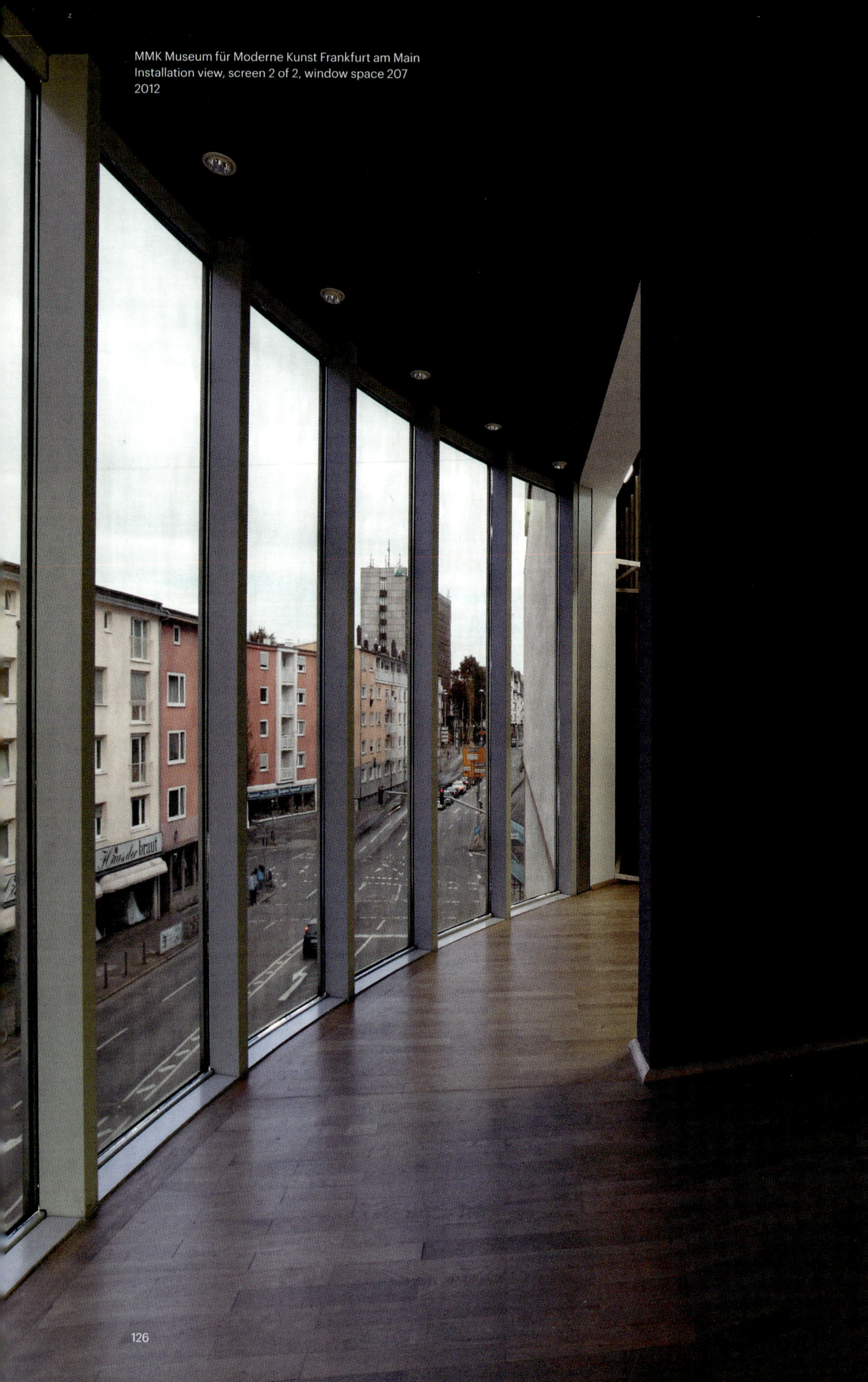

MMK Museum für Moderne Kunst Frankfurt am Main
Installation view, screen 2 of 2, window space 207
2012

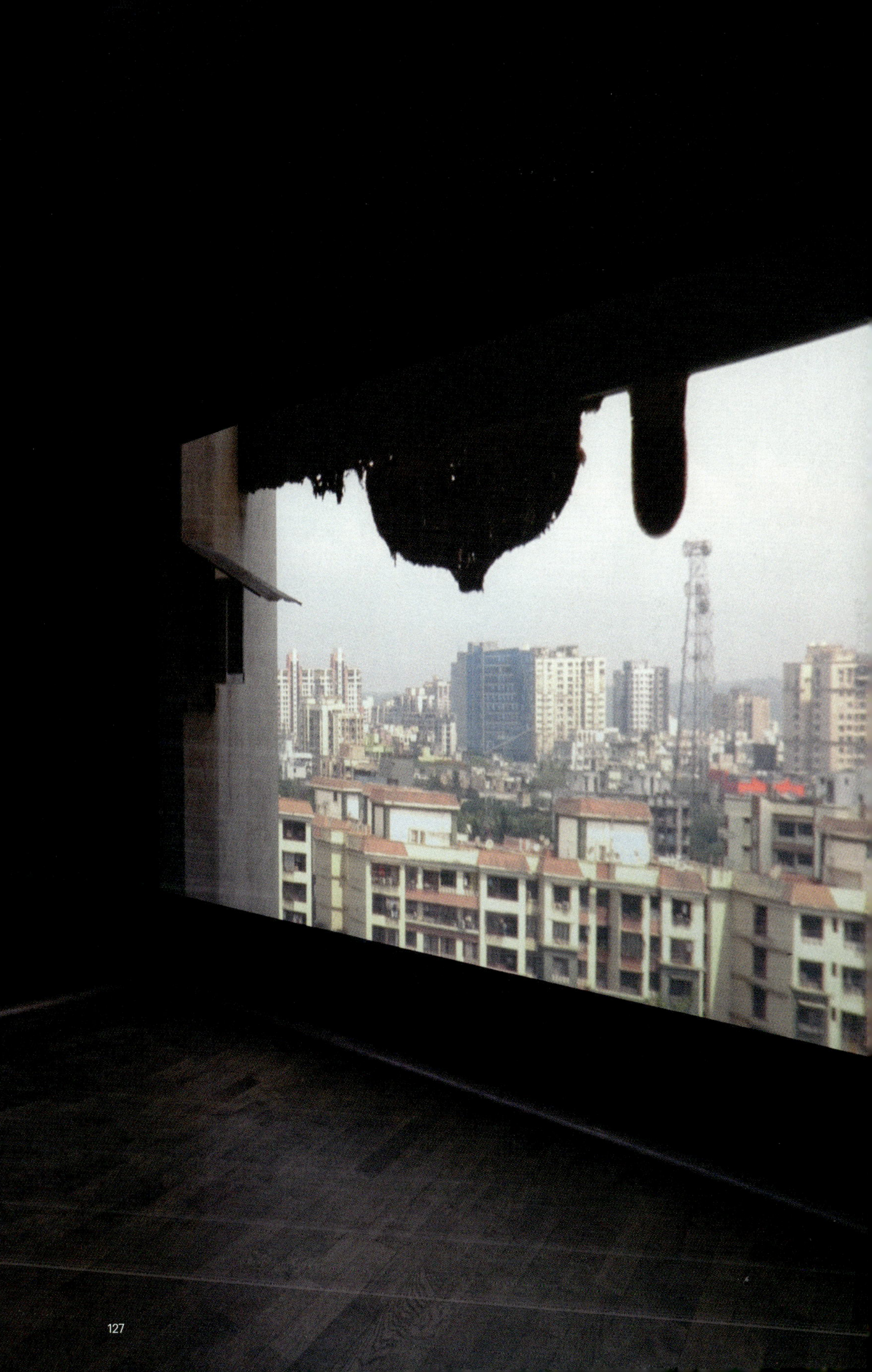

MMK Museum für Moderne Kunst Frankfurt am Main
Installation view, screen 1 of 2, space 215
2012

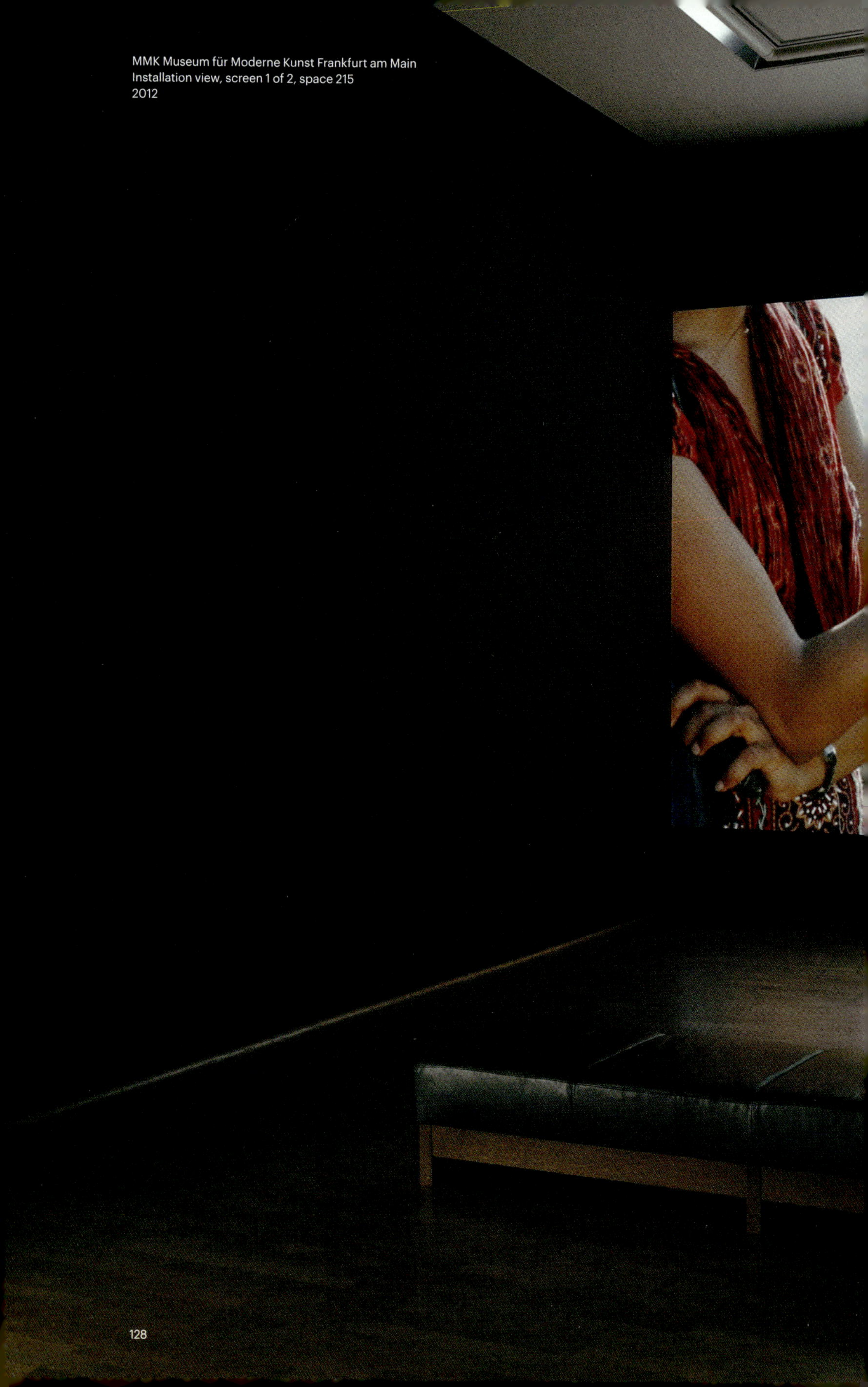

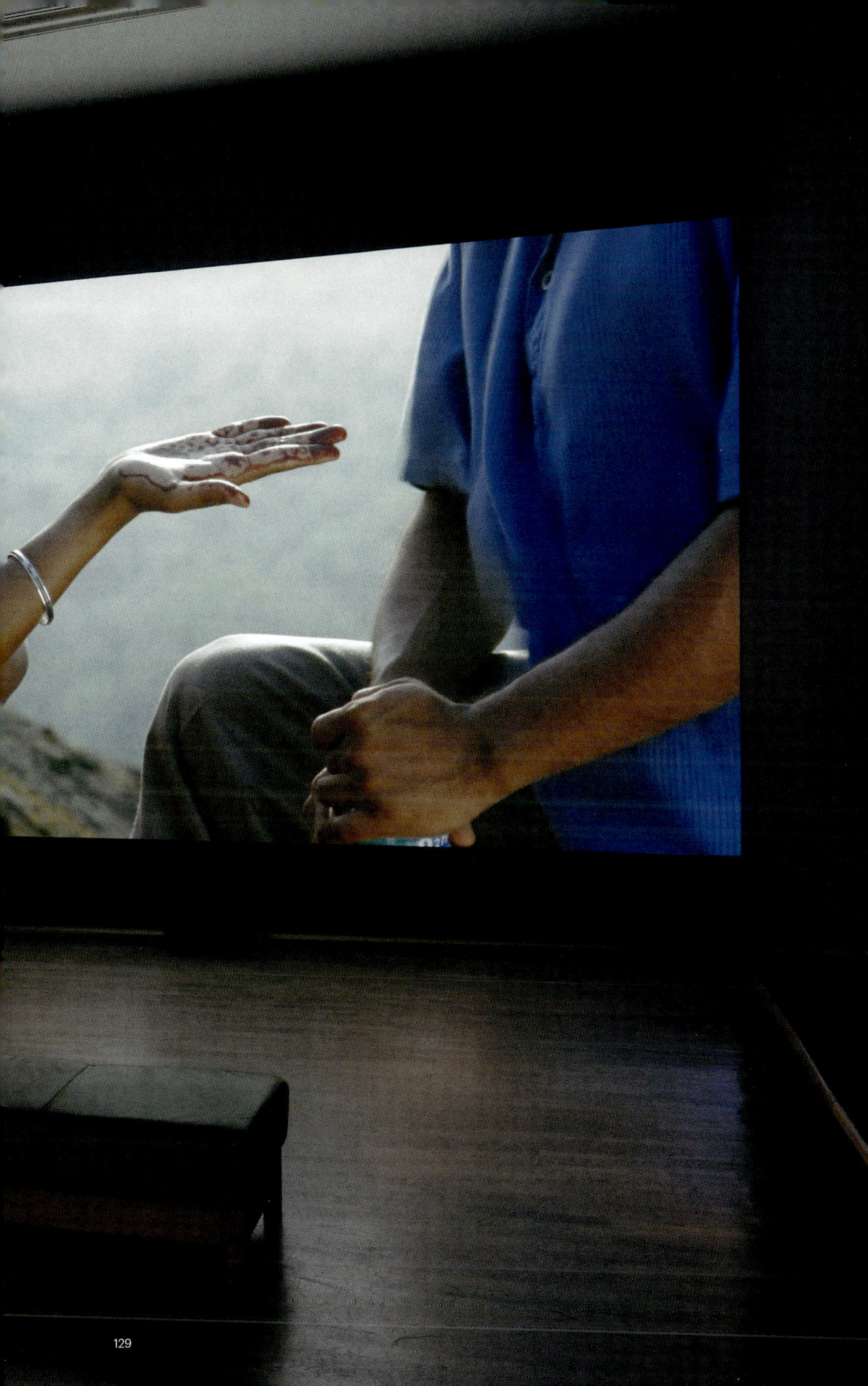

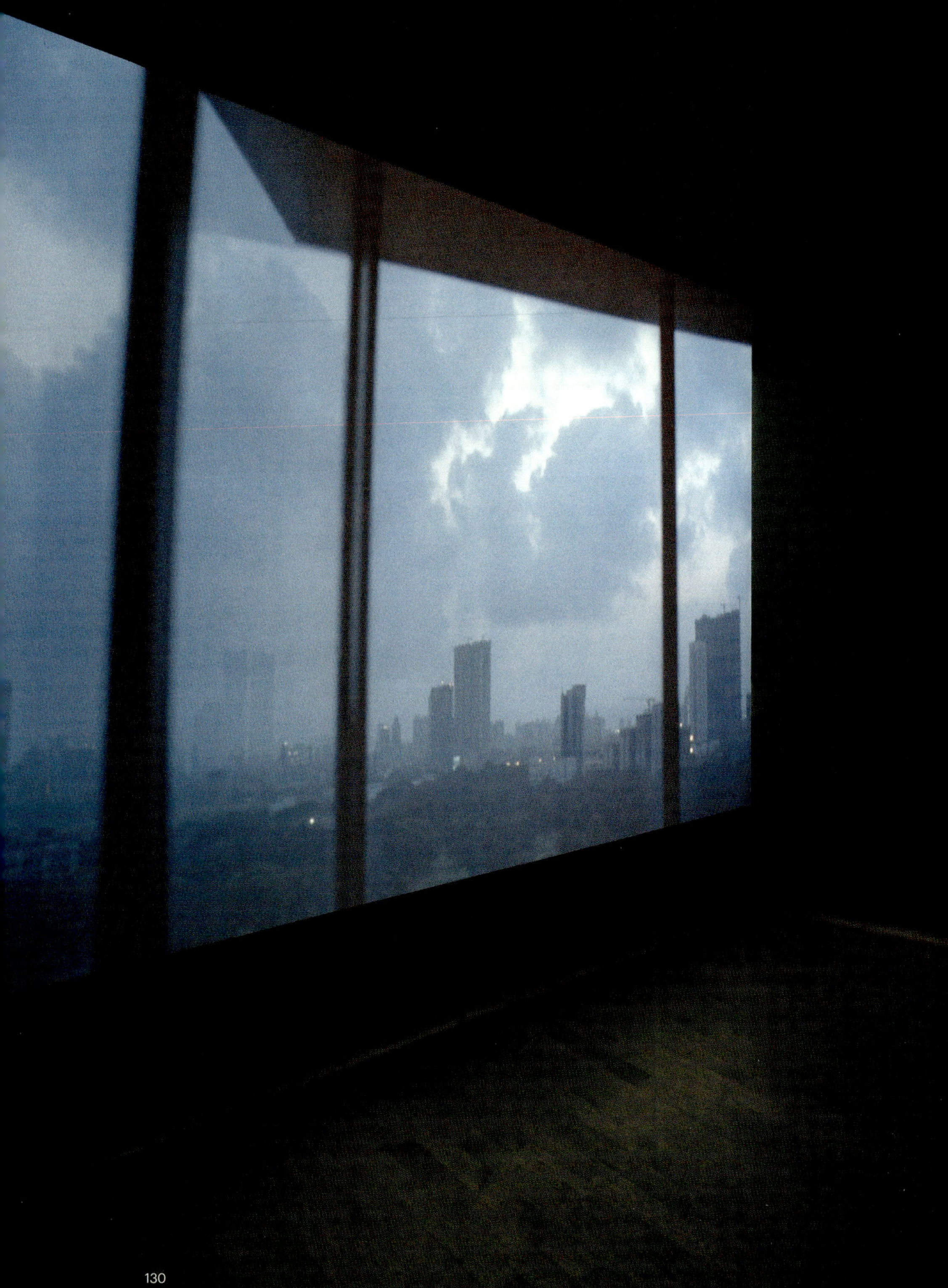

MMK Museum für Moderne Kunst Frankfurt am Main
Installation view, screen 2 of 2, window space 207
2012

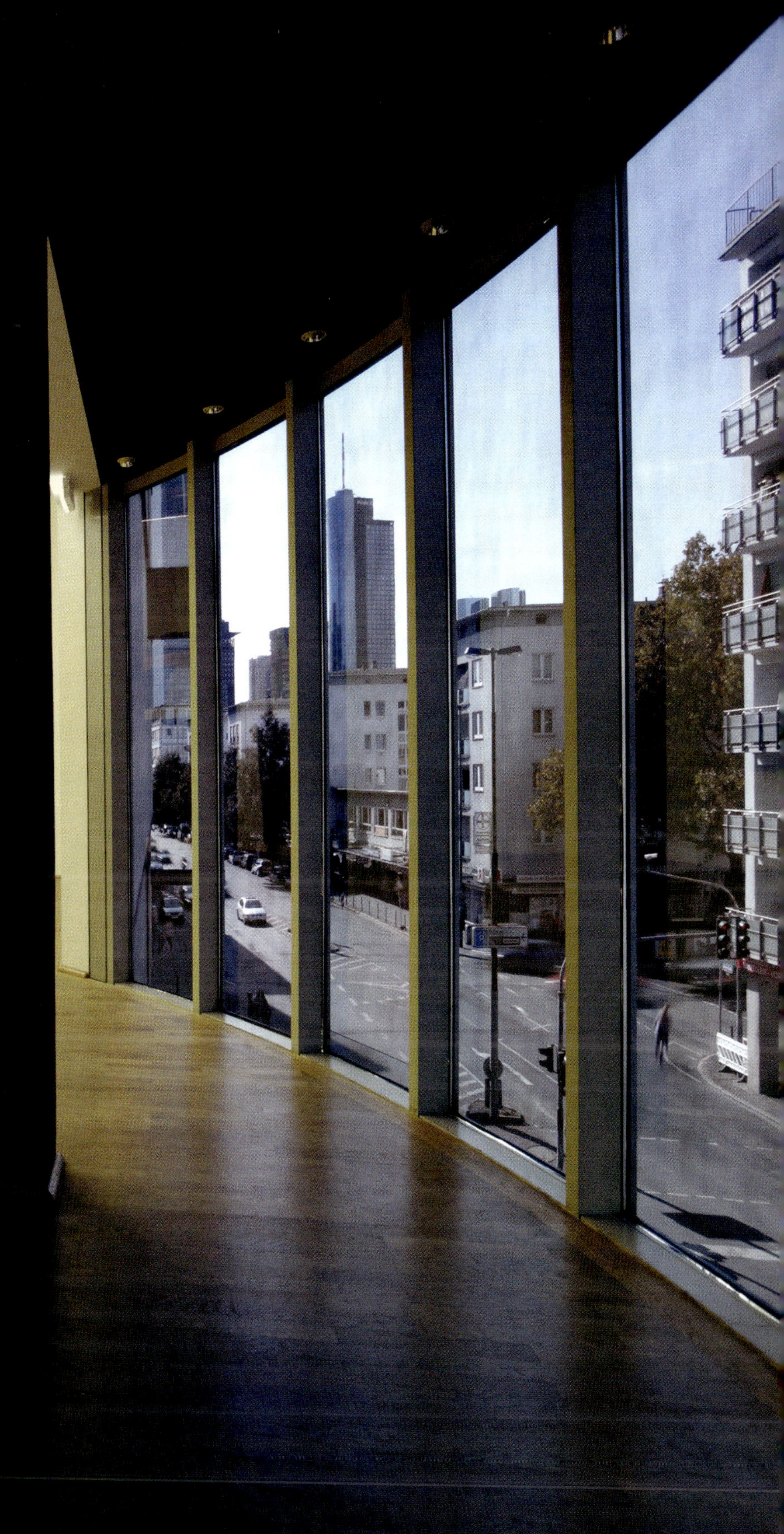

Frankfurter Kunstverein
Zollamt MMK Museum für Moderne Kunst Frankfurt am Main

December 11, 2010–February 13, 2011

Projection I: Barber's Shop/Workers–Belapur/Apartment–Henna/Fishermen/
Ice Factory/Temple–Crawford Market

Projection II: Eye Clinic/Apartment–Borivali/Kanheri Caves–National Park/
Autorickshaw–Hirja

KOW*

September 10–October 28, 2011

Projection I: Ice Factory

Projection II: Barber's Shop/Apartment–Henna

Projection III:Workers–Belapur/Fishermen/Temple–Crawford Market/
Eye Clinic/Apartment–Borivali

Projection IV:Kanheri Caves–National Park/Autorickshaw–Hirja

MMK Museum für Moderne Kunst Frankfurt am Main

June 3, 2012–January 13, 2013

Projection I: Autorickshaw–Hirja/Kanheri Caves–National Park/
Ice Factory/Workers–Belapur/Eye Clinic/Fishermen/
Temple–Crawford Market/Barber's Shop

Projection II: Apartment–Henna/Apartment–Borivali

*During the exhibition of the installation at KOW Louis Malle's *L'Inde fantôme* (1968)—a 378-minute-
long documentary which was made for the BBC and which caused both him and the broadcaster
to be banned from producing films in India for several years—was shown in parallel in the gallery's
basement. The seven episodes of Malle's documentary were screened non-chronologically on a
TV monitor, with each episode being shown for one week. Three of Malle's scenes are still banned
from being shown in India. During the course of this exhibition, Jonathan Pouthier, in collaboration
with Mario Pfeifer, curated a programme that presented different films in a two-week rhythm on
the gallery's ground floor. The films presented included Pier Paolo Pasolini's *Appunti per un film
sull'India—Notes for a Film about India* (1968), Robert Gardener's *Forest of Bliss* (1986) and Kamal
Swaroop's *Om-Dar-Ba-Dar* (1988), which is still relatively unknown and has not yet been distributed
or released in a subtitled version.

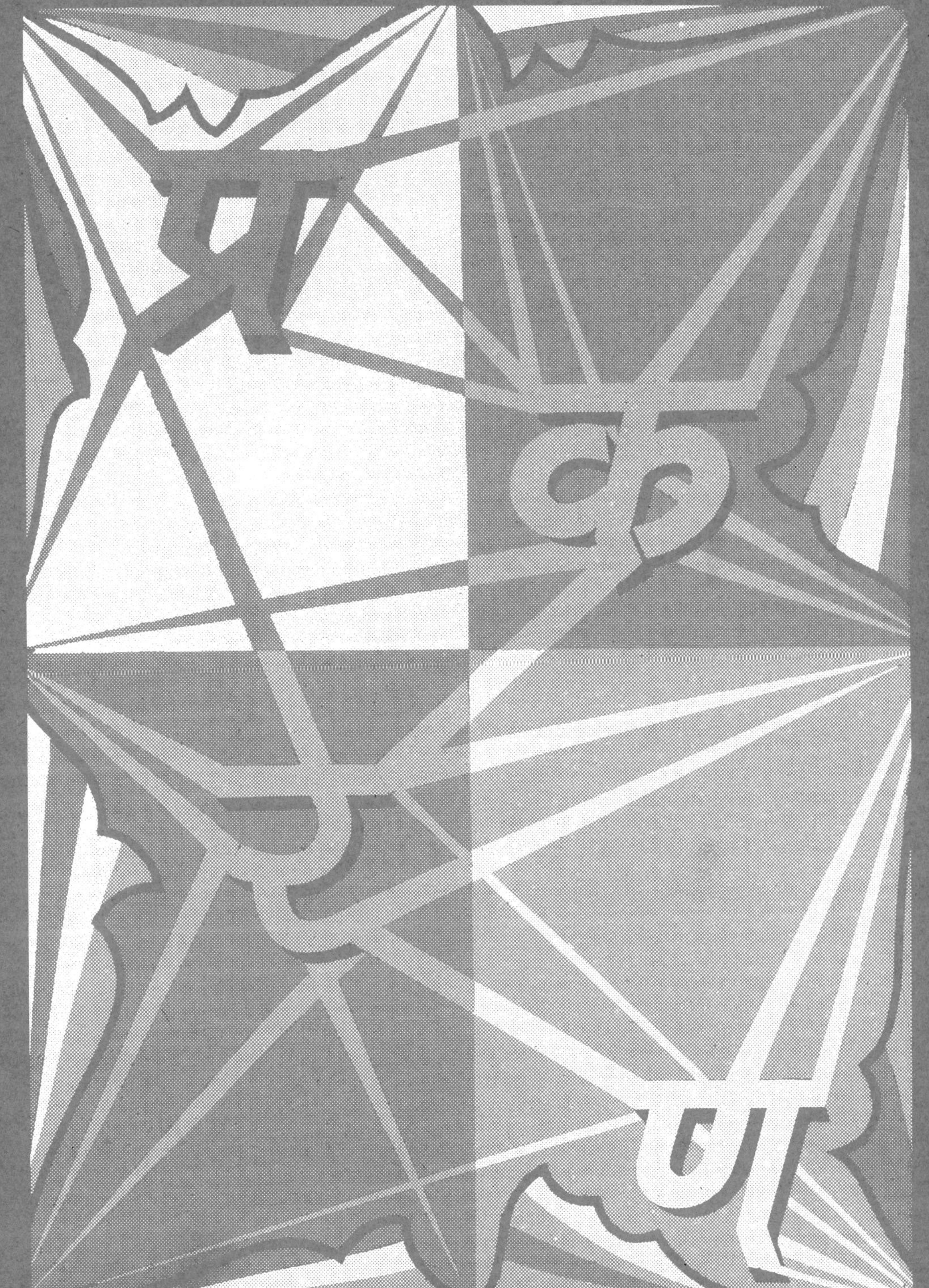

Keywords: formality, non-places, flexible installations, exoticism, life/art, displacement

Blurring the Boundaries

The underpinnings of Mario Pfeifer's flexible installation

Amira Gad is Associate Curator at the Witte de With Centre for Contemporary Art in Rotterdam and Contributing Editor for Ibraaz, an online publishing forum dedicated to art and visual culture in North Africa and the Middle East.

A Formal Film in Nine Episodes, Prologue and Epilogue (2010)—as its title proclaims—assumes a premise of formality, though, as will become more evident, this is ultimately a red herring. The film, an investigation of present-day Mumbai and its greater areas, offers the viewer a look at a bustling contemporary metropolis, as it appears through the artist's lens.

संकेतशब्द: औपचारिकता, गैर-स्थान, लचीली संस्थापनाएं, अद्भुत होना, जीवन/कला, विस्थापन

धुंधले सीमाऐं

मारियो प्फाइफर की लचीली संस्थापनाओं का आधार

__अमीरा गड__ रॉटरडैम में विट्टे डे विद सेंटर फ़ॉर कॉन्टेम्परेरी ऑर्ट में सहायक अध्यक्ष हैं और इबराज़ की योगदानकर्ता सम्पादक हैं जो उत्तर अफ़्रीका और मध्य पूर्व में कला और दृश्य संस्कृति को समर्पित ऑनलाइन प्रकाशन मंच है।

मारियो प्फाइफर की एक *औपचारिक फ़िल्म नौ प्रकरण, प्रस्तावना और उपसंहार में* (२०१०) – जैसा कि इसके नाम से स्पष्ट होता है – औपचारिकता का आधार-वाक्य बन जाती है, हालांकि जैसा कि और अधिक व्यक्त होगा, यह अन्ततः ध्यान फेरना है। यह फ़िल्म, जो आज की मुंबई और इसके महत्वपूर्ण क्षेत्रों की जाँच-पड़ताल है, दर्शक को चहल-पहल वाले इस समकालीन महानगर की झलक दिखलाती है जैसी कि कलाकार के लेंस के माध्यम यह प्रतीत होती है।

In Pfeifer's work, the sceneries appear as a site of sublimation, where the reality that is communicated through the film's documentary style is at odds with the Bollywood-style love story that develops in it, constituting a narrative thread binding the episodes together but with an aesthetic thread also woven through them. In his work, the artist appropriates and plays with several stylistic genres, resulting in what could be argued for as an anthropological approach, one where the focus lies on the "bigger picture", on the organization of human social and cultural relations. This emphasis at the heart of Pfeifer's work is one that is strengthened through what could be described, and will be further elaborated on here, as a flexible installation in which the viewer traverses—in an exhibition space—a choreographed installation that frames, and is ultimately at the core of unpacking and reaching an understanding of, the underpinnings of his film.

The film is formal in its construction, though this formality is just an illusion, one that invites a viewer's attention with familiar characteristics as a way to draw them into the underlying issues that are unravelled in the work. The formal characteristics that transpire from the work relate to a definition of "formal" as relating to an established hierarchy or set of specific behaviours. These formal aspects in the film appear in two ways: as recurring aesthetic or visual devices and as the narrative of a love story between the two main protagonists (Nandani and Gopal), which unfolds through the episodes. Sound could also be understood as another formal element—throughout the film some sounds seem repetitive or recognizable as they function as a natural aspect emerging from the environment depicted. Perhaps coincidentally, some sounds appear to be functioning like another thread, particularly noticeable (at times) with the sound of barking dogs, which we hear as we move from one episode to another.

प्फाइफर की कृति में, दृश्य उदात्तीकरण के स्थान के रूप में प्रतीत होते हैं जहाँ फिल्म की वृत्तचित्र शैली के माध्यम से सम्प्रेषित वास्तविकता इसमें विकसित होने वाली बॉलीबुड शैली की प्रेम कहानी से भिन्न है, जो कड़ियों को एक-साथ बाँधने वाले वर्णनात्मक बंधन का निर्माण करती है लेकिन वह ऐसा उनसे बुने हुए सुरुचिपूर्ण बंधन के माध्यम से भी करती है। अपनी कृति में, कलाकार अनेक शैलीगत विधाओं का उपयोग करता है और उनके साथ प्रयोग करता है जिसके परिणामस्वरूप वह उत्पन्न होता है जिस पर मानवशास्त्रीय दृष्टिकोण के रूप में तर्क किया जा सकता है, जहाँ "व्यापक तस्वीर", मानवीय सामाजिक और सांस्कृतिक संबधों के संगठन पर विशेष ध्यान होता है। प्फाइफर की कृति के केन्द्र में यह विशेष ध्यान ऐसा है जिसे वर्णन की जा सकने वाली बात के माध्यम से सुदृढ़ किया जा सकता है और इसे यहाँ और अधिक विस्तार से ऐसी लचीली संस्थापना में व्यक्त किया जाएगा जिसमें दर्शक विचरण करता है – किसी प्रदर्शनी के स्थान – ऐसी नृत्य-निर्देशित संस्थापना में जो अभिव्यक्त करती है और अन्ततः उनकी फिल्म के आधार को उजागर करने और इसके निष्कर्ष को व्यक्त करने में मुख्य स्थान रखती है।

इस फिल्म की संरचना औपचारिक है, हालांकि यह औपचारिकता केवल भ्रम है, एक ऐसा भ्रम जो दर्शक का ध्यान जानी-मानी विशेषताओं से ऐसे तरीके से आकर्षित करता है जिससे उन्हें उन अंतर्निहित मुद्दों के बारे में बताया जा सके जिसका इस कृति में खुलासा किया गया है। कृति से व्यक्त होने वाली औपचारिक विशेषताएं "औपचारिक" की परिभाषा से संबंधित हैं जैसा कि किन्हीं विशेष व्यवहारों के निर्धारित अनुक्रम या समूह से संबद्ध होना। फिल्म में ये औपचारिक पहलू दो तरीकों से प्रस्तुत होते हैं: सुरुचिपूर्ण या दृश्य युक्तियों के साथ-साथ दो प्रमुख पात्रों (नंदिनी और गोपाल) के बीच कड़ियों में दिखाई जाने वाली प्रेम कथा के वर्णन के माध्यम से प्रस्तुत और पुन:प्रस्तुत होने वाली पुनरावृत्ति। ध्वनि को भी एक अन्य औपचारिक तत्व के रूप माना जा सकता है – पूरी फिल्म में कुछ ध्वनियाँ दोहराई जाने वाली या पहचाने जाने योग्य प्रतीत होती है क्योंकि ये प्रस्तुत वातावरण से प्रकट होने वाले स्वाभाविक पहलू के रूप में कार्य करती हैं। सम्भवतः संयोगवश कुछ ध्वनियाँ एक अन्य कड़ी के रूप में काम करती हुई प्रतीत होती हैं, इन्हें विशेष रूप से (कभी-कभी) भौंकते हुए कुत्तों की ध्वनि से अनुभव किया जा सकता है जिसे हम एक कड़ी से दूसरी कड़ी पर जाते समय सुनते हैं।

As for the visual aspect, there are some splashes of yellow that either appear on a protagonist's head (e.g. in the haircut scene, cf. p. 288), or reappear in another episode in flowers and plants along his path, some blue from the barber's shirt in the scenes shot in the ice factory (cf. p. 20), and a general sense of visuality deriving from the rich colourful fabric of the city. In addition to the sceneries represented, each episode is also announced with a title shot in Hindi only. The typography is transparent, allowing a view onto the setting of the episode, which is visible through the text. The title is thus enriched with the colour of the scene and yet it obstructs the reading of the text. As a result, the typography lays emphasis on visuality, setting the tone for a context of representation. The title page is such that it divides the audience between those familiar with Hindi and able to read it, and those who will stop at the first layer of what is presented, focusing on the visual aspect. This is almost a teaser and surely sets the tone for Pfeifer's work, where the viewer's reception is key and through which the artist's consciousness is affected and altered by the audience's perceptions and (pre)conceptions.

Presented in an exhibition context, the footage of *A Formal Film in Nine Episodes, Prologue and Epilogue* is transferred into High Definition digital video and made part of an installation in which the episodes are dispersed throughout the gallery space using different projection screens and can be presented in any order or constellation (various constellations of episodes screened in combination at selected exhibitions discussed here are documented on pages 98–131). The work can be presented in a video installation with any number of screens on from two to nine channels. They can have different screen sizes, as well as varying levels of sound. The flexibility of the video installation creates a scenario for its viewer, a choreography in which he or she shuttles from one space or screen to another and hence participates in a process of reconstruction, in which the story line must be pieced together. Nevertheless, one could argue that this process and the supposed narrative thread are actually secondary, conscious, on the one hand, of the multiple ways of viewing the film and the possibilities of reception, and on the other, of the limits of representation.

दृश्य पहलू के संबंध में, पीले रंग के कुछ छींटे हैं जो या तो प्रमुख पात्र के सिर पर प्रतीत होते हैं (जैसे बॉल काटने का दृश्य, संदर्भ प. २८८), जो एक अन्य कड़ी में उसके रास्ते में फूलों और पौधों पर दोबारा दिखते हैं, बर्फ की फैक्टरी में फिल्माए गए दृश्य में नाई की कमीज़ पर नीले रंग के छींटे हैं (संदर्भ प. २०) और नगर की समृद्ध रंगीन बनावट से उत्पन्न दृश्यता का सामान्य भाव है। इन प्रदर्शित दृश्यों के अतिरिक्त, प्रत्येक कड़ी को केवल हिंदी में फिल्माए गए शीर्षक द्वारा भी घोषित किया जाता है। मुद्रण कला पारदर्शी है जिससे कड़ी के परिवेश को भी देखा जा सकता है जो पाठ के नीचे दिखाई देता है। इस प्रकार शीर्षक दृश्य के रंग से समृद्ध है और इसके बावजूद यह पाठ के पढ़े जाने में बाधा पहुँचाता है। इस प्रकार मुद्रण कला दृश्यता पर बल देती है और प्रतिनिधित्व के संदर्भ के लिए तारतम्य निर्धारित करती है। शीर्षक पृष्ठ ऐसा है जो दर्शकों को ऐसे लोगों में विभाजित करता है जो हिंदी जानते हैं और इसे पढ़ सकते हैं और वे लोग जो प्रस्तुत की जाने वाली पहली चीज़ पर रुक जाएंगे और दृश्य पहलू पर ध्यान केन्द्रित करेंगे। यह बात लगभग कठिनाई उत्पन्न करने वाली है और निश्चित रूप से प्फाइफर की कृति के लिए तारतम्य निर्धारित करती है जहाँ दर्शक का अभिग्रहण महत्वपूर्ण होता है और जिसके माध्यम से दर्शकों की अनुभूति और (पूर्व) धारणाओं के संबंध में कलाकार की चेतना को प्रकट किया जाता है।

एक प्रदर्शनी के संदर्भ में प्रस्तुत एक *औपचारिक फिल्म नौ प्रकरण, प्रस्तावना और उपसंहार में* की फुटेज को हाई डेफिनेशन डिजिटल वीडियो में रूपान्तरित किया जाता है और ऐसी संस्थापना का भाग बनाया जाता है जिसमें कड़ियाँ भिन्न प्रोजेक्शन स्क्रीनों का उपयोग करते हुए पूरे गैलरी स्थान में छितरी होती हैं और इन्हें किसी भी क्रम या पुंज में प्रस्तुत किया जा सकता है (यहाँ उल्लिखित चुनिंदा प्रदर्शनियों में संयोजन में प्रदर्शित कड़ियों के विभिन्न पुंजों का पृष्ठ ९८-१३१ पर वर्णन किया गया है)। कृति को दो से नौ चैनलों पर कितनी भी स्क्रीनों पर वीडियो संस्थापना के रूप में प्रस्तुत किया जा सकता है। इनके भिन्न स्क्रीन आकारों के साथ-साथ भिन्न स्तरों की ध्वनियाँ हो सकती हैं। वीडियो संस्थापना का लचीलापन इसके दर्शक के लिए ऐसा परिदृश्य, ऐसी नृत्यकला प्रस्तुत करता है जिसमें वह एक स्थान या स्क्रीन से दूसरे स्थान या स्क्रीन में यात्रा करता रहता है और इस प्रकार पुनर्निर्माण की प्रक्रिया में भाग लेता है जिसमें कथा को अवश्य एक-साथ प्रस्तुत किया जाना चाहिए। बहरहाल कोई व्यक्ति यह तर्क दे सकता है कि यह प्रक्रिया और इसकी मानी गई वर्णनात्मक कड़ियाँ एक तरफ फिल्म देखने के बहुत-से तरीकों और अभिग्रहण की सम्भावनाओं के संबंध में गौण, सजग हैं, वहीं दूसरी ओर सम्पूर्ण प्रतिनिधित्वों की सीमाओं की याद दिलाती हैं।

इसके आलोक में, स्थान के वास्तुशिल्पी परिवेशों को ध्यान में रखते हुए और इसके संबंध में प्रतिक्रिया व्यक्त करते हुए हर बार

In light of this, it is useful to compare the three different con-
texts in which the work was presented, each time using
a different flexible installation format taking into considera-
tion and responding to the architectural settings of the
space: in 2010, *A Formal Film in Nine Episodes, Prologue
and Epilogue* was presented simultaneously at both the
Zollamt MMK Frankfurt am Main and the Frankfurter Kunst-
verein; in 2011 at KOW in Berlin; and finally at MMK Museum
für Moderne Kunst Frankfurt am Main in 2012–13.

The exhibition at MMK made use of the different spaces by
distributing the episodes in a non-linear manner. Though
dispersed, the episodes were carefully selected for the set-
ting in which they were presented. This exhibition had a
large projection screen in the museum's gallery space and
a second projection showing two episodes facing a win-
dow with a view onto the Frankfurt cityscape. The contrast
between the natural light shining in through the window
and the artificial light of the projection creates a particular
ambiance. Here, Frankfurt is paralleled with Mumbai and
becomes apparent through subtle details and the meticu-
lousness in the selection of the specific episodes for this
setting: on the one hand, the Mumbai skyline represented
in the film with the Frankfurt one sees through the window;
on the other, the everyday life actions seen both through
the window and in the form of a documentation, or record-
ing, in the film. Additionally, in one of these two episodes,

किसी भिन्न लचीली संस्थापना का उपयोग करते हुए उन तीन भिन्न संदर्भों की तुलना करना उपयोगी है जिनमें कृति को प्रस्तुत किया गया था: २०१० में, एक *औपचारिक फिल्म नौ प्रकरण, प्रस्तावना और उपसंहार में* को ज़ोलआम्ट MMK फ्रेंकफर्ट आम मैन और फ्रेंकफर्टर कुंस्टवेरऐन में एक साथ प्रस्तुत किया गया; २०११ में बर्लिन में KOW में; और अन्त में २०१२-१३ में MMK म्यूज़ियम फ्यूर मॉडर्न कुंस्ट फ्रेंकफर्ट आम मैन इन में प्रस्तुत किया गया।

MMK में प्रदर्शनी में कड़ियों को एक गैर-रेखीय तरीके से वितरित करके भिन्न स्थानों का उपयोग किया गया। छितरी होने के बावजूद ये कड़ियाँ उस परिवेश के लिए सावधानी से चुनी गई थीं जिनमें इन्हें प्रस्तुत किया गया था। इस प्रदर्शनी में म्यूज़ियम के गैलरी स्थान में एक बड़ी प्रोजेक्शन स्क्रीन थी और एक दूसरे प्रोजेक्शन में फ्रेंकफर्ट नगर के दृश्य को एक खिड़की के सामने दो कड़ियों के माध्यम से प्रदर्शित किया गया। खिड़की से चमकने वाली प्राकृतिक रोशनी और प्रोजेक्शन की कृत्रिम रोशनी के बीच का अन्तर एक विशेष वातावरण की रचना करता है। यहाँ फ्रेंकफर्ट और मुंबई के समानांतर है और इस परिवेश के लिए सूक्ष्म ब्यौरों और विशेष कड़ियों का नुकताचिनिक चयन इस सेटिंग के लिए, सतर्कता से स्पष्ट हो जाता है: एक तरफ फिल्म में मुंबई के क्षितिज वैसा दिखाया गया है जो कोई व्यक्ति फ्रेंकफर्ट में खिड़की से देखता है; दूसरी तरफ रोज़मर्रा की ज़िंदगी के काम फिल्म में खिड़की और दस्तावेज या रिकॉर्डिंग के रूप में प्रदर्शित हैं। इसके अतिरिक्त, इन दो कड़ियों में से एक कड़ी में अपने हाथों पर मेंहदी लगवा रही नंदिनी एक खिड़की के पास पड़े बिस्तर पर लेटी है जहाँ से मुंबई का दृश्य दिख रहा है (संदर्भ प. २४); इसे प्रदर्शनी स्थान के भीतर फ्रेंकफर्ट के दृश्य से सहसंबद्ध किया गया है। एक अन्य कड़ी में, जब गोपाल नंदिनी को फोन करता है, एक मधुमक्खी

Nandani, who is getting henna done on her hand, is lying on a bed next to a window with a view onto Mumbai (cf. p. 24); this is correlated with the view of Frankfurt within the exhibition space. The other episode, when Gopal calls Nandani, shows a beehive (cf. p. 28), where the depicted suburban developments of Borivali are contrasted with a post-war domestic architecture, exemplary of Frankfurt's city-centre. The globalized world we live in is introduced into this setting, enabling the viewer to see both worlds simultaneously, presenting urban design and our social fabric as a product to be showcased. As a witness to an increasingly developed economy, the cities depicted take on universal shapes where public space becomes more and more uniform. With this set-up, one is placed inbetween two worlds, India and Germany, creating an immediate point of comparison. This comparison is only one point of departure for the viewer, as the totality of the work was never presented all at once, particularly in the case of the simultaneous exhibitions at Zollamt MMK and the Frankfurter Kunstverein.

Pfeifer's installation was not only dispersed through the space, over several screens and rooms, but also over two discrete art spaces, the MMK Zollamt and Frankfurter Kunstverein, where the projection screen did not mirror a facing window but was rather reflected in the glass ceiling of the space. This meant that the viewer had to walk through public space and into another adjacent institution, a new space, in order to see—with some time delay—more episodes of the work, momentarily interrupted by reality. As such, the choreography of the flexible installation staged by the artist is one that also brings in the organic fabric of the city and the context in which the work is presented. It is also one where disruption is inherent to the work, further emphasizing the impossibility of achieving an encompassing, overarching view and disrupting any interpretation process.

का छत्ता दिखाता है (संदर्भ प. २८), जहां बोरिवली का दर्शाया उपनगरीय विकास को युद्ध के पश्चात के घरेलू वास्तुशिल्प से भिन्नता को दिखाया गया है जो फ्रैंकफर्ट के नगर केन्द्र की विशेषता है। हम जिस वैश्वीकृत विश्व में रहते हैं, उसे इस परिवेश में प्रस्तुत किया गया है, जिससे दर्शक दोनों विश्वों को एक-साथ देख सकता है, शहरी डिज़ायन और हमारे सामाजिक ताने-बाने को प्रस्तुत किए जाने वाले उत्पाद के रूप में पेश किया गया है। अर्थतंत्रों के एकाधिकार के साक्षी के रूप में प्रदर्शित नगर सार्वभौमिक आकार ले लेते हैं जहाँ सार्वजनिक स्थान अधिक से अधिक समान बन जाता है। इस संरचना के साथ व्यक्ति स्वयं को दो विश्वों, भारत और जर्मनी, के बीच पाता है, जिससे तुलना का अवसर तुरन्त उत्पन्न होता है। यह तुलना दर्शक के लिए प्रस्थान का केवल एक बिंदु है क्योंकि कार्य की सम्पूर्णता कभी अचानक प्रस्तुत नहीं की गई थी, विशेष रूप से ज़ोलआम्ट MMK और फ्रैंकफर्टर कुंस्टवेरऐंन में एक साथ लगने वाली प्रदर्शनियों में ऐसा नहीं किया गया था।

प्फाइफर की संस्थापना न केवल स्थान, अनेक स्क्रीनों और कमरों में बल्कि दो भिन्न कला स्थानों MMK ज़ोलआम्ट और फ्रैंकफर्टर कुंस्टवेरऐंन में छितरी हुई थी जहाँ प्रोजेक्शन स्क्रीन ने सामने वाली खिड़की को प्रतिबिम्बित नहीं किया बल्कि स्थान की शीशे की छत में प्रकट किया गया था। इसका यह अर्थ था कि दर्शक को कृति की और अधिक कड़ियाँ कुछ देरी से देखने के लिए सार्वजनिक स्थान से गुज़रना था और एक अन्य समीपवर्ती संस्थान, एक नए संस्थान में पहुँचना था, जिनमें वास्तविकता द्वारा क्षणिक रूप से बाधा उत्पन्न हुई। इस प्रकार, कलाकार द्वारा प्रस्तुत लचीली संस्थापना की नृत्यकला ऐसी है जो नगर के उस मूलभूत ताने-बाने और संदर्भ को प्रस्तुत करती है जिसमें कृति पेश की गई है। यह एक ऐसी बात भी है जिसमें बाधा कृति में अंतर्निहित है, जो व्यापक, अति महत्वपूर्ण सोच प्राप्त करने और किसी व्याख्या प्रक्रिया में बाधा डालने की असम्भावना पर और अधिक बल देता है।

मारियो प्फाइफर जिन लचीली संस्थापनाओं का निर्माण करते हैं, वे संदर्भ संबंधी और वास्तुशिल्पीय परिवेशों की अपनी जानकारी से गैर-स्थान की धारणा की याद दिलाती हैं जिसे मार्क ऑगे द्वारा अपने प्रकाशन *नॉन-प्लेसेस: इन्ट्रोडक्शन टू एन एंथ्रोपॉलोजी ऑफ सुपरमॉडर्ननिटी* (१९९५) में गढ़ा गया है जिसमें वे गैर-स्थान की हमारे वैश्विकृत विश्व में निरन्तरता और अनिरन्तरता के जोड़े से निपटने

The flexible installations that Pfeifer constructs, with their awareness of contextual and architectural settings, recall a notion of non-place as coined by Marc Augé in his publication *Non-Places: Introduction to an Anthropology of Supermodernity* (1995) where he explicates the "non-place" as a term used to measure the social bonds and discursive and anthropological spheres as an approach or methodology for dealing with the binary of continuity and discontinuity in our globalized world. In that respect, and in relation to artistic practice, Augé states:

"The place/non-place pairing is an instrument for measuring the degree of sociality and symbolization of a given space[1] … [An] example of our intellectual difficulty in thinking simultaneously about continuity and discontinuity, local and global, place and non-place, emerges in art and artistic creation in general. If the relation between artistic creation and our history is so difficult to pin down these days, it is precisely because time is accelerating and, as it were, evading us, and because the overlaying of temporal language by spatial language, the primacy of code, which prescribes behaviour, over the symbolic, which constructs relations, shapes the conditions of artistic creation."[2]

In this sense, Pfeifer's flexible installations are torn between installations that are strongly aware and implicate a context and architectural setting, all the while rendering this setting as a "non-space", a neutral space where social bonds come to the foreground, making us conscious of our role within a collective and our relations to each other, regardless of settings.

1

Marc Augé, *Non-places: Introduction to an Anthropology of Supermodernity* (London: Verso, 1995), p. viii

2

Ibid., pp. 17–18

के लिए दृष्टिकोण या पद्धति के रूप में सामाजिक संबंधों, तर्कमूलक और मानवशास्त्रीय क्षेत्रों के मूल्यांकन के लिए उपयोग किए जाने वाले शब्द के रूप में व्याख्या करते हैं, ऑगे कहते हैं:

"स्थान/गैर स्थान जोड़ा किसी निश्चित स्थान की सामाजिकता और प्रतीकात्मकता की मात्रा मापने के लिए एक साधन है' ... निरन्तरता और अनिरन्तरता, स्थानीय और वैश्विक, स्थान और गैर-स्थान के बारे में सोचने में हमारी बौद्धिक कठिनाई का [एक] उदाहरण कला और सामान्यतया कलात्मक सृजन में प्रकट होता है। अगर कलात्मक सृजन और हमारे इतिहास के बीच संबंध की स्पष्ट व्याख्या करना इन दिनों बहुत कठिन है, तो ऐसा निश्चित रूप से इसलिए है क्योंकि समय तेज़ी से आगे बढ़ रहा है और यह हमारी पकड़ में नहीं आ रहा है और क्योंकि स्थानीय भाषा द्वारा लौकिक भाषा का दमन, संहिता की सांकेतिक प्रमुखता जो व्यवहार को निर्धारित करती है जो संबंधों का निर्माण करती है, कलात्मक सृजन की परिस्थितियों को साकार करती है।"२

इस संदर्भ में, प्फाइफर की लचीली संस्थपानाएं उन संस्थापनाओं के बीच बाधित हैं जो पूरी तरह से सजग हैं और जो संदर्भ और वास्तुशिल्पीय परिवेश की ओर इंगित करती हैं और इस प्रकार इस परिवेश को "गैर-स्थान" के रूप में परिवर्तित कर देती हैं जो ऐसा तटस्थ स्थान है जहाँ सामाजिक संबंध सामने आ जाते हैं जो हमें किसी समूह के बीच हमारी भूमिका; और परिवेश पर ध्यान दिए बिना एक-दूसरे के प्रति हमारे संबंधों के बारे में हमें सजग बनाते हैं।

वास्तुशिल्पीय परिवेशों की निश्चित जानकारी के साथ जारी रखते हुए, बर्लिन में KOW में प्रदर्शनी का प्रसार स्थान की तीन भिन्न मंज़िलों और कोनों तक भी था। वहाँ दर्शक भिन्न कड़ियों को देखने के लिए भिन्न सीढ़ियाँ चढ़कर ऊपर जाकर स्थान में उस अनुभूति को महसूस करता है जिसे "उत्कर्ष" कहा जा सकता है। KOW की प्रदर्शनी में एक *औपचारिक फिल्म नौ प्रकरण, प्रस्तावना और उपसंहार में* को प्रदर्शित किया गया जिसे स्थान की खुरदरी कंक्रीट

१

मार्क ऑगे, *नॉन-प्लेसेस: इन्ट्रोडक्शन टू एन एंथ्रोपॉलोजी ऑफ सुपरमॉडर्ननिटी* (लंदन: वर्सो, १९९५) पृ.viii

२

उक्त, पृष्ठ १७-१८

Continuing with a certain consciousness of architectural settings, the exhibition at KOW in Berlin was also spread out over three different floors and corners of the space. There, the viewer undergoes what could de described as a "transcendence" through the space, by going upwards, up different flights of stairs, to see the different episodes. KOW's exhibition had the title *A Formal Film in Nine Episodes, Prologue and Epilogue* announced in Hindi on the rough concrete walls of the space, while also including on a monitor Louis Malle's noted documentary series *Phantom India* (1969).

The exhibition space seemed to blend in more and more with Pfeifer's work: this many-layered installation on several floors, an additional architectural setting created by hanging thick cotton grey-coloured fabrics to increase the number of darkened rooms and, more importantly, to extend the viewer's navigation path through the layered space. The grey fabric blended in with the colour of the walls, while also adding a new texture. All the spaces were designed to be semi-dark, allowing just enough daylight into the space to maintain the visibility of its architecture. The fabric reached from the ceiling to the ground, hanging free with some small gaps between it and the actual architecture, vertically and horizontally—this increased the disruptive tendency already inherent in the work by further disrupting the visibility of the work as one walked through the space. The display was also visible from the outside, through the window, in the gallery's backspace. Entry into Pfeifer's constructed realm is obstructed and layered. KOW's tall window, reaching from street level to ceiling, also plays an important role in establishing a parallelism between life outside with the passers-by on the street and the scenes from Mumbai depicted in the film. The mirroring of sceneries is a reflection on daily life, where the viewer is positioned between fiction and reality and where one starts looking at the city one is in through one's own anthropological filmic lens. From the outset, the artist dismantles any illusion a cinematic fantasy could offer by turning the visible display mechanisms inside out.

दीवारों के साथ-साथ एक मॉनिटर पर हिंदी में घोषित किया गया, लुइस माल्ले की कुख्यात वृत्तचित्र शृंखला *फैंटम इंडिया* (१९६९)।

यह प्रदर्शनी स्थान प्फाइफर की कृति से अधिक से अधिक मेल खाता हुआ प्रतीत हो रहा था: अनेक मंज़िलों पर यह बहुत-सी परतों वाली संस्थापना, अंधेरे वाले कमरों की संख्या में वृद्धि करने तथा अधिक महत्वपूर्ण रूप से परतों वाले स्थान में दर्शक के जाने के मार्ग को बढ़ाने के लिए रुई के मोटे सलेटी रंग के कपड़ों को लटकाकर एक अतिरिक्त वास्तुशिल्पीय परिवेश सृजित किया गया। सलेटी कपड़ा दीवारों के रंग मिल गया और इसने एक नई संरचना भी प्रस्तुत की। सभी स्थान इस तरह डिज़ायन किए गए थे कि वहां आधा अंधेरा हो जिससे स्थान में केवल इतना प्रकाश हो जिससे वास्तुशिल्प को देखा जा सके। कपड़ा छत से ज़मीन तक फैला था और यह अपने में कुछ छोटे अंतरालों और वास्तविक वास्तुशिल्प के साथ ऊर्ध्वाधर और क्षैतिज रूप से मुक्त रूप से लटका था – इससे व्यक्ति के स्थान में चलने पर कृति की दृश्यता में और अधिक बाधा पड़ने के द्वारा कृति में पहले से अंतर्निहित बाधक प्रवृत्ति बढ़ गई। प्रदर्शन बाहर से, खिड़की से, गैलरी के पिछले भाग से भी दिख रहा था। प्फाइफर के निर्मित प्रभुता वाले क्षेत्र में प्रवेश बाधित और चरणबद्ध है। KOW की गली की सतह से छत तक की लम्बी खिड़की गली में गुज़रने वाले व्यक्ति के साथ बाहरी जीवन और फिल्म में प्रदर्शित मुंबई के दृश्यों के बीच समानांतरवाद स्थापित करने में महत्वपूर्ण भूमिका निभाती है। दृश्यों का फिल्मांकन दैनिक जीवन का प्रतिबिंब है जहाँ दर्शक कल्पना और वास्तविकता के बीच स्थित है और जहाँ कोई व्यक्ति स्वयं के मानवशास्त्रीय फिल्मी लेंस से नगर को देखना आरम्भ कर देता है। आरम्भ से, कलाकार किसी ऐसे भ्रम को खंडित कर देता है जिसकी कोई सिनेमा संबंधी कल्पना दिखने वाले प्रदर्शन तंत्र को बाहर की ओर घुमाकर पेशकश कर सकती है।

कपड़े पर प्रदर्शन ने स्थान में अभीष्ट ध्वनि प्रभाव में बाधा नहीं पहुंचाई। MMK ज़ोलआम्ट और फ्रैंकफर्टर कुंस्टवेरऐन की प्रदर्शनियों के विपरीत, यहाँ दर्शक दो स्क्रीनों को देख सका और तीन भिन्न ध्वनि स्रोतों को एक-साथ सुन सका। दर्शक अपनी इच्छा के अनुसार स्थान में जाने में समर्थ है, हर कोई अपना स्वयं का मार्ग पाता है जो किसी ऐसे अपरिचित स्थान की गलियों में भटकने के समान होता है जहाँ व्यक्ति का प्रक्षेप पथ हिचक भरा होता है और जहाँ ध्वनि के अनेक स्रोतों को सुना जा सकता है जो मुंबई जैसे चहल-पहल वाले नगर की याद दिलाते हैं।

एक *औपचारिक फिल्म* दिखाने के अतिरिक्त प्फाइफर ने लुइस माल्ले की वृत्तचित्र शृंखला *फैंटम इंडिया* (१९६९) को सम्मिलित करने का निर्णय लिया जो छह घंटे की ऐसी वृत्तचित्र शृंखला है जिसे भारत

The fabric display did not obstruct the intended sound bleed in the space. In contrast to the exhibitions at MMK Zollamt and Frankfurter Kunstverein, here the viewer was able to watch two screens and listen to three different sound sources at the same time. The viewer is able to navigate through the space at random, each person finding their own path, similar to one's wandering through the streets of an unfamiliar place where one's trajectory is hesitant and where many sound sources are audible, reminiscent of a bustling city such as Mumbai.

In addition to showing *A Formal Film*, Pfeifer chose to include Louis Malle's documentary series *Phantom India* (1969), the latter, a six-hour documentary series, produced after a short, four-month stint in India and constituting thirty hours of original footage. Though Malle would assert a personal fascination with the pre-modern, he fell foul of the Indian government, who disliked his portrayal of the country and consequently banned the BBC from filming in India for several years. In Pfeifer's exhibition, Malle's documentary is not shown in its entirety all at once—one of the seven episodes was presented every week, in line with the idea of dispersion we find in his own work. One could also make a natural connection between Malle's crude process and Pfeifer's, both of whom focused on using original footage in their works. However, *Phantom India* includes commentary by Malle and is, as is typical for a documentary, conventionally subtitled to allow for increased clarity for

में संक्षिप्त, चार माहिनों की कार्यावधि के बाद निर्मित किया गया है और इसमें मूल रूप से तीस घंटे की फुटेज है। हालांकि माल्ले आधुनिकता-पूर्व से निजी लगाव होने के बारे में निश्चयपूर्वक कहेंगे, फिर भी उन्होंने भारतीय सरकार की आलोचना की जिसने उनके द्वारा देश के चित्रण को नापसंद किया और बाद में BBC द्वारा भारत में अनेक वर्षों तक फिल्मांकन करने पर प्रतिबन्ध लगा दिया। प्फाइफर की प्रदर्शनी में, माल्ले के वृत्तचित्र को एक बार में सम्पूर्ण रूप से नहीं दिखाया जाता – सात कड़ियों में से एक कड़ी प्रत्येक सप्ताह छितराव के उस विचार के अनुरूप प्रस्तुत की गई जो हम उनकी कृति में पाते हैं। माल्ले की अपरिष्कृत प्रक्रिया और प्फाइफर के बीच प्राकृतिक संबंध भी स्थापित किया जा सकता था जिन दोनों ने अपनी कृतियों में मूल फुटेज का उपयोग करने पर ध्यान केन्द्रित किया था। फिर भी, फैंटम इंडिया में माल्ले द्वारा टिप्पणी सम्मिलित है और जैसा कि किसी वृत्तचित्र में होता है, इसमें परम्परागत रूप से सबटाइटल दिए गए हैं जिससे इसका दर्शक इसे और अधिक समझ सके। दूसरी ओर, प्फाइफर की कृति इस कलात्मक परम्परा से दूर जाती है और इसमें कलाकार द्वारा टिप्पणियाँ सम्मिलित नहीं हैं, हालांकि इसमें अंग्रेज़ी सबटाइटल सम्मिलित नहीं हैं जो हिंदी में हो रहे वार्तालाप के बारे में सूचना प्रदान करते हैं जैसा कि उस कड़ी में देखा जाता है जिसमें गोपाल का ग्रेटर मुंबई में घिसे-पिटे मार्ग पर एक छोटे समुदाय के एक परिवार से सामना होता है और वह उनसे रोज़गार पाने के लिए सलाह माँगता है। ये सबटाइटल वास्तव में संवादों के सटीक अंग्रेज़ी अनुवाद नहीं हैं बल्कि वास्तव में ये अन्य व्यक्ति रूप में चल रही घटना के बारे में वर्णन करते हैं। अन्य समयों पर, बहरहाल, विशेष रूप से वर्णनात्मक दृश्यों में संवादों को अधिक परम्परागत तरीके से सबटाइटल रूप में प्रस्तुत किया गया है। कोई व्यक्ति यह सुझाव दे सकता है कि छोड़ी गई टिप्पणी दर्शक

its viewer. Pfeifer's work, on the other hand, steps away from this stylistic convention and does not include commentaries by the artist, although it does include English subtitles that provide information on the conversations taking place in Hindi, as is seen in the episode where Gopal encounters a family in a small community off the beaten track in Greater Mumbai and asks them for advice on finding employment. These subtitles are actually not direct English translations of the dialogues but rather describe, in the third person, the scenario at hand. At other times, nevertheless, particularly in scenes that are more narrative, the dialogues are subtitled in a more conventional manner. One might suggest that the omitted commentary is to be added by the viewer. As with the format of a flexible installation, here the content, degrees of interpretation, understanding and reception are also flexible and can be adapted by each viewer as they bring their own perceptions into play. As such, Pfeifer breaks away from the informative, educational role that documentary films take upon themselves and makes way for observation, reflection and criticality as a way to provide adequate tools for us to then inform and construct our own knowledge of what is being presented to us. Indeed, unlike Malle, Pfeifer avoids overt representations and depictions of Mumbai. Instead, he presents to us situations, some excerpts and objects; he does not explain them or offer contextual information of what they could mean or represent. The viewer is either familiar with these depictions or they are not and, in any case, the film adopts the formal approach of remaining open for interpretation by the viewer, who may produce his or her own individual commentary. In other words, Pfeifer's work emphasizes the experience over the fact of gaining any specific understanding.

द्वारा सम्मिलित की जानी है। जैसा कि किसी लचीली संस्थापना के आरूप में होता है, इधर यहाँ तक कि विषय-वस्तु, व्याख्या, समझ और अभिग्रहण की मात्राएं भी लचीली हैं और इन्हें प्रत्येक दर्शक द्वारा अनुकूलित किया जा सकता है क्योंकि वह अपने सहज ज्ञान का भी उपयोग करता है। इस प्रकार, प्फाइफर उस सूचनात्मक, शैक्षिक भूमिका को नहीं अपनाते हैं जो वृत्तचित्र फिल्में स्वयं निभाती हैं और फिर हमें यह सूचित करने और इस संबंध में हमारा ज्ञान निर्मित करने के लिए हमारे वास्ते पर्याप्त उपकरण प्रदान करने के लिए प्रेक्षण, चिंतन और आलोचनात्मकता को सम्भव बनाते हैं कि हमारे सामने क्या प्रस्तुत किया जा रहा है। वास्तव में, माल्ले के विपरीत, प्फाइफर मुंबई के प्रकट प्रतिनिधित्व और वर्णन से बचते हैं। इसकी बजाए, वे हमारे सामने स्थितियाँ, कुछ उद्धरण और वस्तुएं प्रस्तुत करते हैं; वे उनकी व्याख्या नहीं करते या इसकी संदर्भगत सूचना नहीं देते कि इनका क्या अर्थ हो सकता है या ये किसी प्रतिनिधित्व करते हैं। दर्शक या तो इन वर्णनों से परिचित हैं या नहीं हैं और किसी भी मामले में, फिल्म उस दर्शक द्वारा व्याख्या के लिए खुला रहने का औपचारिक दृष्टिकोण अपना लेती है, जो अपनी स्वयं की वैयक्तिक टिप्पणी उत्पन्न कर सकता है। दूसरे शब्दों में, प्फाइफर की कृति कोई विशेष समझ प्राप्त करने के तथ्य की तुलना में अनुभव पर बल देती है।

दर्शक को एक अन्य प्रभुता वाले क्षेत्र में ले जाया जाता है जहाँ वह आरम्भ से है, विस्थापित है या उसे बस यों ही किसी अन्य संदर्भ में रखा जाता है। दर्शक को स्वतन्त्र दृश्य देखने के लिए आमंत्रित किया जाता है जबकि इसी समय वह ऐसी स्थितियाँ, वस्तुओं, रंग, ध्वनियों और कार्यों का अनुभव करता रहता है जो सभी उन "स्थानीय" परिवेशों में आते हैं जो किसी पश्चिमी दर्शक को तुलनात्मक रूप से अज्ञात होते हैं और भारत के बारे में किसी व्यक्ति की पूर्व-कल्पित सोचों से भिन्न होते हैं। उनका कार्य एक खिड़की है (शाब्दिक रूप से भी) जो हमें धीरे-धीरे इसके आधारों से अवगत कराता है, जिनमें से एक यह प्रश्न है, "किस सीमा तक हमारा बोध 'अन्य' के 'अद्भुत' होने की धारणा द्वारा निर्देशित होता है?" या जैसा कि मार्क ऑगे इसे उपयुक्त रूप से प्रस्तुत करते हैं, "अद्भुत होना, जो हमेशा भ्रम रहा था, वह उस

The viewer is transported into another realm where he or she is, from the start, displaced, or simply placed in another context. The viewer is invited to watch autonomous sequences, while at the same time observing situations, objects, colours, sounds and actions that all appear in "local" settings that are comparatively unknown to a western viewer and diverge from the preconceived images one might have about India. His work is a window (also literally) that makes us gradually aware of its underpinnings, one of which is the question, "To what extent is our perception guided by a notion of the 'exoticism' of 'the other'?" Or, as Marc Augé fittingly puts it, an "exoticism, which was always an illusion, becomes doubly illusory the moment it is put on stage."[3]

Pfeifer's film emphasizes the gap between representation and reality, and connects—with the artist taking up the role of a moderator—the content of the film with its installation, introducing a socio-cultural context into the hermetic world of art. In other words, it operates on the boundary mediating art and life, art and politics, or art and theory. The film is one that prefers to position the viewer instead of positioning itself; it remains objective through the observational lens of the camera and the artist-moderator refrains from a subjective presentation of India by creating a distance in his role and position within this process.

The role of the physical space, the context and the gallery space is incorporated into the fictional space of the film where the viewer is positioned within a non-place, or a more discursive one that would lend understanding to what is perceived. This understanding is a construction by the viewer, in which the artist acts as a moderator, challenging our conceptions and inviting us to formulate a more informed view by presenting a film with overtones of social realism that acts as a vehicle for education.

3
Augé: *Non-Places*, p. 12

समय दोगुना भ्रमात्मक हो जाता है जिस क्षण इसे मंच पर प्रस्तुत किया जाता है।"[3]

प्फाइफर की फिल्म में प्रतिनिधित्व और वास्तविकता के बीच अन्तराल पर बल दिया गया है और संबंध स्थापित किया गया है – कलाकार मध्यस्थ की भूमिका सम्भाल लेता है – अपनी संस्थापना के साथ फिल्म की विषय-वस्तु कला के पूर्णतया बंद विश्व में सामाजिक-सांस्कृतिक संदर्भ प्रस्तुत करती है। दूसरे शब्दों में, यह कला और जीवन, कला और राजनीति, या कला और सिद्धांत के बीच मध्यस्थता करते हुए सीमा पर कार्य करती है। फिल्म ऐसी है जो स्वयं को प्रस्तुत करने की बजाए दर्शक को प्रस्तुत करने को तरजीह देती है; यह कैमरे के प्रेक्षणात्मक लेंस के माध्यम से वस्तुनिष्ठ रहती है और कलाकार-मध्यस्थ अपनी भूमिका में दूरी उत्पन्न करके और और इस प्रक्रिया के भीतर प्रस्तुत करके भारत के व्यक्तिनिष्ठ प्रस्तुतिकरण से परहेज़ करता है।

भौतिक स्थान की भूमिका, संदर्भ और गैलरी स्थान को फिल्म के काल्पनिक स्थान में समाहित किया जाता है जहाँ दर्शक को किसी गैर-स्थान या किसी अधिक तर्कमूलक स्थान के भीतर प्रस्तुत किया जाता है जो धारणा को समझाने में सहायता करेगा। यह समझ दर्शक द्वारा निर्माण है जिसमें कलाकार उनकी धारणाओं को चुनौती देते हुए और ऐसे सामाजिक यथार्थ के साथ जीवन में फिल्म प्रस्तुत करके और अधिक सोचा-समझा मत बनाने के लिए उन्हें आमंत्रित करके मध्यस्थ के रूप में काम करता है जो शिक्षा के लिए एक माध्यम के रूप में काम करता है।

कोई यह कह सकता है कि ऐसी प्रक्रिया को खपाने के लिए कलाकार द्वारा सृजित परिवेश एक मानवशास्त्रीय स्थान है जहाँ दर्शक के अनुभूमिमूलक अनुभव का मंचन किया जाता है, किसी प्रदर्शनी स्थान के कार्य के बारे में और प्रश्न उठता है: क्या यह वास्तव में गैर-स्थान, तटस्थ हो सकता है? जब ऐसा स्थान जीवन के प्रेक्षण और किसी व्यक्ति के वैयक्तिक मत से भरा जाता है, तब यह क्या बन जाता है? क्या हमारे पास सम्भवतया हमारी स्वयं के आत्म-चिंतन और आलोचनात्मकता रह गई है, जो अन्तरावलोकन और बहिर्वलोकन का क्षण है जहाँ भौतिकता हमारे गहन चिन्तन से गौण हो जाती है, जहाँ व्यक्ति से अपने वातावरण को देखने और किसी नए परिदृश्य से

3
ऑगे: *नॉन-प्लेसेस*, पृष्ठ १२

One might say that the setting created by the artist to accommodate such a process is an anthropological space where the empirical experience of the viewer is staged, further questioning the function of an exhibition space: can it truly be a non-space, a neutral one? When such a space is filled with an observation of life and one's individual input, what does it become? Are we perhaps left with our own self-reflectivity and criticality, a moment of both intro- and extrospection where physicality is rendered secondary to our reflection, where one is asked to look at one's surroundings and recalibrate one's perception and preconceived notions from a new perspective?

The displacement that is manifest both in the way the film has been constructed and the way it is presented suggests a view that is neither static nor defined but is continually changing according to given parameters and contexts. Just as life as a whole is unpredictable, the order and combination of these episodes are flexible, interchangeable, irregular and non-linear. In their totality they gesture towards a larger picture of a community, a city and its culture, motivating the viewer to find a position from which to look at them, combine them as they wish and draw conclusions based on their individual knowledge and understanding. Pfeifer's flexible installations support the notion that an observation of life cannot adequately happen in a black box, or in a white cube, but ultimately happens when one is confronted by and made more conscious of one's setting, context or environment. This observation, and the multiplicity of interpretations and individual subjectivities, occurs from different angles and perspectives represented by the variety of different screens used in the installations. It is fragmented, disrupted and non-chronological.

In the end, this blurring of boundaries, as constructed by Pfeifer, enhances and focuses on the importance of nuance, the grey areas in our conceptions. These are flexible installations constituting different meeting points that ultimately reveal themselves as a non-place in which investigation and reflection are key.

व्यक्ति के बोध और पूर्व-कल्पित धारणाओं के पुनः मूल्यांकन के लिए कहा जाता है?

वह विस्थापन जो फिल्म को निर्मित करने के तरीके और इसे प्रस्तुत करने के तरीके में प्रकट किया है, एक ऐसा मत सुझाता है जो न तो स्थिर है और न परिभाषित लेकिन जो निर्धारित मापदंडों और संदर्भों के अनुसार निरन्तर परिवर्तित हो रहा है। ठीक उसी प्रकार जैसे कुल मिलाकर जीवन अप्रत्याशित है, इन कड़ियों का क्रम और संयोजन लचीला, परस्पर-परिवर्तनीय, अनियमित और गैर-रेखीय है। अपनी सम्पूर्णता में ये किसी समुदाय, किसी नगर और इसकी संस्कृति की बड़ी तस्वीर की ओर इंगित करती हैं और दर्शक को ऐसी स्थिति खोजने के लिए प्रेरित करती हैं जहाँ से इन्हें देखा जा सके, अपनी इच्छानुसार इन्हें मिश्रित किया जा सके और उनके वैयक्तिक ज्ञान और समझ के आधार पर निष्कर्ष निकाले जा सकें। प्फाइफर की लचीली संस्थापनाएं इस धारणा का समर्थन करती हैं कि जीवन का आभास किसी काले बक्से या किसी सफेद घन में पर्याप्त रूप से नहीं हो सकता, बल्कि यह अन्ततः तब होता है जब किसी व्यक्ति का अपने परिवेश, संदर्भ या वातावरण से सामना होता है और जब उसे इनके संबंध में अधिक सजग बनाया जाता है। यह आभास, और व्याख्याओं और वैयक्तिक व्यक्तिपरकताओं की बहुतायत संस्थापनाओं में उपयोग की गई भिन्न स्क्रीनों की किस्मों के प्रतिनिधित्व वाले भिन्न कोणों और परिदृश्यों से होती है। यह खंडित, बाधित और गैर-कालानुक्रमिक है।

अन्त में, प्फाइफर द्वारा निर्मित सीमाओं का यह धुँधलाना सूक्ष्म भेद, हमारी धारणाओं में अपरिभाषित क्षेत्रों के महत्व में वृद्धि करता है और इन पर ध्यान केन्द्रित करता है। यह उन भिन्न भेंट स्थलों का गठन करने वाली लचीली संस्थापनाएं हैं जो अन्ततः स्वयं को ऐसे गैर-स्थान के रूप में प्रकट करती हैं जिनमें अनुसन्धान और गहन चिन्तन महत्वपूर्ण हैं।

EPISODE

Keywords: Bombay/Mumbai, urban, class, material, marriage

Surfacing the Alchemical Urban

Filming taxonomies and marriages

Kaushik Bhaumik is a historian by training, specializing in film. Currently, he is part of the curatorial team of a film festival in India dedicated to Asian and Arab cinema. Otherwise most of Bhaumik's time is taken up musing and writing about the mysterious relationships film has had with history in India and elsewhere.

Here, we see the life of a city on its outskirts, life creeping in even as the city spreads out. Bodies flee urban chaos to make sense of the trajectories of lives to a place where the senses are no longer jarred by relentless stimulus. They seek regeneration in nature, almost desirous of becoming plants that will find the lost glory of feeling alive in unmitigated heliotropism. The sun makes plants sway towards one another, a movement that in human life provides the metaphor for love: two bodies coming close to one another in desire. In some ways, a deceptive tale that wants to show us how life in India goes on, despite the seismic changes that have come about in the last twenty or so years, a tale of bodies that, despite the industrialization and concretization

संकेतशब्द: बॉम्बे/मुंबई, नगरीय, श्रेणी, सामग्री, विवाह

कीमियाई नगरीय का आविर्भाव

वर्गीकरण और विवाह फिल्माना

<u>कौशिक भौमिक</u> प्रशिक्षित इतिहासकार हैं और उन्हें फिल्म में विशेषज्ञता प्राप्त है। वे वर्तमान में एशियाई और अरब सिनेमा को समर्पित भारत में फिल्म समारोह की प्रबन्धकीय टीम का भाग हैं। अन्यथा भौमिक का अधिकाँश समय भारत और अन्य स्थानों में फिल्म के इतिहास के साथ रहस्यपूर्ण संबंध के बारे में चिन्तन और लेखन में व्यतीत होता है।

यहाँ हम किसी नगर के बाहरी इलाके में उस नगर का जीवन देखते हैं, ज़िन्दगी उसी तरह से रेंग रही है जैसे-जैसे नगर फैल रहा है। शरीर नगर के शोरगुल से भाग निकलते हैं जिससे जीवन की व्यूह-रचना को समझा जा सके जहाँ संवेदनाएं निरन्तर उत्तेजना द्वारा आगे से न झनझनाएं। वे प्रकृति की शरण लेते हैं और वे लगभग ऐसे पौधे बन जाना चाहते हैं जो पूरी तरह से सूर्य की ओर झुकने में जीवंत अनुभव करके खोई हुई कीर्ति प्राप्त कर लेगा। सूर्य से पौधे एक-दूसरे की ओर हिलते हैं जो मानव जीवन में प्रेम के लिए उपमा प्रदान करता है, दो शरीर कामना के साथ एक-दूसरे के करीब आते हैं। कुछ तरीकों से यह एक ऐसी भ्रामक कहानी है जो हमें यह दिखाना चाहती है कि पिछले लगभग बीस वर्षों में आए ज़बरदस्त बदलावों के बावजूद कैसे भारत में जीवन चलता रहता है, ऐसे शरीर जो भूदृश्यों के औद्योगीकरण और कंक्रीटीकरण के बावजूद भी गैर-औद्योगिक,

of landscapes, still move in non-industrial, non-urban ways, bodies that are still in touch with nature. They fall in love in "traditional" ways, maybe guided by the manuals of love that are Bombay films, where for a long time bodies coming together in desire were indicated by two flowers bending towards one another to gently touch each other. Some might feel this is yet another reiteration of an India that is unchanging despite all change. And in some ways it is, but not without an emphasis on the "difference" between concrete and flesh, the professional and the non-professional body, through stark juxtaposition of the two. What we see instead are two series of material that run parallel to one another in enigmatic ways, despite being substantially entangled with one another.

And another parallax…both series can be seen, depending on the point of view from which we are looking at them, juxtaposed and running past one another, as being subterranean to one another (say, for example, if we were to imagine the world of the eye clinic looking at the cold-storage factory and vice versa and then if were to imagine the fishermen's lives on the seas looking at the cold-storage factory and vice versa). This very fact takes away any sense of hierarchy between the series, each revealing the other as expansive and coherent unto itself, each capable of staking a claim to being a fully elaborated world unto itself with all the necessary elaborations, detailing and differentiation into a complex order of things. The protagonists in the film are shorthand conduits between the two worlds, taking a little bit from both the worlds, being formed by little bits from them, and therefore, in some ways, being crucial to presenting to the world a sense of wholeness in a system which is actually made up of two completely disparate things. A third series, therefore, on the edge of life where the two master narratives of Bombay miscegenated to produce a kind of Möbius Strip effect on contemporary India.

गैर-शहरी तरीकों से चलते हैं, ऐसे शरीर जो अभी भी प्रकृति के सम्पर्क में हैं। उन्हें "परम्परागत" तरीके से एक-दूसरे से प्रेम होता है, उन्हें बंबई की फिल्मों से प्रेम के नियमों की सबसे अधिक जानकारी मिलती है जहाँ लम्बे समय तक कामना से एक-दूसरे के साथ आने वाले शरीर एक-दूसरे को कोमलता से छूने के लिए एक-दूसरे की ओर झुकने वाले दो फूलों द्वारा व्यक्त किए जाते थे। कुछ लोग सम्भावित रूप से यह अनुभव कर सकते हैं कि यह सारे परिवर्तन के बावजूद अपरिवर्तित भारत की एक अन्य पुनरावृत्ति है। और कुछ तरीकों से यह सही है लेकिन कंक्रीट और माँस, दोनों के नितांत सान्निध्य के माध्यम से पेशेवर शरीर और गैर-पेशेवर शरीर के बीच 'अंतर' पर बल दिए बिना नहीं। इसकी बजाए हम तत्व की ऐसी दो शृंखलाएं देखते हैं जो एक-दूसरे में बेहद उलझाव के बावजूद रहस्यमय तरीकों से एक-दूसरे के समानांतर दौड़ती हैं।

और एक अन्य भिन्नता...दोनों शृंखलाएं इस आधार पर देखी जा सकती हैं कि हम किस दृष्टिकोण से उन्हें समीप और एक-दूसरे के सामने दौड़कर आगे गुज़रते हुए उन्हें देख रहे हैं, मानों वे एक-दूसरे से अप्रत्यक्ष हों (जैसे, उदाहरण के लिए, अगर हमें कोल्ड-स्टोरेज फैक्टरी पर देखते हुए आँख के क्लिनिक की दुनिया की कल्पना करनी हो और इसके विपरीत और फिर हमें अगर कोल्ड-स्टोरेज फैक्टरी पर देखते हुए समुद्र में मछुआरे के जीवन की कल्पना करनी हो और इसका विपरीत)। यह तथ्य शृंखला के बीच तारतम्य का कोई भाव दूर कर देता है, यह एक-दूसरे को उनके प्रति व्यापक और सुसंगत प्रकट करता है, प्रत्येक जटिल क्रम में समस्त आवश्यक विस्तारों, वर्णन और भिन्नता के साथ स्वयं के लिए पूरी तरह व्यापक विश्व बनने के लिए दावा करने में सक्षम होता है। फिल्म के प्रमुख पात्र दो विश्वों के बीच संक्षिप्त वाहक हैं, वे दोनों विश्वों से थोड़ा लेते हुए उनसे थोड़े निर्मित होते हैं और इसलिए कुछ तरीकों से विश्व के सामने प्रणाली की सम्पूर्णता का भाव प्रस्तुत करने के लिए महत्वपूर्ण हैं जो वास्तव में दो पूरी तरह से भिन्न चीज़ों से बने हैं। इसलिए जीवन के कोने पर एक तीसरी शृंखला जहाँ बंबई के दो महान वर्णनकर्ता समकालीन भारत में मोबियस स्ट्रिप जैसा प्रभाव उत्पन्न करने के लिए दूसरी प्रजाति के व्यक्ति के साथ रहे।

For a filmmaker confronting urban India, this third series of life, one which is called the "lower middle class", presents with a number of problems in terms of the possibilities of representation. In a city like Bombay, where the dynamics of everyday life flatten out the outward appearance of human beings into one vast sea of sameness, the "lower middle class" code of surface aesthetics of the human body never fails to catch one's attention. A mixture of Bombay's democratic civic sense and a well-calibrated Maharashtrian right-wing fascism ensures that much of the paid-up middle- and upper-middle-class young somehow gravitate, in some way or another, towards this code when it comes to outward self-presentation in the public space. These bodies, when confronted during the peak rush hours of the city, are nothing but a monumental wave of brown flesh and dyed cotton with a smattering of design not very different from the henna pattern tattooed on to the "heroine's" palm, all mixed up in vast quantities. Not only this: in a cultural sense such bodies are notoriously private in their personal lives, being implicated in labyrinthine familial and communal relationships that most notably result in a corralling in of such bodies away from the public gaze for the purposes of marriage. They are, therefore, definitely not the ideal subjects of the discourses of modern individualism. Instead, somewhat like a caricature of a flipside of the Deleuzian rhizome, the denizens of this class tend to remain attached in series to their families, communities or members of the public who they feel live by the same values as they live by. Clothes form the first line of defence against urban cosmopolitanism as well as the sublime code book by which millions of members of this class read personal moralities off one another to make decisions about whether another body can be trusted or not. Only recently has this class begun to get transformed through reality television shows into more expressive figures of individual desire and will. Clever thinking on their part... passage through the Hades of the television studios instead of through more "secular" and more publicly visible locations, such as schools, colleges or places of work. Television screens away the terrifying public eye, has well-meaning groomers shepherding expressions of a

शहरी भारत का वर्णन करने वाले फिल्मकार के लिए जीवन की यह तीसरी शृंखला, जिसे 'निम्न मध्य वर्ग' कहा जाता है, बखान करने की सम्भावनाओं के संबंध में अनेक समस्याएं प्रस्तुत करती है। बंबई जैसे नगर में जहाँ रोज़ाना के जीवन की गतिशीलता इंसानों की बाहरी दिखावट को समानता के विशाल समुद्र में व्यक्त कर देती है, जो मानव शरीर की बाह्य सुन्दरता का "निम्न मध्य वर्ग" कोड है जो कभी किसी का आकर्षण केन्द्र बनने में विफल नहीं होगा। बंबई के लोकतांत्रिक नगर बोध और एक भली-भाँति वर्णित महाराष्ट्रीय राइट विंग फासिस्टवाद का मिश्रण यह सुनिश्चित करता है कि जब सार्वजनिक स्थान में बाहरी स्व-प्रस्तुतीकरण की बात आती है, तब भुगतान प्राप्त करने वाले मध्य और ऊपरी मध्य वर्ग के अधिकांश युवा किसी न किसी तरीके से इस कोड की और आकृष्ट हो जाते हैं। ये शरीर जब दिन के अधिकतम भीड़भाड़ वाले समय दिखते हैं, तब ये शरीर भूरे मांस और सूखी रुई की आश्चर्यजनक तरंग जैसे लगते हैं और ये उस डिज़ाइन जैसे दिखते हैं जो "हीरोइन" की हथेली पर बड़ी मात्राओं में मिश्रित गुदे हुए मेंहदी के पैटर्न से बहुत अधिक भिन्न नही होता। न केवल यह, सांस्कृतिक अर्थ में ये शरीर भूलभुलैयाँ जैसे उन पारिवारिक और सामुदायिक संबंधों में फँसे हुए अपने निजी जीवन में कख्यात रूप से निजी होते हैं जिनसे उल्लेखनीय रूप से ऐसे शरीर विवाह के प्रयोजनों से लोगों की घूरती हुई नज़रों से परे होकर एकत्र हो जाते हैं। इसलिए ये निश्चित रूप से आधुनिक व्यक्तिवाद के भाषणों के आदर्श विषय नहीं हैं। इसकी बजाए, डेलियुज़ियन राइज़ोन की उल्टी तरफ के हास्य-चित्र जैसे इस श्रेणी के निवासियों में अपने परिवारों, समुदायों या लोगों की शृंखला से जुड़े रहने की प्रवृत्ति होती है जो उनके विचार में उन्हीं मूल्यों को निभाते हैं जो वे निभाते हैं। कपड़े शहरी सार्वभौमिकता के विरुद्ध रक्षा के पहले मोर्चे के साथ-साथ उत्कृष्ट कोड पुस्तक बन जाते हैं जिसके द्वारा इस वर्ग के लाखों सदस्य इस बारे में निर्णय लेने के लिए एक-दूसरे को निजी नैतिकता की बातें पढ़कर सुनाते हैं कि क्या किसी अन्य शरीर पर विश्वास किया जा सकता है या नहीं। अभी हाल ही में इस वर्ग ने रियल्टी टेलीविज़न शोज़ के माध्यम से वैयक्तिक कामना और इच्छा के अधिक व्यंजक रूपों में रूपान्तरित होना आरम्भ किया है। यह उनकी चालाक सोच होती है ... स्कूल, कॉलेज या कार्यस्थान जैसी अधिक "सांसारिक" और सार्वजनिक रूप से दिखने वाली जगहों की बजाए टेलीविज़न स्टूडियो जैसे मृत्युलोक से जाने वाला मार्ग। टेलीविज़न लोगों की भयंकर नज़रों को दूर कर देता है, इसमें इच्छुक स्व की अच्छी अर्थ वाली पोषक निगरानीकर्ता अभिव्यक्तियाँ हैं जो यह उन रि-टेकों को सम्भव बनाता है जिनकी लोक कीर्ति के लिए प्रतियोगिता का आधुनिक, सांसारिक, सर्वव्यापी दायरा अनुमति नहीं

desirous self and allows for re-takes that the modern, secular, cosmopolitan sphere of competition for public glory does not permit. Here there is no scope for feeling publicly humiliated at failing to play the social codes of urbanity well. Television ensures that the perfect and sublime gesture goes on air. It also promises, on the other side of the passage through its portals, social power based on becoming enormously wealthy, a situation where all are equal: social backgrounds don't count for anything.

In short, faced with the bulwark of urban middle class India, a filmmaker seeking to capture the essence of a city is faced with the opacity that the self-presentation of non-differentiation across huge numbers entails. Narratives about contemporary India are content to endlessly present the contrast between the two material series making up the urban—the concrete and the natural, the soft and the hard—as a narrative of a deadly exclusion of the latter by the former. The "excluded middle", the vast expanse of the "lower middle class", is hard to reel back into such narratives of extreme confrontations between the classes. And yet they are indeed the crucial players in the game of social mobility in India, the class that plays out the waiting game between being lower caste and untouchables a generation ago and looking forward to paid-up gentrified existences in the near future. Any story of India today would need to wedge this class in between the concrete and the flesh to understand what really is at stake in the subcontinent's history today. However, the task of representing this class as actors in history is not an easy one, as I have tried to delineate above. Much of the tendency towards a secretive presence in Indian urban and rurban settings comes not least from the ambiguous position this class occupies in Indian caste and class hierarchies today.

देता। यहाँ शहरीपन के सामाजिक कोडों को भली-भाँति न निभाने पर सार्वजनिक रूप से लज्जित अनुभव करने की कोई गुंजाइश नहीं है। टेलीविज़न यह सुनिश्चित करता है कि सर्वश्रेष्ठ और उत्कृष्ट रचना प्रसारित हो। यह बेहद धनी बनने पर आधारित अपने पोर्टलों की सामाजिक शक्ति के माध्यम से मार्ग की दूसरी तरफ के बारे में भी वचन देता है, जो ऐसी स्थिति है जहाँ सभी समान हैं; सामाजिक पृष्ठभूमियों का कोई महत्व नहीं होता।

संक्षेप में, भारत के शहरी मध्य वर्ग की चारदीवारी का सामना करते हुए, किसी नगर की मूल विशेषता को ग्रहण करने का प्रयास करने वाले फिल्म निर्माता को उस अस्पष्टता का सामना करना पड़ता है जो विशाल संख्याओं में अविभेदन की स्व-प्रस्तुति आवश्यक बना देती है। समकालीन भारत के बारे में वर्णन शहरी, कंक्रीट और प्राकृतिक, कोमल की दो शृंखलाओं के बीच विरोधाभास अन्तहीन रूप से प्रस्तुत करके सन्तुष्ट हैं, शहरी और कंक्रीट द्वारा प्राकृतिक और कोमल के भयंकर निष्कासन के वर्णन के रूप में अन्तहीन तरीके से। "निष्कासित मध्य" और "निम्न मध्य वर्ग" का व्यापक विस्तार, वर्गों के बीच चरम टकरावों के ऐसे वर्णनों में ठिठकना कठिन है। और इसके बावजूद वे भारत में सामाजिक गतिशीलता के क्षेत्र में महत्वपूर्ण खिलाड़ी हैं, ऐसा वर्ग जो एक पीढ़ी पहले निम्न जाति और अछूत होने के बीच प्रतीक्षा का खेल खेलता है और जो अब निकट भविष्य में सम्पन्न उच्च-कुलीन अस्तित्वों की अपेक्षा कर रहा है। आज भारत की किसी भी कहानी को इस वर्ग को यह समझने के लिए कंक्रीट और माँस के बीच अटकाने की आवश्यकता होगी कि आज उपमहाद्वीप के इतिहास में वास्तव में दाँव पर क्या लगा है। फिर भी इस वर्ग को इतिहास में कलाकारों के रूप में प्रस्तुत करने का काम आसान नहीं है जैसा कि मैंने ऊपर वर्णन करने का प्रयास किया है। भारतीय शहरी और मिश्रित परिवेशों में रहस्यमय उपस्थिति के बतौर अधिकांश प्रोत्साहन आज भारतीय जाति और वर्ग अनुक्रम में इस वर्ग के पास मौजूद अस्पष्ट स्थिति के निश्चित तथ्य से बिल्कुल भी नहीं आता है।

Given such a barrier to representation, how then does the filmmaker go about telling this narrative of an India of three layers? First, as I have mentioned, by using the trope of the "outskirts" to isolate the principal players in the historical game and establish close links between them—the man seeking work amongst fishermen, the woman in a new-fangled eye clinic, etc. Next (and here is where the film starts to get truly interesting), by resorting to the genre of the love story, of course through a narrative where opposing principles unite, where hardness and softness mingle, a narrative told across concrete and flesh, across a hard modernist gaze and the lyrical gaze of bodies nurtured in nature. Man as the hard principle of nature, woman as the softer side of it, man as urban concrete, woman as lissom plant, come together in the end to tell this story of India. But beyond such simple binaries, layers of multiple contradictions abound through the tale. A man's head is shaved, making the hardness of his bald pate shine mercilessly into our eyes, and yet he has been rendered emotionally vulnerable, soft from the inside, through the loss of his father. He, the "hero", is more urbane than the woman, more rigid in his walk, a body shaped by the rigours of the city, and yet he is looking for a job and is made nervous when he wishes to call up the "heroine" he wants to woo. The "heroine" of the film outwardly presents a soft feminine presence but inwardly wants to correct her eyesight through a laser procedure in order to attain perfect vision. Thus, when these two bodies mingle sensorially in love, the independent series of the concrete and the fleshly India pass into one another and mingle to provide the vital link between the extremes of Indian developmentalism today. Their union thus gives rise to the bridge through which the "natural" and the urban in Indic histories pass into one another continuously and interminably, both sensorially and ethnically.

The timecode of the film is a strange and hurried one—that of decisions being made by a couple before they decide to commit themselves to marriage. The man is on the lookout for a job presumably because he has to replace his deceased father

वर्णन करने में ऐसे अवरोध को देखते हुए फिल्म निर्माता किस प्रकार भारत की अपनी तीन परतों वाली कहानी व्यक्त कर पाता है? पहला, जैसा कि मैंने ऐतिहासिक खेल में प्रमुख खिलाड़ियों को अलग-थलग करने के लिए "बाहरी इलाके" के रूपक का उपयोग करते हुए और उनके बीच करीबी संबंध स्थापित करते हुए उल्लेख किया है – मछुआरों के बीच काम खोजता हुआ पुरुष, आँखों के हाल में खुले क्लिनिक में महिला इत्यादि...इसके बाद (और यहाँ से फिल्म पूरी तरह रोचक होना शुरू हो जाती है) बेशक, ऐसी कहानी के माध्यम से प्रेम कथा की शैली चुनते हुए जिसमें विपरीत सिद्धांत एक हो जाते हैं, जहाँ कठोरता और कोमलता मिल जाते हैं, कंक्रीट और माँस के बीच, कड़े आधुनिक लोगों की टकटकी और प्रकृति में पालन-पोषण किए गए शरीरों की काव्यात्मक टकटकी के बीच बयान की गई कहानी। पुरुष प्रकृति के कठोर सिद्धांत के रूप में, महिला इसके कोमल पक्ष के रूप में, पुरुष शहरी कंक्रीट के रूप में, महिला लचीले पौधे के रूप में भारत की इस कहानी के अन्त में एक साथ आते हैं। लेकिन ऐसे सरल द्विगुणों से परे, बहुत-से विरोधाभासों की परतें कहानी में बढ़ती रहती हैं। पुरुष के सिर के बाल काट दिए जाते हैं जिससे उसकी गंजी खोपड़ी की कठोरता हमारी आँखों में निर्दयता से चमकती है और इसके बावजूद वह अपने पिता की मौत के कारण भावनात्मक रूप से कमज़ोर और भीतर से कोमल हो गया है। वह "नायक" महिला की तुलना में अधिक शहरी है, उसकी चाल कठोर है, उसके शरीर को नगर की कठोरताओं ने ढाल दिया है और इसके बावजूद वह काम की खोज कर रहा है और वह तब घबरा जाता है जब वह उस "नायिका" को फोन करना चाहता है जिससे वह प्रेम करना चाहता है। फिल्म की "नायिका" बाहरी रूप से कोमल नारी सुलभ मौजूदगी प्रस्तुत करती है पर भीतरी रूप से वह बेहतरीन नज़र आने के लिए लेज़र प्रक्रिया के माध्यम से अपनी नज़र सुधारना चाहती है। इस प्रकार, जब ये दोनों शरीर प्रेम में ऐन्द्रिक रूप में एकाकार हो जाते हैं, तब कंक्रीट और मांसल भारत की स्वतन्त्र शृंखला एक दूसरे से गुज़रती है और आज भारतीय विकासवाद की चरमताओं के बीच महत्वपूर्ण कड़ी प्रदान करने के लिए घुल-मिल जाती है। इस प्रकार उनका संगम उस पुल को बढ़ावा देता है जिससे भारतीय इतिहास में "प्राकृतिक" और शहरी एक दूसरे से लगातार और अन्तहीन रूप से गुज़रते हैं, ऐन्द्रिय रूप से और जातीय रूप से।

फिल्म का टाइमकोड अजीबोगरीब और जल्दबाज़ी भरा है – यह एक जोड़े द्वारा विवाह के बंधन में बंधने का वचन देने का निर्णय लेने से पहले उस जोड़े द्वारा किए जा रहे फैसलों से संबंधित है। पुरुष काम खोज रहा है क्योंकि उस

as the breadwinner of the family but also because
he has set his sights on marriage. We see a little
more of him in the film, corresponding proportion-
ately to the time we see Indian men circulate in
the public gaze. The girl is given her own propor-
tionate time, nimble, furtive movements behind
the scenes taking up very little film time, remind-
ing us that the "active" element in an Indian lower-
middle-class woman's life always happens away
from the public gaze and in fugitive movements
set amidst social flurry. Such an abbreviated time-
code reminds us of those Jain and Buddhist codices
enumerating the wily ways of women who, forever
acting furtively in the background of courtly and
mercantile public lives, get their way in love, sex
and marriage, the same tradition that marks the
figuration of sculpture in the Buddhist rock caves
the couple traverse at the end of the film (a tradi-
tion of sculpture where heliotropism reigns
supreme). To get to this endpoint, where the narra-
tological/aesthetic code of the meandering tale
we are watching gets enumerated fully, the film
pauses for just enough in each episode to pick
up all the sensory resonances of the inner emotional
lives of the protagonists: their aesthetic terrains
get registered without any repetition. The codes
are stated just once. The singular evocation of
elements making up the aesthetics of life is one
source for the strict formalism alluded to by the
"formal" in the film's title, the other source being
the formal strictness in delineating aesthetic con-
tent that such a commitment to non-repetition
creates. Concrete, flesh, soil, garbage, plush, tex-
tile, trinkets, traditional pigment, fish, ice, mobile
phones, plastic bottles and the water within them
all circulate around the protagonists as very
firmly delineated aesthetic bundles that make up
their inner aesthetic lives.

सम्भवत: अपने मृतक पिता की जगह परिवार के लिए आजीविका कमाने वाले का स्थान लेना है, लेकिन इसलिए भी क्योंकि उसने विवाह के बारे में सोच रखा है। हम फिल्म में उस समय के अनुरूप उसके बारे में कुछ और देखते हैं, जिसमें हम भारतीय पुरुषों को लोगों की टकटकी में देखते हैं। लड़की को उसका स्वयं का आनुपातिक समय दिया जाता है, वह फिल्म का बहुत कम समय लेते हुए दृश्यों के बीच में फुर्तीली और गुप्त हरकतें करती है जो हमें यह याद दिलाता है कि किसी निम्न मध्यम वर्गीय भारतीय महिला के जीवन में "सक्रिय" तत्व हमेशा लोगों की टकटकी से दूर और सामाजिक हड़बड़ी के बीच क्षणिक हलचलों में होता है। ऐसा संक्षिप्त कोड हमें उन जैन और बौद्ध कोडों की याद दिलाता है जिनमें महिलाओं के कुटिल तरीके बताए गए हैं जो घर-आंगन और व्यापारिक लोक जीवन की पृष्ठभूमि में हमेशा रहस्यमय तरीके से काम करते हुए प्रेम, सेक्स और विवाह का अपना लेती हैं जो वही परम्परा है जो उन बौद्ध चट्टान गुफाओं में मूर्तियों में आलंकारिक रूप से व्यक्त की गई है जिन तक जोड़ा फिल्म के अन्त में यात्रा करता है (मूर्ति कला की ऐसी परम्परा जिसमें सूर्यानुवर्तन सबसे महत्वपूर्ण हो जाता है)। इस अन्तबिन्दु तक पहुँचने के लिए जहाँ हमारे द्वारा देखी जा रही घुमावदार कहानी का वर्णनात्मक/सौन्दर्यपरक कोड पूरी तरह विशिष्ट रूप से बताया जाता है, फिल्म प्रत्येक कड़ी में बस इतने समय के लिए रुकती है कि प्रमुख पात्रों के भीतरी भावनात्मक जीवन की संवेदी प्रतिध्वनियों को समझा जा सके, उनके सौंदर्यपरक भाग किसी पुनरावृत्ति के बिना दर्ज हो जाते हैं। कोड बस एक बार बताए जाते हैं और यहीं फिल्म के शीर्षक में "औपचारिक" द्वारा संकेतित कड़े औपचारिकतावाद का एक तत्व आ जाता है जैसा कि यह उस सौंदर्यपरक सामग्री की रूपरेखा का वर्णन करने में औपचारिक कड़ाई से आता है जो अपुनरावृत्ति से ऐसी वचनबद्धता सृजित करती है। कंक्रीट, मांस, मिट्टी, कचरा, मखमल, कपड़ा, सस्ते गहने, परम्परागत रंग-द्रव्य, मछली, बर्फ, मोबाइल फोन, प्लास्टिक की बोतलें और इनमें मौजूद पानी इत्यादि प्रमुख पात्रों के इर्द-गिर्द बहुत सुदृढ़ रूप से वर्णित उन सुरुचिपूर्ण समूहों के रूप में घूमते रहते हैं जो उनके भीतरी सुरुचिपूर्ण जीवन को निर्मित करते हैं।

The "outskirts" of the city becomes a metaphor for culling
out bundles of sensory codes from expansive spreads of
colours and densities, as well as from large numbers and
diversities, all of which add up to the totality of the sen-
sory-aesthetic universes of the protagonists being shown.
Thus the timecode of the film is, in some ways, a fractal
reduction or a summa of the timecode of the whole city of
Bombay read through the lives of the protagonists. The
"outskirts", the abbreviation of the urban that such a term
signifies, thus allow the filmmaker to compose a complex
reduction of space-time codifications that make up a mega-
lopolis. This rapid-fire enumeration of the aesthetic codes
making up lives then coincides with the timecode of the
two protagonists "wrapping up" their lives hurriedly before
embarking on marriage. The liminal moment when human
beings cross over from life as "singles" to conjugal ties is
indeed marked by such a settling of scores with their pasts,
a scanning of lives and an attempt to retain the positive
aspects of the experiences of life, the lyrical aesthetic tex-
tures of their lives that they seek to bring to one another at
the moment of love. Yet again, the metaphor of "outskirts"
becomes operational here. Young people live on the "out-
skirts" of urban social lives in their youth, only gaining
the right to full social significance after marriage. This tele-
scoping of the mode of presentation of film content into
an inner psychological dynamic of fiction presents us with
yet another moment of the "formal" in the film.

नगर का "बाहरी क्षेत्र" रंगों और घनत्वों के साथ-साथ बड़ी संख्याओं और विविधताओं के विस्तृत फैलावों से संवेदी कोडों के समूहों को चुनने के लिए रूपक बन जाता है जो सभी प्रदर्शित किए जा रहे प्रमुख पात्रों के संवेदी-सौंदर्यपरक ब्रह्मांडों की सम्पूर्णता में वृद्धि करते हैं। इस प्रकार फिल्म का टाइमकोड कुछ तरीकों से पूरे बंबई नगर के टाइमकोड की आंशिक कमी या संक्षेपण है जिसे प्रमुख पात्रों के जीवन के माध्यम से पढ़ा जाता है। "बाहरी क्षेत्र" अर्थात उस शहरी भाग का संक्षिप्त रूप जो ऐसा शब्द प्रकट करता है, इस प्रकार फिल्म निर्माता को महानगर का निर्माण करने वाले स्थान-समय कोडीकरणों की जटिल कमी निर्मित करने में सहायता करता है। जीवन निर्मित करने वाले सौंदर्यपरक कोडों का यह विशिष्ट विवरण विवाह की तैयारी करने से पहले अपने जीवन को तेज़ी से "समेट रहे" दो प्रमुख पात्रों के टाइमकोड के साथ घटित होता है। संक्रमणकालीन क्षण, जब मनुष्य जीवन में "अकेले व्यक्ति" से दाम्पत्य संबंधों में प्रवेश करते हैं, तब वास्तव में उनके अतीत से उनका हिसाब चुकता हो जाता है, जीवन की जाँच और जीवन के अनुभवों के सकारात्मक पहलुओं को रखने का प्रयास, उनके जीवन की काव्यात्मक सौंदर्यपरक संरचना जो वे प्रेम के क्षण में एक दूसरे के पास लाने का प्रयास करते हैं। एक बार फिर, "बाहरी क्षेत्र" का रूपक यहाँ चरितार्थ हो जाता है। युवा लोग युवावस्था में शहरी सामाजिक जीवन के "बाहरी क्षेत्र" में रहते हैं और वे विवाह के बाद ही पूरे सामाजिक महत्व में प्रवेश करने का अधिकार प्राप्त करते हैं। फिल्म सामग्री की कल्पना के भीतरी मनोवैज्ञानिक गत्यात्मकता की प्रस्तुति के तरीके का यह प्रदर्शन हमारे सामने फिल्म में "औपचारिक" का एक अन्य क्षण प्रस्तुत करता है।

The startling exposition of the city's materiality being mobilized in an abbreviated totality around the moment of marriage, and therefore positing the telling of a love story as the best way to describe a city, is an astute one given that a city like Bombay, still organized around the traditional bazaar, mobilizes the totality of urban materiality around one event and one event only—marriage. "Bollywood" cinema therefore endlessly circles around this one rite of passage of Indian lives to create the most successful form of mass entertainment. This is a form of bazaar democracy where the mass feels sublimated in social life and history, when the totality of the produce of all labour in society is mobilized towards one spectacular show of the whole gamut of creative labour in a neighbourhood, in a political constituency, in a province, all the way up to the nation. Materiality and the lives such materialities signify and sustain do indeed come together as a whole during the moment of the Indian marriage. The city in this film therefore also comes together at the moment when the protagonists commit themselves to conjugality. Of course, the conjugality depicted here is "mythic", organic and austere, but it does posit, as all "traditional" Indian marriages do, the coming together of the cosmos in felt, and not merely symbolic, ways in bodies that wed. In that, this film reminds me of the ideology of romance that animates Mani Ratnam's films (albeit in a more "formal" manner), something that sometimes make his films in turn resemble those of Ritwik Ghatak.

नगर की यथार्थता का आश्चर्यजनक प्रदर्शन विवाह के क्षण के आसपास संक्षिप्त सम्पूर्णता में प्रस्तुत किया जा रहा है और इसलिए किसी नगर को व्यक्त करने के बेहतरीन तरीके के रूप में प्रेम कहानी प्रस्तुत करना यह देखते हुए बुद्धिमानी है कि परम्परागत बाज़ार के आसपास अभी भी संगठित बंबई जैसा नगर एक और केवल एक घटना के आसपास शहरी यथार्थता की सम्पूर्ण को व्यक्त करता है और वह घटना विवाह है। इसलिए "बॉलीवुड" सिनेमा सामाजिक मनोरंजन का सबसे सफल रूप सृजित करने के लिए भारतीय जीवन के मार्ग की इस एक प्रथा के आसपास अन्तहीन रूप से घूमता है। यह बाज़ार लोकतन्त्र का एक रूप है जिसमें समाज तब सामाजिक जीवन और इतिहास में स्वयं को शुद्ध अनुभव करता है जब समाज में समस्त श्रम के उत्पादन की सम्पूर्णता किसी पड़ोस, किसी राजनीतिक चुनाव क्षेत्र, किसी प्रांत से राष्ट्र तक सृजनात्मक श्रम के सम्पूर्ण विस्तार-क्षेत्र के एक दर्शनीय प्रदर्शन में जुटाई जाती है। यथार्थता और ऐसी यथार्थताओं वाले जीवन, भारतीय विवाह के क्षण के दौरान पूर्ण रूप से वास्तव में एक साथ आने के प्रतीक हैं और इसे बनाए रखते हैं। इसलिए इस फिल्म में नगर भी उस क्षण एक साथ आ जाता है जब प्रमुख पात्र दाम्पत्य सूत्र में बंध जाते हैं। निसंदेह यहाँ दिखाया गया दाम्पत्य "काल्पनिक", मूलभूत और सादा है, पर इसमें सभी "परम्परागत" भारतीय विवाहों के समान, विवाह करने वाले शरीरों में अनुभव किए जाने वाले और न केवल प्रतीकात्मक रूप में ब्रह्मांड का एक साथ आना मौजूद है। इस रूप में यह फिल्म मुझे उस रोमांस की विचारधारा की याद दिलाती है जो मणि रत्नम की फिल्मों को सजीव कर देती है (हालांकि अधिक "औपचारिक" तरीके में), यह ऐसी बात है जो कभी-कभी उनकी फिल्मों को इसके बदले ऋत्विक घटक की फिल्मों के समान बना देती है।

The epilogue and prologue of the film are one and the same thing. It is, after all, a film that is racing towards a new beginning with protagonists leaving behind their erstwhile lives only to disappear back into them again across the threshold of the marital moment. The film begins in the city, in a "mythic" night-time when/where urban desires are born, meanders through its outskirts through the length of an equally "mythic" day and comes back to it at night (making the film a strange mix of the "mythicism" in Pasolini's cinema of "urban outskirts" and the formalism of an Antonioni film, such as *Identificazione di una donna*). And in the midst of this scene circulates the eunuch, that symbol of the conjugal embrace of contradictory materiality that the film seeks to project contemporary India as, a liminal figure of history who is produced out of a strange encounter of flesh and metal. Many strategies of the film come together in the figure of the eunuch—an attempt to mix concrete and flesh and the idea of conjugality. Is the filmmaker drawing a strange parallel to the status of the protagonist's class in Indian history, a class marked by remarkable degrees of androgyny in its self-presentation, something that is clearly visible in the film? And is there a lesson to be learned from the fact that it is precisely the symmetrical coupling of the masculine and the feminine in the singular body of the eunuch that makes the figure the most propitious agency to bless a couple-to-be, who are also, in the logic of the text presented to us, a sublime mix of the material contradictions that contemporary India is? Is India's asymmetrical modernity made possible and indeed blessed by the "androgynous" presence of the "lower middle class" in vast numbers?

फिल्म का उपसंहार और प्रस्तावना समान है। आखिरकार यह ऐसी फिल्म है जो नई शुरुआत की तरफ दौड़ रही है और प्रमुख पात्र बस वैवाहिक क्षण की देहलीज़ में अदृश्य हो जाने के लिए अपने तत्कालीन जीवन पीछे छोड़ रहे हैं। फिल्म नगर में रात के "काल्पनिक" समय में आरम्भ होती है जब/जहाँ शहरी इच्छाएं जन्म लेती हैं, समान रूप से "काल्पनिक" दिन की अवधि में इसके बाहरी क्षेत्र में घूमती है और रात में इसके पास लौटती है (जिससे फिल्म "शहरी बाहरी क्षेत्रों" के पेसोलिनी के सिनेमा में "काल्पनिक" और *आइडॅटिफिकेज़ियोन डि उना डोन्ना* जैसी एंटोनियोनी फिल्म के औपचारिकतावाद का अनूठा मिश्रण बन जाती है। और इस दृश्य के बीच में हिजड़ा घूमता है जो विरोधाभासी यथार्थता के दाम्पत्य आलिंगन का प्रतीक है जो फिल्म समकालीन भारत को इतिहास के संक्रमणकालीन रूप में प्रस्तुत करने का प्रयास करती है जो मांस और धातु के अनूठे आकस्मिक मिलन में उत्पन्न होता है। फिल्म की बहुतसी रणनीतियाँ हिजड़े के रूप में एक-साथ प्रस्तुत होती हैं – जो कंक्रीट और मांस और दाम्पत्य के विचार को मिश्रित करने का प्रयास है। क्या फिल्म निर्माता भारतीय इतिहास में प्रमुख पात्र के वर्ग की स्थिति के बीच अनूठी समानता उत्पन्न कर रहा है, जो ऐसा वर्ग है जिसमें इसके स्व-प्रस्तुतिकरण में दोनों लिंगों की विशेषताएं दिखाने के उल्लेखनीय गुण होते हैं, जो ऐसी चीज़ है जो फिल्म में स्पष्ट रूप से दिखाई देती है? और क्या इस तथ्य से एक सबक लिया जाना है कि यह निश्चित रूप से हिजड़े के एक शरीर में पौरुष और स्त्रीत्व का वास्तव में सममितीय जोड़ा है जो उसके रूप को हमारे सामने प्रस्तुत कथा के तर्कों में भावी जोड़े को आशीर्वाद देने के लिए सबसे अनुकूल माध्यम बना देता है, क्या यह उन यथार्थ विरोधाभासों का उत्कृष्ट मिश्रण है जो समकालीन भारत है? क्या भारत की विषम आधुनिकता को सम्भव बनाया गया है और क्या यह वास्तव में व्यापक संख्या में "निम्न मध्य वर्ग" की "उभयलिंगी" उपस्थिति द्वारा धन्य है?

In a rather minor film by Satyajit Ray, *Mahapurush* (The Great Man), the second story of a diptych film Ray made in the early 1960s, we have a sequence where a scientist, a votary of rationalism in post-independence India, reports his encounter with a religious guru. He says, to the disbelief of his listeners, that the guru had claimed during one of his soirées that it was he, the guru, who taught Einstein the Theory of Relativity. When his listeners have adequately expressed their shock and horror at the shameless candour of the roguish *babaji*, the scientist goes on to admire a single fact about the man—the fact that he could explain the absence of the present, or time itself, through a simple trick of being able to twirl a finger of each hand clockwise and anti-clockwise simultaneously (in short, the Möbius Strip effect). Time moves backwards or forwards in experience, in desire, the present is forever vanishing in this borderline state that human beings perpetually find themselves in, between a sense of the past and the future. Those who have conquered this state of being caught between the past and the future know that time does not exist—we are then resident in the negative but stable space, the black hole of perception, created in our minds by the contrary movements of the fingers. Also of pertinence to our present purposes is the fact that this story about a man who can move his fingers clockwise and anti-clockwise provides the backdrop for the main story of a difficult courtship between a man and a woman across "Indian tradition". "Formally" speaking the coming together of palms in conjugal embrace in some ways repeats the idea of the finger trick of two counter-movements happening parallel to one another but also sublimates such a difficult gesture into grace, ease and plenitude. In such conjugal bliss, time is sublimated in the erasure/reconciliation of psychic/material contradictions. Maybe it is possible that in Mario Pfeifer's film, a certain class of Indian history is similarly

सत्यजीत रे की एक मामूली फिल्म *महापुरुष* (महान व्यक्ति), जो १९६० के दशक के आरम्भ में रे द्वारा बनाई गई दोहरी फिल्म की दूसरी कहानी थी, में एक ऐसा दृश्य आता है जिसमें स्वतन्त्रता के बाद के भारत में तर्कवाद का समर्थक एक वैज्ञानिक किसी धार्मिक गुरु से अपनी भेंट के बारे में सूचित करता है। वह कहता है कि गुरु ने अपने एक जमघट के दौरान यह दावा किया था कि उसी ने आइंस्टीन को सापेक्षता का सिद्धांत पढ़ाया था जिस पर उसे सुन रहे व्यक्ति विश्वास नहीं करते। जब उसके श्रोता धूर्त *बाबाजी* की निर्लज्ज बकबक पर बहुत आश्चर्य और घृणा प्रकट करते हैं, तब वैज्ञानिक, पुरुष के बारे में एक तथ्य की सराहना करता है – वह यह बात होती है कि वह प्रत्येक हाथ की एक उंगली लगातार घड़ी की दिशा में और घड़ी की विपरीत दिशा में घुमाने की सरल तरकीब के माध्यम से मौजूद व्यक्तियों की गैर-मौजूद बातों या स्वयं समय के बारे में भी बता सकता है (संक्षेप में, मोबियस स्ट्रिप प्रभाव)। समय अनुभव में, कामना में, पीछे या आगे की ओर बढ़ता है, वर्तमान उस सीमारेखा अवस्था में हमेशा के लिए ओझल हो रहा है जिसमें मानव स्वयं को अतीत और भविष्य के बोध के बीच निरन्तर पाता है। जिन व्यक्तियों ने अतीत और भविष्य के बीच पकड़े जाने की स्थिति पर विजय पा ली है, वे यह जानते हैं कि समय का अस्तित्व नहीं है – तब हम नकारात्मक लेकिन स्थिर स्थान, बोध के काले छिद्र के निवासी हैं जो उंगलियों की विपरीत हलचलों द्वारा हमारे दिमागों में बनाया गया है। वर्तमान प्रयोजनों के लिए यह तथ्य भी प्रासंगिक है कि घड़ी की दिशा में और घड़ी की विपरीत दिशा में उंगलियाँ घुमा सकने वाले आदमी के बारे में यह कहानी "भारतीय परम्परा" के बीच पुरुष और महिला के बीच कठिन प्रणय-निवेदन की 'मुख्य' कहानी के लिए पृष्ठभूमि प्रदान करती है। "औपचारिक रूप से" कहने पर दाम्पत्य आलिंगन में हथेलियों का एक साथ मिलना कुछ तरीकों से एक दूसरे के समानान्तर हो रही दो विपरीत-हलचलों की उंगली की तरकीब के विचार को दोहराता है, पर यह मनोहरता, सरलता और समृद्धि में ऐसी कठिन मुद्रा का परिष्कार भी करता है। ऐसे दाम्पत्य आनन्द में, समय मनोवैज्ञानिक/यथार्थ विरोधाभासों की समाप्ति/मिलन में खत्म हो जाता है। कदाचित यह सम्भव है कि मारियो प्फाइफर की फिल्म में, भारतीय इतिहास का एक निश्चित वर्ग समान रूप से "अनुपस्थित" है जो कंक्रीट (आगे बढ़ते हुए समय) और मांसल (पीछे की ओर लौटता समय) के दाम्पत्य आलिंगन

"non-present", erased by social dynamics, in the conjugal embrace of the concrete (time going forward) and the fleshly (time regressing backwards) that occurs when two members of this class come together in marriage. It is perhaps in such a marriage that the deadly game of visibility—the concrete seeing the fleshly histories of India as being subterranean and the fleshly accusing the concrete of a betrayal of the laws of the tribe, each accusing the other of an "unnatural" insurgency—gets sublimated and allows India to survive to see another day. But also, does not a marriage, a new life on the "outskirts" of a city, something that might be emerging from this seeming "non-presence" that in its innards contains all the material contradictions of contemporary India, also promise a new world to come, on new terms, beyond the contradictions of the day?

में सामाजिक गतिशीलता द्वारा समाप्त हो जाता है जो तब होता है जब इस वर्ग के दो सदस्य विवाह में एक साथ आते हैं। ऐसे विवाह में ऐसा हो सकता है कि दृश्यता के भयंकर खेल, कंक्रीट द्वारा भारत के मांसल इतिहासों को गुप्त के रूप में देखने और मांसल द्वारा कंक्रीट पर आदिवासियों के नियमों को भंग करने के आरोप लगाने, एक दूसरे द्वारा अन्य पर "अप्राकृतिक" विद्रोह का आरोप लगाने का परिष्कार हो जाए और भारत एक अन्य दिन देखने के लिए जीवित रह सके। लेकिन क्या कोई विवाह, किसी नगर के "बाहरी क्षेत्र" में नया जीवन, कोई ऐसी बात जो इस "अनुपस्थिति" प्रतीत हो रही से सम्भावित रूप से प्रकट हो रही हो जिसके भीतरी भागों में समकालीन भारत के सभी यथार्थ विरोधाभास होते हैं, दिन के विरोधाभासों से परे नई शर्तों पर आने वाले नए विश्व का वचन दे?

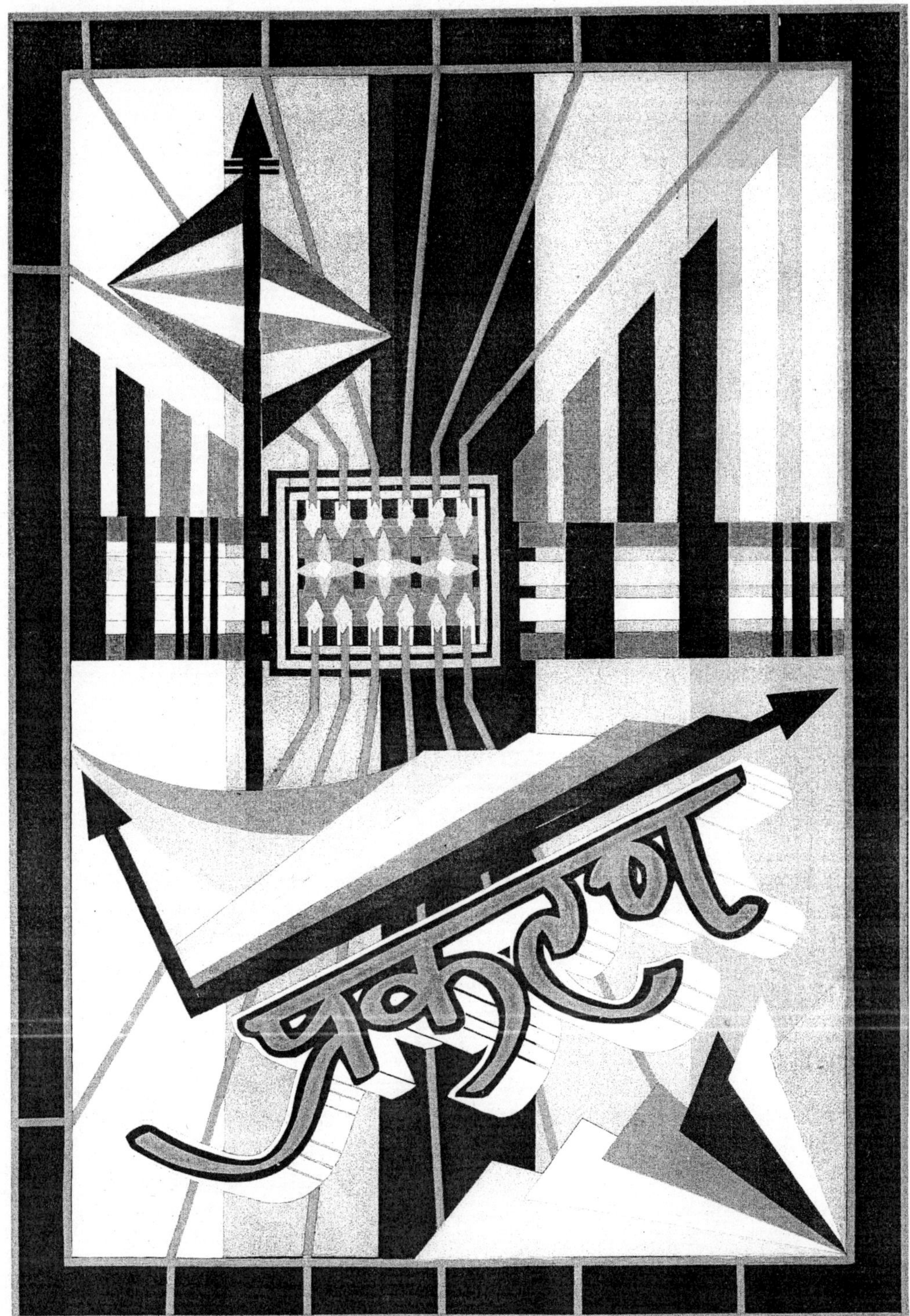
प्रकरण

Keywords: static/vectorial, insider/outsider, invitation, margins, education, travel

In Conversation
[New York, September 30, 2012]

Shuddhabrata Sengupta and Nikolaus Hirsch with Mario Pfeifer

Shuddhabrata Sengupta is a co-founder of Sarai and the Raqs Media Collective, whose practitioners have been described in a number of ways: often as artists and occasionally as curators, editors or as cultural catalysts.

Nikolaus Hirsch is an architect and curator, and the director of Städelschule and Portikus in Frankfurt am Main. Both have collaborated on numerous occasions, most recently on the Cybermohalla Hub, which was staged in New Delhi, Copenhagen and Bolzano.

MP: I would like to commence by asking you, Shuddha, how you see the notion of cross-cultural practices today. Is this something you feel yourself involved in? Do you think that my project discusses this realm or operates within it? And what could be the benefits of such a practice either for an audience we might call local or one we could define as international? In both our cases, works are produced in a certain context but they might be introduced to a very different audience that had only a little knowledge in this specific discourse.

SS: Well, you know, I come to this question slightly differently. I don't think that there is any work that is not cross-cultural. Even the artist who assumes the most local position—who produces what they think a critical reception of their work would recognize as local—for me is not local. There is no such thing as a pure local. I see things more in vectorial terms in respect of their trajectories and movements. One can use the terms local and global if one assumes that location and space are static. I don't think that's the case. I think we are inhabitants of a moving planet and we move: our history makes us move. Our sociopolitical dynamics, the aesthetic conditions in which we live, are cross-pollinated by everything else around us.
First some clarification: in my view there is no such thing as non-cross-cultural artistic production. That leads us to the question: if everything is cross-cultural, what does it mean? I think we have to consider the fact—and your work is an interesting take on this question—who is the outsider? Again, I would say that you and your work pose the counter

बातचीत में
[न्यू यॉर्क, ३० सितम्बर, २०१२]

शुद्धाब्रता सेनगुप्ता, निकोलॉस हिर्श के साथ मारियो प्फाइफर

शुद्धाब्रता सेनगुप्ता सराय और रेक्स मीडिया कलेक्टिव के सह-संस्थापक हैं, जिनमें संलग्न व्यक्तियों का अनेक तरीकों से वर्णन किया गया है: प्रायः कलाकारों के रूप में और कभी-कभी क्युरेटर, सम्पादक या सांस्कृतिक प्रेरक के रूप में।

निकोलॉस हिर्श एक वास्तुशिल्पी और क्युरेटर और फ्रैंकफर्ट आम मैन में स्टेडलशुल और पोर्टिकस के निदेशक हैं। दोनों ने असंख्य अवसरों पर, अधिकाँशतया साइबरमोहल्ला हब पर सहयोग किया है जिसे नई दिल्ली, कोपनहेगन और बोलज़ानो में प्रस्तुत किया गया था।

MP: शुद्धा, मैं आपसे यह पूछकर आरम्भ करना चाहूँगा कि आप आज परस्पर-सांस्कृतिक प्रथाओं की धारणा के बारे में क्या सोचते हैं। क्या यह कोई ऐसी बात है जिसमें आप स्वयं को संलग्न के रूप में देखते हैं? क्या आप यह सोचते हैं कि मेरी परियोजना में इस प्रभुता वाले क्षेत्र पर चर्चा की गई है या यह इसमें प्रचालन करती है? और ऐसी प्रथा के लिए उन लोगों जिन्हें हम स्थानीय कह सकते हैं या उन लोगों जिन्हें हम अन्तरराष्ट्रीय के रूप में परिभाषित कर सकते हैं, के लिए क्या लाभ हो सकते हैं? दोनों मामलों में कार्यों को निश्चित संदर्भ में प्रस्तुत किया गया है पर इन्हें ऐसे बहुत भिन्न दर्शकों के समक्ष प्रस्तुत किया जा सकता है जिन्हें इस विशेष संभाषण की बस थोड़ी जानकारी हो।

SS: आप जानते हैं, मैं इस प्रश्न पर थोड़ा भिन्न तरीके से आता हूँ। मेरे विचार में ऐसा कोई कार्य नहीं है जो परस्पर-सांस्कृतिक नहीं है। यहाँ तक कि वह कलाकार जो सबसे अधिक स्थानीय पद ग्रहण कर लेता है – जो वह प्रस्तुत करता है जो उसके विचार में उसके कार्य की आलोचनात्मक समीक्षा होती है, वह इसे स्थानीय मानेगा – मेरे लिए यह स्थानीय नहीं है। पूर्ण रूप से स्थानीय जैसी कोई चीज़ नहीं होती। मैं चीज़ों को उनके प्रक्षेप-पथों और हलचलों के संबंध में अधिक रूप से परिवर्तनशील अर्थों में देखता हूँ। कोई व्यक्ति उस स्थिति में स्थानीय और वैश्विक शब्दों का उपयोग कर सकता है अगर वह यह मानता है कि स्थान और जगह स्थिर हैं। मैं ऐसा नहीं सोचता कि ऐसी बात है। मैं ऐसा सोचता हूँ कि हम किसी चलायमान ग्रह के निवासी हैं और हम चलते हैं: हमारा इतिहास हमें चलाता है। हमारी सामाजिक-राजनीतिक गतिकी, वे सौंदर्यपरक स्थितियाँ जिनमें हम रहते हैं, हमारे आसपास की हर अन्य चीज़ द्वारा परस्पर-परागणित की जाती हैं।

पहले कुछ स्पष्टीकरण: मेरी समझ के अनुसार गैर-परस्पर-सांस्कृतिक कलात्मक निर्माण जैसी कोई चीज़ नहीं है। इससे हम इस प्रश्न पर आ जाते हैं: अगर हर चीज़ परस्पर-सांस्कृतिक है, तो इसका क्या अर्थ है? मेरा विचार है कि हमें तथ्य पर विचार करना है – और आपका कार्य इस प्रश्न के संबंध में रोचक मुद्दा है

question—who is the insider? I don't know of anyone who can be called an insider in any situation. Whether that is in Delhi or Bombay, New York or Berlin. We are all, to a greater or lesser extent, outsiders in the conditions we find ourselves in. And those conditions are reflected differently upon. So the value of your kind of work would be to foreground the question of what it means to be inside or outside a world that is constituted in a neighbourhood, in a city, in a street—anywhere. It remains to be seen. In every work of art—in the particular work you are doing—I think that is the question that you are posing and also that is the question your time would ask you.

> NH: The question of the in- and outsider brought up by you, Shuddha, could possibly be argued differently. One could always assume the situation of an insider, or to flip the question: nobody is an insider or everybody is an insider. This is a paradigmatic situation for an artist or cultural producer. Constantly thrown into a situation, we search for situations that are foreign to us and nonetheless assume an insider situation at some point. This is the moment when people start criticizing you for not being a local or not having local knowledge. The so-called local is, of course, a construction. Indeed, it's an ideology of the local. And sometimes that ideology, I think, was used for good purposes, for resistance. Sometimes, neighbourhoods would use the notion of the local in order to protect themselves or their living conditions from certain forces that they would describe as outsiders. But even more often the "local" is used, or rather misused, for quite obvious territorial motivations by curators, cultural politicians and NGOs. For me, on the other hand, it's more interesting to assume the position of an insider and to productively deal with the problems that are raised by this.

SS: Well, if outsiders insist they are insiders, I have nothing against it. It's when insiders insist that they are insiders that I have a problem—particularly in a city like Bombay where the past 30–40 years of politics have been all about being an insider or an outsider. There are at least two fascist parties in Bombay declaring that politics are about insiders and outsiders. There are people, for instance, who migrate to Bombay from all over India and are challenged all the time because they are outsiders, and it's fine when they say, "No, we are insiders. This is our city." It's when the so-called original inhabitants of Bombay insist on being insiders ... But first of all there are no "original" inhabitants in a city like Bombay. When somebody insists they are an original inhabitant, I will always consider that claim to be inaccurate.

– बाहरी व्यक्ति कौन है? एक बार फिर, मैं यह कहूँगा कि आप और आपका कार्य जवाबी प्रश्न प्रस्तुत करता – आन्तरिक व्यक्ति कौन है? मैं किसी ऐसे व्यक्ति के बारे में नहीं जानता जिसे किसी भी स्थिति में आन्तरिक व्यक्ति कहा जाता है। चाहे यह दिल्ली में हो या बंबई, न्यू यॉर्क या बर्लिन में। हम सभी, अधिक या कम सीमा तक, उन स्थितियों में बाहरी व्यक्ति हैं जिनमें हम स्वयं को पाते हैं। और वे परिस्थितियाँ भिन्न रूप से प्रतिबिम्बित होती हैं। इसलिए, आपके प्रकार के कार्य का मूल्य यह प्रश्न प्रस्तुत करना होगा कि ऐसे विश्व के भीतर या बाहर होने का क्या अर्थ होता है जो किसी पड़ोस, नगर, गली – कहीं अन्य संरचित होता है। यह देखना बाकी है। कला के प्रत्येक कार्य में – उस विशेष कार्य में जो आप कर रहे हैं – मेरे विचार में आप यही प्रश्न पूछ रहे हैं और यही प्रश्न है जो समय आपसे पूछेगा।

NH: शुद्धा, आप द्वारा प्रस्तुत आन्तरिक और बाहरी व्यक्ति के प्रश्न पर सम्भावित रूप से भिन्न तरीके से बहस की जाती है। कोई व्यक्ति हमेशा आन्तरिक व्यक्ति की स्थिति में आ सकता है या प्रश्न को पलटाने के लिए: कोई भी व्यक्ति आन्तरिक व्यक्ति नहीं है और हर कोई बाहरी व्यक्ति है। किसी कलाकार या सांस्कृतिक निर्माता के लिए यह निदर्शनात्मक स्थिति है। किसी विदेशी स्थिति में लगातार भेजे जाने पर, हम किसी समय बिंदु पर आन्तरिक व्यक्ति स्थिति धारण कर लेते हैं। यह वह क्षण होता है जब लोग स्थानीय व्यक्ति न होने पर या स्थानीय जानकारी न होने पर आपकी आलोचना करना आरम्भ कर देते हैं। यह तथाकथित स्थानीय व्यक्ति निःसंदेह एक निर्माण है, यहाँ तक कि: यह स्थानीय व्यक्ति की विचारधारा है। और कभी-कभी उस विचारधारा का, मेरे विचार में अच्छे प्रयोजनों, प्रतिरोध के लिए उपयोग किया गया था। कभी-कभी पड़ोस स्थानीय लोग उन कतिपय शक्तियों, जिन्हें वे बाहरी व्यक्ति कहेंगे, से स्वयं और अपनी रहन-सहन की स्थितियों की रक्षा करने के लिए स्थानीय लोगों की धारणा का उपयोग करेंगे। पर यहाँ तक कि रक्षकों, सांस्कृतिक राजनीतिज्ञों और गैर-सरकारी संगठनों द्वारा बिल्कुल स्पष्ट क्षेत्रीय कारणों से प्रायः "स्थानीय" का उपयोग या इसके विपरीत दुरुपयोग किया जाता है। मेरे लिए, दूसरी ओर, किसी आन्तरिक व्यक्ति की स्थिति धारण करना और इसके द्वारा प्रस्तुत समस्याओं से निपटने के लिए उत्पादक रूप से निपटना अधिक रोचक है।

SS: अगर बाहरी व्यक्ति इस पर अड़ जाते हैं कि वे आन्तरिक व्यक्ति हैं, तो मैं इसके विरुद्ध नहीं हूँ। ऐसा तब होता है जब आन्तरिक व्यक्ति इस पर अड़ जाते हैं कि वे आन्तरिक व्यक्ति हैं तब मुझे समस्या होती है – विशेष रूप से बंबई जैसे नगर में जहाँ पिछले ३०-४० वर्ष की राजनीति बस आन्तरिक व्यक्ति या बाहरी व्यक्ति होने के रूप में हुई है। बंबई में कम से कम दो ऐसी फासीवादी पार्टियाँ हैं जो यह घोषित करती हैं कि राजनीति आन्तरिक व्यक्तियों और बाहरी व्यक्तियों के संबंध में है। उदाहरण के लिए, ऐसे लोग मौजूद हैं, जो पूरे भारत से बंबई प्रवास करते हैं और उन्हें इसलिए चुनौती दी जाती है क्योंकि वे बाहरी व्यक्ति होते हैं, और यह उचित होता है जब वह यह कहते हैं, "नहीं, हम आन्तरिक व्यक्ति हैं। यह हमारा नगर है।" ऐसा तब होता है जब बंबई के तथाकथित मूल निवासी आन्तरिक

MP: If we were to expand this discussion and reflect on art itself, and move into a sociopolitical context, it would also ask questions about the audience/recipients. If you say that there is no such thing as an insider/outsider situation, that also means that anybody could look at a piece of art and have an opinion, regardless of the fact that some of them might be familiar with its context, while others are not. I think that is a situation I was in, and am very much interested in, to conceive a project that means something for an audience … Whether they are familiar with the site of production or its culture or not, they feel able to access a piece like *A Formal Film* with the means at their disposal, on an individual level of experience, knowledge and discourse.

NH: To say that everybody should or can have an opinion about a work of art doesn't imply that you, as an artist, should give up your position as an artist. There is very often a misunderstanding.

SS: Yes, that is often misunderstood.

NH: Having a broad audience doesn't necessarily mean that you have to compromise or deliver socially productive work. I think that there is an aesthetic and artistic potential that goes beyond social and political discourses.

MP: Did you have a specific interest, Nikolaus, in working in India and engaging with thinkers in that region, e.g. in New Delhi?

NH: My first interest in India can be reduced to a purely personal level. An invitation and a relationship that had very little to do with an interest in India as a state or as an exotic image. We are all used to working on a global scale but all of these projects and works have to do with invitations: in the case of the Cybermohalla Hub in Delhi it was an invitation by the Raqs Media Collective.

SS: And our prior history of working together …

NH: … on some installations based on friendship and trust— so quite romantic, which I think was the basis here too, because the same situation occurred within this project, which itself has a long history. It's not an exhibition that you produce within a year or two, that would then be finished … No, it's an ongoing story. It was crucial for me to understand how Sarai and Ankur, the two founding partners of the Cybermohalla project, developed something over

निवासी होने पर अड़ जाते हैं ... पर सबसे पहले, बंबई जैसे नगर में कोई "मूल" निवासी नहीं हैं। जब कोई यह बात दृढ़तापूर्वक कहता है कि वह मूल निवासी है, तो मैं उस दावे को हमेशा गलत मानूँगा।

MP: अगर हमें यह चर्चा विस्तृत करनी हो और स्वयं कला को व्यक्त करना हो और सामाजिक-राजनीतिक संदर्भ में जाना हो, तो यह भी दर्शकों/प्राप्तकर्ताओं के बारे में प्रश्न पूछेगा। अगर आप यह कहते हैं कि आन्तरिक/बाहरी स्थिति जैसी कोई बात नहीं है, तो इसका यह अर्थ भी है कि कोई भी व्यक्ति किसी कलाकृति को देख सकता है और इस तथ्य पर ध्यान दिए बिना कोई राय रख सकता है कि उनमें से कुछ इसके संदर्भ से परिचित हो सकते हैं जबकि अन्य नहीं हो सकते। मेरा विचार है कि मैं ऐसी स्थिति में था और मैं ऐसी परियोजना बनाने में बहुत अधिक रुचि रखता हूँ जिसका दर्शकों के लिए कुछ अर्थ हो ... चाहे वे निर्माण के स्थल या इसकी संस्कृति से परिचित हों या न हों, वे अपने पास मौजूद साधनों या अनुभव, ज्ञान और संभाषण के वैयक्तिक स्तर से एक *औपचारिक फिल्म* जैसी कृति तक पहुँच बनाने में समर्थ अनुभव करते हैं।

NH: यह कहना कि प्रत्येक व्यक्ति को किसी कलाकृति के बारे में राय रखनी चाहिए या वह राय रख सकता है, का यह मतलब नहीं है कि एक कलाकार के रूप में, आप अपनी स्थिति त्याग देंगे। यह बहुत प्रायः गलतफहमी है।

SS: हाँ, इसे प्रायः गलत समझा जाता है।

NH: व्यापक दर्शक होने का आवश्यक रूप से यह अर्थ नहीं होता कि आपको समझौता करना है या सामाजिक रूप से उपयोगी कार्य प्रस्तुत करना है। एक सौंदर्यपरक और कलात्मक अधिशेष मौजूद रहता है जिसे किसी सामाजिक संभाषण द्वारा संसाधन के रूप में प्रस्तुत नहीं किया जा सकता।

MP: निकोलॉस, क्या आपकी भारत में काम करने और उस क्षेत्र, जैसे नई दिल्ली, में विचारकों से संलग्न होने में विशेष रुचि है?

NH: भारत में मेरी पहली रुचि को पूरी तरह से निजी स्तर तक सीमित किया जा सकता है। एक आमंत्रण और संबंध जो एक राज्य या विदेशागत छवि के रूप में भारत में रुचि से बहुत कम संबंधित था, हम सभी वैश्विक स्तर पर काम करने में अभ्यस्त हैं पर ये सारी परियोजनाएं और कृतियाँ आमंत्रणों से संबंधित हैं: नई दिल्ली में साइबरमोहल्ला हब के मामले में यह रेक्स मीडिया कलेक्टिव द्वारा आमंत्रण था।

SS: और एक साथ काम करने का आपका पूर्व इतिहास ...

NH: ... मित्रता और विश्वास पर आधारित कुछ संस्थापनाओं ... काफी रोमांटिक जो मेरे विचार में यहाँ भी आधार था, क्योंकि यही स्थिति इस परियोजना में उत्पन्न हुई जिसका स्वयं में लम्बा इतिहास है। यह

years and years—an evolving project that was always carefully managed around the notion of invitation. We were talking about large audiences earlier and it is important to understand who the audience really was in this scenario. We had a broad impact on the larger, often Western, cultural environment but actually it was the private, intimate situation of production that made everything possible—this was my way to relate to India, and maybe it was the best entry point.

MP: Are the questions that are posed in this story, that you are writing and maybe continue to write, are the questions and problems discussed in this specific context somehow paradigmatic for our global society, our time? Is it by accident that it takes place in New Delhi or India? Does this environment, its society or economy, which is undergoing such a dramatic change and development, offer a scholar like you a more productive place to engage with?

NH: There is a specific situation here, which to a large extent is predicated on a personal relationship. At the same time the situation has very clear social and political implications. I think we are always working in situations that are at the same time generic and very specific. You have to keep a certain autonomy in a project. This is an inherent part of what one can do in the cultural field: have a critical position that cannot be reduced to the sociopolitical facts. The work—although it can have positive implications—is not an instrument for making life better. It is not a sociopolitical tool as such: it has to be more. The members of the Cybermohalla Ensemble have always said it's about the idea of change, of fluidity and trajectories, as Shuddha mentioned. In that sense the Cybermohalla project is not a classic neighbourhood project, although the word mohalla means neighbourhood.

MP: And the project itself started with a specific problem in that neighbourhood …

NH: Yes, but it's not good old "development politics".

MP: How do projects like Cybermohalla or Sarai go down with the public or society? It feel that these educational tools offer something different from a conservative or traditional education in India. What is the situation like for artists or critical scholars wanting to be educated? How do they acquire their knowledge? Do they study abroad or in New Delhi or Bombay or somewhere else? Are the hubs of critical thinking specifically situated at the margins or is there also an approach that could actually impact on the educational system as it exists today?

ऐसी प्रदर्शनी नहीं है जिसे आप एक या दो वर्ष में निर्मित करते हैं, जिसे फिर समाप्त किया जाएगा ... नहीं, यह एक जारी कहानी है। मेरे लिए यह समझना महत्वपूर्ण था कि सराय और अंकुर, साइबरमोहल्ला परियोजना के दो संस्थापक भागीदारों ने अनेक वर्षों में ऐसी विकासशील परियोजना बनाई जिसे हमेशा आमंत्रण की धारणा के इर्द-गिर्द सावधानी से व्यवस्थित किया गया था। हम पहले व्यापक दर्शकों के बारे में बात कर रहे थे और यह समझना महत्वपूर्ण है कि इस परिदृश्य में वास्तविक रूप से दर्शक कौन हैं। हमारे यहाँ व्यापक सांस्कृतिक वातावरण पर बड़ा प्रभाव पड़ा पर वास्तव में निर्माण की निजी, नकल की गई स्थिति थी जिससे सब कुछ सम्भव हुआ — यह भारत से जुड़ने का मेरा तरीका था, और हो सकता है कि यह सर्वोत्तम प्रवेश बिंदु था।

MP: क्या जो प्रश्न कहानी में पूछे गए हैं, जिनके बारे में आप लिख रहे हैं और हो सकता है कि लिखना जारी रखेंगे, क्या वही प्रश्न और समस्याएं हैं जिन पर उस विशिष्ट संदर्भ में चर्चा की गई है जो हमारे वैश्विक समाज, हमारे समय के लिए कुछ निदर्शनात्मक है? क्या यह दुर्घटनावश नई दिल्ली या भारत में घटित होता है? क्या यह वातावरण, इसका समाज या अर्थव्यवस्था, जिसमें नाटकीय परिवर्तन और विकास हो रहा है, आप जैसे विद्वान को संलग्न होने के लिए अधिक उपयोग स्थान की पेशकश करती है?

NH: यहाँ ऐसी कोई विशिष्ट स्थिति नहीं है जिसका व्यापक सीमा तक किसी निजी संबंध तक जुड़ाव है। इसी के साथ-साथ इस स्थिति के बहुत स्पष्ट सामाजिक और राजनीतिक निहितार्थ हैं। मुझे लगता है कि हम हमेशा ऐसी स्थितियों में काम कर रहे हैं जो एक ही समय में बहुत सामान्य और बहुत विशिष्ट हैं। आपको किसी परियोजना में निश्चित स्वतन्त्रता रखनी होती है। यह उसका एक अंतर्निहित भाग होता है जो कोई व्यक्ति सांस्कृतिक क्षेत्र में कर सकता है: उसके पास ऐसी महत्वपूर्ण स्थिति होती है जिसे सामाजिक-राजनीतिक तथ्यों तक सीमित नहीं किया जा सकता। हालांकि इस कार्य के सकारात्मक निहितार्थ हो सकते हैं, फिर भी यह जीवन को बेहतर बनाने का साधन नहीं है। यह किसी प्रकार का कोई सामाजिक-राजनीतिक उपकरण नहीं है; यह अधिक होना चाहिए। साइबरमोहल्ला समूह के सदस्यों ने हमेशा यह कहा है कि यह तरलता और प्रक्षेप-पथों के विचार के बारे में है, जैसा कि शुद्धा ने उल्लेख किया था। इस अर्थ में साइबरमोहल्ला परियोजना एक कलात्मक पड़ोस परियोजना नहीं है, हालांकि मोहल्ला शब्द का अर्थ पड़ोस होता है।

MP: और परियोजना स्वयं उस पड़ोस में किसी विशेष समस्या के साथ आरम्भ हुई ...

NH: हाँ, पर यह अच्छी पुरानी वाली "विकास राजनीति" नहीं है।

MP: साइबरमोहल्ला या सराय जैसी परियोजनाओं के संबंध में लोगों या समाज की कैसी प्रतिक्रिया रहती है? मुझे ऐसा लगता है कि ये शैक्षिक उपकरण भारत में रूढ़िवादी या परम्परागत शिक्षा से किसी भिन्न चीज़ की पेशकश करते हैं। उन कलाकारों या आलोचक

SS: No society or country is interesting per se. I don't think India is an interesting country—or Germany. They are all boring agglomerations of people and histories. It's what we do in each place and each context that creates certain patterns of intensity and concentration.

As Nikolaus said, it's the particular personal context of a certain relationship or of a certain investigation that leads to convergences of time and produces certain results that change the practices of those involved. We can say that working with Nikolaus and Michael [Müller], and the particular practice they have, made us think about space in a very different way. I am sure they would say the very same thing about working with us. That has something to do with the specifics of the histories we have inherited. The specificity of a certain architectural education that they have had or a way of thinking about space and the politics of space that they have ... a certain, perhaps, perspective on how timeless space is, growing up in a city like Delhi, which is both a very old and a very new city. It has two kinds of temporal footprint. These conditions make you think or open up the possibility of thinking in different ways. When you have people from these situations interacting because of the personal context of an invitation, then what is brought into play are the other things that come into our sense of crowdedness and density and temporal debt, their sense of whatever they have come through. Then certain effects are produced—you bring two chemicals together and they will create certain attractions: repulsions and reactions will occur. They cannot *not* occur.

Coming back to your question ... What then is the development we have? What is the education that constitutes the element that we bring into being? And how is it embedded in society? I think we can say that, since the beginning or end of the Second World War, there has been a general crisis in intellectual production in the world. A general crisis has to do with the fragmentation of intellectual labour into more and more professionalized science. So I am not saying that this is a particular crisis. This is a general crisis that manifests itself in different ways in different places. In India it may be manifested in the extreme compartmentalization separating the worlds of the liberal humanities and arts, and the professions of, let's say, architecture, engineering or science. There is no discourse or dialogue about this. But it is a symptom of a general intellectual crisis, where intellectual and cultural life is seen to be subordinate to some kind of broader developmental goal—that's what Nikolaus was talking about earlier. Because there is a political decision that at a certain time a society needs a certain number of engineers or mythologists or whatever, and this creates these kinds of compartmentalized containers.

NH: ... under the label of development ...

विद्वानों के लिए स्थिति कैसी है जो शिक्षित होना चाहते हैं? वे अपना ज्ञान कैसे प्राप्त करते हैं? क्या वे विदेश में नई दिल्ली या बंबई या कहीं अन्य अध्ययन करते हैं? क्या समालोचना के केन्द्र विशिष्ट रूप से हाशियों पर स्थित हैं या कोई ऐसा दृष्टिकोण भी है जो वास्तव में वर्तमान में विद्यमान शैक्षिक प्रणाली पर वास्तव में प्रभाव डाल सके?

SS: कोई समाज या देश अपने आप में रोचक नहीं है। मैं ऐसा नहीं सोचता कि भारत रोचक देश है – या जर्मनी। वे सभी लोगों और इतिहासों के उकताऊ समूह हैं। हम प्रत्येक स्थान और प्रत्येक संदर्भ में जो करते हैं जिससे गहनता और एकाग्रता के कतिपय प्रतिरूप उत्पन्न होते हैं। जैसा कि निकोलॉस ने कहा था, किसी कतिपय संबंध या किसी कतिपय अन्वेषण का विशेष निजी संदर्भ हमें समय के अभिसरणों पर ले जाता है और ऐसे कतिपय परिणाम प्रस्तुत करता है जो संबद्ध व्यक्तियों की पद्धतियाँ बदल देते हैं। हम यह कह सकते हैं कि निकोलॉस और माइकेल [म्यूलर] और उनके पास उपलब्ध विशेष पद्धति के साथ काम करने से मैंने बहुत भिन्न तरीके से स्थान के बारे में सोचा। मैं आश्वस्त हूँ कि वे हमारे साथ काम करने के बारे में बिल्कुल यही बात कहेंगे। यह किसी रूप में हमें विरासत में प्राप्त इतिहासों के विशेष विवरणों से संबंधित है। किसी ऐसी निश्चित वास्तुशिल्पीय शिक्षा की विशिष्टता जो उन्होंने प्राप्त की है या उनके पास उपलब्ध स्थान और स्थान की राजनीति के बारे में सोचने का तरीका ... इस संबंध में एक निश्चित, सम्भवतया परिदृश्य दिल्ली जैसे नगर में विकसित हो रहा है जो एक साथ – या जर्मनी बहुत पुराना और बहुत नया नगर है। इसमें दो प्रकार के सांसारिक पदचिन्ह हैं। इन परिस्थितियाँ के कारण आप भिन्न तरीकों से सोचते हैं या सोचने की सम्भावनाएं उत्पन्न हो जाती हैं। जब आपके पास इन स्थितियों के लोग होते हैं जो किसी आमंत्रण के निजी संदर्भ के कारण परस्पर-क्रिया करते हैं, तब अन्य चीज़ें प्रस्तुत हो जाती हैं जो हमारे भीड़भाड़ और घनत्व और सांसारिक ऋण के भाव, उनके द्वारा अनुभूत परिस्थिति के भाव में प्रस्तुत हुई हैं। फिर निश्चित प्रभाव उत्पन्न किए जाते हैं – आप दो रसायनों को एक-साथ प्रस्तुत करते हैं और वे निश्चित आकर्षण उत्पन्न करेंगे: जुगुप्साएं और प्रतिक्रियाएं उत्पन्न होंगी। ये उत्पन्न *नहीं* हो सकते।

मैं आपके प्रश्न पर वापस आता हूँ ... तब हमारे पास उपलब्ध विकास क्या है? वह शिक्षा क्या है जो वह तत्व होती है जिसे हम अस्तित्व में लाते हैं? और इसे समाज में कैसे समाहित किया जाता है? मेरा विचार है कि हम ऐसा कह सकते हैं क्योंकि द्वितीय विश्व युद्ध के आरम्भ या अन्त से विश्व के बौद्धिक उत्पादन में सामान्य संकट रहा है। सामान्य संकट, बौद्धिक श्रम के अधिक से अधिक व्यवसायीकृत विज्ञान के विभाजन से संबंधित है। इसलिए मैं यह नहीं कह रहा हूँ कि यह कोई विशेष संकट है। यह एक ऐसा विशेष संकट है जो स्वयं को भिन्न स्थानों में भिन्न तरीकों से प्रकट करता है। भारत में, इसे उदार मानविकियों और कलाओं और वास्तुशिल्प, इंजीनियरिंग या विज्ञान के व्यवसायों के विश्वों को अलग करने के द्वारा चरम विखंडन में प्रकट किया जा सकता है। इस बारे में कोई संभाषण या संवाद नहीं है। लेकिन यह सामान्य बौद्धिक संकट का लक्षण है जहाँ बौद्धिक और सांस्कृतिक जीवन किसी प्रकार के व्यापक विकास संबंधी लक्ष्य के अधीन होता हुआ देखा जाता है – यह वह बात है जिसके बारे में निकोलॉस पहले बात कर रहे थे। क्योंकि ऐसा राजनीतिक निर्णय है कि किसी निश्चित समय में समाज को निश्चित संख्या में इंजीनियरों, पुराणज्ञों इत्यादि की ज़रूरत होती है और इससे इस प्रकार के विखंडित भाग उत्पन्न होते हैं।

SS: ... so you then have unintelligent scientific and technical professionals and stupid artists. That's what the society has produced. Those of us who have been accidentally lucky—purely accidentally—escaped these developments in their most crushing and cruel way, probably because we were not very good at these things—I never went to art school and I had a slightly ramshackle social science degree, and then a film education. So, people like me, and my colleagues at Raqs, slipped between the cracks. What is perceived as a great disadvantage in our society could then also become an advantage, where we could, in our practice, reconstitute a different way of knowing and thinking in the world. This has nothing to do with the particular crisis in Indian education or art education, which is a tragic failure, or the particular crisis of hyper-professionalized expertise, which is also a tragic failure.

NH: Yes, those professions are historical products ...

SS: I am much more comfortable with a nineteenth century intellectualism, where it's possible for somebody to be a scientist and an architect and an artist and a poet at the same time. You don't actually know where the borders between these things occur.

NH: It's also interesting, if one takes architecture as an example, in a country like Germany the profession of the architect is perhaps no more than a hundred years old. Mies van der Rohe didn't study architecture and he became one of the most influential architects of the twentieth century. Or Walter Gropius inventing the Bauhaus. Or Arundhati Roy being an architect by training and then becoming a writer. It can be very productive to be trained and become an expert in a particular field and then, almost accidently, do something completely different. As the director of Städelschule and Portikus, I could use myself as an example.

SS: You are doing things that you were not trained to do.

NH: Yes, that is also what my predecessor Daniel Birnbaum told me about his own curriculum vitae. He was a philosopher and became a curator over the years by experimenting with Portikus.

SS: In that sense, I think these accidents and these combinations of chance and desire ... as there is also an element of desire, you do seek certain conversations out that have a long term impact. They are not

NH: ... विकास के लेबल के नीचे ...

SS: ... तो तब आपके पास अबुद्धिमान वैज्ञानिक और तकनीकी पेशेवर और मूर्ख कलाकार हैं। समाज ने इसे ही रचा है। हममें से जो दुर्घटनावश भाग्यशाली हैं – पूरी तरह से दुर्घटनावश – इन घटनाओं से सबसे तीव्र और क्रूर तरीके से बच गए, सम्भवतः इसलिए क्योंकि हम कामों में बहुत अच्छे नहीं थे – मैं कभी कला स्कूल नहीं गया और मेरे पास थोड़ी घिसी-पिटी सामाजिक विज्ञान डिग्री थी और फिल्म की शिक्षा थी। इसलिए रेक्स में मुझ जैसे लोग और मेरे सहयोगी उपेक्षित हो गए। जो हमारे समाज में एक बड़ी हानि मानी जाती है, वह लाभ भी बन सकती है, जहाँ हम अपनी पद्धति में विश्व के बारे में जानने और सोचने का एक भिन्न तरीका पुनर्गठित कर सकते हैं। यह भारतीय शिक्षा या कला शिक्षा से में विशेष संकट से संबंधित नहीं है जो त्रासदीपूर्ण विफलता है या यह बेहद पेशेवर विशेषज्ञों के विशेष संकट से भी संबंधित नहीं है जो भी इसी तरह त्रासदीपूर्ण विफलता है।

NH: हाँ, वे पेशे ऐतिहासिक उत्पाद हैं ...

SS: मैं उन्नीसवीं शताब्दि के बौद्धिकतावाद से बहुत सहज अनुभव करता हूँ जहाँ कोई व्यक्ति एक ही समय वैज्ञानिक और वास्तुशिल्पी और कलाकार और कवि हो सकता है। आपको वास्तव में यह नहीं पता है कि इन चीज़ों के बीच सीमाएं कहाँ हैं।

NH: अगर कोई व्यक्ति वास्तुशिल्प को उदाहरण के रूप में लेता है: जर्मनी जैसे देश में वास्तुशिल्पी का पेशा एक सौ वर्ष से अधिक पुराना नहीं है। मीस वेन डेर रोहे ने वास्तुशिल्प का अध्ययन नहीं किया और वे बीसवीं शताब्दि के एक सबसे अधिक प्रभावशाली वास्तुशिल्पी बन गए। या वाल्टर ग्रोपियस ने बोहोस का आविष्कार किया। या अरुंधति रॉय प्रशिक्षण से वास्तुशिल्पी बनीं और बाद में लेखिका बनीं। किसी विशेष क्षेत्र में प्रशिक्षित होना और विशेषज्ञ बनना और फिर लगभग दुर्घटनावश कोई बिल्कुल भिन्न काम करना बहुत उपयोगी हो सकता है। स्टेडलशुले और पोर्टिकस के निदेशक के रूप में मैं स्वयं को उदाहरण के रूप में उपयोग कर पाया।

SS: आप ऐसे काम कर रहे हैं जिन्हें करने के लिए आप प्रशिक्षित नहीं थे।

NH: हाँ, मेरे पूर्ववर्ती डेनियल बिर्नबॉम ने अपने स्वयं के जीवन-वृत के बारे में मुझे यही बताया। वे दार्शनिक और आलोचक थे जो अन्ततः पोर्टिकस के साथ प्रयोग करते हुए क्यूरेटर बन गए।

SS: उस अर्थ में मैं यह सोचता हूँ कि ये दुर्घटनाएं और संयोग और इच्छा के ये संयोजन ... क्योंकि यहाँ इच्छा का तत्व भी है, आप निश्चित वार्ताएं करते हैं जिनका दीर्घकालिक प्रभाव होता है। ये आवश्यक रूप से तात्कालिक परिणामों में परिवर्तनीय नहीं हैं। पर इनका बहुत दीर्घकालिक प्रभाव होता है क्योंकि ये जीवन और पद्धति की निश्चित शैली उत्पन्न करती हैं। और इसकी संसक्त और संक्रामक

necessarily translatable into immediate consequences but they have a very long-term impact because they produce a certain style of life and practice. And that can have a contagious and infectious character because it can then make people curious: "Oh, why can't we think like that?" That is, as a practice, what Raqs and I myself are more interested in—passing on a certain style and a certain sensibility to a generation of practitioners, artists and intellectuals, rather than founding institutions that are momentary in the long run. Sarai has a history of eleven, twelve years. It may have a history that continues or it may not—we don't know. These are all open questions but the consequences of Sarai or Cybermohalla, or whatever we are doing, have to be seen in terms of how they affect a certain climate of thinking and practice. And that I have a handle on …

> NH: Which depends very much on individuals and the way individuals become examples.

SS: Yes, individuals and how the milieu changes them and how they respond to the milieu.

> NH: An institution can become a trigger. As an institutional person, somehow embodying the Städelschule, I would say that institutions have to be understood as spaces of production and as curated environments. This is dependent on particular agents, such as my pre-predecessor, Kasper König. He was not an art historian, not an artist—he was an outsider to the official German academic scene. He set an example for others coming from different fields, including Hans Ulrich Obrist who was working with König at the Städelschule. The concept of an institution as a space of production is important to me. But for all they offer in terms of acting as a catalyst, institutions are not the ultimate answer.

SS: No, they provide the context.

> NH: Sarai, the institution you co-founded in Delhi, is another example of the impact of institutions—in that case a self-organized institution that plays a particular role in the cultural debate in India.

SS: Where there are institutions, good institutions, I am committed to making them perform better. Where there are no institutions, I am interested in efforts to create institutions that have long-standing influence. When it is not possible to make an institution manifest itself,

प्रकृति हो सकती है क्योंकि इससे फिर लोग जिज्ञासु बन सकते हैं: "ओह, हम ऐसा क्यों नहीं सोच सकते?" यह, एक पद्धति के रूप में, जिसमें रेक्स और मेरी अधिक रुचि है – ऐसे संस्थानों जो दीर्घकाल में क्षणिक होते हैं, की स्थापना करने की बजाए प्रेक्टीशनरों, कलाकारों और बुद्धिजीवियों की पीढ़ी को निश्चित शैली और निश्चित चैतन्यता प्रदान कर रहा है। सराय का ग्यारह, बारह वर्षों का इतिहास है। इसका ऐसा इतिहास हो सकता है जो जारी रहता है या नहीं रह सकता—हमें नहीं पता। ये सभी खुले प्रश्न हैं पर सराय या साइबरमोहल्ला के परिणामों, या जो कुछ भी हम कर रहे हों, को इस संदर्भ में देखा जाना है कि ये कैसे सोच और पद्धति के निश्चित वातावरण को प्रभावित करते हैं। और मेरी इस पर पकड़ है ...

NH: जो व्यक्तियों पर और व्यक्तियों के उदाहरण बनने के तरीके पर बहुत अधिक निर्भर करता है।

SS: हाँ, व्यक्ति और कैसे परिवेश उन्हें बदलता है और कैसे वे परिवेश के संबंध में प्रतिक्रिया करते हैं।

NH: कोई संस्थान प्रेरक बन सकता है। एक संस्थागत व्यक्ति के रूप में, किसी प्रकार स्टेडलशुले को समाहित करते हुए, मैं यह कहूँगा कि संस्थानों को उत्पादन के स्थानों और संरक्षित वातावरणों के रूप में समझा जाना है। यह विशेष एजेंटों, जैसे मेरे पूर्ववर्ती कैस्पर कोनिग पर निर्भर करता है। वे न तो कला इतिहासकार थे और न ही कलाकार – वे आधिकारिक जर्मन शैक्षिक परिदृश्य में बाहरी व्यक्ति थे। उन्होंने भिन्न क्षेत्रों से आने वाले अन्य व्यक्तियों के लिए उदाहरण स्थापित किया जिसमें हेंस अलरिच ऑर्बिस्ट सम्मिलित थे जो स्टेडलशुले में कोनिग के साथ काम कर रहे थे। उत्पादन के स्थान के रूप में संस्थान की संकल्पना मेरे लिए महत्वपूर्ण है। लेकिन प्रेरक के रूप में काम करने के संबंध में वे जिस चीज़ की पेशकश करते हैं, संस्थान अन्तिम उत्तर नहीं हैं।

SS: नहीं, वे संदर्भ प्रदान करते हैं।

NH: सराय, दिल्ली में सह-स्थापित आपका संस्थान, संस्थानों के प्रभाव का एक अन्य उदाहरण है – उस मामले में एक स्व-संगठित संस्थान जो भारत में सांस्कृतिक वाद-विवाद में एक विशेष भूमिका निभाता है।

SS: पर संस्थान कहाँ हैं, अच्छे संस्थान, मैं उन्हें बेहतर काम करने वाला संस्थान बनाने के लिए वचनबद्ध हूँ। जहाँ कोई संस्थान नहीं हैं, वहाँ मैं ऐसे संस्थानों की स्थापना करने के प्रयासों में रुचि रखता हूँ जिनका लम्बे समय तक प्रभाव रहे। जब किसी संस्थान द्वारा स्वयं को प्रकट करना सम्भव नहीं होता, तब व्यक्ति अन्य तरीकों की खोज करता है। मैं ऐसा व्यक्ति नहीं हूँ जो यह अनुभव करता है कि स्वयं संस्थागत पद्धतियाँ उत्तर हैं या यह कि संस्थान स्वयं समस्या या इसकी अनुपस्थिति हैं ... आइए, हम यह कहते हैं कि भारत में कला शिक्षा का संकट है। वे सभी स्थान विफल हो गए हैं जहाँ कलाकारों को पद्धति से रूप में

then one searches for other methods. I am not someone who feels that institutional practices themselves are the answer, or that institutions themselves are the problem or the absence of them ... Let's say there is a crisis in art education in India. All the places where artists are taught art as pratice have failed. They're colossal, catastrophic failures: Baroda is a failure, Shantinketan is a failure, Delhi College of Art is a failure, JJ School of Art is a failure. Because they are not able to respond to the needs of contemporary artistic practice today.

MP: What about Srishti in Bangalore?

SS: It's an interesting question but it has not had the time to be a failure. We will see. There are a few places where art history and art criticism are taught. The Jawaharlal Nehru University (JNU) in Delhi has a relatively new Arts and Aesthetics Department where there is a lot of energy. There is a new university, Ambedkar University in Delhi, where a school of creative and cultural practices has just opened—it just began this year. They seem to have an interesting mandate but we will see how things turn out. I don't go by what people write in prospectuses.

MP: But that's an interesting evaluation as it feels that there must be a certain kind of frustration about that.

SS: No, I have no frustration, because when the institutions fail, we have to have other methods. If they were succeeding, if they were able to live up to the challenges, we would respond differently. But when they are failing and have failed ... I think, one generation has to end in order for the next to do something else. In physical terms it means that some people have to die. It's a very simple matter. Certain ideas have to die—some people have to die—in order for something new to begin. In the course of time it is inevitable that they will die. But the question is how one responds in the meantime until they are dead. You respond by adopting other methods; you respond by creating models of practice. Or you go through a process of refinement by engaging constantly with those institutions and their students. You never refuse, or at least I never refuse, to engage with an institution. I think one should engage with institutions on terms of one's own choice. For instance, we taught one semester at the School of Arts and Aesthetics (at JNU) last year. It was very successful for us. I mean we learned a lot and gained a lot in that experience. And I am sure that the students got something interesting out of it, that something emerged from that. But that may create a body of people infected by a certain style and sensibility. To return to your question: What kind of impact can things have that one thinks are marginal—can they have a broader milieu? The question of

कला सिखाई जाती है। ये व्यापक, अनर्थकारी विफलताएं हैं: बड़ौदा विफलता है, शान्तिनिकेतन विफलता है, दिल्ली कला महाविद्यालय विफलता है, जे.जे.कला विद्यालय विफलता है। क्योंकि वे आज की समकालीन कलात्मक पद्धति की आवश्यकता का प्रत्युत्तर नहीं दे सके हैं।

MP: बंगलौर में सृष्टि के बारे में क्या विचार है?

SS: यह एक रोचक प्रश्न है पर इसके पास विफलता बनने का समय नहीं रहा है। हम देखेंगे। ऐसे कुछ स्थान हैं जहाँ कला इतिहास और कला आलोचना पढ़ाई जाती है। दिल्ली में जवाहरलाल नेहरू विश्वविद्यालय (जे.एन.यु) में तुलनात्मक रूप से नया कला और सौंदर्यशास्त्र विभाग है जहाँ बहुत ऊर्जा है। दिल्ली में एक नया विश्वविद्यालय, अम्बेडकर विश्वविद्यालय है जहाँ सृजनात्मक और सांस्कृतिक पद्धतियों का एक स्कूल हाल में आरम्भ हुआ है – यह इसी वर्ष आरम्भ हुआ। ऐसा लगता है कि उनके पास रोचक जनादेश है पर हम यह देखेंगे कि चीज़ें क्या रूप लेती हैं। मैं उस पर विश्वास नहीं करता जो लोग विवरणिकाओं में लिखते हैं।

MP: लेकिन यह रोचक मूल्यांकन लगता है कि उसके बारे में निश्चित प्रकार की कुंठा होनी चाहिए।

SS: नहीं, मुझे कोई कुंठा नहीं है क्योंकि जब संस्थाएं विफल होती हैं, तब हमें अपने पास अन्य तरीके रखने होते हैं। अगर वे सफल हों, अगर वे चुनौतियों का सामना कर सकें, तो हम भिन्न तरीके से प्रत्युत्तर देंगे। पर जब वे विफल हो रहे हैं और विफल हो चुके हैं ... मेरा विचार है कि अगली पीढ़ी द्वारा कुछ अन्य करने के लिए एक पीढ़ी को मिटना होता है। भौतिक अर्थ में इसका मतलब यह है कि कुछ लोगों को मरना है। यह बहुत सरल मामला है। निश्चित विचारों का अन्त होना है – कुछ लोगों को मरना है – जिससे कुछ नया आरम्भ हो सके। समय के सिलसिले में यह अपरिहार्य है कि उनकी मृत्यु होगी। पर प्रश्न यह है कि जब तक उनकी मृत्यु नहीं होती, तब तक कोई व्यक्ति क्या प्रत्युत्तर देता है। आप अन्य तरीकों को अपनाकर प्रत्युत्तर देते हैं; आप पद्धति के मॉडल सृजित करके प्रत्युत्तर देते हैं। या आप उन संस्थाओं और उनके विद्यार्थियों के साथ लगातार संलग्न होकर परिष्कार की प्रक्रिया से गुज़रते हैं। आप किसी संस्था से संलग्न होने के लिए कभी मना नहीं करते या कम से कम मैं कभी मना नहीं करता। मैं यह सोचता हूँ कि किसी व्यक्ति को स्वयं की पसन्द की शर्तों पर संस्थाओं के साथ संलग्न होना चाहिए। उदाहरण के लिए, हमने पिछले वर्ष कला और सौंदर्यशास्त्र स्कूल (जे.एन.यु में) में एक सत्र पढ़ाया। यह हमारे लिए बहुत सफल रहा। मेरा मतलब है कि हमने उस अनुभव से बहुत कुछ सीखा और इससे हमें बहुत लाभ हुआ। और मुझे विश्वास है कि विद्यार्थियों को इसमें कुछ रोचक मिला, वह कुछ उससे प्रकट हुआ। पर यह निश्चित शैली और बोध द्वारा प्रभावित लोगों का निकाय उत्पन्न कर सकता है।
आपके प्रश्न पर लौटते हैं: चीज़ों के किस प्रकार के प्रभाव हो सकते हैं जो किसी के विचार में सीमांत होते हैं – क्या इनका व्यापक परिवेश हो सकता है? सीमांत और केन्द्रीय का प्रश्न तभी उठता है अगर कोई आन्तरिक व्यक्तियों और बाहरी व्यक्तियों के संदर्भ में सोचता है। अगर हम असर प्रभाव या संक्रमण के बारे में सोचते हैं, तो एक मलेरिया परजीवी किसी हाथी को अस्थिर करने के लिए पर्याप्त

the marginal and central only arises if one thinks in terms of insiders and outsiders. If we think of contagion or infection, then one malaria parasite is enough to destabilize an elephant. Maybe sometimes we have to act as engaged insiders, sometimes act like the malaria parasite, sometimes act as institution builders, sometimes act differently, and in different contexts. You see, when we are teaching in the United States, we will obviously respond differently because there are different problems and different questions here. And one responds to that. When one works in India, one works differently. Not because I am an insider there and an outsider here. I may be equally an outsider in all these places and equally an insider. But each situation and context demands a different style of response.

NH: Thinking about your project, Mario, I would be interested to know more about your working process. How did you find your way into the situation in Mumbai? We were talking before about the notion of invitation. What was your motivation and how did you organize the research for your film? I do not see the project as being in the category of "artistic research" but I guess there was research involved. And one last question: What do you think about your film in terms of your aesthetic or artistic position?

MP: When it comes down to it, I also followed a personal invitation to Bombay in order to work and collaborate with two Indian female filmmakers. So, at the beginning, it was not my plan to conceive a project myself but rather to work with these two filmmakers on their project.

NH: Did you know them before?

MP: I didn't know them before, as their invitation came through a curator friend of mine, who asked me if I would be interested.

NH: So it was a curated invitation.

MP: [laughing] Yes, it was a curated invitation that became a personal invitation, only with minimal interaction via Skype and an accidental meeting at the Rotterdam Film Festival before my departure. The information reached me very last minute, only a month or so before my actual departure. For this and other reasons, I decided not to prepare for this trip by researching my destination—not do any kind of special reading or watch films that might provide me with more knowledge about the city, region or country. I arrived in a city that was unknown to me: in the way it smelt, in the way it looked, in the way people did things, how they cooked food or listened to music. Everything was, in some way, new for me,

है। हो सकता है कि कभी-कभी हमें संलग्न भीतरी व्यक्तियों के रूप में काम करना हो, कभी-कभी मलेरिया परजीवी के रूप में काम करना हो, कभी-कभी संस्था निर्माता के रूप में काम करना हो, कभी-कभी भिन्न रूप में काम करना हो और भिन्न संदर्भों में काम करना हो। देखिए, जब हम संयुक्त राज्य में पढ़ा रहे होते हैं, तब हम स्पष्ट रूप से भिन्न तरीके से प्रत्युत्तर देंगे क्योंकि यहाँ भिन्न समस्याएं और भिन्न प्रश्न हैं। और व्यक्ति उनका उत्तर देता है। जब कोई व्यक्ति भारत में काम करता है, तब वह भिन्न तरीके से काम करता है। इसलिए नहीं कि मैं वहाँ आन्तरिक व्यक्ति हूँ और यहाँ बाहरी व्यक्ति हूँ। मैं इस सभी स्थानों में समान रूप से बाहरी व्यक्ति और समान रूप से आन्तरिक व्यक्ति हो सकता हूँ। पर प्रत्येक स्थिति और संदर्भ भिन्न शैली के प्रत्युत्तर की अपेक्षा करता है।

NH: आपकी परियोजना के बारे में सोचते हुए, मारियो, मुझे आपकी कार्य प्रक्रिया के बारे में और अधिक जानने में रुचि है। आपने मुंबई में स्थिति से कैसे निपटा? हम पहले आमंत्रण की धारणा के बारे में बातचीत कर रहे थे। आपकी प्रेरणा क्या थी और आपने अपनी फिल्म के लिए अनुसन्धान की व्यवस्था कैसे की? मैं परियोजना को "कलात्मक अनुसन्धान" के रूप में नहीं देखता बल्कि मेरा यह अनुमान है कि वहाँ अनुसन्धान किया गया था। और एक अन्तिम प्रश्न: अपनी सौंदर्यपरक या कलात्मक स्थिति के संदर्भ में आप अपनी फिल्म के बारे में क्या सोचते हैं?

MP: जब इससे नीचे की बारी की आती है, तब मैंने दो महिला भारतीय फिल्म निर्माताओं के साथ काम और सहयोग करने के लिए बंबई में निजी निमंत्रण का पालन किया। तो, आरम्भ में, मेरी यह योजना नहीं थी कि मैं स्वयं परियोजना तैयार करूँ बल्कि मुझे इन दो फिल्म निर्माताओं के साथ उनकी परियोजना पर काम करना था।

NH: क्या आप उन्हें पहले से जानते थे?

MP: मैं उन्हें पहले से नहीं जानता था क्योंकि उनका निमंत्रण मेरे एक क्यूरेटर मित्र के माध्यम से आया था जिसने मुझे पूछा कि क्या मेरी इसमें रुचि है।

NH: तो, यह संरक्षित निमंत्रण था।

MP: [हंसते हुए] हाँ, यह संरक्षित निमंत्रण था जो स्काइप के माध्यम से थोड़ी बातचीत और मेरे जाने से पहले रॉटरडम फिल्म समारोह में संयोगवश हुई मुलाकात से निजी निमंत्रण बन गया। मुझ तक सूचना मेरे वास्तविक प्रस्थान से लगभग एक महीना पहले, बिल्कुल आखिरी क्षण मुझ तक पहुँची। इस और अन्य कारणों से मैंने अपने गन्तव्य के बारे में अनुसन्धान करके इस यात्रा के लिए तैयारी न करने – किसी प्रकार का ऐसा विशेष अध्ययन न करने या ऐसी फिल्में न देखने का निर्णय किया जिनसे मुझे नगर, क्षेत्र या देश के बारे में और अधिक जानकारी मिल सकती थी। मैं ऐसे नगर पहुँचा जो मेरे लिए अन्जान था: इसकी गंध का तरीका, इसके दिखने का तरीका, लोगों द्वारा काम करने का तरीका, उनके द्वारा खाना पकाने या संगीत सुनने का तरीका, मेरे लिए हर चीज़ किसी न किसी तरीके से नई थी, हालांकि मैंने इससे पहले एशिया की नियमित रूप से यात्रा की है। मैं दृश्य रूप से और भावात्मक रूप से भी नगर के परिदृश्य से बहुत प्रभावित हुआ।

even though I had travelled to Asia quite regularly before. I was very impressed by the cityscape, visually and also sensually.

After I had worked for several weeks with the two filmmakers, I then decided that this environment seemed very fruitful and interesting and it inspired me to actually start investigating things I was interested in, things I could realize in a film project. In my case, it meant physically experiencing the city, walking by myself in the city every day for weeks on end and approaching situations that I was formally interested in but could not fully grasp, intellectually and culturally speaking. But still I believed that in time I would understand them, simply because I was in this situation, in this place—I did understand them somehow but the way I understand them might be different from the person next to me, who might visit the place every day, or is there just occasionally but utilizes the place in a different way. I personally understand research, or artistic research, also in the sense of it being the liberty to choose to do things that one wants to do, that other people might not choose or might not be able to choose to do. In that sense it also meant having a predominantly first-hand experience. Spending as much time as possible in a location and understanding its micro-setting—everyday actions, little symbolic matters that reappeared during my visits and observations in different sites—but relying less on text based research, which itself was also part of acquiring knowledge during my time on site. These first-hand encounters and studies expanded into working with two research assistants, who were living and working in Bombay, whom I would then bring to the locations that I had previously studied, and try to analyse the experience based on their knowledge and resources. I was trying to establish a situation where I could rely on different people's knowledge or their networks of knowledge. For example, my assistant would then call a friend, her father, her aunt or somebody else to discuss the topic that I suggested. The insights gained in this way helped me to decide on nine episodes, which I would shoot on film, with, to some extent, an open message, reading or potential reception.

NH: What is the relation between the film as a work of art on the one hand and, on the other, the context in which it was produced and its audience in Mumbai? I first saw your work at the Zollamt MMK (Museum für Moderne Kunst) in a curated group exhibition, i.e. in the context of Frankfurt or more precisely in the context of, for the most part, Städelschule-related artists. When I saw your piece, it certainly reminded me of India, but it was a new experience.

SS: Would that have something to do with the project being set in Bombay?

NH: Maybe, because I am a Delhi man [laughter]. Seriously, it might have to do with the particular rhythm of the Cybermo-

दोनों फिल्म निर्माताओं के साथ कुछ सप्ताह तक काम करने के बाद, मैंने यह निर्णय लिया कि यह वातावरण बहुत उपयोग और रोचक था और इसने मुझे वास्तव में ऐसी चीज़ों की खोज-बीन करने के लिए प्रेरित किया जिनमें मेरी रुचि थी, ऐसी चीज़ें जिन्हें मैं किसी फिल्म परियोजना में प्रस्तुत कर सकता था। मेरे मामले में इसका अर्थ नगर का भौतिक रूप से अनुभव प्राप्त करना था, मैं नगर में अनेक सप्ताह तक प्रतिदिन स्वयं टहलता रहा और मैंने ऐसी स्थितियाँ देखीं जिनमें औपचारिक रूप से मेरी रुचि थी पर जिन्हें मैं बौद्धिक रूप से और सांस्कृतिक संदर्भ में पूरी तरह नहीं समझ सका। पर इसके बावजूद मैंने यह सोचा कि समय के साथ मैं इन्हें समझ लूँगा, बस इसलिए क्योंकि मैं इस स्थिति, इस स्थान में था – मैं उन्हें कुछ समझता था पर जिस तरीके से मैं उन्हें समझता था वह मेरे से आगे वाले व्यक्ति के लिए भिन्न हो सकता था जो सम्भावित रूप से उस स्थान में प्रतिदिन आ सकता था, या जो वहाँ कभी-कभी होता है पर स्थान का भिन्न तरीके से उपयोग करता है।

मैं निजी रूप से अनुसन्धान या कलात्मक अनुसन्धान समझता हूँ, और इसके संदर्भ में ऐसी चीज़ों को करने के लिए उन्हें चुनने की स्वतन्त्रता को समझता हूँ जो कोई व्यक्ति करना चाहता है जो अन्य व्यक्ति सम्भावित रूप से नहीं चुनेंगे या करने के लिए सम्भावित रूप से नहीं चुन सकेंगे। उस संदर्भ में, इसका अर्थ मुख्य रूप से प्राथमिक अनुभव भी था। किसी स्थान पर यथासम्भव समय बिताना और इसके बारीक पहलुओं – प्रतिदिन के कार्या, मेरे दौरों के दौरान दोबारा प्रस्तुत होने वाले कम सांकेतिक मामलों को समझना और भिन्न स्थलों में अवलोकन करना – पर लिखित अनुसन्धान पर कम निर्भर करना भी स्थल पर मेरे समय के दौरान जानकारी प्राप्त करने का भाग था। इन प्राथमिक जानकारियों और अध्ययनों का विस्तार दो अनुसन्धान सहायकों के साथ काम करने में हुआ जो बंबई में रह रहे थे और काम कर रहे थे जिन्हें मैं उन स्थानों पर लाता था जिनका मैं पहले अध्ययन कर चुका था और उनकी जानकारी और संसाधनों के आधार पर अनुभव का विश्लेषण करने का प्रयास करता था। मैं ऐसी स्थिति स्थापित करने का प्रयास कर रहा था जिसमें मैं भिन्न लोगों की जानकारी या जानकारी के उनके नेटवर्कों पर निर्भर रह सकूँ। उदाहरण के लिए, मेरा सहायक तब अपनी दोस्त, उसके पिता, उसकी चाची या किसी अन्य को मेरे द्वारा सुझाए गए विषय पर चर्चा करने के लिए बुलाता था। इस तरीके से प्राप्त की गई अंतर्दृष्टि ने मुझे नौ कड़ियों के बारे में निर्णय लेने में सहायता की जिन्हें मैं एक मुक्त सन्देश, अध्ययन या सम्भावित ग्रहण के साथ कुछ सीमा तक फिल्म पर शूट करूँगा।

> NH: एक ओर, एक कला कृति के रूप में फिल्म और दूसरी ओर मुंबई में इसे निर्मित करने के संदर्भ के बीच क्या संबंध है? मैंने आपका कार्य पहली बार एक संरक्षित समूह प्रदर्शनी अर्थात फ्रैंकफर्ट के संदर्भ में ज़ोलआम्ट MMK (म्यूज़ियम फ्युर मॉडर्न कुंस्ट) में या अधिकांश भाग के लिए निश्चित रूप से स्टेडलशुले-संबंधी कलाकारों के संदर्भ में देखा। जब मैंने आपका कार्य देखा, तब इसने मुझे निश्चित तौर पर भारत की याद दिलाई, पर यह नया अनुभव था।

> SS: क्या यह बंबई में स्थापित की जा रही परियोजना से किसी रूप में संबंधित है?

> NH: हो सकता है क्योंकि मैं दिल्ली-पुरुष हूँ [हंसी]। वास्तव में, यह सम्भावित रूप से साइबरमोहल्ला परियोजना, इस लम्बी और जारी भागीदारी की विशेष लय से संबंधित हो सकता है। मेरे पास कभी भारत में आने और वहाँ मौजूद होने और उस वातावरण में खो जाने का

halla project, this long and on-going involvement. I never had the time to arrive in India and just be there and get lost in what could be called an exotic environment. I didn't have the flaneur-like situation that you had.

MP: Yes, a bit like *Of Walking in Ice*, to use Werner Herzog's words …

NH: … which is one way to understand a city. Your work expresses this journey and the slow process of perception.

MP: It is, to a certain extent, also an experiential piece, both in terms of image and sound within the film, but also in the way it is shown as an installation within an exhibition space—where there are several screens with the viewer needing to physically participate, to move through the space to see the entire film project, or having the liberty to decide how many episodes he or she wants to see and for how long.

I followed another idea in a recent exhibition at the MMK Museum für Moderne Kunst Frankfurt am Main, where I decided to install one projection inside a niche in a window front. The effect for an audience was that, on screen, one would see two selected episodes that represent different urban architectures in the Greater Bombay region, while if one looks through the windows (darkened with UV film but transparent), one would see the skyline of Frankfurt and the domestic urban architecture of the post-war era, along with an Indian restaurant (Mayur) on the other side of the street. In this situation I also indicate the possibility of a relationship between two sites, geographically at a great distance from one another but maybe closer in terms of their geopolitical relationships (Frankfurt's Deutsche Bank Twin Towers might be the most direct point of reference via the bank's current CEO, Anshu Jain). In that sense, I am quite interested in how to work with the format of an installation within an existing piece of architecture—I do not show the work within a black-box, cinema-like setting. For that I prefer a real cinema and the film version as screened in different contexts, whether at Anthology Film Archives in New York within the framework of Migrating Forms or at the London International Documentary Film Festival and the World Film Festival in Bangkok. For the installation I am interested in a slightly more open setting, my ambition being to separate the episodes as much as possible within a space to allow the visitor to have other experiences in between.

A good example was the inaugural presentation of the piece in Frankfurt, when the installation, consisting of two projections, took place in two different institutions, the Frankfurter Kunstverein and the Zollamt MMK. The audience needed to move between these exhibition venues and walk through the cityscape to experience the entire piece. The audience wasn't told that there were two projections relating to one project as I believe it is interesting to have encounters and draw conclusions in the space between the episodes, reflecting on their narrative suggestions and representational settings. I also would not mind if somebody had only seen

समय नहीं था जिसे अन्य विदेशागत वातावरण कहेंगे। मेरी आपकी तरह आलसी जैसी स्थिति नहीं थी।

MP: हाँ, कुछ *ओफ वोकिंग ओन आईस* जैसे, वर्नर हरज़ोग के शब्दों का उपयोग करते हुए ...

NH: ... किसी नगर को समझने का एक तरीका क्या है। आपका कार्य इस यात्रा और बोध की धीमी प्रक्रिया को व्यक्त करता है।

MP: यह निश्चित सीमा तक, फिल्म के भीतर छवि और ध्वनि के संबंध में लेकिन किसी प्रदर्शनी स्थान के भीतर एक संस्थापना के रूप में इसे दिखाए जाने के तरीके में यह अनुभव संबंधी कार्य भी है – जहाँ अनेक स्क्रीनें हैं और दर्शक को पूरी फिल्म परियोजना देखने के लिए स्थान के भीतर आना-जाना होता है या उसके पास यह निर्णय करने की स्वतन्त्रता होती है कि वह कितनी कड़ियाँ देखना चाहता है और कितने समय तक देखना चाहता है। मैंने MMK म्यूज़ियम फ्यूर मॉडर्न कुन्स्ट फ्रैंकफर्ट आम मैन में एक हालिया प्रदर्शनी में एक अन्य विचार का अध्ययन किया जहाँ मैंने एक खिड़की में अगले भाग में ताक के भीतर एक प्रोजेक्शन स्थापित करने का निर्णय लिया। दर्शकों के लिए प्रभाव यह था कि स्क्रीन पर लोग ऐसी दो चुनिंदा कड़ियाँ देखेंगे जो ग्रेटर बॉम्बे क्षेत्र में भिन्न नगर वास्तुशिल्पों का प्रतिनिधित्व करती हों, जबकि अगर कोई व्यक्ति खिड़कियों से देखता है (जिन्हें यू.वी फिल्म से अंधेरा किया गया था पर जो पारदर्शी होती हैं), तो व्यक्ति को गली की दूसरी ओर भारतीय रेस्तराँ (मयूर) के साथ फ्रैंकफर्ट का क्षितिज और युद्ध से बाद के युग का घरेलू नगरीय वास्तुशिल्प दिखेगा। ऐसी स्थिति में, मैं दो स्थानों के बीच किसी संबंध की सम्भावना भी इंगित करता हूँ, भौगोलिक रूप से एक-दूसरे से अधिक दूरी पर लेकिन उनके भूराजनैतिक संबंधों के संदर्भ में सम्भावित रूप से समीप (फ्रैंकफर्ट के ड्यूश बैंक की मीनार सम्भावित रूप से बैंक के वर्तमान मुख्य निष्पादन अधिकारी, अशु जैन के साथ संदर्भ के सबसे प्रत्यक्ष बिंदु हो सकती है)। इस अर्थ में मेरी इसमें बहुत रुचि है कि वास्तुशिल्प के वर्तमान कार्य के भीतर किसी स्थापना के आरूप के साथ कैसे काम करें – मैं किसी ब्लैक-बॉक्स, सिनेमा जैसे परिवेश, के भीतर कार्य नहीं दिखाता। इसके लिए मैं वास्तविक सिनेमा और भिन्न संदर्भों में दिखाया गया फिल्म संस्करण पसन्द करता हूँ चाहे यह प्रवासी रूपों के ढाँचे के भीतर न्यूयॉर्क में पद्य संग्रह फिल्म अभिलेखागार हो या लंदन अन्तरराष्ट्रीय वृत्त चित्र फिल्म समारोह और बैंकॉक में विश्व फिल्म समारोह हो। उस संस्थापना के लिए जिसमें मेरी थोड़े अधिक मुक्त परिवेश में रुचि है, वहाँ मेरा लक्ष्य स्थान के बीच यथासम्भव कड़ियों को अलग करना है जिससे आगंतुक बीच में अन्य अनुभव प्राप्त कर सकें। एक अच्छा उदाहरण फ्रैंकफर्ट में कृति की आरम्भिक प्रस्तुति थी जब दो प्रोजेक्शनों वाली संस्थापना दो भिन्न संस्थाओं – फ्रैंकफर्टर कुन्स्टवेरऐन और ज़ोलआम्ट MMK घटित हुई। दर्शकों को इन शो स्थानों के बीच जाना था और पूरी कृति का अनुभव प्राप्त करने के लिए नगर परिदृश्य से गुज़रना था। दर्शकों को यह नहीं बताया गया कि एक परियोजना से संबंधित दो प्रोजेक्शन हैं क्योंकि मेरा यह मानना है कि कड़ियों के बीच, उनके वर्णनात्मक सुझावों और प्रतिनिधित्व संबंधी परिवेशों, में सामना करना और निष्कर्ष निकालना रोचक है। मुझे तब भी बुरा नहीं लगेगा अगर किसी व्यक्ति ने केवल एक भाग देखा हो या एक कड़ी देखी हो या कोई कड़ी दस सेकेंड तक देखी हो क्योंकि सभी मामलों में एक अनुभव और प्रतिक्रिया उत्पन्न होती है ... चाहे चले जाएं या ठहरें, या यहाँ तक कि वापस आएं।

NH: क्या आपने मुंबई में फिल्म दिखाई है?

one part or one episode or ten seconds of an episode, since in all cases an experience and a reaction is evoked ... whether to leave or stay, or even come back.

NH: Have you shown the film in Mumbai?

MP: Yes and no. I introduced excerpts of the film project in a lecture setting in a small artist-run residency programme in Bandra, Bombay during a second research process that actually also has similarities to your Cybermohalla Ensemble project and its publication. Like you, I also had the idea of a publication that would investigate a project, but after the event rather than parallel to it, as you conceived it—a kind of critical reader that would invite several contributors, several voices to discuss ideas that my project had suggested or inspired. As the film production took place entirely in Bombay, Markus Weisbeck and I decided to also produce the entire book on location, starting with research materials and moving to aesthetics, designs and printing techniques, while at the same time engaging with a diverse group of contributors. Markus and I gave lectures to introduce both the film project and the book's production process, while we were working in a local artist's community. Around fifty people gathered at Last Ship in Bandra, and it was this Bombay audience that were the first to see excerpts from my film project, an audience that would have access to all the sites in the film and could understand the different languages and dialects. In a way I got quite nervous showing it ...

NH: How did the audience react?

MP: What evolved was quite an energetic and in-depth discussion of various issues that arose, from language, format and the mix of Hindi, English, Marathi and Tamil in the film to architecture and formal thoughts on the ice factory. Only one person in the audience had ever been to a site like the ice factory. But what I was most intrigued by was that the audience had a discussion amongst themselves, with me included but with a different energy when they were talking with each other, with quite a few disagreements about very specific issues and ideas on accuracy, the sites and spoken words, although, in general, they were intrigued by certain formal approaches of the project. Another interesting moment occurred when I installed the piece at MMK and Dayanita Singh came by to look at it. Her responses gave me a good deal of confidence ahead of the planned presentations of the installation in Bombay and New Delhi next year.

SS: In my experience a lot of people living in Bombay do not know their city too well, especially in the arts context.

MP: I was also asked if I had made a comedy since certain scenes seemed funny and I remember a majority of people feeling quite amused by certain moments, a much more subtle reaction for an audience that I consider local and therefore

MP: हाँ और नहीं। मैंने एक ऐसी दूसरी अनुसन्धान प्रक्रिया के दौरान बांद्रा, बंबई में एक छोटे कलाकार-संचालित निवास कार्यक्रम में एक व्याख्यान परिवेश में फिल्म परियोजना के उद्धरण दिखाए जिसमें आपकी साइबरमोहल्ला समूह परियोजना से वास्तव में समानताएं भी हैं। आपकी तरह मुझमें भी ऐसे प्रकाशन के बारे में विचार था जो किसी परियोजना की जाँच-पड़ताल करे, किंतु समारोह के समानांतर होने की बजाए इसके बाद, जैसा कि आपने इसकी कल्पना की थी – एक प्रकार का समालोचक पाठक जो मेरी परियोजना द्वारा सुझाए गए या प्रेरित विचारों पर चर्चा करने के लिए अनेक योगदानकर्ताओं, अनेक आवाज़ों को आमंत्रित करेगा। फिल्म का निर्माण पूरी तरह बंबई में ही हुआ था, इसलिए मार्कुस वाईसबैक और मैंने अनुसन्धान सामग्रियों से आरम्भ करते हुए और सौंदर्यशास्त्र, डिज़ाइनों और मुद्रण तकनीकों पर जाते हुए और इसी समय योगदानकर्ताओं के विविध समूह से संलग्न होते हुए स्थान पर पूरी पुस्तक का निर्माण करने का भी निर्णय लिया। मार्कस और मैंने दोनों फिल्म परियोजनाओं और पुस्तक की निर्माण प्रक्रिया को प्रस्तुत करने के लिए तब व्याख्यान दिए जब हम एक स्थानीय कलाकार समुदाय में काम कर रहे थे। *लास्ट शिप इन बांद्रा* में लगभग पचास लोग एकत्र हुए और ये बंबई के दर्शक थे जो मेरी फिल्म परियोजना से अंश देखने वाले पहले व्यक्ति थे, ऐसे दर्शक जिनकी फिल्म में सारे स्थानों तक पहुँच होगी और जो भिन्न भाषाएं और बोलियाँ समझ सकते थे। ऐसे तरीके से मुझे इसे दिखाने में थोड़ी घबराहट हुई ...

NH: लोगों की प्रतिक्रिया कैसी रही?

MP: जो कुछ सामने आया वह फिल्म में हिंदी, अंग्रेज़ी, मराठी और तमिल भाषा, इनके आरूप और मिश्रण से लेकर वास्तुशिल्प और बर्फ फैक्टरी पर औपचारिक विचार से संबंधित विभिन्न मुद्दों पर उत्साहपूर्ण और गहन चर्चा थी। दर्शकों में से केवल एक व्यक्ति बर्फ की फैक्टरी जैसे स्थान पर कभी गया था। पर जिस बात से मुझे सबसे अधिक कौतुहल हुआ वह यह थी कि दर्शकों में स्वयं के बीच चर्चा हो रही थी जिसमें मैं सम्मिलित था पर जब वे एक-दूसरे से बात कर रहे है तब लेकिन मैं उसमें एक भिन्न ऊर्जा के साथ सम्मिलित था, और सटीकता, स्थानों और बोले गए शब्दों के संबंध में बहुत खास मुद्दों और विचारों पर कुछ असहमतियाँ थीं, हालांकि सामान्य रूप से, उनकी परियोजना के कतिपय औपचारिक दृष्टिकोणों में रुचि थी। एक अन्य रोचक क्षण तब उत्पन्न हुआ जब मैंने MMK में कृति स्थापित की और दयानिता सिंह इसकी देखरेख करने के लिए आईं। उनके प्रत्युत्तरों से मुझमें बंबई और नई दिल्ली में संस्थापना के योजनाबद्ध प्रस्तुतीकरणों से पहले बहुत आत्मविश्वास उत्पन्न हुआ।

SS: मेरे अनुभव के अनुसार बंबई में रहने वाले बहुत-से लोग विशेष रूप से कला के संदर्भ में अपना नगर बहुत अच्छी तरह नहीं जानते हैं।

MP: मुझसे यह भी पूछा गया कि क्या मैंने कॉमेडी बनाई है क्योंकि कुछ दृश्य हास्यास्पद लगते थे और मुझे याद है कि अधिकांश लोगों ने निश्चित क्षणों से बहुत खुश अनुभव किया, दर्शकों के लिए एक और अधिक सूक्ष्म प्रतिक्रिया जो मैं स्थानीय मानता हूँ और इसलिए विशिष्ट क्षणों और अनुभवों के प्रति अधिक संवेदनशील हूँ। और वे सूक्ष्म प्रतिक्रियाएं ऐसी हैं जो मेरे लिए मूलभूत रूप से रोचक हैं। इस अर्थ में परियोजना उस समय पूरी हो जाती है जब इसे भारत में उचित रूप से दिखाया जाता है और चर्चा की जाती है, जिसकी हम २०१३ में नई दिल्ली में खोज में और बाद में मुंबई में योजना बना रहे हैं – ये ऐसी बात है जिस पर हम पिछले दो वर्षों से गोएथे संस्थान के साथ मिलकर काम कर रहे हैं। इस परियोजना पर प्रस्तुत करने के लिए किसी संस्थान या गैर-लाभकारी प्रदर्शनी स्थान को खोजना आसान काम नहीं है!

more sensitive to specific moments and experiences. And those subtle reactions are something that is fundamentally interesting to me. In that sense, the project is only completed at the moment it is properly shown and discussed in India, which we are planning for in 2013 at KHOJ in New Delhi and later in Bombay—something we've been working towards, together with the Goethe Institute, for the last two years. It's not an easy undertaking to find either an institution or a non-profit exhibition space to put on this project!
I see my work as a discussion or moderation of an experience within an open situation, even if it involves the work being rejected, which would be a strong response and generally interesting to me as a cultural producer. At the same time, I am also suspicious of putting on this project in a Western context, although there are different arguments for and against that. The criticism that has been published contains some interesting considerations and conclusions.

> NH: What was criticized? Did it have something to do with the exploitation of a context?

MP: One aspect of the film's professional reception relates to its formal qualities, the colour spectrum and soundscape, the conceptual rigour of its structure and installation. At the same time, the criticism hints at such questions as why an artist would travel so far, in search of what and for what purpose, what can be understood and why expose clichés—while I would argue that it is not cliches that I am exposing but rather their reverse side.

> NH: That's an interesting remark, as it raises the question: Why is there a need to explain? Why is there this pedagogic impulse to explain something that is assumed to be foreign to a Western audience? "Explaining" already presupposes some kind of instrumentalization in terms of a development policy agenda. You would not do this if you were to make a film in Berlin or New York. This reminds me of a wonderful film by Jeroen de Rike and Willem de Rooij (who was your professor at the Städelschule), *Bantar Gebang*, a one-shot film set in a shanty town near Jakarta. A static camera observes the sun rising in a single shot—lasting ten minutes, the length of a 35 mm film roll—while some people move through the frame in front of a wall, an architectural structure, with some palm trees in the background. What is interesting in this film in terms of our conversation is the visual and formal strength it has, without it explicitly giving any sociopolitical explanations at all. Some critics might argue that the film Bantar Gebang is an exotic depiction. I would argue that this is exactly where an artwork starts to engage critically.

मैं अपने काम को एक खुली स्थिति के भीतर चर्चा या अनुभव की मध्यस्थता के रूप में देखता हूँ, चाहे इसमें काम को अस्वीकृत करना सम्मिलित हो, जो एक सुदृढ़ उत्तर होगा और एक सांस्कृतिक निर्माता के रूप में मेरे लिए सामान्य रूप से रोचक होगा। इसी के साथ-साथ मैं इस परियोजना को पश्चिमी संदर्भ में प्रस्तुत करने पर सशंकित हूँ, हालांकि इसके पक्ष और विपक्ष में भिन्न तर्क हैं। प्रकाशित आलोचना में कुछ रोचक पहलू और निष्कर्ष हैं।

NH: किसकी आलोचना की गई थी? क्या यह संदर्भ के दोहन से किसी प्रकार से संबंधित था?

MP: फिल्म के व्यावसायिक अभिग्रहण का एक पहलू औपचारिक विशेषताओं, रंग के स्पेक्ट्रम और ध्वनि परिदृश्य, इसकी संरचना और संस्थापना की संकल्पनात्मक दृढ़ता से संबंधित है। इसी के साथ-साथ आलोचना ऐसे प्रश्नों की ओर इंगित करती है कि कोई कलाकार किसकी खोज में और किस प्रयोजन से इतनी दूर तक की यात्रा करेगा, जिसे समझा जा सकता है और रूढ़ोक्ति को क्यों व्यक्त किया जाता है – जबकि मैं यह तर्क दूँगा कि मामला इसके विपरीत है।

NH: यह रोचक टिप्पणी है क्योंकि यह इस प्रश्न को उत्पन्न करती है: समझाने की आवश्यकता क्यों है? किसी ऐसी चीज़ को समझाने का यह शैक्षणिक संवेग क्यों है जिसे पश्चिमी दर्शकों के लिए विदेशी माना जाता है? "समझाना" पहले ही किसी विकास नीति कार्यसूची के संदर्भ में एक प्रकार का सहायक होना माना जाता है। अगर आपको बर्लिन या न्यूयॉर्क में कोई फिल्म बनानी हो, तो आप ऐसा नहीं करेंगे। यह मुझे जेरोन डी रिके और विल्लेम डी रुइज (जो बाद में स्टेडलशुले में आपके प्रोफेसर बने) द्वारा बनाई गई एक बेहतरीन फिल्म बेंटर जेबैंग की याद दिलाता है, जो जकार्ता के पास अशान्ति कस्बे में एक-शॉट की फिल्म थी। एक स्थिर कैमरा एक शॉट में सूर्योदय देखता है – यह दस मिनट तक चलता है जो एक ३५ मि.मी. की फिल्म का रोल होता है – जबकि कुछ लोग एक वास्तुशिल्पीय संरचना की दीवार के सामने चल रहे होते हैं और पृष्ठभूमि में ताड़ के कुछ पेड़ होते हैं। हमारी बातचीत के संदर्भ में इस फिल्म में इसकी दृश्य और औपचारिक शक्ति रोचक है और ऐसा इसे कोई स्पष्ट सामाजिक-राजनीतिक स्पष्टीकरण दिए बिना है। कुछ आलोचक सम्भावित रूप से यह तर्क दे सकते हैं कि फिल्म बेंटर जेबैंग एक विदेशागत प्रस्तुति है। मैं यह तर्क दूँगा कि यह निश्चित रूप से वह है जहाँ से कोई कलाकृति आलोचनात्मक रूप से संलग्न करना आरम्भ कर देता है।

MP: हमारे द्वारा पहले वर्णित ब्यौरों के प्रकार को व्यक्त करने के लिए कहना, परस्पर-सांस्कृतिक कही जा रही पद्धति पर सहमत होना है जो इसके बदले ऐसी चारदीवारियों और सीमाओं का अस्तित्व धारण कर लेती है जिसे किसी को शाब्दिक रूप से और सांकेतिक रूप से पार करना होता है। मेरा कलात्मक विचार वास्तव में इसका सुझाव भी देता है कि हर चीज़ उपलब्ध है और बराबर भी है। इसलिए आप ऐसी परियोजना बना सकते हैं जो पठनीय है पर इसकी व्याख्या कैसे और किस परिणाम के साथ की जाती है, यह हमेशा इसे पढ़ने वाले व्यक्ति पर निर्भर करेगा।

MP: Being asked to explain the kind of details we mentioned before is to agree to the practice being labelled cross-cultural, which in turn also assumes the existence of boundaries and borders that one has to cross, literally and symbolically. My artistic idea actually suggests that everything is available and also equal. So you can conceive a project that is readable but how it is interpreted, and with what outcome, will always depend on the individual reading it.
Another review, more situated in a film context, which focused on the screening at Anthology Film Archives, described the film as a tour de force, saying that seeing these images would make any filmmaker's jaw drop. But the critics also raise an eyebrow at a romantic scene towards the end of the film. In other words, in the moment you drift into fiction—and mirror part of a film discourse and history as well as a strong tradition and a pretty rich one in the region—a film critic would protest against an episode having a rather cheesy, emotional ending. Meanwhile, I would be interested in showing exactly such scenes to an audience that is interested in cheesy, romantic depictions. And this audience is by no means small.

SS: There is a history to this kind of filmmaking. It's almost like a certain examination European avant-garde filmmakers have to pass for themselves, whether it's Antonioni, Pasolini …

MP: … or Louis Malle.

SS: Or Louis Malle! They all had their "India moment". And they negotiated these notions of explanation, shock and delight in different ways but I don't think that in any of these moments they could see themselves as anything other than Martians with lanterns. I think these films are interesting, not because of what they tell us about India but in what they tell us about Pasolini or Malle—which is a valid thing. I don't have to agree with Malle to be interested in his films. What I think is interesting is that India creates this Louis Malle or, to be more specific, this encounter in an Indian city creates this specific turn in the filmmaker's consciousness—what is normally repressed comes out to play in film.

NH: That might be an artistic trap too, but nevertheless …

MP: … it could still be very productive.

SS: The question that one would have to ask … because I think that any film or work about a city cannot really exhaustively answer all the questions about a place. There are interesting models in experimental literature. I am very partial to the work of Georges Perec and he once wrote this great exercise, "An Attempt at Exhausting a Place in Paris", where he sits in a cafe on a street corner and notes down everything

एक अन्य समीक्षा, जो फिल्म के संदर्भ में अधिक स्थित है, जिसने एंथॉलॉजी फिल्म अभिलेखागार पर ध्यान केन्द्रित किया, यह कहते हुए टूर द फोर्स के रूप में फिल्म कोव्यक्त किया कि ये चित्र किसी फिल्म निर्माता को आश्चर्यचकित कर देंगे। लेकिन आलोचक यह भी कहते हैं कि कौन व्यक्ति फिल्म के अन्त में रोमांटिक दृश्य की अपेक्षा कर सकता है। अन्य शब्दों में, जिस क्षण आप कल्पनालोक में प्रवेश करते हैं – किसी फिल्म सम्भाषण और इतिहास के मुख्य भाग के साथ-साथ एक सुदृढ़ परम्परा और क्षेत्र में समृद्ध परम्परा – कोई फिल्म आलोचक किसी बहुत फूहड़, भावनात्मक समाप्ति वाली कड़ी के विरुद्ध विरोध करेंगे। इसी बीच, मेरी ऐसे दर्शकों को निश्चित रूप से ऐसे दृश्य दिखाने में रुचि होगी जिनकी फूहड़, रोमांटिक प्रस्तुतियों में रुचि होती है। और यह दर्शक-वर्ग बिल्कुल छोटा नहीं है।

SS: इस प्रकार के फिल्म निर्माण का एक इतिहास है। यह लगभग निश्चित परीक्षा जैसा है जिसे यूरोपीय एवांट-ग्रेड फिल्म-निर्माताओं को स्वयं पास करना होता है, चाहे ये एंटोनियोनी, पेसोलिनी हों ...

MP: ... या लुइस माल्ले।

SS: या लुइस माल्ले! उन सभी का अपना "भारत क्षण" था। और उन्होंने स्पष्टीकरण, सदमे और प्रसन्नता की धारणाओं पर अलग-अलग तरीकों से चर्चा की पर मुझे नहीं लगता कि इनमें से किसी भी क्षण में वे स्वयं को लालटेनों वाले मार्शनों के अतिरिक्त स्वयं को देख सके। मुझे लगता है कि ये फिल्में रोचक हैं, इस कारण नहीं कि वे हमें भारत के बारे में क्या बताती हैं पर वे जो हमें पेसोलिनी या माल्ले के बारे में बताती हैं – जो एक मान्य चीज़ है। माल्ले की फिल्मों में रुचि होने के लिए मेरा उनके साथ सहमत होना आवश्यक नहीं है। मेरे विचार में जो बात रोचक है वह यह है कि भारत इस लुइस माल्ले या अधिक विशिष्ट रूप से कहा जाए तो एक भारतीय नगर में यह सामना फिल्म निर्माता की चेतना मेंयह विशेष बारी उत्पन्न करता है – जो सामान्यतया दमित है, वह मेरी फिल्म में प्रस्तुत हो जाता है।

NH: वह सम्भावित रूप से कलात्मक जाल भी हो सकता है, पर बहरहाल ...

MP: ... यह भी बहुत उपयोगी हो सकता है।

SS: जो प्रश्न किसी व्यक्ति को पूछना होगा ...क्योंकि मैं सोचता हूँ कि किसी नगर के बारे में कोई भी फिल्म या कार्य किसी स्थान के विषय में सभी प्रश्नों का वास्तव में विस्तार से उत्तर नहीं दे सकता। ये प्रायोगिक साहित्य में रोचक मॉडल हैं। मैं जॉर्जेस पेरेक के कार्य के प्रति बहुत पक्षपातपूर्ण हूँ और एक बार उन्होंने यह महान अभ्यास लिखा, 'पेरिस में किसी स्थान का पूरा उपयोग करने का प्रयास', जिसमें वे गली के किनारे एक कैफे में बैठते हैं और गुज़रने वाली हर चीज़ को नोट करते हैं – बस नंबर तीन गुज़र गई है और तब यह फिर से गुज़रती है, नीली छतरियों के साथ चार लोग गुज़रते हैं, लाल छतरी के साथ दो लोग गुज़रते हैं ... मैं हमेशा इसका उस काम के बारे में सोचने के लिए एक प्रकार के संदर्भ के रूप में उपयोग करता हूँ जब हम किसी नगर में कैमरे के साथ किसी कोने में खड़े होते हैं। यह वह है जो हम कर रहे हैं और हम जो कुछ भी करेंगे वह किसी स्थान

that passes—bus number three passes, and then it passes again, four people pass with blue umbrellas, two people pass with a red umbrella … I always use that as a kind of reference to think about the task of what we do when we're standing on a corner in a city with a camera. That's what we are doing and nothing that we do will exhaust the immense possibilities of a place, its potentials of order and its potentials for animation. What we produce is a film, or a work of art, that tells us something about what happened to us at that time. If someone says this is an exotic fill, it always tells me more about the filmmaker than about the place. Or about the audience.

NH: A Gauguin moment.

SS: That is what I'm interested in. So I'm much more interested in what you do next as a result of this process.

MP: Once I finished *A Formal Film* I took some time to think about the experience and its process and final presentation. It took me about a year to get involved in another project. It so happened that I went to Morocco, again based on an invitation. One core idea was to avoid following any of the strategies or conceptual rules that I had applied in Bombay in my new environment, which happened to be the Western Sahara on Moroccan territory. Simply because the site was different: the culture is different, the language is different, the food is different, the air smells different, and probably I was different too—still the same person, just knowing a bit more than before as a result of my previous pieces.

NH: The question is whether cultural difference must necessarily have an impact on artistic thinking or production.

SS: The cultural difference between somebody from Colaba (a bourgeois neighbourhood in South Bombay) and Goregaon (a northern suburb) is massive, continental.

MP: I think it ultimately does influence your way of interacting. You might interact differently with somebody from Goregaon than with somebody from Colaba, maybe even on the same street.

SS: There are occasions when a person from Goregaon East and a person from Colaba happen to be in the same street in Bombay but they still carry with them a continental drift. Cities like Bombay, Delhi, Mexico City and São Paulo are actually laboratories of cultural distance, far more than, I would say, New York or Berlin. And if you are talking about a specific cultural character for these cities, it is these massive agglomerations marked by very high inequalities—and in some ways you would

की व्यापक सम्भावनाओं, इसके क्रम की सम्भाव्यताओं और एनीमेशन के लिए इसकी सम्भाव्यताओं को समाप्त नहीं करेगा। हम जो बनाते हैं वह कोई फिल्म या कोई कलाकृति है जो हमें इस बारे में कुछ बताती है कि उस समय हमारे साथ क्या हुआ। अगर कोई व्यक्ति कहता है कि यह एक विदेशागत फिल्म है, यह हमेशा मुझे फिल्म निर्माता और स्थधान के बारे में भी बताती है। या दर्शकों के बारे में।

NH: एक गोजुइन क्षण।

SS: मेरी इसी में रुचि है। तो मेरी उसमें अधिक रुचि है जो आप इस प्रक्रिया के परिणामस्वरूप बाद में करते हैं।

MP: मैंने एक *औपचारिक फिल्म* समाप्त करने के बाद मैंने अनुभव और इसकी प्रक्रिया और इसकी अन्तिम प्रस्तुति के बारे में सोचने के लिए कुछ समय लिया। किसी अन्य परियोजना में संलग्न होने में मुझे लगभग एक वर्ष लगा। ऐसा हुआ कि मैं पुनः एक आमन्त्रण के आधार पर मोरोक्को गया। एक मुख्य विचार किसी ऐसी कार्यनीति या संकल्पनात्मक नियमों से बचना था जिन्हें मैंने अपने नए वातावरण में बंबई में लागू किया जो मोरोक्को क्षेत्र में पश्चिमी सहारा था। बस इसलिए कि स्थान भिन्न था: संस्कृति भिन्न है, भाषा भिन्न है, भोजन भिन्न है, हवा की गंध भिन्न है और शायद मैं भी भिन्न था — अब भी वही व्यक्ति जो अपनी पिछली कृतियों के परिणामस्वरूप पहले से कुछ अधिक जान रहा हूँ।

NH: प्रश्न यह है कि क्या सांस्कृतिक भिन्नता का आवश्यक रूप से कलात्मक सोच या उत्पादन पर कोई प्रभाव होना चाहिए।

SS: कोलाबा (दक्षिण बंबई में एक मध्यमवर्गीय पड़ोस) और गोरेगाँव (एक उत्तरी उपनगर) के किसी व्यक्ति के बीच सांस्कृतिक अन्तर बहुत अधिक, महाद्वीपीय है।

MP: मेरे ख्याल में यह अन्ततः आपकी पारस्परिक-क्रिया के तरीके को प्रभावित करता है। आप कोलाबा के किसी व्यक्ति की तुलना में गोरेगाँव के किसी व्यक्ति से भिन्न रूप से पारस्परिक-क्रिया कर सकते हैं, सम्भवतः समान गली में।

SS: ऐसे अवसर आते हैं जब गोरेगाँव पूर्व का कोई व्यक्ति और कोलाबा का कोई व्यक्ति बंबई में समान गली में होता है लेकिन उनमें अब भी महाद्वीपीय झुकाव होता है। बंबई, दिल्ली, मैक्सिको सिटी, साओ पॉलो जैसे नगर वास्तव में मेरे विचार में सांस्कृतिक दूरी की प्रयोगशालाएं हैं जो न्यूयॉर्क या बर्लिन से बहुत परे हैं। अगर आप इन नगरों के लिए किसी विशिष्ट सांस्कृतिक चरित्र की बात कर रहे हैं, तो ये बहुत अधिक असमानताओं वाले व्यापक जमाव हैं — और कुछ अर्थों में आप कोलाबा से किसी व्यक्ति की तुलना में बंबई में कम बाहरी व्यक्ति होंगे। मुझे विश्वास है मेरा बंबई में बहुत-सी चीज़ों से सामना हुआ, कि मैं बंबई को उन अनेक लोगों से बेहतर जानता हूँ जो वास्तव में यहाँ रहते हैं, हालाँकि मैं यहाँ कभी नहीं रहा हूँ।

MP: बाद की परियोजनाओं पर जाने पर मेरा दृष्टिकोण बदल गया, पर पूरी तरह नहीं क्योंकि मैंने तब स्वयं को पश्चिमी सहारा में मोरोक्को के दक्षिण में खानाबदोश पारिवारिक

be less of an outsider in Bombay than somebody from Colaba would.
I am sure I came across that a lot in Bombay, that I know Bombay bet-
ter—even though I have never lived there—than many people who
actually live there.

MP: Going back to the projects that followed, my approach altered, but not com-
pletely, as I then found myself in the Western Sahara, exposing myself to nomadic
family life in the south of Morocco. I tried to spend as much time as possible
with local peasants to finally get into a conversational situation where we could
exchange certain ideas about life, religion, living conditions, happiness, econo-
mies, astronomy or politics in a rather sparsely populated, cut-off area.
In parallel to this, after my return from Bombay and my later move to New York,
I started to be interested in a French novel that I had read years before by French
author Alain Robbe-Grillet with the promising title of "Projet pour une révolution
à New York". As a New York based project to be materialized in an artist publica-
tion within an exhibition setting, radio play and a mix-tape, I am collaborating
with scholars of different fields to define the potential for a revolution in New York,
in terms of the city's urban, political, social and ethical settings and their possible
collapse. In a very specific situation and at a very specific time, one takes the
city's map as a starting point to define moments of potential collapse and later one
defines scenarios that are both realistic and unrealistic, depending on who would
try to realize them. The city as a site, with its specific grid, culture, institutions and
their agglomerated power generates the basic material for this project.

SS: It seems that, in both of the projects you describe, the territory you
are exploring is yourself.

MP: That's true, but I still believe the place where I live and work for a certain
time suggests a topic and approach and opportunities that I could only find at
a certain time in a certain place.

SS: Of course ... There's a reason why artists travel!

NH: Does it have to do with that classic notion of travel as a
source of inspiration?

SS: Maybe. Artists travel, perhaps, to get away from themselves but
that always ends up taking them to another place to see who they are.
There are two types of practice: one founded on a profound comfort
of knowing who you are and where you come from; and one founded
in ... I wouldn't say discomfort but a feeling of being at odds with who
you are and where you come from. And these two have different con-
sequences. One kind of artist relentlessly explores a certainty that
they think they have or they think they are. And another is constantly

जीवन में पाया। मैंने स्थानीय किसानों के साथ यथासंभव समय बिताने का प्रयास किया जिससे मैं बातचीत की ऐसी स्थिति में पहुँच सकूँ जिसमें हम छितरे हुई आबादी वाले, कटे हुए क्षेत्र में जीवन, धर्म, जीवन की परिस्थितियों, खुशी, अर्थव्यवस्थाओं, खगोल विद्या या राजनीति के बारे में विचारों का आदान-प्रदान कर सकें। इसके समानांतर, बंबई से मेरी वापसी के बाद और बाद में न्यू यॉर्क जाने पर, मेरी फ्रेंच लेखक एलेन रॉब्बे-ग्रिलेट द्वारा लिखित "प्रोयेट पुर उन रेवोलुत्सयोन आ न्यू यॉर्क" के आशाजनक शीर्षक के उस फ्रेंच उपन्यास में रुचि उत्पन्न हो गई जिसे मैंने वर्षों पहले पढ़ा था। प्रदर्शनी परिवेश, रेडियो नाटक और मिक्स-टेप के भीतर एक कलाकार प्रकाशन में मूर्त रूप दी जाने वाली न्यूयॉर्क आधारित परियोजना के रूप में मैं नगर के नगरीय, राजनीतिक, सामाजिक और जातीय परिवेश और उनके सम्भावित नाश के संदर्भ में न्यूयॉर्क में क्रान्ति के लिए सम्भावना को परिभाषित करने के लिए भिन्न क्षेत्रों के विद्वानों के साथ सहयोग कर रहा हूँ। एक बहुत विशिष्ट स्थिति में और एक बहुत विशिष्ट समय में कोई व्यक्ति सम्भावित नाश के क्षणों को परिभाषित करने के लिए आरम्भिक बिंदु के रूप में नगर का नक्शा लेता है और बाद में व्यक्ति उन परिदृश्यों को परिभाषित करता है जो इस बात के आधार पर यथार्थवादी और अयथार्थवादी हैं कि कौन उन्हें साकार करने का प्रयास करेगा। स्थान के रूप में नगर अपने विशिष्ट ग्रिड, संस्कृति, संस्थाओं और उनकी समूहबद्ध शक्ति के साथ इस परियोजना के लिए आधारभूत सामग्री उत्पन्न करता है।

SS: ऐसा लगता है कि दोनों परियोजनाओं में आप उस क्षेत्र का वर्णन करते हैं जिसकी आप स्वयं खोज कर रहे हैं।

MP: यह सही है, पर मैं यह मानता हूँ कि जिस स्थान में मैं रहता हूँ और जिसके लिए निश्चित समय तक काम करता हूँ, वह ऐसा विषय और दृष्टिकोण और अवसर सुझाता है जो मैं किसी निश्चित स्थान में निश्चित समय पर ही पा सकता हूँ।

SS: निःसंदेह ... कलाकारों द्वारा यात्रा करने का कारण होता है!

NH: क्या यह प्रेरणा के स्रोत के रूप में यात्रा की कलात्मक धारणा से संबंधित है?

SS: हो सकता है। कलाकार सम्भवतः स्वयं से दूर जाने के लिए यात्रा करते हैं पर यह हमेशा यह देखने के लिए किसी अन्य स्थान में उन्हें ले जाने पर समाप्त होता है कि वे कौन हैं। पद्धति के दो प्रकार हैं: एक यह जानने के अथाह चैन पर आधारित है कि आप कौन हैं और आप कहाँ से आते हैं; और कहाँ स्थित हैं ... मैं इसे कष्ट न कहकर अजीब स्थिति में होना कहूँगा जिसके साथ आप हैं और जहाँ से आप आते हैं। और इन दोनों के भिन्न परिणाम हैं। एक प्रकार का कलाकार लगातार निश्चितता की खोज करता है जो उसके विचार में उसके पास होती है या वह सोचता है कि वह है। और एक अन्य को उस प्रश्न पर पुनःपरिभाषित करने के लिए लगातार बल दिया जाता है। यह न तो यह है/न वह ... ये विपरीतताएं हैं। सम्भवतः हर व्यक्ति इस विपरीतताओं के संबंध में किसी प्रकार की स्थिति प्राप्त कर लेता है। मैं प्रायः रिमबोड जैसे व्यक्ति के बारे में सोचता हूँ – आप जानते हैं कि वह अन्त में पूर्वी अफ्रीका में हथियार व्यापारी बन गए पर हो सकता है कि वे यही चाहते थे, हो सकता है कि काव्य लिखना हथियार व्यापारी बनने का माध्यम था। हम कैसे जानते हैं? हो सकता है कि वह उनकी वास्तविक

pushed to redefine that question. It's not either/or—these are polarities. Probably everyone occupies some kind of position in relationship to these polarities. I often think of somebody like Rimbaud—you know, he ended up as an arms trader in East Africa but maybe that's what he wanted to do, maybe writing poetry was a way to get to be an arms dealer. How do we know? Maybe that was his real ambition: to be a person deeply involved in a dark trade with the true entirety of his being. We have to ask a question like, "Who in human history did not travel?" We come up with certain answers. You will find sedentary peasant communities that did not travel until they were forced out off the land by war or enclosures. But artists travelled, priests travelled, craftsmen and artisans travelled, kings and soldiers travelled ... everybody else travelled. Now if this question is asked about us, "Why are artists travelling, why is your practice based on travelling?" There seems to be a doubt about the authority of your being, which is dispersed. But then you have to ask the question: "Who didn't travel?" I'm as authentic or inauthentic as a blacksmith or a journeyman—the word for artisan in English was "journey-man"—what does that mean? It means people who went on trips, travelling salesmen ...

महत्वाकांक्षा है: किसी अनैतिक व्यापार में गहनता से लगा हुआ व्यक्ति जो अपनी वास्तविक सम्पूर्णता में इसमें संलग्न है। हमें ऐसा प्रश्न पूछना है, "मानव इतिहास में किसने यात्रा नहीं की?" हमने निश्चित उत्तर दिए। आप ऐसे निष्क्रिय किसान समुदाय पाएंगे जिन्होंने तब तक यात्रा नहीं की जब तक उन्हें युद्ध या घेरों द्वारा ज़मीन से खदेड़ा नहीं गया। पर कलाकारों ने यात्रा की, पादरियों ने यात्रा की, शिल्पकारों और कारीगरों ने यात्रा की, राजाओं और सैनिकों ने यात्रा की ... हर अन्य किसी ने यात्रा की। अब अगर हमारे बारे में प्रश्न पूछा जाता है: "कलाकार यात्रा क्यों कर रहे हैं, आपकी पद्धति यात्रा पर क्यों आधारित है?" आपके उस अस्तित्व के अधिकार के बारे में संदेह प्रतीत होता है जो फैला हुआ है। किंतु तब आपको प्रश्न पूछने होते हैं: "किसने यात्रा नहीं की?" मैं लुहार या यात्री जितना प्रमाणित या अप्रमाणित नहीं हूँ – अंग्रेज़ी में कारीगर के लिए शब्द "जर्नी-मैन" था – इसका क्या अर्थ है? इसका अर्थ यात्रा पर जाने वाले लोग, यात्रा करने वाले सेल्समैन है ...

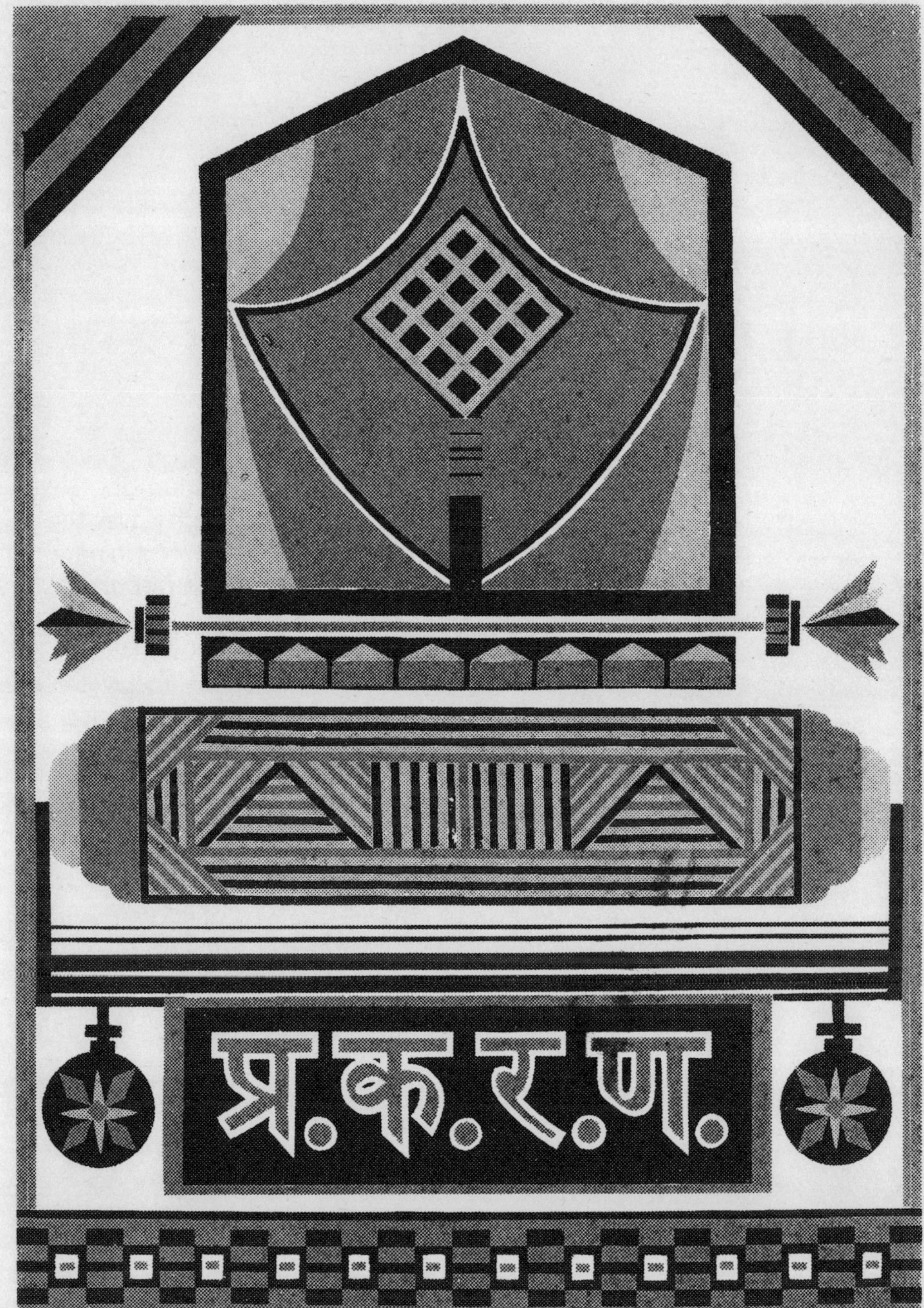
प्र. क. र. ण.

Keywords: Island City, Rent Control Act, high-density low-rise, tabula rasa development

Lost Landscapes

On Bombay's urban development

Suprio Bhattacharjee is an architect based in Mumbai. He has taught at various architecture schools in the city over the past decade. His writings and work have appeared in national as well as international publications and he has lectured on issues within contemporary architecture at a number of forums. He is also the founding partner of the investigative architectural practice ETT (Engage-Tomorrow-Today) which is currently working on a number of projects across the country.

The city of Mumbai, or Bombay[1] as it was formerly known, is a city that has been much celebrated and written about. It (often) seems that there is nothing more to know—the "streets paved with gold", the slums, the Ganesha festival, the ceaseless construction activity or the crowded trains. This is a city on the move, as the cliché goes. Maybe

1

The current, officially accepted administrative name, Mumbai, comes from the guardian deity Mumbadevi. The city's former official name, Bombay, was derived from a Portuguese term meaning "good bay" – a reference to the protected nature of the city's harbour. The inhabitants of the city (as well as people within the country) may refer to the city by either of these names.

संकेतशब्द: द्वीप महानगर, किराया नियन्त्रण अधिनियम, उच्च-घनत्व कम वृद्धि निर्माण, कोरा स्थानिक विकास

खोया भूदृश्य

बॉम्बे के नगरीय विकास पर

__सुप्रियो भट्टाचार्जी__ मुंबई में रहने वाले वास्तुशिल्पी हैं। उन्होंने पिछले दशक में नगर में विभिन्न वास्तुशिल्प महाविद्यालयों में पढ़ाया है। उनके लेख और कार्य राष्ट्रीय के साथ-साथ अन्तरराष्ट्रीय प्रकाशनों में छपे हैं और उन्होंने बहुतसे मंचों पर समकालीन वास्तुशिल्प के भीतर के मुद्दों पर व्याख्यान दिए हैं। वे अन्वेषणात्मक वास्तुशिल्प पद्धति ETT [एन्गेज़-टुमोरो-टुडे] के संस्थापक भागीदार भी हैं जो पूरे देश में बहुत-सी परियोजनाओं पर काम कर रही है।

मुंबई या बंबई नगर[1] जिसे पहले इस नाम द्वारा जाना जाता था, का बहुत गुणगान किया गया है और इसके बारे में बहुत कुछ लिखा गया है। ऐसा [प्राय:] लगता है कि अब जानने के लिए कुछ नहीं बचा है - "सोना जड़ी सड़कें", झोपड़पट्टियाँ, गणेश उत्सव, लगातार चलते रहने वाला निर्माण कार्य या भीड़-भाड़ वाली ट्रेनें। यह नगर हमेशा चलता रहता है - एक घिसा-पिटा मुहावरा है। यह घिसा-पिटा मुहावरा सम्भवतया इस तथ्य पर भी प्रकाश डालता है कि यह नगर बुनियादी सुविधाओं, नियोजन और डिज़ाइन के

१
वर्तमान आधिकारिक रूप से स्वीकृत प्रशासनिक नाम, मुंबई, संरक्षक देवी मुंबादेवी से आया है। नगर का पूर्व आधिकारिक नाम, बॉम्बे, एक पुर्तगाली शब्द "अच्छी खाड़ी" से लिया गया था - जो नगर के बंदरगाह की संरक्षित प्रकृति पर टिप्पणी है। नगर के निवासी [और देश में रहने वाले लोग] नगर को इन दोनों में से किसी भी नाम से पुकारते हैं।

the cliché also throws light on the fact that the city moves in spite of receiving less than favourable support in terms of infrastructure, planning and design, as well as a complete lack of a comprehensive, overarching and cohesive plan (or administrative effort) to underpin the city's workings. The city keeps on moving, on life-support, carried by the energy and resilience of most of its people, who are actually not at the receiving end of the city's supposed growth and surge of affluence.

The film on which this reader is based manages to make a number of subtle references to the state of the city. It is perhaps intriguing that the city is presented through that with which it is not readily associated—its natural heritage—through the presence of water and the fact that it is (now) a large island, artificially put together by reclaiming former mudflats and estuarine basins that sat between the fabled "seven hills".

One of the film's episodes shows the protagonist walking along the railway tracks in what seems to be an almost rural setting—ruptured by the ominous presence of a large building in the distance. This allusion to the ever-increasing sprawl of the city is a stark reminder of how the city is unable to intensify and enrich its core.

The "core" of the city—or what has been regarded as the core in the city's short "modern" history lies at the south end of what is commonly referred to as the "Island City", notionally separated from the suburbs by the mouth of the Mithi River (meaning "sweet"– a reference to its freshwater origins) further up from the National Park. The British colonists built their fortified administrative centre (now referred to as the Fort Area) in what has now become an urban precinct marked by the

संबंध में कम अनुकूल सहायता प्राप्त करने और नगर के कार्यों को आधारित करने के लिए व्यापक महत्वपूर्ण और संसक्त योजना [या प्रशासनिक प्रयास] के पूर्ण अभाव के बावजूद चलता रहता है। नगर अपने अधिकांश लोगों की ऊर्जा और लचीलेपन के बलबूते चलता रहता है - जिन्हें वास्तव में नगर के अपेक्षित विकास और सम्पन्नता में वृद्धि का लाभ प्राप्त नहीं होता।

जिस पाठक पर फिल्म आधारित है वह नगर की स्थिति के संबंध में बहुत-से गूढ़ उल्लेख करता है। यह सम्भवतया दिलचस्प है कि नगर को प्राय: उससे प्रस्तुत किया जाता है जो इससे आसानी से संबद्ध नहीं है - इसकी प्राकृतिक विरासत - पानी की मौजूदगी के माध्यम से, इस तथ्य द्वारा कि यह [अब] एक बड़ा द्वीप है - जिसे उस पूर्व कीचड़दार भूमि और खाड़ी बेसिनों से पुनर्निर्मित करके कृत्रिम रूप से एक साथ रखा गया है जिनका विवरण कल्पित "सात पहाड़" में किया गया है।

फिल्म की दूसरी कड़ी में प्रमुख पात्र को रेल की पटरी के किनारे चलते हुए दिखाया जाता है जो लगभग ग्रामीण परिवेश लगता है - जो दूर एक बड़ी इमारत की अनिष्टकारी उपस्थिति द्वारा विभाजित हो गया है। नगर के हमेशा बढ़ रहे अव्यवस्थित प्रसार की ओर यह संकेत इसकी सटीक रूप से याद दिलाता है कि नगर कैसे अपने मूल भाग को मज़बूत और समृद्ध करने में असमर्थ है।

नगर का "मूल भाग" - या जो नगर के संक्षिप्त "आधुनिक" इतिहास में "मूल भाग" माना गया है, उस क्षेत्र के दक्षिणी सिरे में स्थित है जिसे "द्वीप नगर" कहा जाता है - जो मीठी नदी [जिसका अर्थ है "मीठा" - यह राष्ट्रीय उद्यान से ऊपर की ओर से इसके ताज़ा पानी के स्रोतों की ओर संकेत है] के

busiest railway station in the country,[2] bounded by a large market, the Central Post Office, the former Mint and a portion of the docklands. The remnants of the fort walls are not very easy to find for the casual observer and are discreetly tucked away along boundary walls or as former markers along streets.

The former "core" evolved as an urban environment composed of high-density but low-rise built forms. Buildings (if residential) were generally fronted with continuous verandahs and open stairwells and this engendered a sense of community and porosity that allowed this part of the city to flourish distinctly as a network of urban neighbourhoods. The often irregular nature of the streets was a direct outcome of the formalization of former landholdings—these lands have an agricultural past.

Today this part of the city presents a dishevelled, chaotic, yet thriving face. The growth in population as well as the uncontrolled nature of structural additions has meant that most buildings have witnessed accretionary growth. The flawed Rent Control Act, dating from the early part of the past

2
Opened in 1887, the Chatrapati Shivaji Terminus, or CST as it is now known, was where Asia's first passenger train began its journey on April 16, 1853. The station building as it exists now was opened in 1887 as the Victoria Terminus.

मुहाने द्वारा उप-नगरों से काल्पनिक रूप से अलग किया गया है। ब्रिटिश उपनिवेशकों ने उस स्थान में अपना मज़बूत प्रशासनिक केन्द्र [जिसे अब किला क्षेत्र या फोर्ट एरिया कहा जाता है] निर्मित किया जो अब एक शहरी उप क्षेत्र बन गया है जहाँ देश का सबसे व्यस्त रेलवे स्टेशन है॰, जो एक बड़े बाज़ार, केन्द्रीय डाक घर, पूर्व टकसाल और बंदरगाह क्षेत्र के एक भाग से घिरा है। ध्यान से न देखने वाला व्यक्ति किले की दीवारों के अवशेषों को आसानी से नहीं खोज सकता - और इन्हें चारदीवारी के साथ-साथ सावधानी-से अलग रखे हुए या गलियों के किनारे पूर्व चिन्हकों के रूप में देखा जा सकता है।

पूर्व "मूल भाग" उच्च घनत्व वाले फैब्रिक किंतु कम ऊँचाई वाले निर्मित रूपों के तौर पर विकसित हुआ। इमारतों [अगर आवासीय हों] के सामने प्राय: लगातार बैरामदे और खुली सीढ़ियाँ हुआ करती थीं - और जिससे समुदाय और संरध्रता का भाव उत्पन्न हुआ जिससे नगर का यह भाग नगर के इलाकों के रूप में अलग रूप में फला-फूला। गलियों की प्राय: अनियमित प्रकृति, पूर्व जोतों को औपचारिक बनाने का प्रत्यक्ष परिणाम थी - इन भूमियों का कृषि संबंधी अतीत रहा है।

आज नगर का यह भाग नगर का एक अस्त-व्यस्त, अव्यवस्थित लेकिन फलता-फूलता हुआ रूप प्रस्तुत करता है - और जनसंख्या में वृद्धि के साथ-साथ इमारतों के बढ़ने के अनियन्त्रित स्वरूप का यह अर्थ हुआ है कि ज़्यादातर इमारतों का विस्तार किया गया है। पिछली शताब्दि के आरम्भिक भाग के दोषयुक्त किराया नियन्त्रण अधिनियम का यह भी अर्थ है कि किराएदारों को १९४० के दशक के किरायों से अधिक किरायों का भुगतान करने की ज़रूरत नहीं होती - और इसका यह अर्थ हुआ है कि इमारतें समय बीतने के साथ धीरे-धीरे गिर गई हैं और हर वर्ष गिरने वाली अनेक इमारतों से बहुत-सी जानें जाती हैं। कुछ इमारतें स्थानीय प्राधिकरणों के पुनर्निर्माण विभाग द्वारा ले ली जाती हैं - और अस्थायी दिखने वाले भद्दे सरियों और

२

१८८७ में स्थापित छत्रपति शिवाजी टर्मिनस या जिसे अब CST के नाम से जाना जाता है, वह स्थान था जहाँ से एशिया की पहली यात्री गाड़ी ने १६ अप्रैल, १८५३ को अपनी यात्रा आरम्भ की। वर्तमान में मौजूद स्टेशन इमारत को १८८७ में विक्टोरिया टर्मिनस के रूप में स्थापित किया गया था।

century, also means that tenants do not need to pay rents above what they were in the 1940s and this has meant that buildings have over time slowly fallen apart, with a number of building collapses each year claiming many lives. Some buildings have been taken over by the reconstruction department of the local authorities and the nature of their repairs in makeshift-looking coarse steelwork and concrete is far from satisfactory, increasing the sense of blight and decay.

Revisions in building policies have meant that, over the past decade, many of these dilapidated buildings could be sold off to developers, ostensibly under the guise of creating safe and airy living spaces for those who were formerly living within cramped and unsafe conditions. Not that this has not helped, but it has meant that a former high-density, low-rise settlement now has narrow slivers of tower blocks that do more to restrict access to light and ventilation than was the case previously. And these tower blocks, with their hermetic nature, do not offer any sense of community or social relevance architecturally, in terms of the kind of spaces that were offered earlier by continuous verandahs and open stairwells.

What is a bigger issue though is the fact that failed models of tabula rasa development are now being seen as an alternative. One has seen recently in China how the wholesale flattening of historic neighbourhoods and their replacement with ill-conceived tower-blocks has wreaked havoc on the social and economic fabric of cities, besides leading to a complete loss of a sense of place and history. Strangely though, here in this city there still persists a belief in the "Shanghai" model, as it is commonly referred to. Perhaps it

कंक्रीट में उनकी मरम्मत की स्थिति बिल्कुल सन्तोषजनक नहीं होती जिससे विनाश और तबाह होने की सम्भावना बढ़ जाती है।

इमारती नीतियों में संशोधन का यह प्रभाव हुआ है कि पिछले दशक से इन जीर्ण-शीर्ण इमारतों में से बहुत-सी इमारतें डेवलपरों को प्रकट रूप से उन लोगों के रहने के लिए सुरक्षित और हवादार स्थान बनाने के लिए बेची गईं जो पहले 'तंग' और असुरक्षित स्थितियों में रह रहे थे। ऐसी बात नहीं है कि इससे सहायता नहीं मिली है, पर इसका असर यह हुआ है कि पूर्व में अधिक-घनत्व वाली कम ऊंची बस्ती में अब ऐसे संकरे टॉवर ब्लॉक हैं जो पहले की तुलना में रोशनी और हवा को और ज़्यादा रोकते हैं। पूरी तरह बन्द स्वरूप वाले ये टॉवर ब्लॉक उन स्थानों के प्रकार के संबंध में वास्तुशिल्पीय रूप से सामुदायिक या सामाजिक प्रासंगिकता की कोई भाव प्रस्तुत नहीं करते जो पहले लगातार बरामदों और खुली सीढ़ियों द्वारा प्रदान किए जाते थे।

बहरहाल अधिक अहम बात यह है कि कोरा स्थानिक विकास के विफल मॉडल अब विकल्प के रूप में देखे जा रहे हैं। हमने चीन में हाल में यह देखा है कि ऐतिहासिक इलाकों को बड़ी मात्रा में नष्ट करने और उनकी जगह

will only be after the mistakes have been made that realizations will strike. This would, of course, be too late.

In a recent book on Bhuleshwar,[3] an area within the former "native town", oral histories were mapped, as were fragments of the neighbour-hood's disappearing architecture and social spaces. The unfortunate reality is that biased con-servation efforts do not focus on the preservation of cultural histories or even historic neighbour-hoods and residential quarters, but instead are focussed on more easily recognizable "iconic" buildings such as Crawford Market, where a major redevelopment effort (which has been misunder-stood publicly as the demolition and reconstruction of the historic building, although the reality is actually a rehabilitation and urban restructuring of the accretionary building additions surrounding the main historic building within the site) has been stalled for a decade.

This loss of history is not only restricted to the more recent developments in the city's cultural or economic history. This can also be seen in the more "ancient" aspects of the city's milieu. Perhaps

3

Kaiwan Mehta, *Alice in Bhuleshwar: Navigating a Mumbai Neighbourhood* (New Delhi: Yoda Press, 2008)

घटिया टॉवर ब्लॉक बनाने से स्थान और इतिहास के भाव के पूर्ण नाश के अलावा नगर का सामाजिक और आर्थिक स्वरूप बुरी तरह तहस-नहस हुआ है। फिर भी, यह आश्चर्य की बात है कि यहाँ नगर में 'शंघाई' मॉडल में विश्वास अभी बना हुआ है - जिस नाम से इस मॉडल को आमतौर पर पुकारा जाता है। सम्भवतया गलतियाँ करने के बाद ही अहसास होगा। बेशक, तब बहुत देर हो चुकी होगी।

पूर्व "मूल नगर" के भीतर के क्षेत्र भुलेश्वर* पर लिखी गई एक हालिया पुस्तक में मौखिक इतिहास के साथ-साथ इलाके के गायब हो रहे वास्तुशिल्प और सामाजिक स्थानों का वर्णन किया गया। दुर्भाग्यपूर्ण वास्तविकता यह है कि पूर्वाग्रह से ग्रस्त संरक्षण प्रयास सांस्कृति इतिहास या यहाँ तक कि ऐतिहासिक इलाकों और आवासीय क्षेत्रों पर ध्यान केन्द्रित नहीं करते बल्कि ये अधिक आसानी से पहचानने योग्य, क्रॉफोर्ड मार्केट जैसी "प्रतिष्ठित" इमारतों पर केन्द्रित हैं जहाँ पुनर्विकास का बृहत प्रयास जारी रहता है [लोगों को यह गलतफहमी होती है कि ऐतिहासिक इमारत गिराई जा रही है और पुनर्निमित की जा रही है, हालांकि यथार्थ में वास्तविकता यह है कि स्थान के भीतर मुख्य इमारत के आसपास इमारतों में की गई वृद्धियों का पुनर्वास और शहरी पुनर्गठन किया जा रहा होता है]।

इतिहास की यह क्षति नगर के सांस्कृतिक या आर्थिक इतिहास में सबसे हालिया घटनाओं तक ही सीमित नहीं है। यहाँ तक कि इसे नगर के वातावरण के अधिक "प्राचीन" पहलुओं में भी देखा जा सकता है। सम्भवतया यह बात तुरन्त ध्यान में नहीं आती कि नगर में ऐसे युगांतरकारी

³

केवान मेहता, *एलिस इन भुलेश्वर: नेवीगेटिंग ए मुंबई नेबरहुड* [नई दिल्ली: योडा प्रेस, २००८]

it is not immediately apparent that the city possesses landmark cultural heritage sites that date back to the early centuries of the first millennium. Religious cave art and architecture (Buddhist as well as Hindu) are freely accessible for the city's residents in many sites within the city. Many of these sites are situated on hills and rocky outcrops that used to dot the former estuarine basin or are sited across the present harbour. One episode ends with the protagonists walking through the largest of these man-made cave complexes, the Kanheri, which is now within the protected confines of the Sanjay Gandhi National Park within the city's boundaries.

But this is one that is better preserved and protected than most. Elsewhere, these archaeological sites have fallen prey to vandals as well as disuse—a prominent cave complex in the mid-western suburbs is used like a public toilet (well, almost)—and visitors would come back more aghast than enthralled. The pity is that none of these sites have been tied comprehensively together within a larger strategy of preservation and protection within the city administration's purview—the more so as this is beyond their jurisdiction. Nor is there a larger plan for highlighting the city's remarkable cultural heritage as a tourist destination (which will ensure that there are finances for their upkeep) such that the city can be seen as much more than a mere "modern" metropolis.

The loss of heritage is not only restricted to the city's cultural, social or built milieu. It is also adversely affecting its tampered-with natural heritage. Originally a set of seven islands on an estuarine basin, the largest of these—formerly known as Salsette—is now a protected natural reserve, the Sanjay Gandhi National Park. This city is perhaps the only one in the world to boast of a protected natural reserve within its city limits. This bio-reserve, with its fragile ecology, is now under threat as its fringes are being slowly eaten

सांस्कृतिक विरासत स्थल हैं जो पहली सहस्राब्दि की आरम्भिक शताब्दियों के हैं। नगर के नागरिक नगर के भीतर अनेक स्थानों में धार्मिक गुफा कला और वास्तुशिल्प [बौद्ध और हिंदू] की जगहों पर आसानी से जा सकते हैं। इनमें से बहुत-से स्थान उन पहाड़ियों और पृथ्वी की सतह से ऊपर निकले चट्टानी अंशों पर स्थित हैं जो पूर्व खाड़ी बेसिनों के आसपास हुआ करते थे या ये मौजूदा बंदरगाह के पार स्थित हैं। फिल्म कि एक कड़ि उस समय समाप्त होती है जब प्रमुख पात्र इंसान द्वारा बनाए गए इन विशालतम गुफा परिसरों में से विशालतम परिसर, कन्हेरी, से गुज़र रहे हैं जो अब नगर की चारदीवारी के भीतर राष्ट्रीय उद्यान की संरक्षित सीमाओं के भीतर है।

पर यह स्थान अधिकांश स्थानों की तुलना में बेहतर परिरक्षित और संरक्षित है। अन्य स्थानों पर, ये पुरातात्विक स्थान जान-बूझकर नष्ट किए जाने और दुरुपयोग का शिकार हुए हैं - मध्य-पश्चिमी उपनगर क्षेत्रों में एक प्रमुख गुफा परिसर का [लगभग] लोक शौचालय के रूप में उपयोग किया जाता है और वहाँ जाने वाले लोग सम्मोहित होने की बजाए भौचक्के होकर लौटते हैं। दुख की बात यह है कि इनमें से किसी भी स्थान को नगर के प्रशासन के दायरे के भीतर परिरक्षण और संरक्षण की किसी व्यापक कार्यनीति से बृहत रूप से संबद्ध नहीं किया गया है - काफी सीमा तक यह उनके अधिकारक्षेत्र से बाहर है। और न ही नगर की उल्लेखनीय सांस्कृतिक विरासत को एक पर्यटक गन्तव्य के रूप में प्रस्तुत करने [जिससे उनके रखरखाव के लिए धन

into by a city hungry for more land, as well as illegal acquisition. The park forms a large catchment area that feeds a set of streams and rivers (the Mithi being one of them).

These streams have, over the years, been blocked or narrowed by spurious and ill-conceived construction activity. The waterways (which are considered by the administration to be no more than sewage canals) are thus slowly being made into efficient drains, with their banks and edges hardened into concrete retaining walls. This has ensured that former mudflats and floodplains are now severed from their source of sustenance. This interrelationship has not been understood and thus, during the rains, the "sewage canals" flood over. On one such fated occasion, heavy rainfall caused by an unprecedented cloudburst and a simultaneous high-tide ensured that most of the suburban city remained flooded for over two days. The water streaming down from the park and elsewhere had nowhere to go—former flood-plains had been built over and thus the surge of water entered into homes, displacing and disrupting the lives of thousands.

The Sanjay Gandhi National Park stretches across the north-central suburbs and encompasses many lakes as well as mountain ranges. One would assume that, with such an environment, the city's

की व्यवस्था हो सकेगी] की कोई बड़ी योजना है जिससे नगर को केवल "आधुनिक" महानगर से बढ़कर माना जा सके।

विरासत को नुकसान पहुँचना नगर के सांस्कृतिक, सामाजिक या निर्मित वातावरण तक ही सीमित नहीं है। यह इसकी छेड़-छाड़ की गई प्राकृतिक विरासत को भी प्रतिकूल रूप से प्रभावित कर रहा है। एक खाड़ी बेसिन पर स्थित मूल रूप से सात द्वीपों का समूह जिसे पहले सेलसेट्टे के नाम से जाना जाता था, वह अब संरक्षित प्राकृतिक स्थान, एक राष्ट्रीय उद्यान है। यह नगर विश्व का सम्भवतया ऐसा अकेला नगर है जो अपनी नगर सीमाओं के भीतर किसी संरक्षित प्राकृतिक स्थान पर गर्व कर सकता है। कमज़ोर पर्यावरण वाले इस जैविक-आरक्षित स्थान को अब खतरा है क्योंकि अब इसकी बाहरी सीमाओं को ज़मीन के लिए और अधिक भूखे नगर द्वारा धीरे-धीरे खाया जा रहा है और इसके साथ-साथ ज़मीन का अवैध अधिग्रहण किया जा रहा है। यह उद्यान एक बड़ा जलग्रहण क्षेत्र निर्मित करता है जो धाराओं और नदियों [मीठी उनमें से एक है] के एक समूह को पूर्ति करता है।

अनेक वर्षों से इन धाराओं को अवैध और गलत तरीके से योजना बनाए गए निर्माण कार्यकलाप द्वारा अवरुद्ध या संकरा किया गया है। इस प्रकार जलधाराओं [जिन्हें प्रशासन सीवेज नहरों से अधिक कुछ नहीं मानता] को धीरे-धीरे कारगर नालों में बदला जा रहा है और उनके तटों और किनारों पर कंक्रीट की कड़ी दीवारें बनाई जा रही हैं। इससे पहले की कीचड़दार भूमि और बाढ़ से प्रभावित होने वाली भूमि अब संपोषण के अपने स्रोत से कट गई है। इस परस्पर-संबंध को समझा नहीं गया है और इसलिए वर्षा के दौरान "सीवेज की नहरों" में बाढ़ आ जाती है। ऐसी एक घटना में अभूतपूर्व बादल फटने की वजह से हुई मूसलाधार वर्षा और पूर्ण-ज्वार के कारण अधिकांश उपनगर क्षेत्र में दो से अधिक दिन तक बाढ़ आई रही। उद्यान और अन्य गहों से नीचे बहने वाले पानी के लिए जाने का कोई स्थान नहीं था - पूर्वि बाढ़ से प्रभावित भूमि पर निर्माण किया गया था और इसलिए पानी का प्रवाह घरों में घुस गया जिससे हज़ारों लोग और उनका जीवन विस्थापित हुआ।

residents share a close relationship with nature—but this is not the case. The city has one of the lowest per-capita green space allocations for any city in the world (if the land mass of the National Park is excluded) and increasingly land reserved for gardens, city parks, playgrounds and recreational zones, as well as former lakes, is being consumed by either illegal encroachments or dubious transfer of land uses.

The many hills that were part of the city's skyline are also disappearing rapidly. Hexagonal rock formations—a vestige of the city's volcanic past—used to line the city's suburban skyline until the early part of the last century, before they were brought down to make way for the housing estates and roads that now sit in their stead. These rare cliff-like projections, soaring several hundred feet high, have become a part of the city's lost heritage and the only part of the former ridges still standing, the so-called Gilbert Hill,[4] remains so due to the presence of a pair of temples at its peak (quarrying at its base has continued despite the site being declared a National Park sixty years ago in 1952). But it is only a fraction of its former spread, with tower blocks that compete with its height taking over the former ridges at its base. Other hills are being constantly quarried and cut into to make way for large housing complexes. This seems to be in stark contrast to the past century where skyscrapers rose along the slopes of Malabar Hill and Cumballa Hill in the south-west of the city—these buildings now house some of the richest people in the country and include a brazen new billion-dollar "home" (really a 600-foot skyscraper with twelve storeys of parking) for the richest man in the country.

4
Kalpish Ratna, *Once Upon A Hill* (Noida: HarperCollins India, 2012)

संजय गांधी राष्ट्रीय उद्यान उत्तर-मध्य उपनगरों के पार फैला है और इसमें बहुत-सी झीलें और पर्वत शृंखलाएं सम्मिलित हैं। कोई व्यक्ति यह मानेगा कि ऐसे पर्यावरण से नगर के निवासी प्रकृति के निकट सम्पर्क में रहते हैं - लेकिन यह गलतफहमी है। इस नगर में विश्व में किसी भी नगर के लिए एक न्यूनतम प्रति व्यक्ति हरित स्थान आबंटन है और बगीचों, नगर उद्यानों, खेलने के मैदानों और मनोरंजन स्थानों के साथ-साथ पूर्व झीलों के लिए आरक्षित भूमि या तो अवैध कब्ज़ों या भूमि उपयोगों के संदिग्ध अन्तरणों द्वारा हथियाई जा रही है।

ऐसे अनेक पर्वत जो कभी नगर के क्षितिज के भाग हुआ करते थे, वे भी आज तेज़ी से गायब हो रहे हैं। नगर के ज्वालामुखी अतीत की अवशेष षट्कोणीय चट्टानी संरचनाएं, जिन्हें आवास सम्पदाओं और मार्गों के लिए रास्ता बनाने के लिए गिराने से पहले पिछली शताब्दि के आरम्भिक भाग तक नगर के उपनगरीय क्षितिज को पंक्तिबद्ध करने के लिए उपयोग किया जाता था, वे अब लुप्त हो गई हैं। कुछ सौ फीट ऊँचे ये दुर्लभ खड़े हुए भाग नगर की खोई हुई विरासत के भाग बन गए हैं - और अतीत की पर्वतश्रेणी का अब भी खड़ा भाग - तथाकथित गिलबर्ट हिल[4] - अपनी चोटी पर दो मंदिरों की मौजूदगी के कारण बचा हुआ है [इसके आधार पर उत्खनन का काम जारी रहा है हालांकि इस स्थान को १९५२ में साठ वर्ष पहले राष्ट्रीय उद्यान घोषित किया गया था]। लेकिन यह अपने अतीत के फैलाव का छोटा-सा भाग भर ही है और इसकी ऊँचाई से स्पर्धा करने वाले टॉवर ब्लॉकों ने पूर्व पर्वतशृंखलाओं को अपने आधार में समाहित कर लिया है। अन्य पर्वतों का निरन्तर उत्खनन

४
कल्पीश रत्ना, *वन्स अपॉन ए हिल*, [नोईडा: हार्परकॉलिन्स इंडिया, २०१२]

The city has as much turned its back on its coastline as it has on the presence of land-based natural features within its confines. The city's troubled relationship with the water is evident in the fact that most of the city's population has no immediate or direct access to the coastline. The entire eastern waterfront is off-limits to the public.

The dire state of our city's coastline is also evident in the city's coastal fishing villages. These are home to the city's original island inhabitants—the Koli or fisherfolk community—and the two episodes concentrate on this aspect of the city: first with the extended (and beautifully atmospheric) panned shot of the ice-making factory within a fishing village and then on the boat taken off the eastern waterfront. These former villages are now overgrown urban accretions, where neither the infrastructure nor the services can cope with the surge in population. But they form an important hinge in the city's socio-economic affairs and it is a pity that these villages are not treated with greater regard. The social rift between the urban upper-middle class (who tend to live in expensive apartments along the coastline) and the slighted fisherfolk community could not be more apparent when one moves from the neighbourhood of the former to that of the latter—often along the same street, with the sudden change in the quality of the urban spaces.

The coastline is also under threat from rapid urbanization and illegal construction activity. The law-enforcement agencies are often not powerful enough to prevent vast areas of sensitive

किया जा रहा है और बड़े आवास परिसरों के लिए रास्ता बनाने के लिए काटा जा रहा है। यह पिछली शताब्दि के बिल्कुल विपरीत है जब गगनचुंबी इमारतें नगर के दक्षिण-पश्चिम में मालाबार हिल और कम्बाला हिल की ढलानों पर खड़ी हुई - जहाँ अब देश के कुछ सबसे अमीर लोग रहते हैं - जिनमें देश के सबसे अमीर आदमी के लिए एक निर्लज्ज बिलियन डॉलर का "घर" [वास्तव में ६००-फीट की गगनचुंबी इमारत] सम्मिलित है।

नगर ने अपने समुद्री तट की उतनी ही उपेक्षा की है जितनी इसने अपने सीमा क्षेत्रों के भीतर भूमि-आधारित प्राकृतिक संसाधनों की की है। पानी के साथ नगर का संकटपूर्ण संबंध इस तथ्य से स्पष्ट है कि नगर की अधिकांश जनसंख्या के पास समुद्री तट तक कोई सीधी या प्रत्यक्ष पहुँच नहीं है। पूरा पूर्वी तटीय नगर भाग लोगों से परे है।

नगर के समुद्री तट की भयानक स्थिति नगर के मछली पकड़ने वाले तटीय गाँवों में भी दिखती है। ये नगर के मूल द्वीप निवासियों - कोली या मछुआरा समुदाय के आवास हैं - और फिल्म की चौथी और पाँचवीं कड़ियों में नगर के इस पहलू पर ध्यान केन्द्रित किया गया है - पहले मछुआरों के गाँव के भीतर बर्फ बनाने वाले कारखाने के लम्बे [और सुन्दर रूप से वायुमंडलीय] कटु आलोचना वाले शॉट में और फिर नाव के पूर्वी तटीय नगर भाग की ओर जाने वाले शॉट में। अतीत के ये गाँव अब बहुत अधिक बढ़ चुके शहरी क्षेत्र बन चुके हैं जहाँ ने तो बुनियादी सुविधाएं और न ही सेवाएं अत्यन्त अधिक जनसंख्या के लिए पूरी हो सकती हैं। लेकिन ये नगर के सामाजिक-आर्थिक कार्यों में एक महत्वपूर्ण भाग हैं - और यह दुख की बात है कि इन गाँवों को अधिक सम्मान से नहीं देखा जाता है। शहरी ऊपरी मध्य-वर्ग [जिनमें समुद्री तट के किनारे बने महंगे अपार्टमेंटों में रहने का रूझान होता है] और उपेक्षित मछुआरा समुदाय के बीच सामाजिक दरार इससे अधिक स्पष्ट नहीं हो सकती जब कोई व्यक्ति इस मध्य वर्ग से मछुआरों की तरफ प्राय: उसी गली में जाता है और शहरी स्थानों की गुणवत्ता में अचानक परिवर्तन दिखाई देता है।

समुद्री किनारे को तेज़ी से हो रहे शहरीकरण और अवैध निर्माण कार्यकलाप से भी खतरा है। कानून लागू करने वाली एजेंसियाँ अक्सर इतनी ताकतवर नहीं होतीं कि कमज़ोर

coastal regions with fragile eco-systems from being obliterated by these forces. The rich mangrove forests with their saline eco-systems that line the coast are thus under constant threat. Public awareness has increased over recent years and this is beginning to showa number of benefits such as the emergence of a citizen's campaign to press the administration into action.

At the heart of all this, perhaps, lies one large over-riding factor—the fact that the city has never been understood as an eco-system, within which one would need to operate such that the coexistence of the natural and the artificial becomes possible. This would mean a complete understanding of the city as a potent geography upon which one is treading. The move has always been to challenge this geography—and never to positive effect. A lost opportunity is the proposed redevelopment of the former salt pan lands in the northeast of the city under the pretext that reclaiming these wetlands from the bay would free up more land for housing—although in reality this would only benefit a few wealthy and influential people, while wreaking havoc on a large area of marine eco-system.

There is an urgent need for a holistic and over-arching vision that integrates the city's future with an increased appreciation of its natural and cultural heritage. The city's hinterlands are at risk from an ever-increasing sprawl, and a densification and intensification of the current island city, which would serve well to ensure the protection of the green belt that surrounds it, are at best non-existent. Administrative (and political) will is lacking and the few piecemeal gestures and efforts that do manage to see the light of day are perhaps more damaging than not.

Every day miles of traffic jams line the north-south arteries that feed into the southern city from the new suburban areas. This reliance on the automobile (a result of an aspirational society and

पारिस्थितिकी-प्रणाली वाले संवेदनशील तटीय क्षेत्रों के विशाल इलाकों को इन शक्तियों द्वारा मिटाए जाने से बचा सकें। इस प्रकार लवणीय पारिस्थितिकी-प्रणालियों वाले समृद्ध कच्छ वनस्पति वनों को लगातार खतरा है। हाल के वर्षों में जन जागरूकता बढ़ी है - और यह लाभप्रद सिद्ध हो रहा है।

इन सबसे महत्वपूर्ण बिंदु पर एक बड़ा प्रभावशाली तथ्य मौजूद है - नगर को ऐसी पारिस्थितिकी प्रणाली के रूप में कभी नहीं समझा गया है - जिसके भीतर व्यक्ति इस तरह से व्यवहार करे कि प्राकृतिक और कृत्रिम का सह-अस्तित्व सम्भव हो सके। इसका अर्थ ऐसे शक्तिशाली भूगोल के रूप में नगर को पूरी तरह समझना होगा जिस पर कोई व्यक्ति चल रहा है। प्रयास हमेशा इस भूगोल को चुनौती देने का रहा है - कभी भी सकारात्मक प्रभाव को चुनौती देने का नहीं। सम्भवतया एक अन्तिम मौका नगर के उत्तर-पूर्व में लवणयुक्त-उथली भूमि का पुनर्विकास है जिस पर इसके बहाने जोर दिया जा रहा है कि खाड़ी से सिंचित भूमि फिर से प्राप्त करने पर आवास के लिए और अधिक भूमि मुक्त होगी - हालांकि इससे समुद्री पारिस्थितिकी-प्रणाली के बड़े क्षेत्र पर विनाशकारी प्रभाव होने के अलावा वास्तव में केवल कुछ व्यक्तियों को ही लाभ मिलेगा।

ऐसी पूर्णतावादी अति महत्वपूर्ण दूरदृष्टि की भीषण आवश्यकता है जो नगर के भविष्य को इसकी प्राकृतिक और सांस्कृतिक विरासत की बढ़ी हुई प्रासंगिकता से एकीकृत कर दे। नगर के पृष्ठ प्रदेशों को हमेशा बढ़ते हुए अव्यवस्थित प्रसार से खतरा है और वर्तमान द्वीप नगर का सघनीकरण और तीव्रीकरण जो इसके आसपास की हरित पट्टी का संरक्षण सुनिश्चित करने के लिए बढ़िया रहेगा, वास्तव में गैर-मौजूद है। प्रशासनिक [और राजनीतिक] इच्छाशक्ति का अभाव है - और जो इक्का-दुक्का काम और प्रयास बच पाते हैं, वे सम्भवतया न किए जाने की तुलना में अधिक हानिकारक हैं।

a surge in incomes of the middle class) has ensured that the supposed personal freedom of driving one's own car is offset by the time that it actually takes to travel, as well as the fact that the roads are in a perpetually bad condition due to corruption within the road contracting procedures. But the fact that the north-south geographic schism of the city is made explicit is not being taken too seriously. Nor is there a concerted effort to connect the city along its east-west axis. The few infrastructure works that are in progress to ameliorate this axis at a few locations (after great delays) are too few and far too late, apart from the fact that they would merely cater to outdated traffic densities.

At best, the city manages to get by on a daily basis. The forecast two decades ago that this city would become one of the major future financial hubs has come to nought. Urgent restructuring is necessary, a restructuring that not only takes care of the way the city is administered and how its urban future is envisioned but how its inhabitants are brought closer to one eternal presence—that of nature. A beginning can be made by understanding the city's physical geography. And a transformative vision of the city as an ecology within which nature and artifice strike a much-desired balance.

प्रतिदिन मीलों लम्बे ट्रैफिक जाम उन उत्तर-दक्षिण मुख्य-मार्गों पर लगते हैं जो नए उपनगरीय क्षेत्रों से दक्षिणी नगर में जाते हैं। वाहनों पर इस निर्भरता [आकांक्षापूर्ण समाज और मध्य वर्ग की आय में वृद्धि का परिणाम] ने यह सुनिश्चित किया है कि व्यक्ति की स्वयं की कार चलाने की मानी जाने वाली स्वतन्त्रता, यात्रा करने में वास्तविक रूप से लगने वाले समय और इस तथ्य से प्रतिसन्तुलित हो जाए कि सड़कें, सड़कों का अनुबन्ध देने की प्रक्रियाओं में भ्रष्टाचार के कारण चिरस्थायी रूप से खराब स्थिति में हैं। लेकिन इस तथ्य को बहुत गम्भीरता से नहीं लिया जा रहा है कि नगर का उत्तर-दक्षिण भौगोलिक विभाजन सुस्पष्ट बनाया जाए। और न ही नगर को पूर्व-पश्चिम धुरी पर स्थिर करने के लिए कोई ठोस प्रयास किया जा रहा है। कुछ स्थानों पर इस धुरी को सुधारने के लिए जारी कुछ बुनियादी काम [बहुत देरी के बाद] - बहुत कम हैं और बहुत विलम्ब से किए जा रहे हैं, इसके अलावा यह तथ्य भी है कि ये केवल अप्रचलित ट्रैफिक घनत्व को सहायता पहुँचाएंगे।

अगर सर्वोत्तम रूप से कहा जाए, तो नगर किसी तरह रोज़मर्रा आधार पर चल पा रहा है। दो दशक पहले की गई इस भविष्यवाणी को निरर्थक बना दिया गया है कि यह नगर भविष्य में एक प्रमुख वित्तीय केन्द्र बन जाएगा। तुरन्त पुनर्गठन करने की आवश्यकता है। एक ऐसा पुनर्गठन जिसमें केवल उस तरीके पर ही ध्यान नहीं देता जिसमें नगर का प्रशासन किया जाता है और कैसे इसके नगरीय भविष्य की कल्पना की जाती है, बल्कि इस बात पर ध्यान दिया जाता है कि इसके निवासियों को कैसे एक सनातन उपस्थिति - अर्थात प्रकृति के समीप लाया जाए। नगर के भौतिक भूगोल को समझकर प्रारम्भ किया जा सकता है। और पारिस्थितिकी के रूप में नगर की रूपान्तरकारी संकल्पना जिसमें प्रकृति और छल का सन्तुलन हो सके।

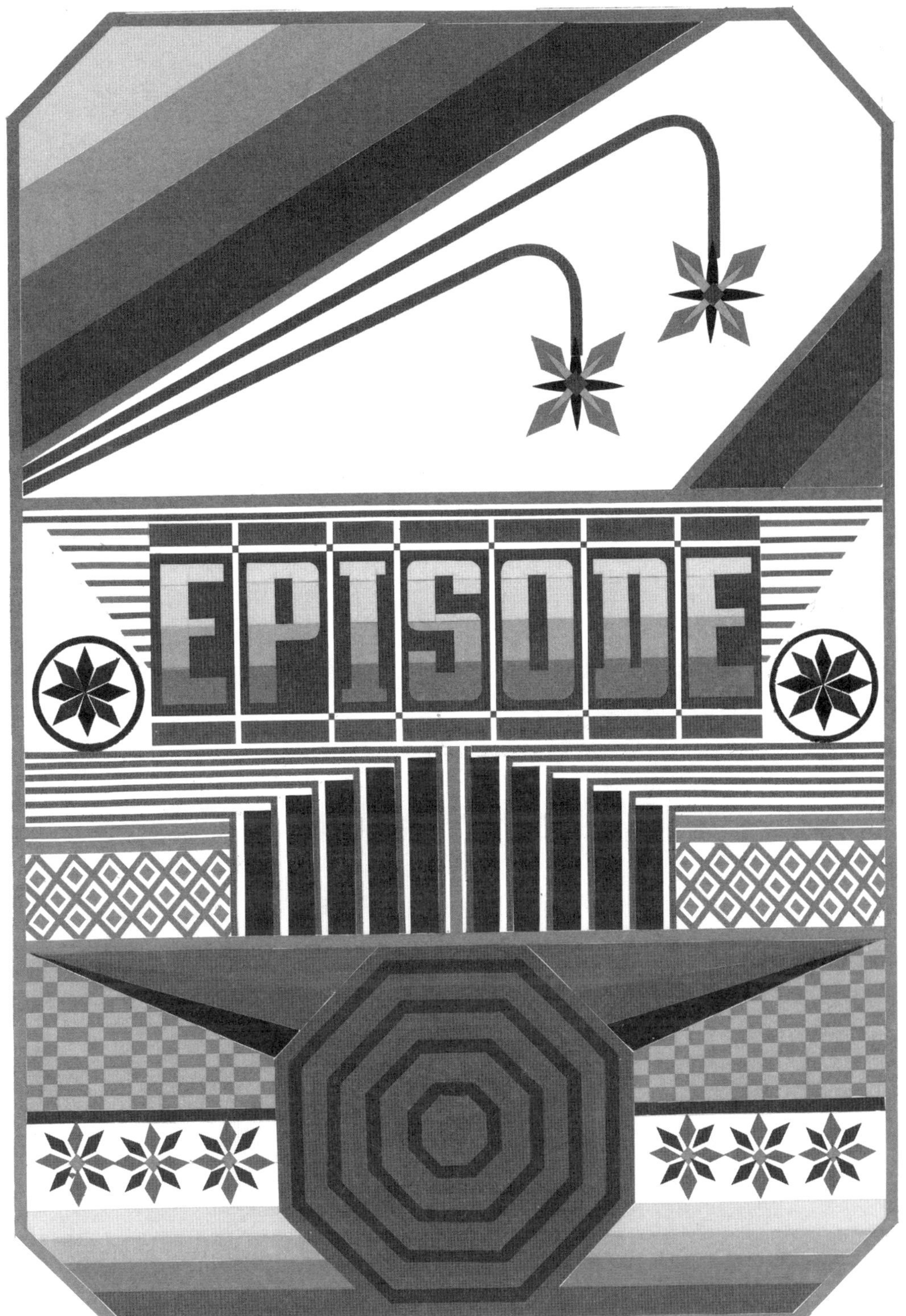
EPISODE

Keywords: subalternity, cultural traverse, orientalism, labour of translation, approaching Other-ness

Imagining India

Reflections on Mario Pfeifer's *A Formal Film*

Ranjit Hoskote is a cultural theorist, curator and poet based in Bombay. He is the author of *Vanishing Acts* (Penguin, 2006), *Die Ankunft der Vögel* (Hanser, 2006), and *I, Lalla: The Poems of Lal Ded* (Penguin Modern Classics, 2011). He curated India's firstever national pavilion at the Venice Biennale (2011).

The Paradoxes of Encounter

I feel strangely, and productively, like an outsider when I view Mario Pfeifer's *A Formal Film in Nine Episodes, Prologue and Epilogue* (2010). An outsider to the situations he delineates, many of the cityscapes and interior spaces he explores and the exchanges that he stages, although the film is set entirely in India and I am, technically, an Indian. Structured through several modes of encounter, including the anthropological probe and the abstractionist rendition, this cinematic adventure marks a series of engagements that Pfeifer had with India, specifically the city of Bombay in this case. The artist interprets the city and country here at various levels: as a transitional society; as a lifeworld inhabited by individuals of diverse cultural assumptions, economic aspirations and social desires; and as a kaleidoscope of strikingly diverse social milieux and urban topographies.

Pfeifer's approach provokes me into asking whose reality it is that is being represented. It is not by any means an ethnographic documentation that points to an actual and settled world of social relationships. Rather, its episodic structure segues from one set of makeshift dialogues and transient relationships to another. In the space of a few episodes, for instance, the film transits from a barber and his client in the claustral space of the barber's shop, to a marshy scrubland set between shanties and apartment blocks, where two migrant workers speak to one another across the divides of region, language and ethnicity, to another claustral space, an ophthalmologist's clinic, where a patient and a technician, brought together on the occasion of an eye test, attempt to reach out to one another through professional, mechanical, stilted conversation.

कल्पित भारत

मारियो प्फाइफर की *औपचारिक फिल्म* पर प्रतिक्रियाएं

रणजीत होसकोटे बंबई में रहने वाले सांस्कृतिक सिद्धांतकार, संरक्षक और कवि हैं। वे *वैनिशिंग एक्ट्स* (पेंग्विन, २००६), *डी एनकुन्फ्ट डेर फॉगल* (हैंसर, २००६) और *आई, लल्ला: द पोयम्स ऑफ लाल डेड* (पेंग्विन मॉर्डन क्लासिक्स, २०११) के लेखक हैं। उन्होंने वेनिस द्विवार्षिक समारोह (२०११) में भारत के अब तक से सबसे पहले राष्ट्रीय मंडप का प्रशासन किया।

भेंट के विरोधाभास

जब मैं मारियो प्फाइफर की एक *औपचारिक फिल्म नौ प्रकरण, प्रस्तावना और उपसंहार में* (२०१०) देखता हूँ, तब मैं अद्भुत रूप से और सकारात्मक रूप से बाहरी व्यक्ति जैसा अनुभव करता हूँ। स्थितियों के प्रति बाहरी व्यक्ति के रूप में वे अनेक नगर दृश्यों और आन्तरिक स्थानों की खोजबीन और आदान-प्रदान करते हैं जिन्हें वे प्रस्तुत करते हैं, हालाँकि फिल्म पूरी तरह से भारत में निर्मित की गई है और मैं तकनीकी रूप से भारतीय हूँ। मानव वैज्ञानिक परीक्षण और अयथार्थवादी व्याख्या सहित भेंट के अनेक तरीकों के माध्यम से निर्मित यह सिनेमैटिक साहसिक कार्य उन सम्पर्कों की शृंखला है जो प्फाइफर भारत, इस मामले में विशेष रूप से बंबई नगर में, कर चुके हैं। कलाकार यहाँ विभिन्न स्तरों पर नगर और देश की व्याख्या करता है: संक्रमणकालीन समाज के रूप में; विविध सांस्कृतिक धारणाओं, आर्थिक आकांक्षाओं और सामाजिक कामनाओं के व्यक्तियों द्वारा आबाद किए गए जीवन विश्व के रूप में; और अत्यन्त विविध वातावरण और नगरीय भोगौलिक स्थितियों के कलाइडोस्कोप के रूप में।

प्फाइफर का दृष्टिकोण मुझे यह पूछने के लिए प्रेरित करता है कि किसकी वास्तविकता का प्रतिनिधित्व किया जा रहा है। यह किसी भी रूप में ऐसा मानव जाति विज्ञान संबंधी दस्तावेज़ नहीं है जो सामाजिक संबंधों के वास्तविक और स्थापित विश्व की ओर इंगित करता हो। इसकी बजाए इसकी कड़ी वाली संरचना अस्थायी संवादों और अन्य के साथ क्षणिक संबंधों के एक सेट से रुकावट के बिना आगे बढ़ती है। कुछ कड़ियों के स्थान में, उदाहरण के लिए, फिल्म नाई की दुकान के तंग स्थान में नाई और उसके ग्राहक से झोंपड़ियों और अपार्टमेंट ब्लॉकों के बीच मौजूद दलदल वाली और झाड़-झंखाड़ वाली भूमि की ओर बढ़ती है जहाँ दो प्रवासी कामगार क्षेत्र, भाषा और जातीयता के विभाजनों में एक-दूसरे से बातचीत करते हैं और इसके बाद यह एक अन्य तंग स्थान यानी एक नेत्र-रोग चिकित्सक के क्लिनिक की तरफ बढ़ती है जहाँ आखों की जाँच के दौरान एक-दूसरे के समीप आने वाले रोगी और तकनीशियन व्यावसायिक, मैकेनिकल और औपचारिक बातचीत के माध्यम से एक-दूसरे से सम्पर्क करने का प्रयास करते हैं।

Even as recently as ten years ago, it seemed politically appro-
priate for Indians like myself—scholars, critics, theorists,
artists, authors and curators—to deploy a "strategic essential-
ism", in Gayatri Spivak's vivid and memorable phrase, and
claim an authority by birthright over any representation of
India or Indians.[1] Having had subalternity imposed upon
us by the mechanisms of a colonial empire, so the argument
went, we had allowed ourselves to be coerced into a sub-
jection to the images and narratives that others (typically, the
colonizers) constructed around and about us. Through the
process of colonial pedagogy, we had become those images,
assimilated those narratives; we had twisted our lived expe-
rience and our understanding of our own subjectivity to con-
form to them. And therefore it was important and necessary
for us to recover the agency of interpretation over our own
lifeworld from the master discourse of Orientalism, the con-
trolling xenographic and stereotypical tropes of exoticism
and the picturesque. Today, such a strategic essentialism dis-
closes itself as a paradoxically restrictive rather than eman-
cipatory device. It forces the present and future into an immu-
table asymmetry carried over from the past, discounting
any form of viewing that would bypass the tropes of Oriental-
ism, or re-calibrate the terms of transcultural, transregional
encounter.

I cannot claim a monopoly over the lifeworld that Pfeifer
explores, because it does not belong to me simply because
I happen to be Indian. In actuality, I have no particular social
contact and no particular cultural affinity with the kind of
protagonists who people the chapters of Pfeifer's cinematic
novel. At the same time, this lifeworld does not belong entirely
to the artist either; although it assumes the series of shapes
that his perspective imparts to it for the duration of the film,
it leaks away at the edges of his frames. India is elusive: like
the barking of the dogs and the thrum of various machines
that punctuate the soundtrack, it registers a palpable sen-
sory presence in this film, yet remains curiously out of reach.

Like the two birds on the branch in the Upanishadic par-
able, one eating a fruit, the other watching the first one eat,
I view myself viewing Pfeifer's cinematic account and fram-
ing it even as it frames its episodes. The artist's methodology
does not exclude me by generating a sense of alienation;

[1] See Sara Danius, Stefan Jonsson and Gayatri C. Spivak, 'An Interview with Gayatri Chakravorty Spivak', in Boundary 2,
Vol. 20 No. 2 (Duke University Press, Summer 1993), pp. 24–50.

हाल में दस साल पहले, मेरे जैसे भारतीयों – विद्वानों, आलोचकों, सिद्धांतकारों, कलाकारों, लेखकों और संरक्षकों – को गायत्री स्पाइवैक के जीवंत और यादगार वाक्यांश में "कार्यनीतिक अनिवार्यता" तैनात करना और भारत या भारतीयों के किसी प्रतिनिधित्व में किसी प्राधिकार द्वारा जन्म अधिकार लेना शिष्टाचार के रूप में उपयुक्त लगता था।[१] औपनिवेशिक साम्राज्य के तंत्रों द्वारा हम पर लादी गई अधीनस्थता के बाद, जैसा तर्क दिया गया, हमने स्वयं को उन छवियों और वर्णनों के बलपूर्वक पराधीन करवा लिया था जो अन्यों (विशिष्ट रूप से औपनिवेशों) ने हमारे आसपास और हमारे बारे में निर्मित किए थे। औपनिवेशी शिक्षा की प्रक्रिया के माध्यम से हम वे छवियाँ, वे आत्मसात वर्णन बन गए थे; हमने अपने जिए अनुभव और अपनी खुद की व्यक्तिपरकता की अपनी समझ को उनके अनुरूप होने के लिए परिवर्तित कर दिया था। और इसलिए हमारे लिए यह महत्वपूर्ण और आवश्यक था कि हम पूर्वीवाद, विदेशीयता और मनोहरता के नियन्त्रक ज़ेनोग्राफिक और रूढ़ रूपकों के प्रमुख संवाद से अपने जीवन विश्व की व्याख्या का साधन प्राप्त करें। आज, ऐसी कार्यनीतिक अनिवार्यता स्वयं को मुक्ति के साधन की बजाए विरोधाभास रूप से प्रतिबंधात्मक के रूप में प्रकट करती है। इससे वर्तमान और भविष्य, अतीत से आगे लाई गई अपरिवर्तनीय असममिति में प्रवेश कर जाता है, इससे देखने का कोई रूप कम हो जाता है जो पूर्वीवाद के रूपकों से गुजरेगा या अन्तर-सांस्कृतिक, अन्तर-क्षेत्रीय भेंट के संबंध में मूल्यांकन करेगा।

मैं प्फाइफर द्वारा अन्वेषण किए जाने वाले जीवन विश्व पर एकाधिकार का दावा नहीं कर सकता क्योंकि यह बस इसलिए मेरा नहीं है क्योंकि मैं भारतीय हूँ। वास्तव में, मेरा उस प्रकार के मुख्य पात्रों से कोई विशेष सामाजिक सम्पर्क और कोई विशेष सांस्कृतिक संबंध नहीं है जो प्फाइफर के सिनेमैटिक उपन्यास के अध्यायों को आबाद करते हैं। इसके साथ-साथ यह जीवन विश्व पूरी तरह से कलाकार का भी नहीं है; हालांकि यह अनेक ऐसे रूप धारण कर लेता है जो उसका परिदृश्य फिल्म की अवधि के दौरान उसे देता है, फिर भी यह उसके फ्रेमों के किनारों से व्यक्त हो जाता है। भारत अवर्णनीय है: कुत्तों के भौंकने और उन मशीनों के कोलाहल जैसे जो ध्वनिपथ में बाधा पहुँचाता है, यह इस फिल्म में प्रत्यक्ष संवेदी मौजूदगी दर्ज करता है, फिर भी जिज्ञासापूर्वक पहुँच से बाहर रहता है।

उपनिषद की नीति कथा में शाखा पर बैठे दो पक्षियों की तरह, जिनमें से एक फल खा रहा होता है, दूसरा पहले वाले को खाते हुए देख रहा होता है, मैं स्वयं प्फाइफर के सिनेमैटिक वर्णन को देखने और इसे फ्रेम करते हुए अनुभव करता हूँ जबकि यह यह अपनी कड़ियों को स्वयं फ्रेम करता है। कलाकार की पद्धति विरक्ति का भाव उत्पन्न करने के द्वारा मुझे बाहर नहीं करती, इसके विपरीत यह भ्रमात्मक अप्रत्यक्षता द्वारा काम करते हुए मुझे जिज्ञासा की स्थिति में प्रेरित करती है। मुझे उस ज़बरदस्त छवि की याद आ गई है जो क्लॉड लेवी-स्ट्रॉस ने

245

on the contrary, it provokes me into a state of curiosity, acting by allusive indirection. I am reminded of the marvellous image that Claude Lévi-Strauss developed for the work and fate of the anthropologist, always traversing other cultures, finding himself a stranger everywhere, even in the mirror, with every analytical step he takes being placed in doubt by the next: "As he moves about within his mental and historical framework, man takes along with him all the positions he had already occupied, and all those he will occupy. He is every-where at one and the same time; he is a crowd surging forward abreast, and constantly recapitulating the whole series of previous stages. For we live in several worlds, each truer than the one it encloses, and itself false in relation to the one which encompasses it."[2]

The Labour of Translation

No one speaks in the ice factory. Labour is the only form of communication. All the workers understand the grammar of movement: the way in which a block of ice is to be hacked, hewn or splintered; the way it is pulled out of its metal mould-casing, swung towards the delivery hatch, and propelled on its way. No translation into words is necessary, in the arctic neon ecology of the ice factory. Nor do we need an annotation to tell us that these workers will remain framed indefinitely within the syntax of the factory, even while the blocks of ice are transported away, into the warehouses and refrigerators of their ultimate users; there, these solidified avatars of water will be exchanged for money, their utility in monetary translation.

But what of the artist's labour of translation, as he construes various relationships of thwarted desire and possible redemption in the limen of the cinematic image? The new housing colony confronts the marsh-land across which the newly tonsured labourer must walk. In a mar-ginal zone, where rivalry over scarce resources often outweighs the imperatives of empathy and compassion, he asks for and receives water. Around the man who asks for water and the man who gives water, the express trains pass, conveying people, goods and materials from one node of the national economy to another: constant mobility, cease-less translation, endless negotiation, passage from one state or being or scale of value to another.

A translation always produces new objects. It does not offer itself as an explanation for the originals it seems to be mapping. Nor does it

---

[2] Claude Lévi-Strauss, Tristes Tropiques trans. John and Doreen Weightman (New York: Modern Library, 1997), p. 504.

हमेशा अन्य संस्कृतियों के बीच यात्रा करते हुए, हर कहीं, यहाँ तक कि आईने में भी स्वयं को अजनबी पाते हुए मानवविज्ञानी के कार्य और भाग्य के लिए विकसित की है और उनके द्वारा किया जाने वाला प्रत्येक विश्लेषणात्मक काम इसके द्वारा संदेह में पड़ जाता है: "जब वे अपने मानसिक और ऐतिहासिक ढाँचे के बीच विचरण करते हैं, तब व्यक्ति अपने पास वे सारे पद ले जाता है जिन पर पहले ही रह चुका है और वे भी जिन पर वह रहेगा। वे एक ही समय हर कहीं हैं; वे साथ-साथ आगे बढ़ने वाली भीड़ हैं और वे पिछली अवस्थाओं की पूरी शृंखला को लगातार संक्षेप में दोहराते रहते हैं। चूँकि हम अनेक विश्वों में रहते हैं, जिनमें से प्रत्येक अपने से घिरे विश्व से अधिक सच्चा है और इसे समाहित करने वाले विश्व की तुलना में स्वयं में झूठा है।"[२]

अनुवाद का श्रम

बर्फ की फैक्टरी में कोई बात नहीं करता है। श्रम संचार का अकेला रूप है। सभी कामगार गतिविधि का व्याकरण समझते हैं: बर्फ के किसी ब्लॉक को किस तरह काटा जाना है, गढ़ा जाना है या विभाजित किया जाना है; इसे इसके धातु के साँचे से कैसे बाहर खींचा जाता है, डिलीवरी हैच की तरफ कैसे झुलाया जाता है और इसके मार्ग में आगे की ओर ठेला जाता है। बर्फ फैक्टरी की आर्कटिक नियॉन पारिस्थितिकी में शब्दों के अनुवाद की आवश्यकता नहीं है। और हमें यह बताने के लिए हमें किसी टिप्पणी की आवश्यकता भी नहीं है कि ये कामगार फैक्टरी के व्यवस्थित क्रम में अनिश्चित समय तक रहेंगे, चाहे बर्फ के ब्लॉक मालगोदामों और इनके अन्तिम प्रयोक्ताओं के रेफ्रिजरेटरों में भेज दिए जाएं; वहाँ पानी के इन ठोस अवतारों का पैसे, मौद्रिक अनुवाद में उनकी उपयोगिता का आदान-प्रदान किया जाएगा।

लेकिन कलाकार के अनुवाद के श्रम के बारे में क्या विचार है क्योंकि वह सिनेमैटिक छवि कीदेहली में बाधा डाली गई इच्छा और सम्भावित उद्धार के विभिन्न संबंधों का अर्थ लगाता है? नई आवासाय कॉलोनी दलदली भूमि के सामने है जिसके पार तक हाल में सिर मुंडाने वाले श्रमिकों को चलना होगा। एक सीमांत क्षेत्र में, जहाँ दुर्लभ संसाधनों पर प्रतिद्वंद्विता प्रायः समानुभूति और अनुकम्पा की अनिवार्यताओं पर भारी पड़ती है, वहाँ वह पानी मांगता है और इसे प्राप्त करता है। पानी मांगने वाले और पानी देने वाले आदमी के आसपास एक्सप्रेस ट्रेनें गुज़रती हैं, ये लोगों, वस्तुओं और सामग्रियों को राष्ट्रीय अर्थव्यवस्था के एक स्थान से दूसरे स्थान पर ले जाती हैं: निरन्तर गतिशीलता, लगातार अनुवाद, अन्तहीन वार्ता, एक स्थिति या मूल्य के पैमाने से दूसरे में गुज़रना।

अनुवाद हमेशा नई चीज़ें उत्पन्न करता है। यह उस मूल के लिए व्याख्या के रूप में स्वयं को प्रस्तुत करता हुआ नहीं प्रतीत होता है जिसका यह खाका बनाता हुआ प्रतीत होता है। न ही यह मूल के अनुभव को लक्ष्य के अनुभव में शब्द-दर-शब्द यों ही फिर से गढ़ देता है। जो आगे ले जाया जाता है, वह अन्तरण के कार्य में मौलिक रूप से रूपान्तरित किया गया होता है। भेंट के संबंध में प्फाइफर के रेखाचित्र – घूरती निगाहें कैसे परे चले जाती हैं, कैसे आवाज़ें मेल खाती हैं, कैसे आश्वासन दिया जाता

---

[२] क्लॉड लेवी-स्ट्रॉस, ट्राइसटेस ट्रॉपिक्यूज़, अनुवाद जॉन और डोरीन वेटमैन (न्यूयॉर्क: मॉडर्न लाइब्रेरी, १९९७), पृष्ठ ५०४

simply reassemble the source experience, piece by piece, into the target experience. What is carried over is transformed radically in the act of conveyance. Pfeifer's line diagrams of encounter—how the gazes shift, how the voices consort, how assurance is offered and accepted— embody the reserve quotient of the optimal, which rests beneath the chaos and violence of India's social and political surface. They demarcate the ground of culture. For culture is not the residuum of tradition that is ossified in the form of custom; nor is it the canon that is legislated and protected by scholarship. Culture is what gets made in the intermediate, interstitial areas of interface between a lifeworld and its many translations.

What *A Formal Film* dramatizes most effectively is the complex relationship of the viewer as translator—whether the artist as first viewer or any number of viewers who follow—to the sensuous, discursive, refracted, represented presence of the Other, to a dramatic confrontation with alterity. Even as we view, we are constantly assailed by the question of how we shape what we view; of how we reshape ourselves in the light of what we are viewing; of how, in turn, our repositioning of ourselves results in a shift in our affective response to the film. As Ronald Inden observes in his benchmark critique of the various representations of Indian culture and society, *Imagining India*, from which this essay takes its title: "[T]he knowledge of the knower is not a disinterested mental representation of an external, natural reality. It is a construct that is always situated in a world apprehended through specific knowledges and motivated by practices in it. What is more, the process of knowing actively participates in producing and transforming the world that it constructs intellectually."[3]

In this context, Pfeifer's sophisticated use of a subliminal Greek dramaturgy in the construction of the film as well as its disposition through the mise-en-scène of the exhibition is remarkable. Etymologically, the episode is not simply an instalment of a narrative as we now understand it, conditioned as we are by the usage of television programming; instead, it meant a parenthetical addition of commentary between two choric songs or, sometimes, an illuminating digression within an unfolding story. At any rate, the original temporality of the episode was not one of fluid continuity, but rather one of rupture and of rapture: the episode was a moment of startling experience breaking into the procedural routine of a story. With this insight in mind, we turn back to *A Formal Film* and see, not an attempt to encompass the vagaries of life in Bombay, but a crackling series of sensuously rich epiphanies: a head tonsured before us and rubbed down with antiseptic turmeric, as

---

[3] Ronald B. Inden, *Imagining India* (Bloomington: Indiana University Press, 1990), p. 33.

है और स्वीकार किया जाता है – यह इष्टतम के आरक्षित अनुपात को मूर्त रूप देता है जो भारत की सामाजिक और राजनीतिक संरचना की अव्यवस्था और हिंसा के नीचे स्थित है। वे संस्कृति के आधार को सीमांकित करते हैं। संस्कृति परम्परा का ऐसा अवशेष नहीं होती जिसे प्रथा के रूप में कठोर बनाया जाता है; न ही यह ऐसा सिद्धांत होती है जिसका कानून बनाया जाता है या पांडित्य द्वारा संरक्षित किया जाता है। संस्कृति वह होती है जो जीवन विश्व और इसके बहुतसे अनुवादों के बीच अंतरापृष्ठ के मध्यवर्ती, बीच के क्षेत्रों में निर्मित हो जाती है।

औपचारिक फिल्म जिस बात को सबसे अच्छे तरीके से नाटकीय रूप से प्रस्तुत करती है, वह अनुवादक के रूप में दर्शक का – चाहे कलाकार पहले दर्शक के रूप में या बाद के कितने ही दर्शक हों – अन्य की ऐंद्रिय, तर्कमूलक, अपवर्तित, प्रतिनिधित्व वाली उपस्थिति, परिवर्तनीयता से नाटकीय भेंट के साथ जटिल संबंध है। जब हम देखते हैं, हम पर लगातार इस प्रश्न की बौछार होती है कि हम जिसे देखते हैं, उसे कैसे साकार करते हैं; कि हम जो कुछ देख रहे हैं उसके आलोक में हम कैसे स्वयं को फिर से ढालते हैं; कि, इसके बदले, हमारी स्वयं के बदलाव के परिणामस्वरूप फिल्म के प्रति हमारी प्रभावकारी प्रतिक्रिया में भी परिवर्तन होता है। जैसा कि रोनाल्ड इंडेन भारतीय संस्कृति और समाज के विभिन्न प्रतिनिधित्वों के अपने मानदंड आलोचनात्मक लेख *इमेजिनिंग इंडिया*, जिससे इस निबन्ध का शीर्षक लिया गया है, में टिप्पणी करते हैं: "जानकार का ज्ञान किसी बाहरी, प्राकृतिक वास्तविकता की उदासीन मानसिक प्रस्तुति नहीं है। यह एक ऐसा निर्माण है जो हमेशा विशिष्ट ज्ञानों के माध्यम से सशंकित और इसमें मौजूद पद्धतियों द्वारा प्रेरित विश्व में स्थित होता है। इसके अलावा, सक्रिय रूप से जानने की प्रक्रिया उस विश्व को निर्मित और रूपान्तरित करने में सक्रिय रूप से भाग लेती है जो यह बौद्धिक रूप से निर्मित करती है।"[3]

इस संदर्भ में, फिल्म के निर्माण के साथ-साथ प्रदर्शनी के 'मिस अन सेन' के माध्यम से विन्यास के रूप में उदात्त यूनानी नाट्यकला का प्फाइफर का परिष्कृत उपयोग उल्लेखनीय है। व्युत्पत्ति के रूप से, कड़ी एक वृतांत की किस्त भर नहीं है जैसा कि हम अब समझते हैं, यह हमारी तरह टेलीविज़न प्रोग्रामिंग के उपयोग की भाँति अनुकूलित नहीं है; इसकी बजाए इसका अर्थ दो सहगानों के बीच व्याख्या की कोष्ठकयुक्त वृद्धि या कभी-कभी किसी विकासात्मक गाथा के भीतर ज्ञानवर्धक विषय परिवर्तन है। किसी भी दर पर, कड़ी की मूल विलासिता तरल निरन्तरता नहीं थी, बल्कि यह एक टूटन एवं टूटन थी: कड़ी किसी कथा की प्रक्रियात्मक दिनचर्या में वर्णित आश्चर्यजनक अनुभव का क्षण थी। इस अंतर्दृष्टि को ध्यान में रखते हुए हम फिर से *एक औपचारिक फिल्म* पर आते हैं और बंबई में जीवन की अनिश्चितताओं को समाहित करने का प्रयास न देखकर एंद्रिय रूप से समृद्ध आविर्भावों की ज़बरदस्त शृंखला देखते हैं: हमारे सामने मूंडा गया सिर और उस पर रोगाणु रोधक हल्दी मला जाना, जैसे बलि चढ़ाने के लिए तैयारी की जा रही थी; मानसून वाले समुद्र की ओर बढ़ रहे ज़बरदस्त पुल जो एक द्वीपीय नगर को मुख्य भूभाग पर इसके सूक्ष्म नौबंधों से जोड़ते हैं; एक प्राचीन गुफा परिसर जिसमें पहले मठवासी और साधु रहा करते थे, जो अब मित्रता और प्रेम के फलने-फूलने की पृष्ठभूमि है।

हम तेज़ी से चेतावनी के बिना देवनागरी से रोमन लिपि पर आते हैं। एकवीरादेवी और महादेवी थोड़ी देर के लिए जगमगाते हैं, जो ऐसे ईश्वरीय प्रतीक हैं जो बर्फ

---

[3]. रोनाल्ड बी. इंडेन, *इमेजिनिंग इंडिया* (ब्लूमिंगटन: इंडियाना यूनिवर्सिटी प्रेस, १९९०), पृष्ठ ३३

though being prepared for sacrifice; great bridges surging across monsoonal seas, linking an island-city to its tenuous moorings on the mainland; an ancient cave complex, once home to monks and anchorites, now backdrop to the efflorescence of friendship and love.

We transit swiftly, without warning, from Devanagari to Roman scripts. Ekviradevi and Mahadevi glow briefly, divine symbols that manage an intriguing adjacency with the coolant pipes of the ice factory and the subdued blue glow of the laser eye surgery clinic. The two-thousand-year-old columns of the cave temple hold out the promise of eternity against the ebb and flow of the phenomenal world; the concrete columns of the sea bridge suggest the constancy of conflict with the unpredictable elements. The film is not a seamless series of parts building into a coherent and easily digestible whole, but rather enacts a trail of clues and symptoms in which science fiction and religion, theophany and apocalypse become entangled. Pfeifer wrestles, in this deeply meditative work, with questions that are vital and urgent to many of us, in an epoch of choices that take us beyond the territorial boundaries of our societies, the conceptual frameworks of our cultures: How can we embrace that which is different yet deeply attractive, without trying to shape it to our own taste; how can we refrain from violating the Other even as we take delight in it; how can we celebrate affinity without denying difference, when attending to the Other; how can we merge our horizons with those of the Other, and yet preserve the specificity of its predicaments; how can we retain self-doubt and yet situate the Other confidently in our experience of the world?

From Plato's great dialogue, *The Symposium,* we draw the compelling image of the self as one half of a whole, always pursuing its other, fleeing half, motivated by a desire for consummation, yet rewarded only with approximations, fleeting moments, images of consummation.[4] If Mario Pfeifer's *A Formal Film* is resonant with philosophical inquiry, it is also charged with a haunting, plangent erotics.

[4] See Plato, *The Symposium,* trans. Walter Hamilton (Harmondsworth: Penguin Books, 1951).

की फैक्टरी के ठंडा करने वाले पाइपों और लेजर आई सर्जरी क्लिनिक की मंद नीली चमक के बीच पहेलीनुमा सामीप्य की व्यवस्था करते हैं। गुफा के मन्दिर के दो हज़ार वर्ष पुराने स्तम्भों में अद्भुत विश्व के उतार-चढ़ाव के प्रति नित्यता का वचन विद्यमान है; समुद्र के पुल के कंक्रीट के स्तम्भ अप्रत्याशित तत्वों से टकराव की निरन्तरता के प्रतीक हैं। यह फिल्म उन भागों की अखंड शृंखला नहीं है जो संस्कत और आसानी से खप जाने वाले पूर्ण रूप में प्रस्तुत होते हैं, बल्कि यह फिल्म ऐसे संकेतों और लक्षणों की निशानी प्रस्तुत करती है जिसमें विज्ञान कपोल-कल्पना और धर्म, ईशदर्शन और अंतर्भास उलझ जाते हैं। इस गहन चिन्तनशील कृति में प्फाइफर उन प्रश्नों से जूझते हैं जो उन विकल्पों के काल में हममें से अनेक के लिए महत्वपूर्ण और आवश्यक हैं जो हमें हमारे समाजों, हमारी संस्कृतियों के संकल्पनात्मक ढाँचों की क्षेत्रीय सीमाओं से परे ले जाते हैं: हम किसी चीज़ को अपनी रुचि के अनुसार ढाले बिना उसे कैसे अपना सकते हैं जो भिन्न लेकिन बहुत आकर्षक है; हम अन्य का उल्लंघन करने से कैसे बच सकते हैं जब हमें इसमें आनन्द आता है; हम अन्य पर ध्यान देते समय अन्तर को नकारने के बिना कैसे प्रगाढ़ संबंध का मज़ा ले सकते हैं; हम कैसे अपने क्षितिज अन्यों के क्षितिजों के साथ मिला सकते हैं, और इसके बावजूद इसकी अवस्थाओं की विशिष्टता को बचाए रख सकते हैं; हम कैसे आत्म-संदेह रखकर विश्व के अपने अनुभव में अपनी गोपनीयता को स्थित कर सकते हैं?

प्लेटो के महान संवाद *द सिम्पोज़ियम* से, हम सम्पूर्ण में से आधे के रूप में स्वयं की सम्मोहक छवि प्रस्तुत करते हैं और निष्पत्ति की इच्छा द्वारा प्रेरित होकर हमेशा इसके अन्य आधे भाग के पीछे लगे रहते हैं, इसके बावजूद हमें केवल निकट आगमन, अस्थिर क्षण, निष्पत्ति की छवियाँ मिल पाती हैं।[४] अगर मारियो प्फाइफर की *एक औपचारिक फिल्म* में दार्शनिक अनुसन्धान की गूँज है, वहीं इसमें बार-बार याद आने वाली गुंजायमान कामुकता भी है।

---

[४] देखें प्लेटो, *द सिम्पोज़ियम*, अनुवाद वाल्टर हेमिल्टन (हार्मंड्सवर्थ: पेंग्विन बुक्स, १९५१).

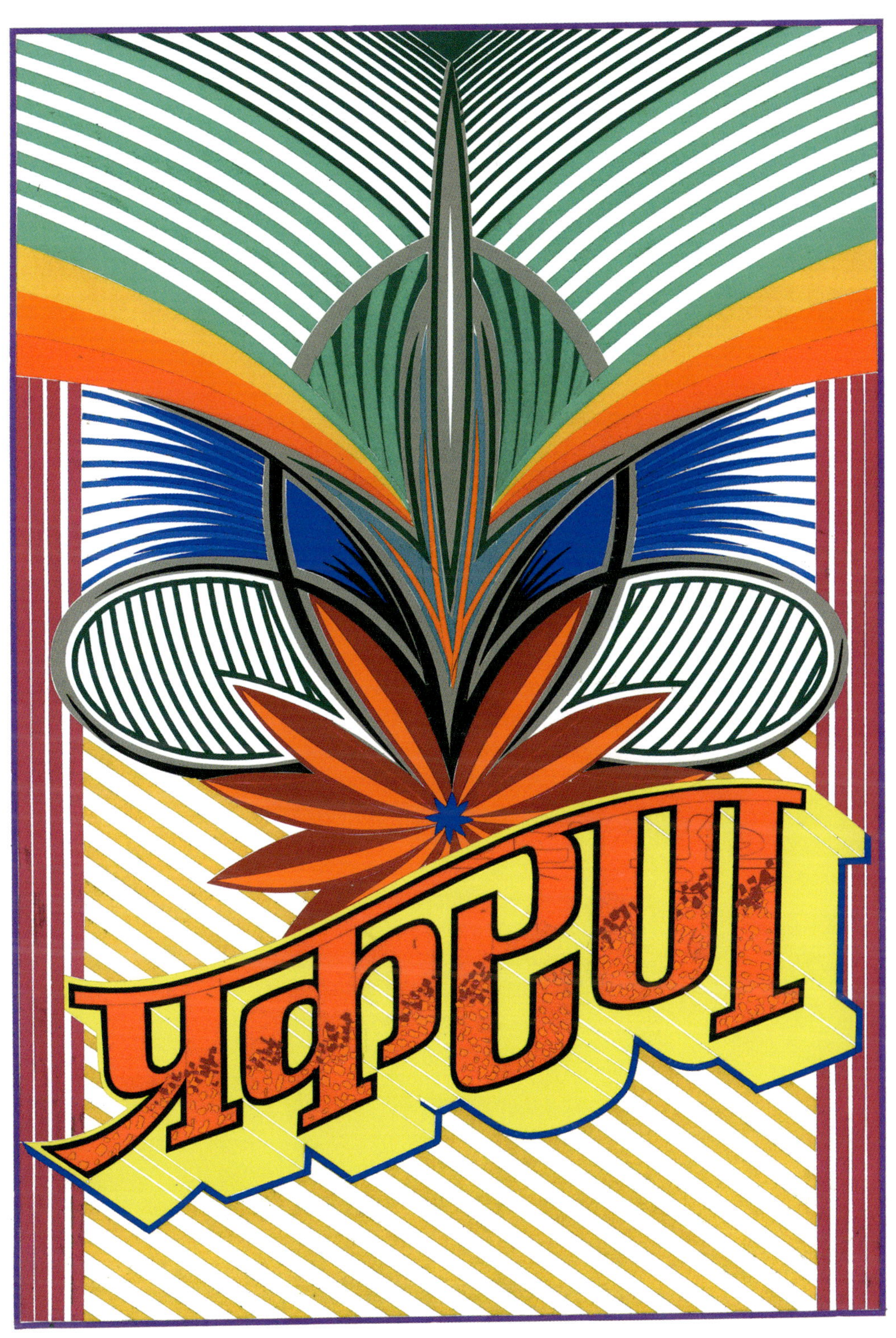

Keywords: research, print library, taxi sticker art, micro-economy, Bollywood painter, Dalit buddhist movement flag

Typography, Taxi Sticker Art and Book Making

On the formal, material and typographical matters
of this publication. Markus Weisbeck and Kurnal Rawat with
Anand Tharaney of Grandmother India.

**Markus Weisbeck/Surface is a graphic designer and professor of
visual communication at the Bauhaus University Weimar. He has
collaborated on book designs for numerous artists, lectured and
exhibited internationally.**

**Kurnal Rawat has been at the forefront of the Indian design scene
since 1998. His keen interest in identifying local design with a global
perspective has initiated scores of design workshops and lectures
at leading design conferences around the world.**

**Anand Tharaney dabbles in film and research and has a number
of independent art projects to his credit.**

**Grandmother India was started by Tejas Mangeshkar and Kurnal
Rawat as a boutique design studio when ad agencies ruled the
communications industry in India. Starting from his grandmother's
balcony with just two PCs between them, they found a niche that
has grown into a forty-person organization.**

Past, Present, Fortune

The house in which Rudyard Kipling wrote *The Jungle Book*[1] in
1894 is situated two hundred metres as the crow flies from
the School of Printing Technology[2], in the heart of Fort, one
of the oldest parts of Bombay. Every Indian child knows the
ubiquitous adventure novel about Mowgli, Bagheera, Baloo
and his friends, not to mention the 1967 Soviet cartoon. The
Oscar winning film *Gandhi* (directed by Richard Attenborough,
1982) is a must for everyone in the country. The film relates
the life story of the Indian independence activist Mahatma
Gandhi[3]. Through his formidable political activities, he almost
incidentally became one of the major independent publish-
ers of pamphlets of his era and the film also documents this
with insights into the world of print workshops. One of these
mechanical extras, a British printing press from 1905, has
belonged since then to the School of Printing Technology,

मुद्रण कला, टैक्सी स्टिकर कला और पुस्तक निर्माण

इस प्रकाशन के औपचारिक, वस्तुगत, और मुद्रण कला विषयक के मामलों पर। मार्कुस वाईसबैक के साथ कुर्नल रावत और ग्रैंडमदर इंडिया के आनन्द थराने।

<u>मार्कुस वाईसबैक/सर्फेस</u> एक ग्राफिक डिज़ाइनर हैं और बौहाउस विश्वविद्यालय वाइमार में दृश्य संचारण के प्रोफेसर हैं। उन्होंने असंख्य कलाकारों के साथ पुस्तक डिज़ायनों के संबंध में सहयोग किया है और और अंतरराष्ट्रीय स्तर पर व्याख्यान दिए हैं और प्रदर्शनियाँ किया हैं।

<u>कुर्नल रावत</u> भारतीय डिज़ाइन के क्षेत्र में १९९८ से अग्र स्थान में अन्तर्ग्रस्त रहे हैं। वैश्विक परिदृश्य के साथ स्थानीय डिज़ाइन को पहचानने के उनके ज़बरदस्त गुण ने पूरे विश्व में अग्रणी डिज़ाइन सम्मेलनों में बहुत अधिक डिज़ाइन कार्यशालाएं और व्याख्यान आरम्भ किए हैं।

<u>आनन्द थराने</u> फिल्म और अनुसन्धान संबंधी कार्य करते हैं और उन्हें बहुत-सी स्वतन्त्र कला परियोजनाओं का श्रेय जाता है।

<u>ग्रैंडमदर इंडिया</u> को तेजस मंगेशकर और कुर्नल रावत द्वारा बूटिक डिज़ाइन स्टूडियो के रूप में तब आरम्भ किया गया था जब विज्ञापन एजेंसियों का भारत में संचारण उद्योग पर साम्राज्य था। अपने बीच केवल २ पर्सनल कम्प्यूटरों के साथ अपनी दादी माँ की बालकनी से आरम्भ करते हुए उन्होंने एक अनुकूल अवसर खोजा था जो आज ४० व्यक्तियों का संगठन बन गया है।

अतीत, वर्तमान, ऐश्वर्य

जिस मकान में रुडयार्ड किपलिंग ने १८९४ में द जंगल बुक¹ लिखी, वह फोर्ट, बंबई के एक प्राचीनतम भाग, के मध्य भाग में मुद्रण प्रौद्योगिकी विद्यालय² से दो सौ मीटर दूर स्थित है। प्रत्येक भारतीय बच्चा मोगली, बघीरा, बालू और उसके दोस्तों के बारे में हर कहीं उपलब्ध रोमांचक उपन्यास तथा इनके अतिरिक्त १९६७ के सोवियत कार्टून के बारे में जानता है। ऑस्कर पुरस्कार विजेता फिल्म गाँधी (रिचर्ड एटनबरो द्वारा निर्देशित, १९८२) देश में हर किसी को अवश्य देखना चाहिए। इस फिल्म में भारतीय स्वतन्त्रता के कर्मण्यतावादी महात्मा गाँधी की जीवन गाथा का चित्रण किया गया है।³ अपने गजब के राजनीतिक कार्यकलापों के माध्यम से वे लगभग संयोगवश अपने युग के पर्चे के एक प्रमुख स्वतन्त्र प्रकाशक बन गए और फिल्म में मुद्रण कारखानों के विश्व की गहन जानकारी के साथ-साथ इसका भी वर्णन किया गया है। इनमें से एक यांत्रिकी एक्स्ट्रास, १९०५ में बना हुआ ब्रिटिश मुद्रण प्रेस, तब से मुद्रण प्रौद्योगिकी विद्यालय में है, जो ऐसा तकनीकी कॉलेज है जो तब हमारी सूची में सबसे ऊपर था जब हम

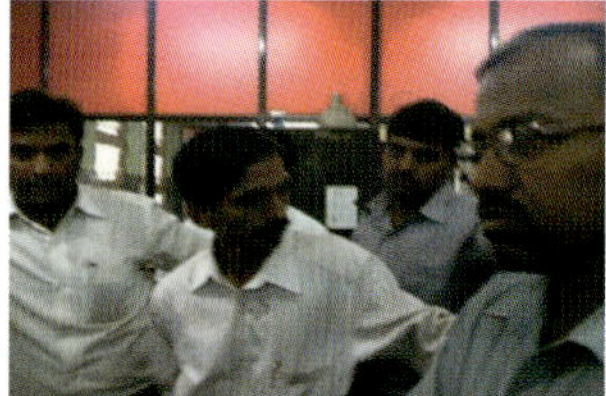

2 २

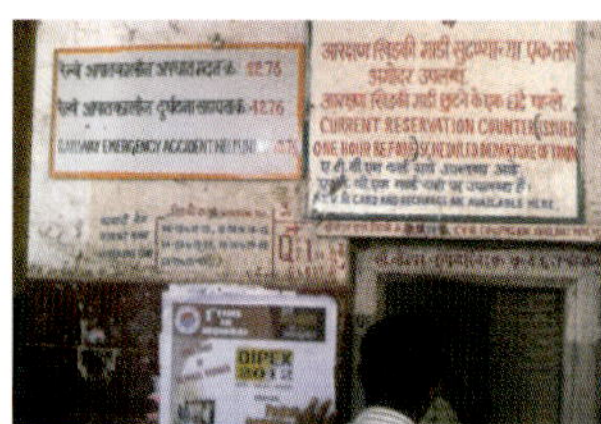

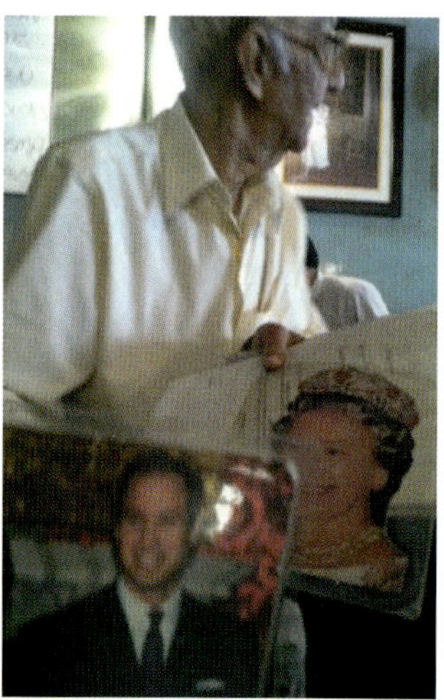

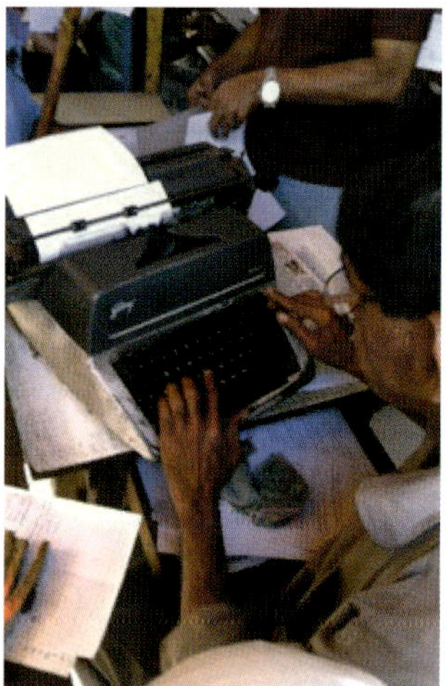

5 ५

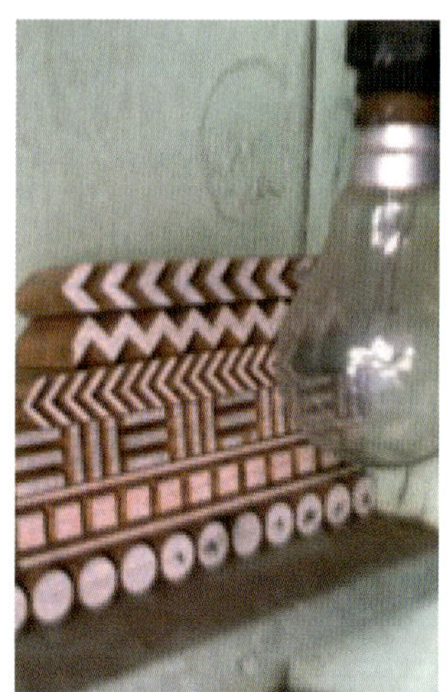

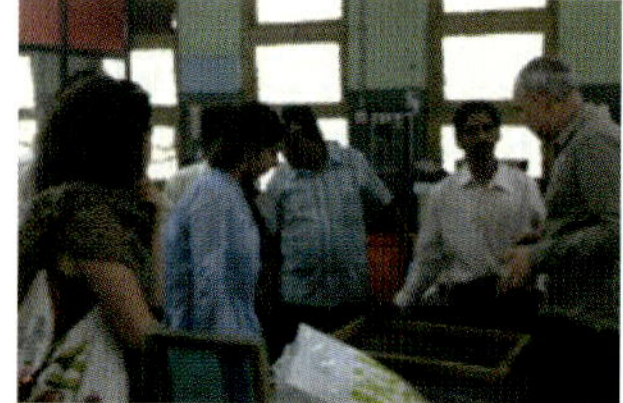

4 ४

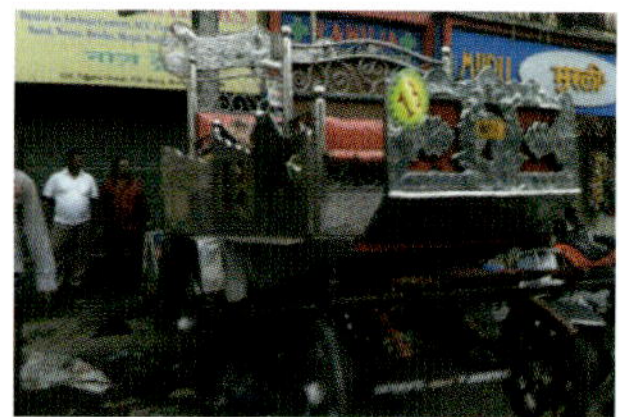

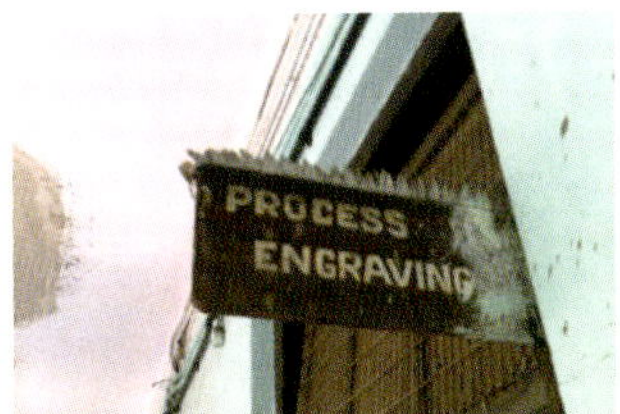

२ २

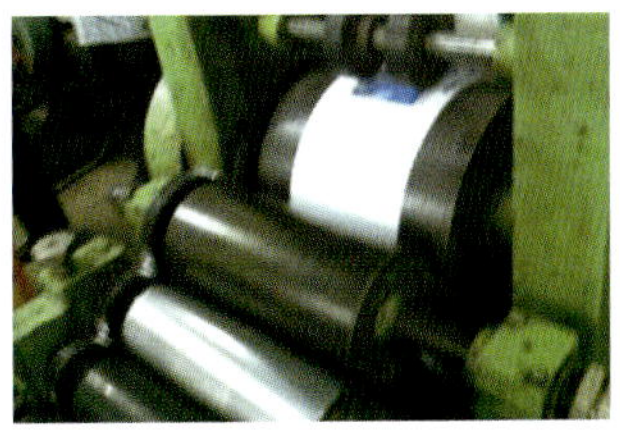

२ ३

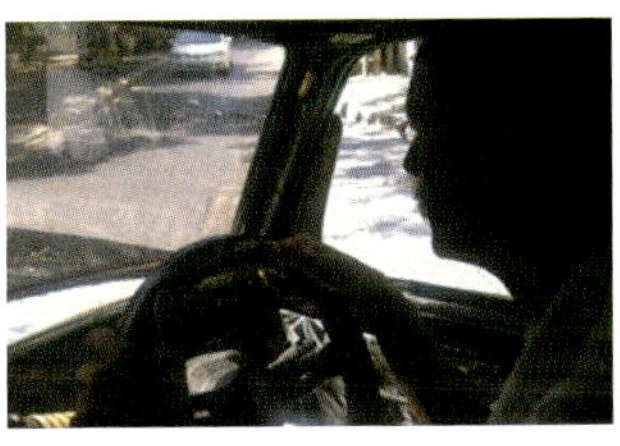

७ ७

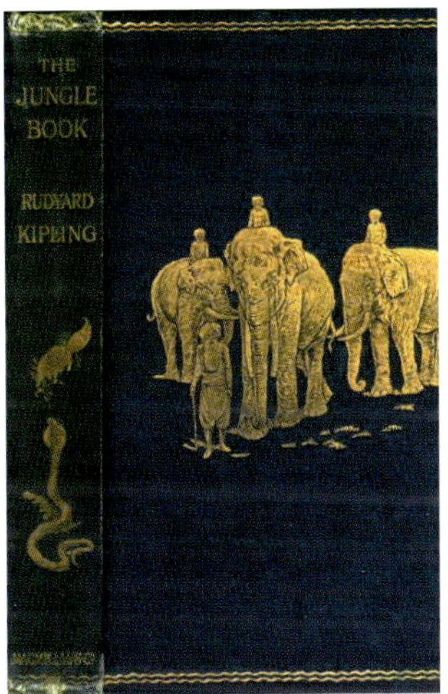

१ १

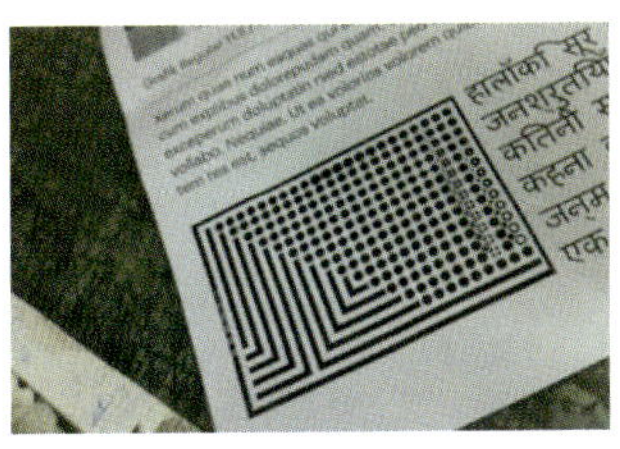

३ ३

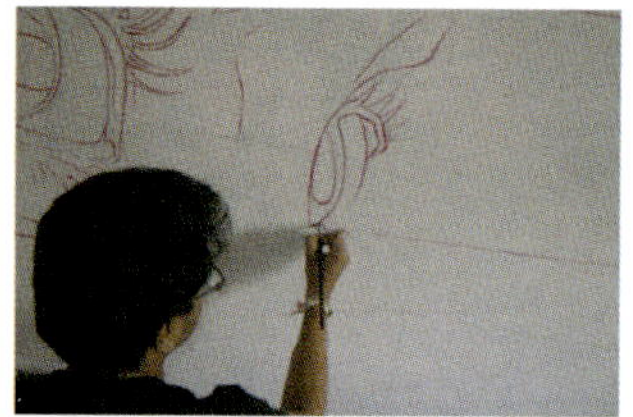

6 ع

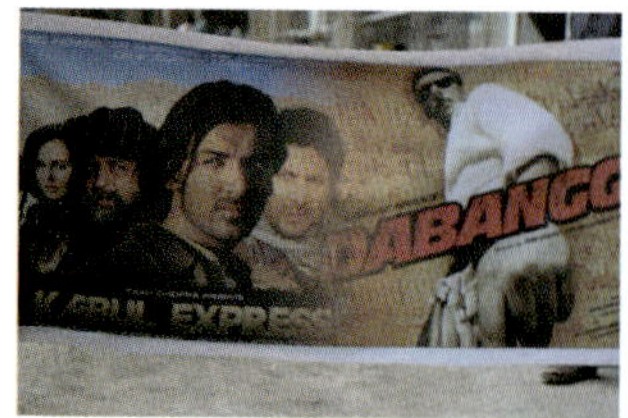

6 ع

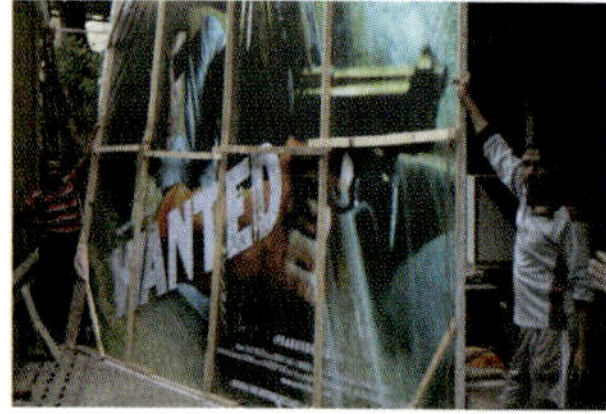

6 ع

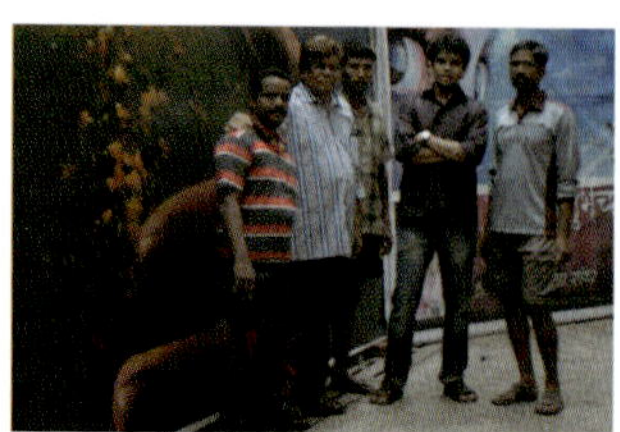

6 ع

a technical college which was at the top of our list when we were researching possible local printing techniques. We then spontaneously shot a short film on my mobile phone, which showed a historic letterpress machine[4] working at full tilt. This would duly open doors some days later during intensive discussions with local experts who wanted us to explain our project to them. Our plan, the result of which you are now holding in your hands, was to create a publication which would follow the central idea of *A Formal Film in Nine Episodes, Prologue and Epilogue* and translate it into a different medium. It shows as many different specific job profiles as possible, as well as some technical options for text and image reproduction—ultimately, then, it can be seen as a site-specific Bombay publishing archive.

One should seek to understand the city with its eighteen million inhabitants and their individual micro-economies as an interconnected organism that meshes together a varied array of services and manufacturing industries. The one-man public office[5] service offers typewritten documents, often in both Hindi and English, which is necessary for the submission of documents and filing forms with government agencies.

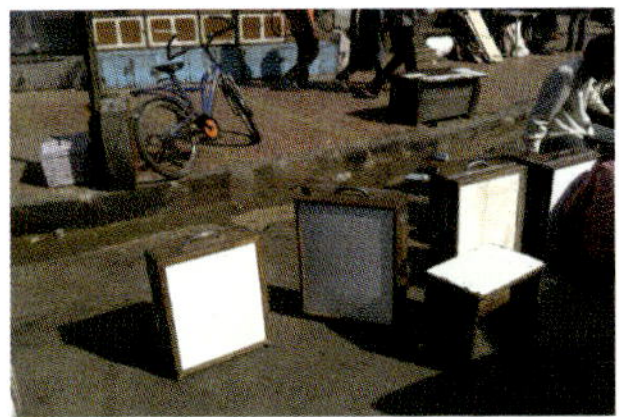

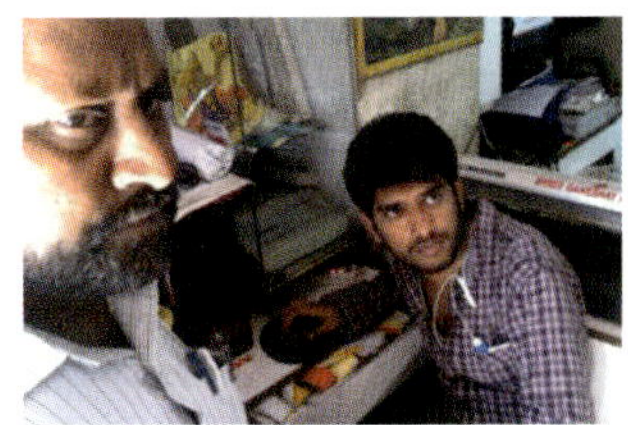

८८

७७

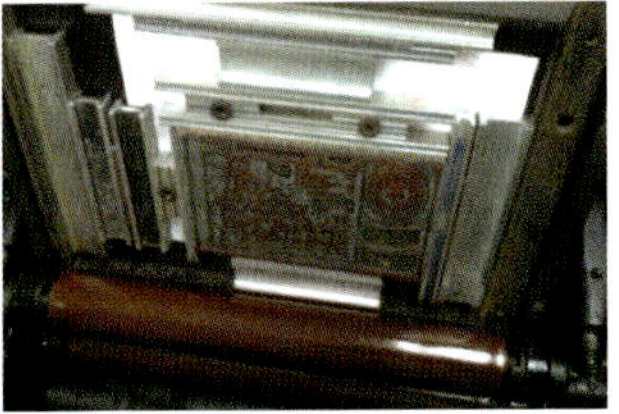

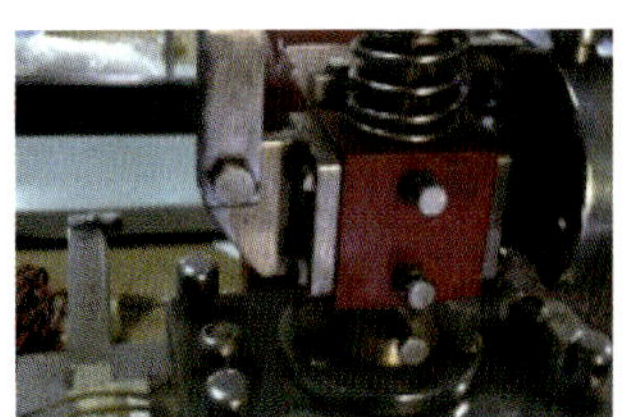

७७

७७

सम्भावित स्थानीय मुद्रण तकनीकों पर अनुसन्धान कर रहे थे। तब हमने सहज ही मेरे मोबाइल फोन पर एक छोटी फिल्म फिल्माई जिसमें पूरी गति से काम कर रही ऐतिहासिक लेटरप्रेस मशीन⁹ दिखाई गई थी। इससे उन स्थानीय विशेषज्ञों के साथ गहन चर्चा के दौरान कुछ दिन बाद विधिवत रूप से द्वार खुल गए जो यह चाहते थे कि हम उन्हें अपनी परियोजना के बारे में समझाएं। हमारी योजना, जिसका परिणाम अब आपके हाथों में है, ऐसा प्रकाशन तैयार करना था जो एक *औपचारिक फिल्म नौ प्रकरण, प्रस्तावना और उपसंहार में* के मूल भाव का पालन करना और साथ ही योजना इसे किसी भिन्न माध्यम में अनूदित करना था। यह हमें यथा सम्भव भिन्न विशिष्ट कार्य रूपरेखाओं के साथ-साथ पाठ और चित्र पुनःप्रस्तुति के लिए कुछ तकनीकी विकल्प प्रदर्शित करता है – अन्ततः तब इसे स्थान-विशिष्ट बंबई प्रकाशन अभिलेखागार के रूप में देखा जा सकता है।

इस १८ मिलियन निवासियों वाले नगर और उसके वैयक्तिक व्यष्टि अर्थशास्त्रों को ऐसी परस्पर संबद्ध प्रणाली के रूप में समझने का प्रयास करना चाहिए जो विविध प्रकार की सेवाओं और विनिर्माण उद्योगों को एक-साथ समन्वित करती है। एक-व्यक्ति की सार्वजनिक कार्यालय⁹ सेवा प्रायः हिंदी और अंग्रेज़ी, दोनों भाषाओं में टाइप किए हुए दस्तावेज़ प्रदान करती है जो दस्तावेज़ों को प्रेषित करने के लिए और सरकारी एजेंसियों के यहाँ फॉर्म दाखिल करने के लिए आवश्यक होते हैं। कुछ ही दूरी पर राज्य के स्वामित्व वाला खादी भंडार स्थित है जो पेरिस और न्यू यॉर्क

A stone's throw away we find the state-owned retail store Khadi Bhandar, which is a world apart from the globalized and commodified realm of luxury brand names from Paris and New York, and offers fashion items, haberdashery, fabrics, jewellery and books, all locally produced in villages across the country. With its large staff, this no doubt heavily subsidized business offers a wide range of specialist literature on history, health and religion, as well as children's literature for a few cents. Many of these editions, mostly in paperback, have been reprinted ten times or more and yet are practically identical to the first edition. The paper and the deep-set physical impression of the ink suggest that they were produced using a metal printing block. Many of these historic machines are English, although they were frequently produced in Germany—Heidelberg Letterpress machines from the 1920s, which, given their age, were not only in full working order but a kind of mini museum park in the private collection of the owner of one of the largest art book printers in the city, who, on that particular day, was producing a slick Eberhard Havekost catalogue for a local institution, though on this occasion using the latest printing technologies.

Eve Lemesle and Shiddika Lahori supported us in our endeavour to harness what is now a virtually extinct profession by putting us in touch with Rehman Bhai, one of Bombay's now rare painters of film posters—nowadays this craft has converted to the latest digital printing in keeping with the economic trends of the time. For the artist's edition of this publication, another last surviving master craftsman[6], Suresh Sandal, painted a still from Mario Pfeifer's episode measuring six by four metres, which was then cut into 100 identical rectangular extracts to serve as a protective cover for the book and also mark it out as unique.

The art director Kurnal Rawat gave us essential support with his curated contribution of Taxi Sticker Art. This is an art form that is highly site-specific and uses typographical and geometric elements to create visual identities for vehicles. The Premier Padmini, a licensed Fiat production from the sixties and the most commonly customized taxi running on petrol—which we were fortunately often able to rent for longer distances[7]—is for ecological reasons now gradually disappearing from the cityscape, along with its foil applicator. The integrated design of this publication, evident at the beginning of each chapter or episode, was created independently in analogue form by the individual producers under the

के विलासिता ब्रांड नामों के वैश्विकृत और वस्तुकृत क्षेत्र से बहुत दूर है और इसमें पूरे देश में गाँवों में स्थानीय रूप से निर्मित फैशन की चीज़ें, बिसाती वस्तुएं, कपड़े, गहने और पुस्तकें मिलती हैं। अपने बहुत सारे कर्मचारियों के साथ यह भंडार कुछ ही सेंटों में, जिनको बेशक आर्थिक सहायता मिलता है, यहाँ इतिहास, स्वास्थ्य और धर्म पर विविध प्रकार के विशिष्ट साहित्य के साथ-साथ बच्चों के साहित्य मिलती है। इनमें से बहुत-से संस्करण, जो अधिकांशतया पेपरबैक में हैं, दस या अधिक बार मुद्रित किए गए हैं और अभी भी व्यावहारिक रूप से पहले संस्करण के समान हैं। कागज़ और स्याही की गहरे छाप से यह पता चलता है कि इन्हें धातु मुद्रण ब्लॉक का उपयोग करते हुए निर्मित किया गया था। इनमें से बहुत-सी प्राचीन मशीनें इंग्लैंड की हैं, हालांकि इन्हें प्रायः जर्मनी में निर्मित किया गया था – १९२० के दशक की हाइडेलबर्ग लेटरप्रेस मशीनें जो उनके निर्मित होने के समय को देखते हुए न केवल पूरी तरह काम कर रही थीं बल्कि नगर में एक सबसे बड़े कला पुस्तक मुद्रक के मालिक के निजी संग्रह में एक प्रकार का छोटा संग्रहालय स्थान थीं, जो उस विशेष दिन किसी स्थानीय संस्थान के लिए एक चिकना एबरहार्ड हेवकोस्ट सूची-पत्र निर्मित कर रहा था, हालांकि इस अवसर पर वह नवीनतम मुद्रण प्रौद्योगिकियों का उपयोग कर रहा था।

ईव लेमेस्ले और शिद्दिका लाहौरी ने बंबई के फिल्म पोस्टरों के अब एक दुर्लभ पेंटर, रहमान भाई, से हमारा सम्पर्क करवाकर उस पेशे के बारे में जानकारी प्राप्त करने में हमें सहयोग दिया जो अब वास्तव में लुप्त पेशा है – आजकल यह कला समय के आर्थिक रुझानों के अनुरूप नवीनतम डिजिटल मुद्रण में बदल गई है। इस प्रकाशन के कलाकार के संस्करण के लिए, इस अन्तिम मौजूद सिद्धहस्त कलाकार[६], सुरेश संडल, ने मारियो प्फाइफर की कड़ी से एक चित्र को चित्रित किया जो छह मीटर लम्बा और चार मीटर चौड़ा था, इसके बाद इसे पुस्तक के रक्षात्मक आवरण के रूप में काम करने के लिए और इसे अनूठे रूप में चिन्हित करने के लिए १०० समान आयताकार भागों में काटा गया।

कला निर्देशक कुर्नल रावत ने हमें टैक्सी स्टिकर कला के अपने संग्रहित योगदान से हमें आवश्यक सहायता प्रदान की। यह ऐसा कला रूप है जो अत्यधिक स्थान-विशिष्ट है और जो वाहनों के लिए दृश्य पहचानें निर्मित करने के लिए छपाई और रेखिकीय तत्वों का उपयोग करता है। साठवीं दशक में लाइसेंसप्राप्त फिएट उत्पादन प्रीमियर पद्मिनी और पेट्रोल पर चलने वाली सबसे अधिक आम अनुकूलित टैक्सी – जिसे हम सौभाग्यवश प्रायः लम्बी दूरी के लिए किराए पर ले पाएॅ – अब अपने फॉयल एप्लीकेटर के साथ पर्यावरणीय कारणों से नगर से धीरे-धीरे गायब हो रही है। प्रत्येक अध्याय या कड़ी के आरम्भ में दिखने वाला इस प्रकाशन का एकीकृत डिजाइन कुर्नल रावत और आनन्द थराने की निगरानी में अलग-अलग निर्माताओं द्वारा रेखीय रूप में स्वतन्त्र रूप से निर्मित किया गया था और इसके बाद इसे डिजिटल रूप दिया गया था। ऐसे सचल सार्वजनिक स्थान के लिए निर्मित डिजाइन और तकनीक जहाँ इसे देखा और निर्मित किया जा सके और आम स्थानों में खरीद-बिक्री भी की जा सके, ने ऐसे प्रकाशन में अपना स्थान पा लिया है जो औपचारिक रूप से और विषय-वस्तु की दृष्टि से उस अंतर्वस्तु अंश को एकीकृत और

supervision of Kurnal Rawat and Anand Tharaney, and then digitalized. A design and technique, conceived for mobile public space, where it can also be seen, and produced and traded, as it were, right there on the street, now finds its niche in a publication which formally and thematically both integrates and analyses the context for which the designs were originally created. In the end we only provided textual content in this collaboration: Prologue–Episode–Epilogue.

Ultimately, a loose sheet of paper with printed rectangular colour swatches—our bookmark—represents the emblem of the Buddhist flag. The colours symbolize the perfection of Buddhahood and the Dharma but are also representative of a political movement that has been active since the nineteenth century, the Dalit Buddhist movement, which was strongly influenced in the twentieth century by the impetus it received from lawyer, philosopher, and chairman of the Drafting Committee of the Indian Constitution, BR Ambedkar. It has sought to convert the lowest representatives of the Dalit caste—the so-called untouchables—to Theravada Buddhism and so allow them to escape the social and political discrimination which Ambedkar campaigned against from the 1920s on. In 1990 he posthumously received the highest civilian award bestowed by Indian society. The kaleidoscopic collection of specific colours, based on the translations of, amongst other things, Holiness, Wisdom and Desirelessness, symbolizes as a whole the universality of the Truth of the Lord Buddha's Teaching. We discovered these religious flags at the Chor Bazaar—also known as Thieves' Market—in Bombay, the trading centre, used in the past primarily for the fencing of stolen goods but nowadays a place where almost anything can be bartered, including the services of mobile craftsmen, who offer to trade their skills and, indeed, their toolboxes[8].

The production of this book was predicated on the idea of integrating an array of existing local knowledge, materials and production processes, based on the premise that these materials and designs not only communicate formal information but also complex social themes, which might in turn be open to a number of readings in different reception circles. The immediate materiality of this publication as an objectis a result of the direct experience of our research and the work that has been invested in the diverse workshops of this megalopolis.

विश्लेषित करता है जिसके लिए डिज़ाइनों को मूल रूप से बनाया गया था। अन्त में, हमने इस सहयोग में केवल पाठ सामग्री प्रस्तुत की: प्रस्तावना - प्रकरण - उपसंहार।

अन्ततः छपे हुए आयताकार रंगीन नमूनों वाला पृष्ठ – हमारा बुकमार्क – बौद्ध झंडे के चिन्ह का प्रतिनिधित्व करता है। रंग बौद्धत्व और धर्म की सम्पूर्णता के प्रतीक हैं पर ये उस राजनीतिक आन्दोलन के भी प्रतिनिधि हैं जो उन्नीसवीं शताब्दि से सक्रिय रहा है - अर्थात दलित बौद्ध आंदोलन जो वकील, दार्शनिक और भारतीय संविधान निर्माण समिति के अध्यक्ष बी.आर.अम्बेडकर से बीसवीं शताब्दि में प्राप्त प्रेरणा से अत्यधिक प्रभावित हुआ। इसमें दलित जाति के निम्नतम प्रतिनिधियों – तथाकथित अछूतों – का थेरावडा बद्दिसमस में धर्मांतरण करने और इस प्रकार उस सामाजिक और राजनीतिक भेदभाव से बचाने का प्रयास किया गया है जिसके विरुद्ध अम्बेडकर ने १९२० के दशक से अभियान चलाया। १९९० में उन्हें भारतीय समाज द्वारा प्रदान किया जाने वाला सर्वोच्च नागरिक सम्मान मृत्योपरांत प्राप्त हुआ। अन्य बातों के साथ-साथ पवित्रता, बुद्धिमानी और कामनाविहीनता के अनुवादों के आधार पर विशिष्ट रंगों का तेज़ी से बदलता हुआ संग्रह कुल मिलाकर भगवान बुद्ध के उपदेशों की सत्यता की सार्वभौमिकता का प्रतीक है। हमें ये धार्मिक झंडे बंबई में व्यापारिक केन्द्र चोर बाज़ार –जिसे थीव्स मार्केट भी कहा जाता है – में मिले जिसका अतीत में उपयोग मुख्य रूप से चुराई हुई चीज़ों की घेराबंदी के लिए किया जाता था, पर आजकल यह ऐसा स्थान है जहाँ लगभग हर चीज़ का आदान-प्रदान किया जा सकता है जिसमें उन सचल शिल्पकारों की सेवाएं सम्मिलित हैं जो अपने कौशलों और वास्तव में अपने औजार बक्सों का व्यापार करने की पेशकश करते हैं।

इस पुस्तक का निर्माण इस आधार-वाक्य के आधार पर वर्तमान स्थानीय ज्ञान, सामग्रियों और उत्पादन प्रक्रियाओं की व्यवस्थित शृंखला को एकीकृत करने के विचार पर किया गया था कि ये सामग्रियाँ और डिज़ायन न केवल औपचारिक सूचना बल्कि जटिल सामाजिक विषयों को भी सम्प्रेषित करें जिनके भिन्न अभिग्रहण क्षेत्रों में अनेक अध्ययन किए जा सकते हैं। एक वस्तु के रूप में इस प्रकाशन की तात्कालिक भौतिकता हमारे अनुसन्धान और कार्य के प्रत्यक्ष अनुभव का परिणाम है जिसका इस महानगर की विविध कार्यशालाओं में निवेश किया गया है।

Keywords: traffic congestion, taxi travel, decoration, radium art, urban design form, advertisement, Fiat taxi

Taxi Sticker Art

There are about 60–70,000 registered taxis in Mumbai. The huge amount of taxis almost exceeds the demand for them. This was once a lucrative business but has now become highly competitive. Since residential areas have shifted further away from work areas, the fuel prices risen sharply and traffic congestion increased, it has become expensive and time consuming to travel by taxi and so trains and buses have become more popular. The taxi owners have therefore resorted to devising ways to make taxi travel more attractive. The bright stickers on the exteriors, colourful interiors, stereo systems and dazzling lights are all attempts to lure customers. As all taxis are customarily painted in yellow and black, the decorations help to differentiate one from the other. The resulting competition between these decorations has led to the "sticker art" on the taxi exteriors evolving into a developed urban design form.

The artists who make the sticker art works do not have proper workshops. They sit by the roadside and work from there. In the picture the taxi driver is reclining against the tree trunk waiting for his design to be ready.[A] The material used for these designs are peel-off adhesive vinyl sheets. Different patterns cut out of different coloured sheets are put together to form intricate designs.[B] Another important feature of this material is that it has a reflective quality that makes it glow when light is bounced off it. This makes these decorations all the more attractive in the nighttime.[C]

[D] A young artist proudly displays his design.

[E] The artist stands on the left of the taxi and the taxi owner on the right. The decorations on the taxi have been completed and it is ready to go.

[F] An artist cuts out rows of identical alpha-numerals (which form the license number of a taxi) from a piece of yellow vinyl. These are then peeled off using "sun film" (the tinted film used to cover glass windows and restrict sunlight) and transferred on to the taxi surface.

[G] Mr Ashok, the leader of the team of artists, is a busy man. He is seen here fixing another appointment for a design job on his mobile phone. Most designs are not premeditated and are spontaneous layouts according to the artist's fancy and depending on how busy a design the taxi owner wants. The primary titles are often the names of the taxi owner's kin or the last Mumbai suburb that he can ply his trade in. Sometimes, though, a cab comes up with rather flamboyant names that are designed to catch your attention: it can be a freak verse, a pictograph or a movie title.[H]

टैक्सी स्टिकर कला

मुंबई में लगभग ६०-७०,००० पंजीकृत टैक्सियाँ हैं। यह टैक्सियों कि विशाल संख्या इनकी माँग से बहुत अधिक है। किसी समय यह एक कमाऊ व्यवसाय हुआ करता था, पर अब यह बहुत प्रतिस्पर्धात्मक हो गया है। रिहायशी इलाके कार्य के क्षेत्रों से और दूर चले गए हैं, ईंधन के मूल्य बहुत तेज़ी से बढ़े हैं और ट्रैफिक की भीड़-भाड़ बढ़ गई है, इसलिए टैक्सी से सफर करना महँगा हो गया है और इसमें बहुत समय लगता है और इसलिए ट्रेनें और बसें अधिक लोकप्रिय हो गई हैं। इसलिए टैक्सी के मालिकों ने टैक्सी की यात्रा को अधिक आकर्षक बनाने की तरकीबें बनाना आरम्भ कर दिया है। टैक्सियों के बाहरी भाग पर चमकीले स्टिकर, रंगीन आन्तरिक भाग, स्टिरियो सिस्टम्स और चकाचौंध कर देने वाली रोशनी - ये सभी ग्राहकों को लुभाने के प्रयास हैं। सभी टैक्सियाँ परम्परागत रूप से पीले और काले रंग से रंगी होती हैं, इसलिए सजावट से एक से दूसरी टैक्सी में अन्तर करने में सहायता मिलती है। इन सजावटों के बीच इसके परिणामस्वरूप होने वाली प्रतिस्पर्धा से टैक्सी के बाहरी भाग पर "स्टिकर कला" एक उन्नत शहरी डिज़ाइन रूप में विकसित हुई है।

जो कलाकार स्टिकर कलाकृतियाँ बनाते हैं, उनके पास उपयुक्त वर्कशॉप नहीं होते। वे सड़क के किनारे बैठते हैं और वहाँ से काम करते हैं। चित्र में टैक्सी चालक पेड़ के तने के सहारे बैठा है और अपने डिज़ाइन के तैयार होने की प्रतीक्षा कर रहा है।[ए] इन डिज़ाइनों के लिए उपयोग की गई सामग्री छीली हुई चिपचिपी विनाइल शीटें होती हैं। अलग-अलग रंगों की शीटों से काटे गए अलग-अलग पैटर्न जटिल डिज़ाइन तैयार करने के लिए एक साथ रखे जाते हैं।[बी] इस सामग्री की एक अन्य महत्वपूर्ण विशेषता यह है कि इसमें परछाई देने की गुणवत्ता है जिससे जब इससे रोशनी टकरा कर लौटती है, तब यह चमक उठती है। इससे ये सजावटें रात के समय और अधिक आकर्षक हो जाती हैं।[सी]

[डी] एक युवा कलाकार गर्व से अपना डिज़ाइन दिखा रहा है।

[ई] कलाकार टैक्सी की बाईं तरफ खड़ा है और टैक्सी का मालिक दाईं तरफ। टैक्सी पर सजावटें पूरी कर ली गई हैं और यह जाने के लिए तैयार है।

[एफ] एक कलाकार पीले विनाइल के टुकड़े से समान अक्षर-अंको (जो किसी टैक्सी की लाइसेंस संख्या हैं) की पक्तियाँ काटता है। इसके बाद इन्हें "सन फिल्म" (काँच की खिड़कियों को ढकने और धूप से बचाव करने के लिए उपयोग की जाने वाली हल्के रंग की फिल्म) का उपयोग करते हुए छीला जाता है और टैक्सी की सतह पर लगाया जाता है।।

[जी] श्री अशोक, कलाकारों के समूह के प्रधान, एक व्यस्त व्यक्ति हैं। यहाँ उन्हें अपने मोबाइल फोन पर डिज़ाइन कार्य के लिए एक अन्य भेंट तय करते हुए देखा जा सकता है। अधिकाँश डिज़ाइन पहले से सोचे-विचारे हुए नहीं होते हैं और ये कलाकार की कल्पना के अनुसार या इस आधार पर सहज विन्यास होते हैं कि कोई टैक्सी चालक कितना व्यस्त डिज़ाइन चाहता है। प्राथमिक शीर्षक प्राय: टैक्सी के मालिक के रिश्तेदार या मुंबई के उस बाहरी भाग के नाम होते हैं जिस तक वह अपना व्यापार कर सकता है। हालांकि कभी-कभी किसी कैब पर बहुत भड़कीले नाम लिखे होते हैं जो आपका ध्यान खींचने के लिए डिज़ाइन किए जाते हैं, यह कोई अनूठी तुकबन्दी, पिक्टोग्राफ या किसी फिल्म का नाम हो सकता है।[एच]

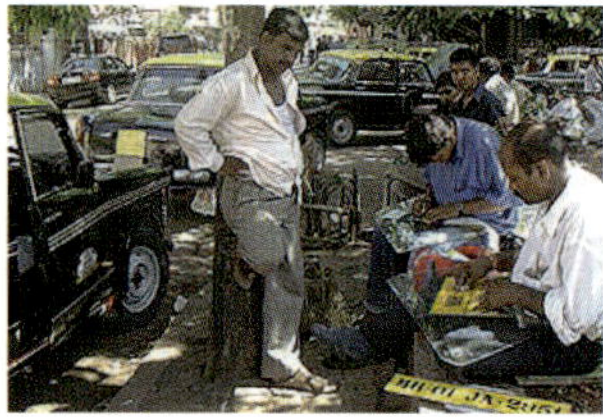

A ए

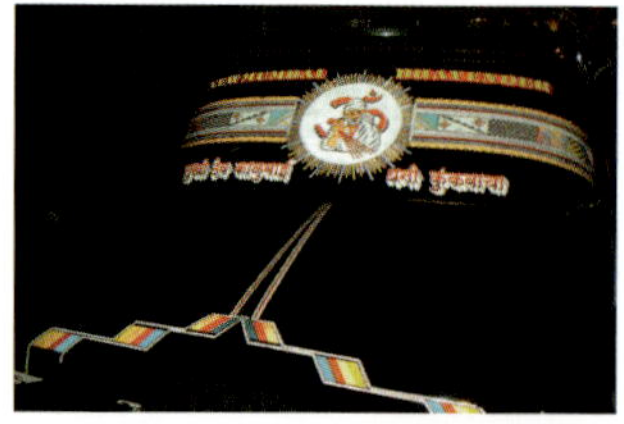

C सी

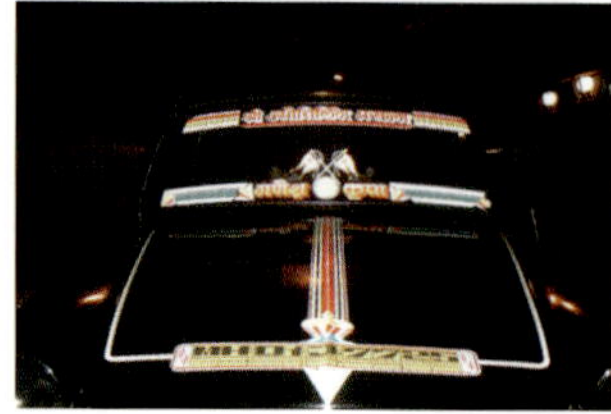

C सी

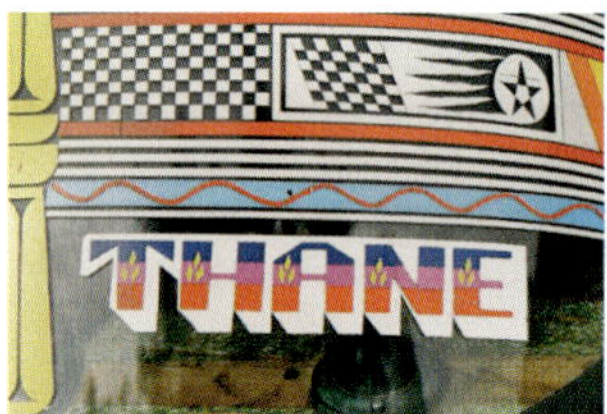

B बी

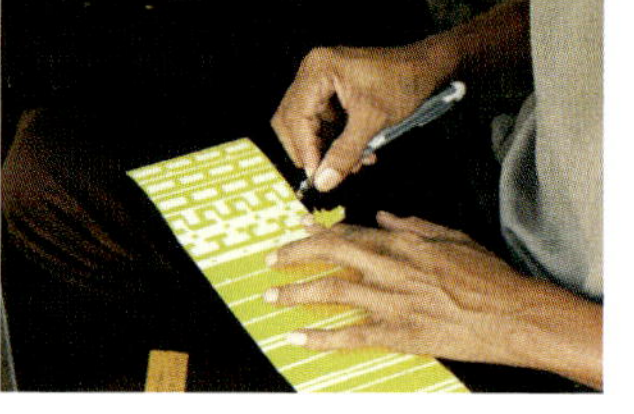

F एफ

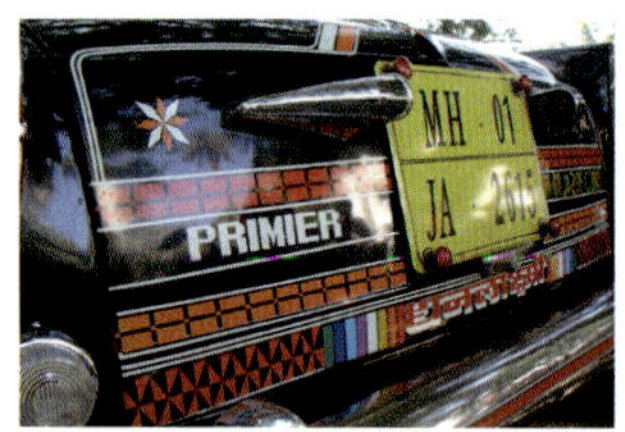

B बी

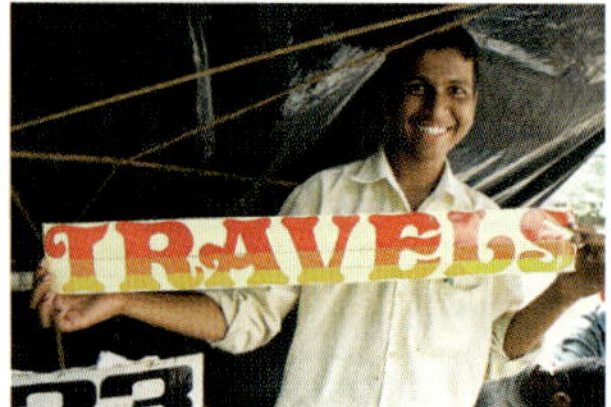

D डी

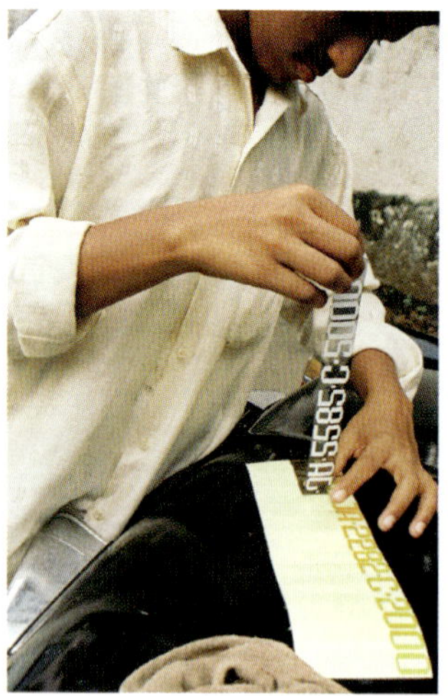

F एफ

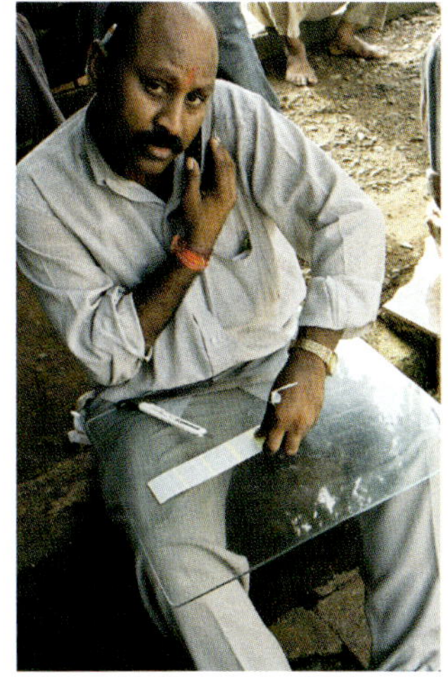

G जी

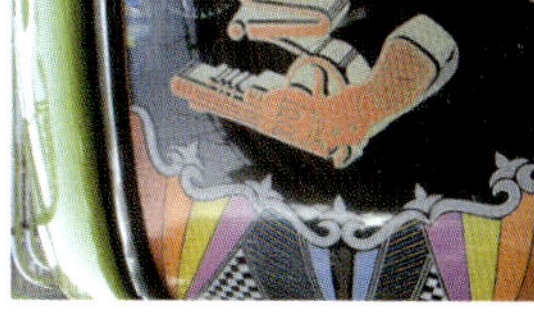

H एच

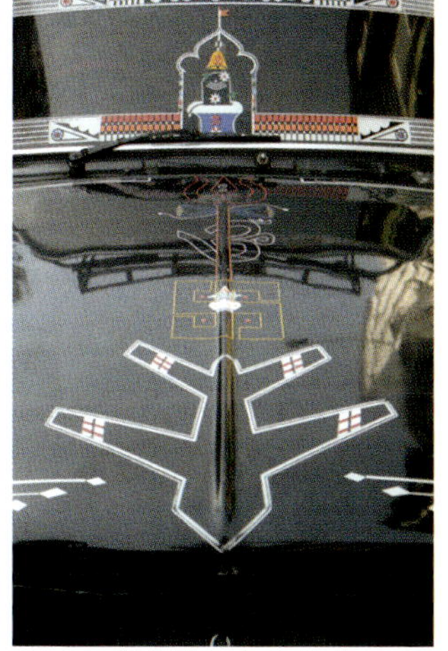

H एच

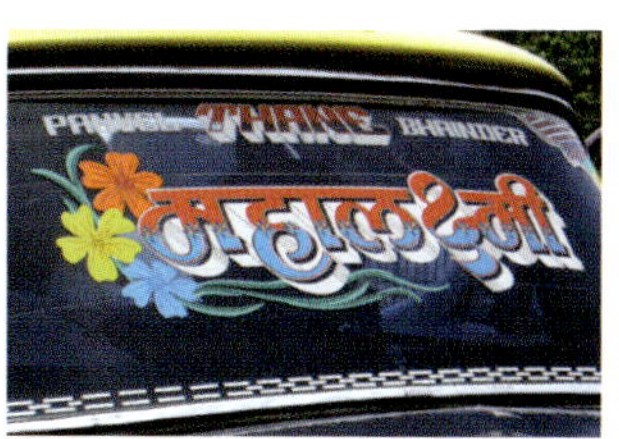

H एच

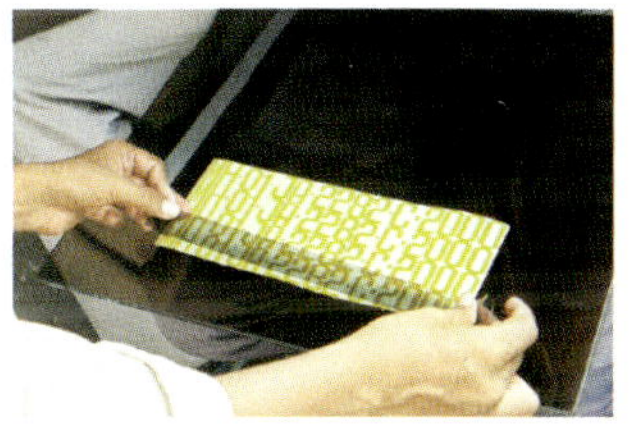

H एच

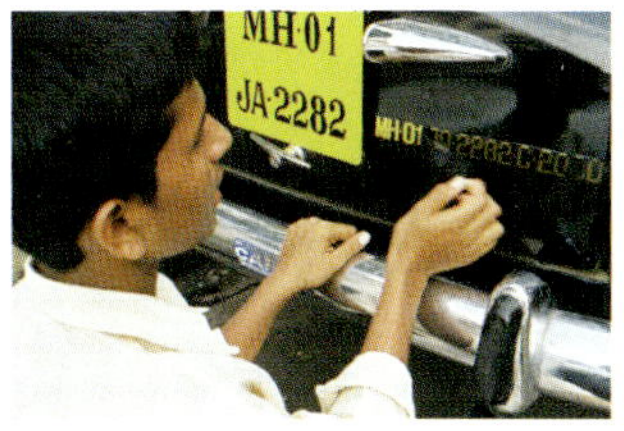

F एफ

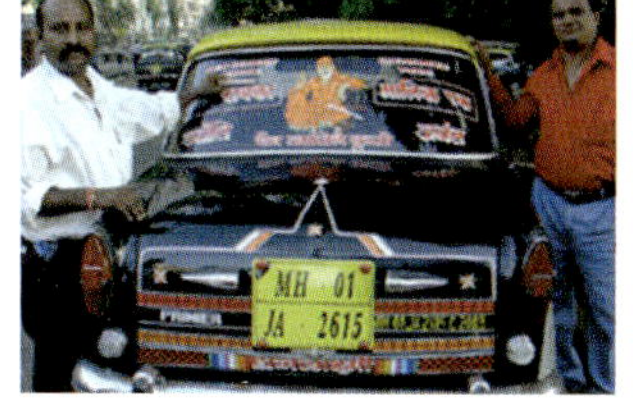

E ई

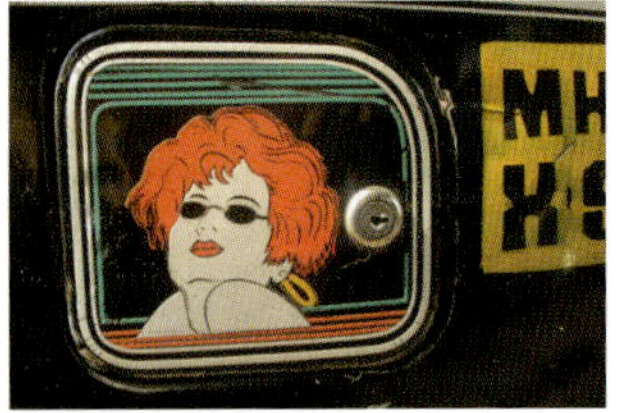

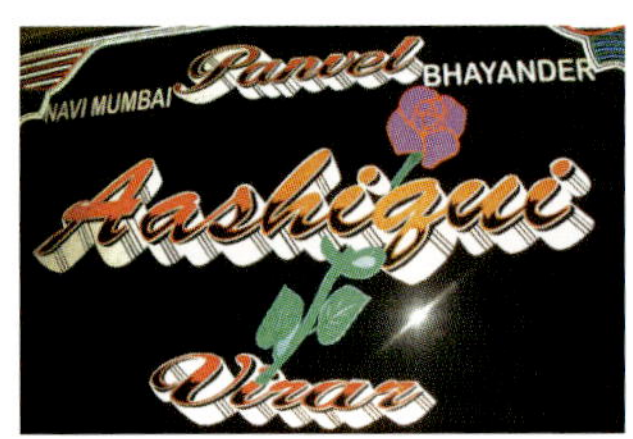

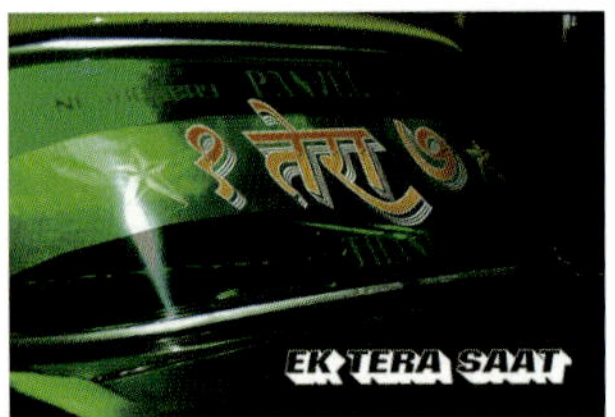

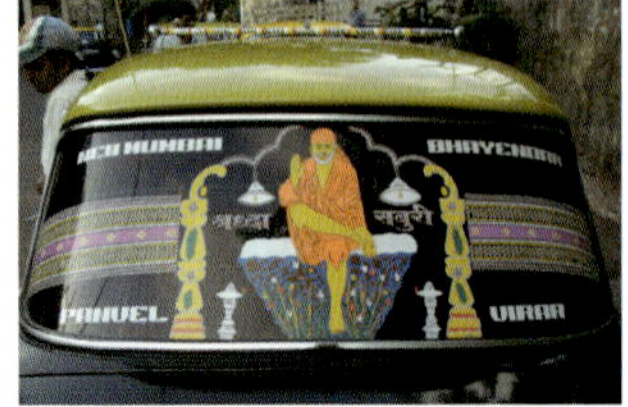

। आई

The title design for the film *Ek Tera Saat* is based on the typographic style used for decorating Mumbai taxis. This is because the central character of the film is a taxi driver and the plot of the film follows a nighttime taxi ride through the city. The Hindi title of the film *Ek Tera Saat* translates into "Only Your Companionship". *Ek* means "one" or "only" and implies "singular". *Tera* means "your" and *saat* or rather *saath* means "companionship". The number seven is also pronounced *saat* in Hindi. Hence, using the abbreviated syntax popularly used in text messages sent by mobile phones, the film title is written as *1 tera 7*. This abbreviated syntax has also caught on for typographic slogans on the backs of taxis and has therefore been aptly adapted for the film title too.[I]

Recently, the art form has been facing a decline as the old Fiat taxi, the favourite sticker canvas for decades, is slowly being phased out. The Fiat possessed a unique three-box structure and there was ample space on the front, back and sides to display the designs. Today the streets are filled with dull hatchbacks that have neither the girth nor the shape to appeal to the taxi artists. Moreover, the advent of air-conditioned fleet cabs displaying corporate advertising has further alienated people so that they no longer appreciate a good old *radium,* the local term for retro-reflective stickers in Mumbai.[J]

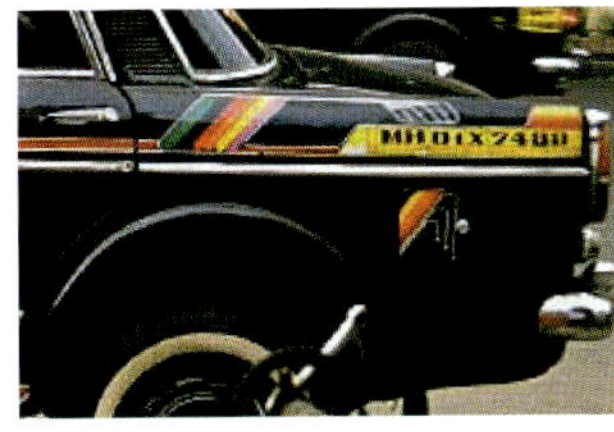
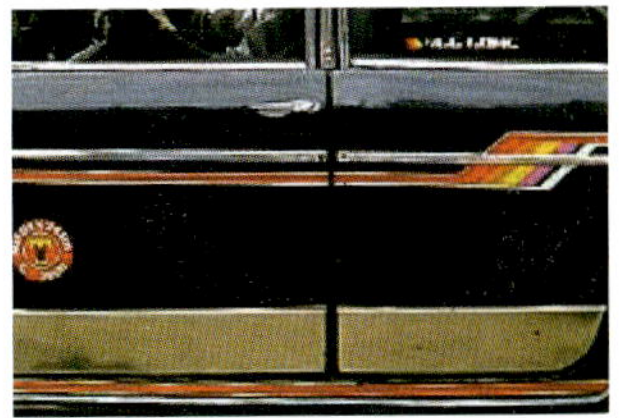
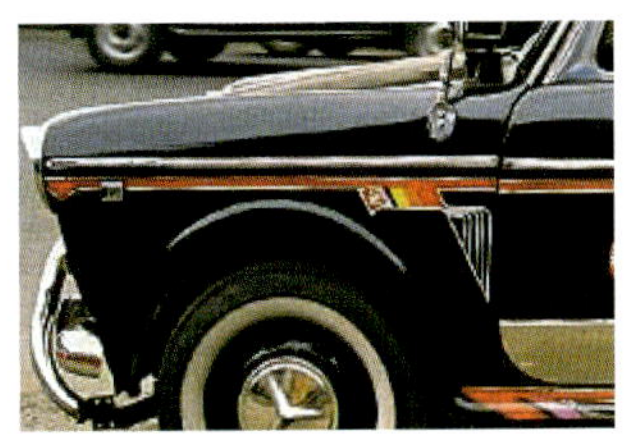

फिल्म *एक तेरा साथ* के लिए टाइटल डिज़ाइन बंबई की टैक्सियों को सजाने के लिए उपयोग की जाने वाली मुद्रणकला शैली पर आधारित है। ऐसा इसलिए है क्योंकि फिल्म का मुख्य पात्र एक टैक्सी चालक है और फिल्म के कथानक में नगर में रात के समय टैक्सी की सवारी दिखाई गई है। फिल्म *एक तेरा साथ* के हिंदी शीर्षक का अंग्रेज़ी अनुवाद "ओनली योर कम्पेनियनशिप" है। *एक* का अर्थ "वन" या "ओनली" है और इसका अर्थ "एकवचन" है। *तेरा* का अर्थ "योर" है और *सात* बल्कि *साथ* का अर्थ "कम्पेनियनशिप" है। हिंदी में संख्या सात का उच्चारण *सात* भी किया जाता है। इस प्रकार, मोबाइल फोनों द्वारा भेजे जाने वाले टैक्स्ट सन्देशों में लोकप्रिय रूप से उपयोग किए जाने वाले संक्षिप्त वाक्सविन्यास का उपयोग करते हुए फिल्म का शीर्षक *१ तेरा ७* लिखा जाता है। इस संक्षिप्त वाक्यविन्यास का टैक्सियों के पीछे टाइपोग्राफिक स्लोगनों के रूप में भी उपयोग किया जाता है और इसलिए इसे फिल्म के शीर्षक के लिए भी उपयुक्त किया गया है।[आई]

हाल में, कला के इस रूप का ह्रास हो रहा है क्योंकि पुरानी फियट टैक्सी, जो दशकों से पसन्दीदा स्टिकर कैनवस हुआ करती थी, धीरे-धीरे समाप्त हो रही है। फियट में अनूठी तीन-बॉक्स की संरचना थी और डिज़ाइन दिखाने के लिए आगे, पीछे और बगलों में पर्याप्त स्थान था। आज गलिया नीरस हैचबैकों से भरी हैं जिनमें टैक्सी कलाकारों को आकर्षित करने के लिए न तो घेरा होता है और न आकार। इसके अलावा, कॉर्पोरेट विज्ञापन प्रदर्शित करने वाली एयर-कंडीशंड फ्लीट कैबों के आ जाने से लोग इससे और दूर हो गए हैं और अब वे काफी पुराने *रेडियम* की सराहना नहीं करते, जो मुंबई में पुराने परछाई वाले स्टिकरों के लिए स्थानीय शब्द है।[जे]

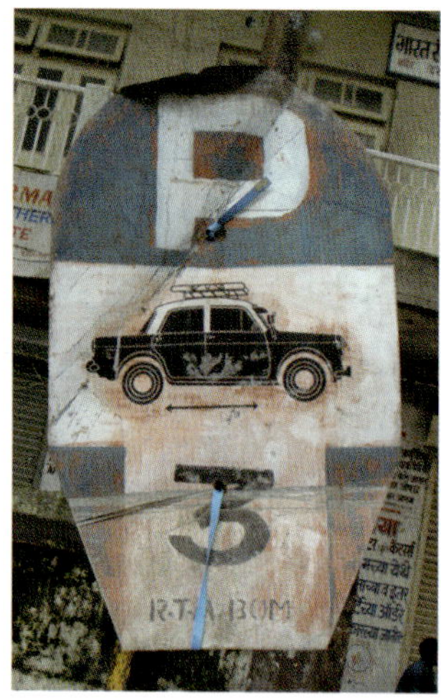

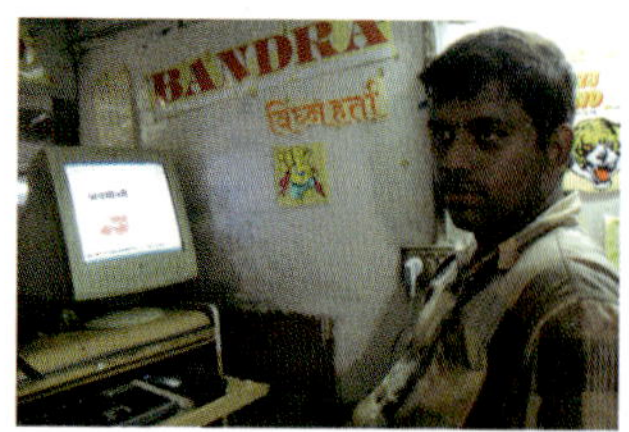
BANDRA

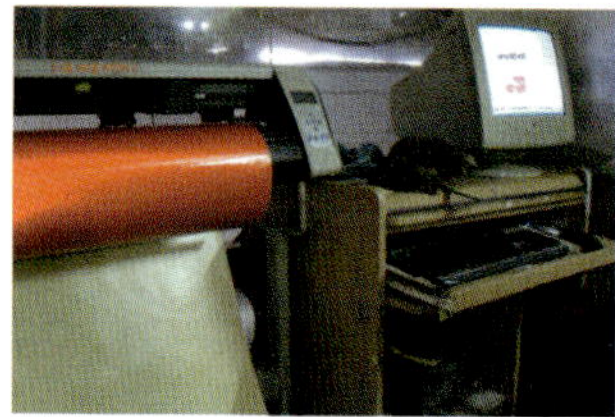

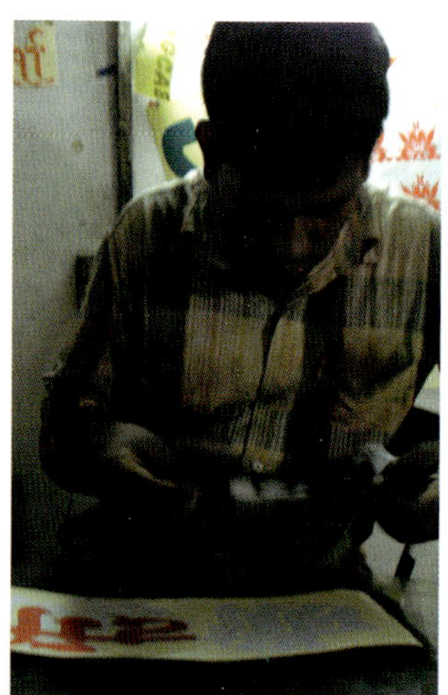

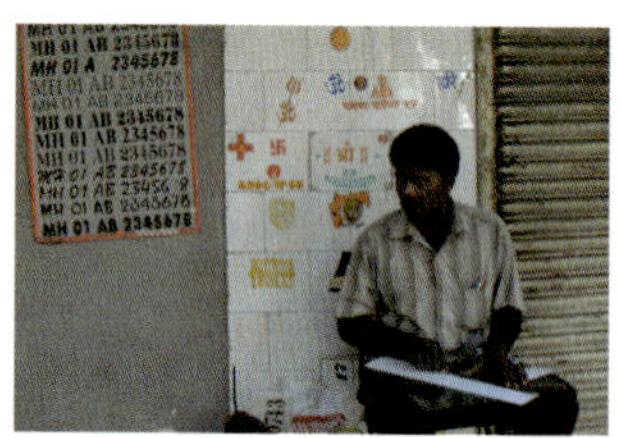

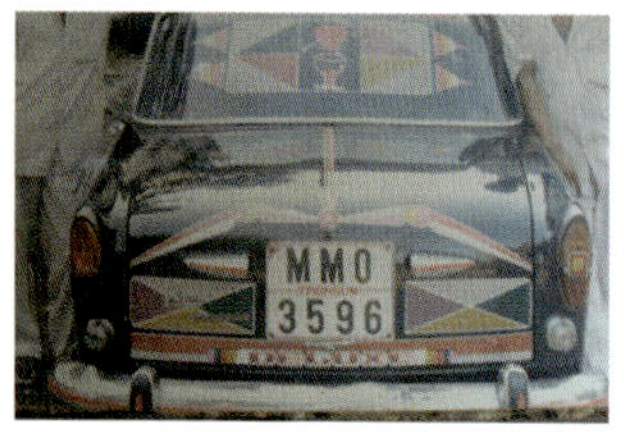

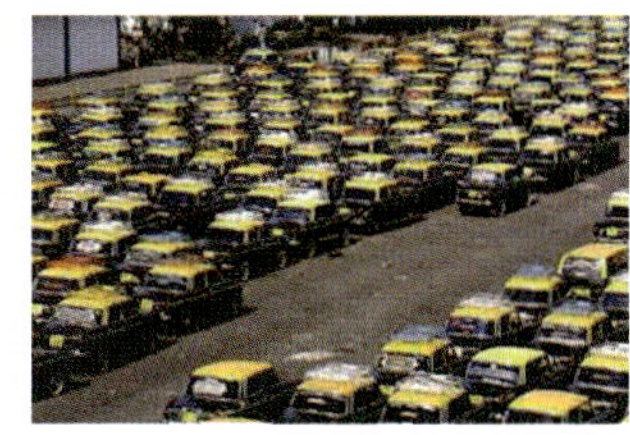

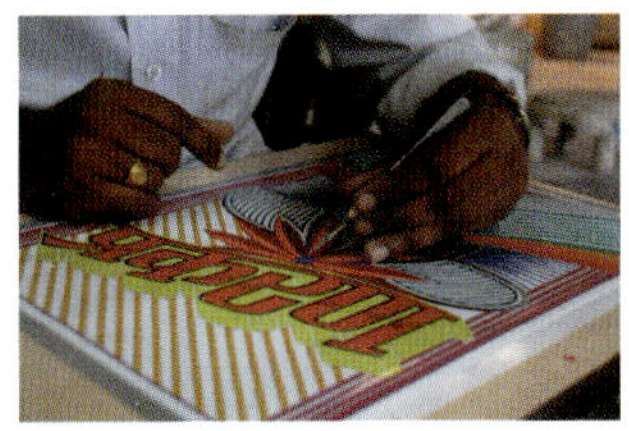

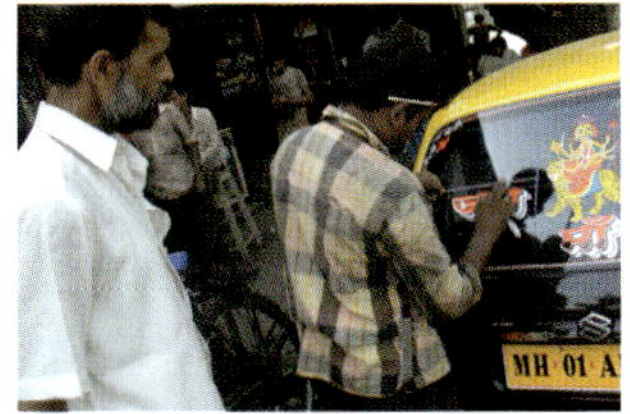

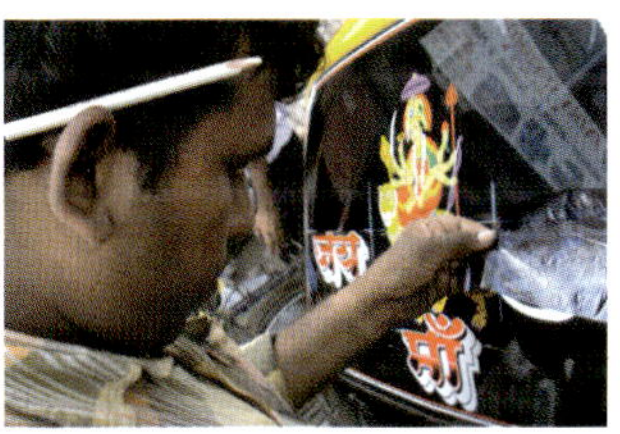

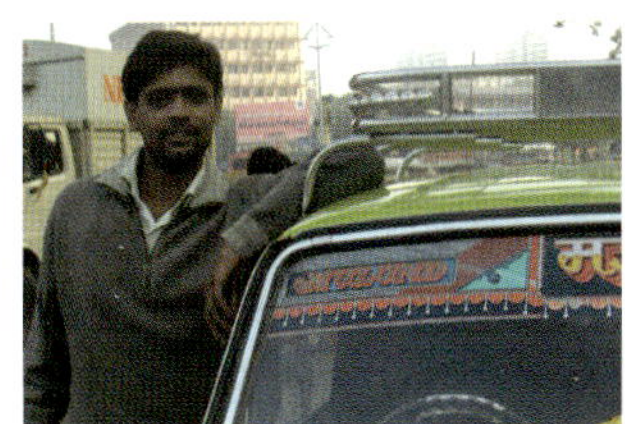

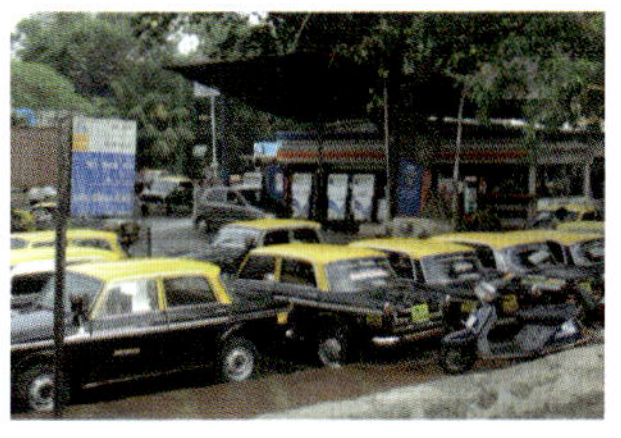

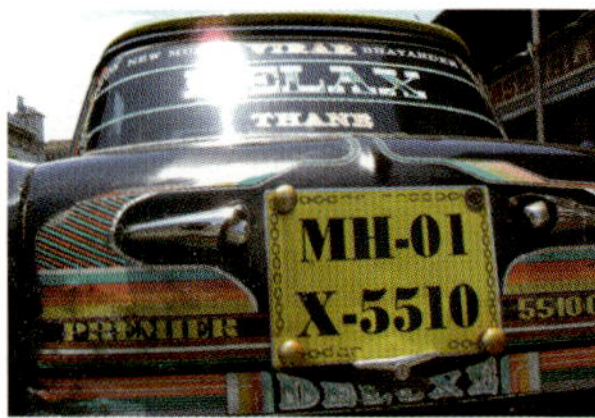

」जे

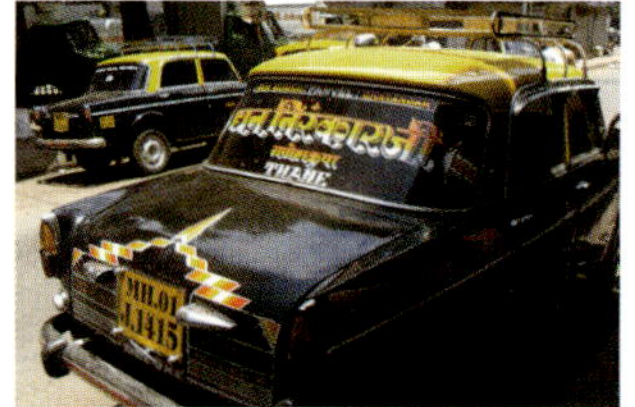

」जे

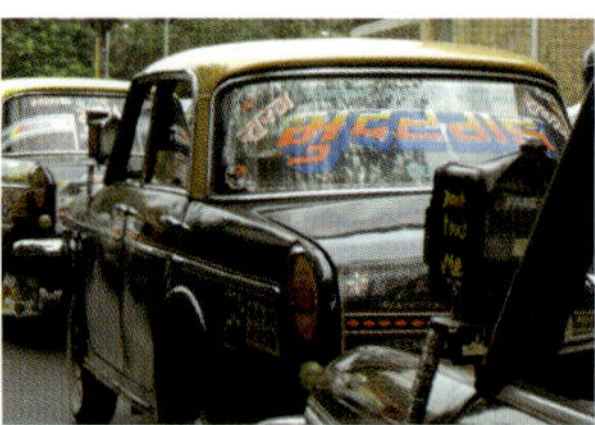

」जे

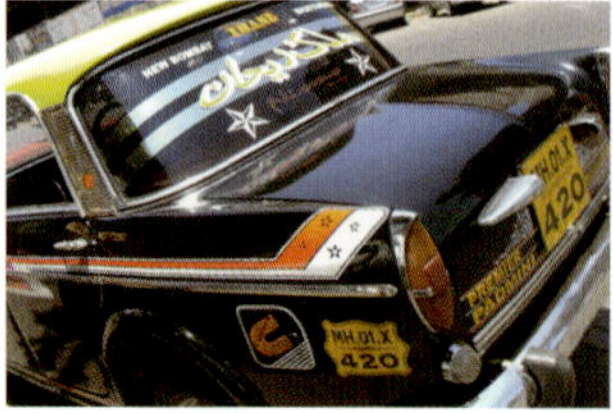

」जे

The art displayed on the page dividers of this book is a slight departure from *radium* art, as it is primarily the work of a graphic designer in close association with a taxi artist arranging patterns from a multitude of early taxi graphics and doesn't necessarily keep to a black background.

By contrast, taxi art assumes the shape of a cab and adheres to the bulges, curves and flat parts, where certain patterns are meant for the specific section of a cab.[K]

Here, the artist has condensed an entire design apparatus into one vertical plane, though unlike the digital illustrations on which these designs are based, here the artist handles the colour layering on his own terms, deciding what colour should form the base and what needs to be brought out and how well he can replicate it by hand, improvising as he goes along.

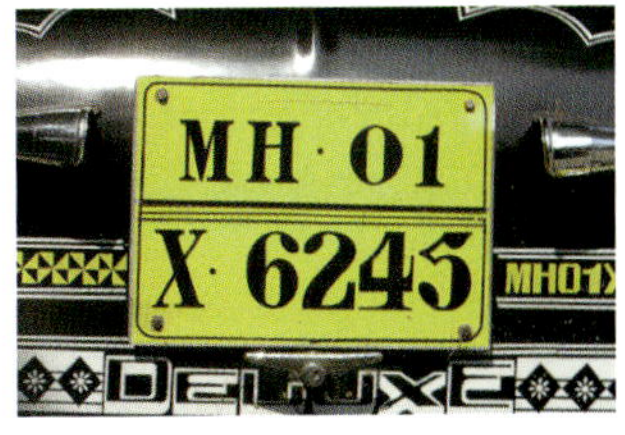

K के

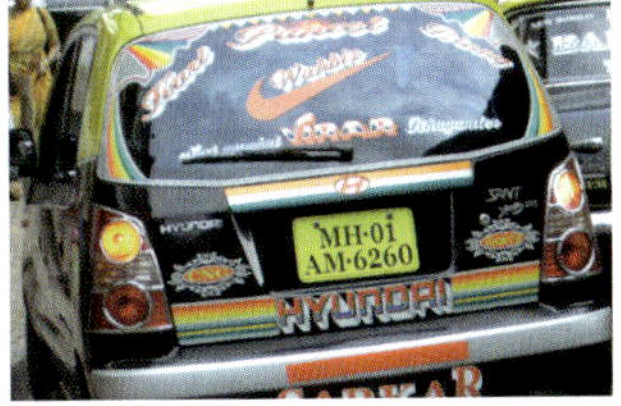

J जे

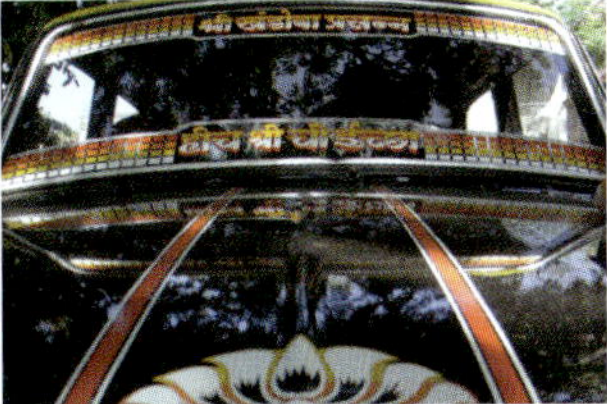

K के

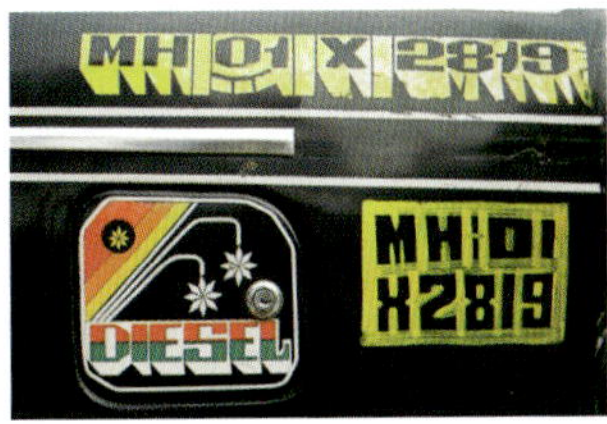

K के

इस पुस्तक के पृष्ठ विभाजकों पर दर्शाई गई कला *रेडियम* कला से थोड़ी भिन्न है क्योंकि यह प्राथमिक रूप से पिछले टैक्सी ग्राफिक्स के झुंड से पैटर्नों की व्यवस्था करने वाले टैक्सी चालक के निकट सान्निध्य में एक ग्राफिक डिज़ाइनर है और यह आवश्यक रूप से किसी काली पृष्ठभूमि से सहमत नहीं होती।

इसके विपरीत, टैक्सी कला किसी कैब का आकार ले लेती है और उभारों, घुमावों और समतल भागों का पालन करती है जहाँ निश्चित पैटर्न कैब के विशेष भाग के लिए होते हैं।[क]

यहाँ कलाकार ने एक पूरे डिज़ाइन उपकरण को एक ऊर्ध्वाधर समतल भाग में संघनित किया है, हालांकि उन डिजिटल चित्रों के विपरीत जिन पर ये डिज़ाइन आधारित हैं, यहाँ कलाकार यह निर्णय करते हुए अपनी स्वयं की शर्तों पर रंग की परतों की साज-सम्भाल करता है कि कौन-सा रंग आधार होना चाहिए और किसे निकाला जाना चाहिए और वह कैसे काम करते हुए हाथ से इसका कितनी अच्छी तरह अनुकरण कर सकता है।

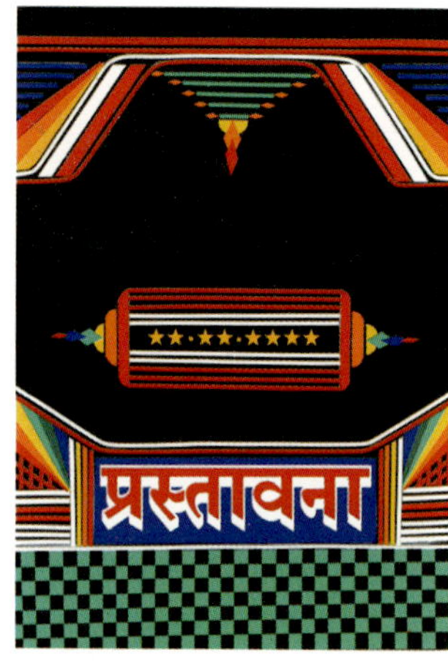
प्रस्तावना

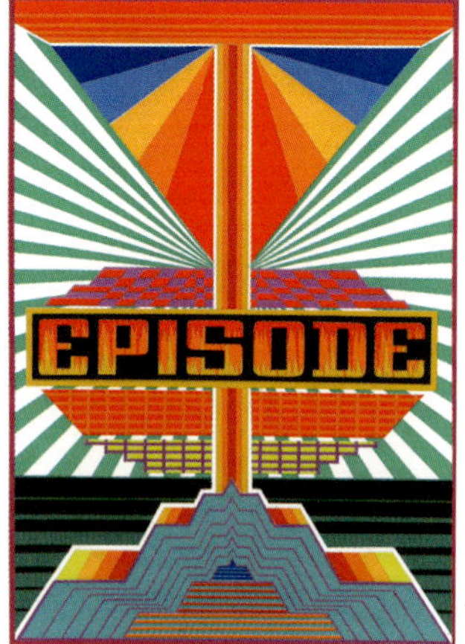
EPISODE

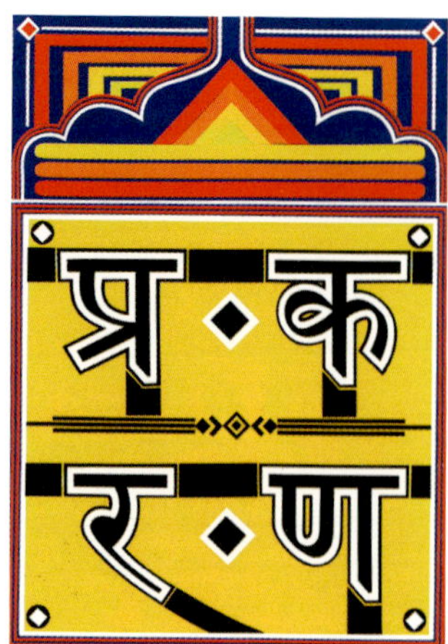
प्र · क
र · ण

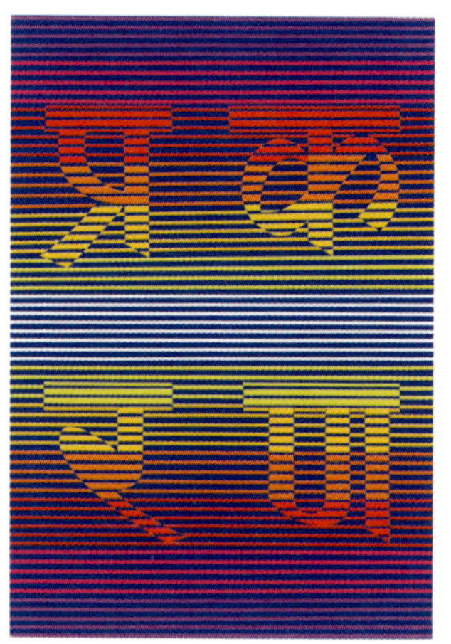

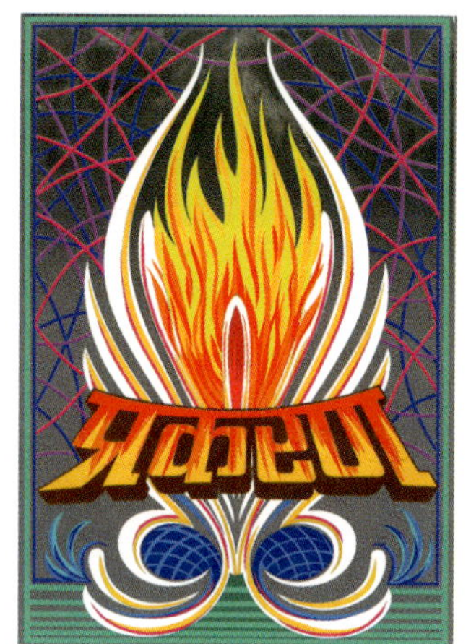
प्रकरण

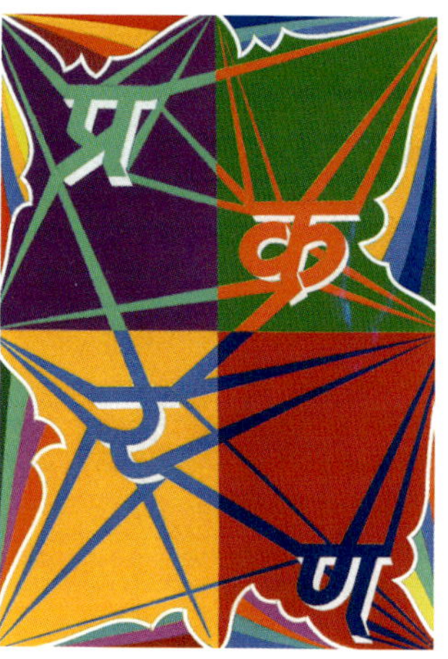
प्र
क
र
ण

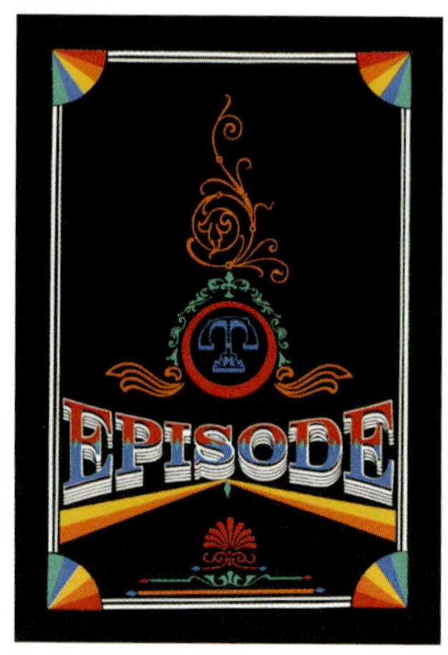
EPISODE

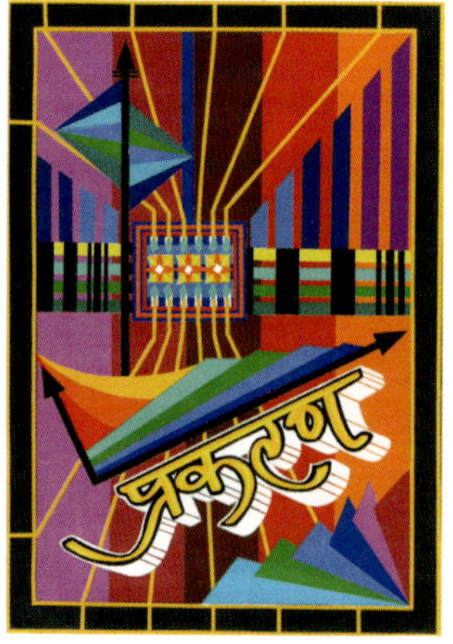
प्रकरण

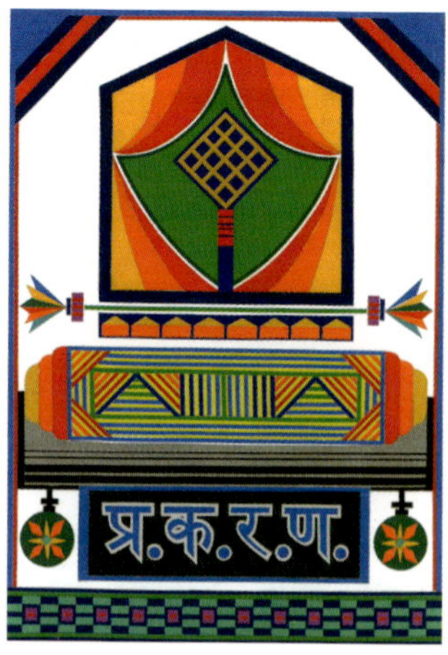
प्र. क. र. ण.

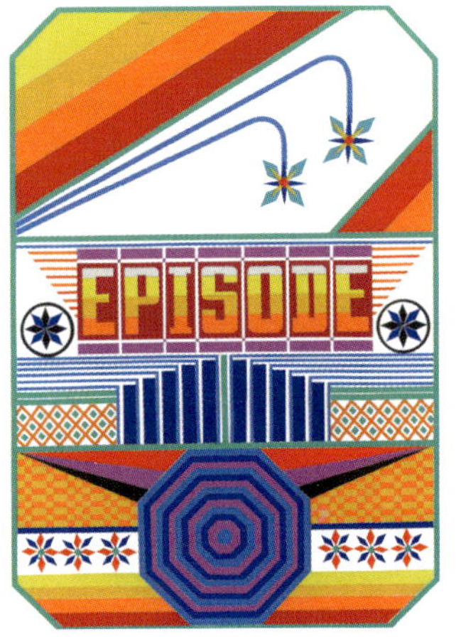
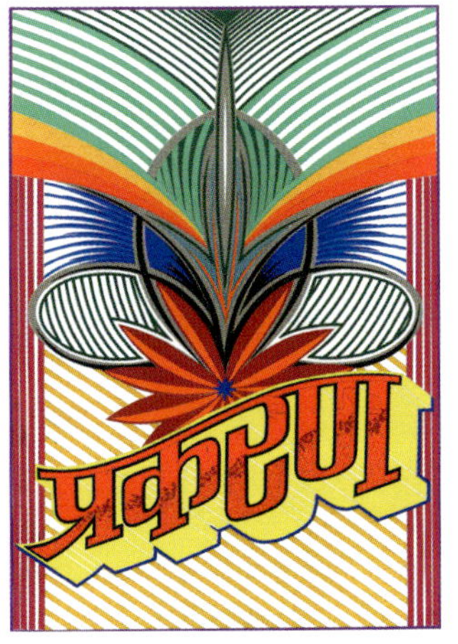
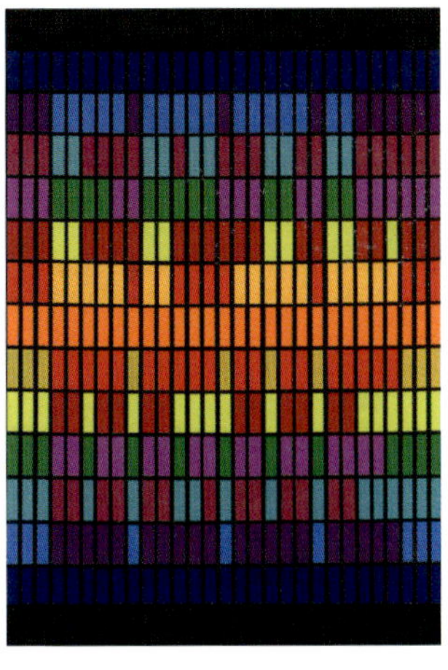
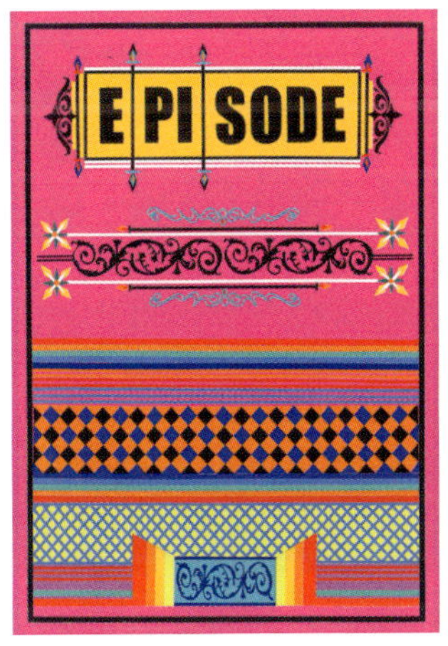
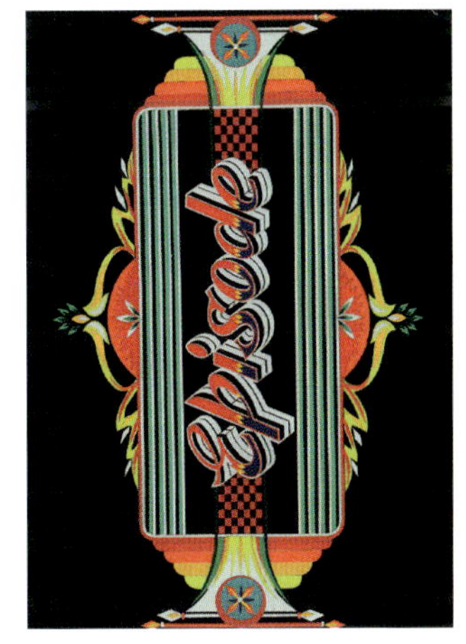
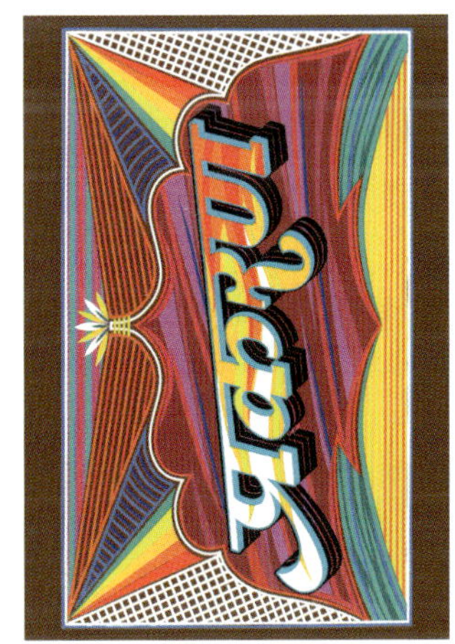

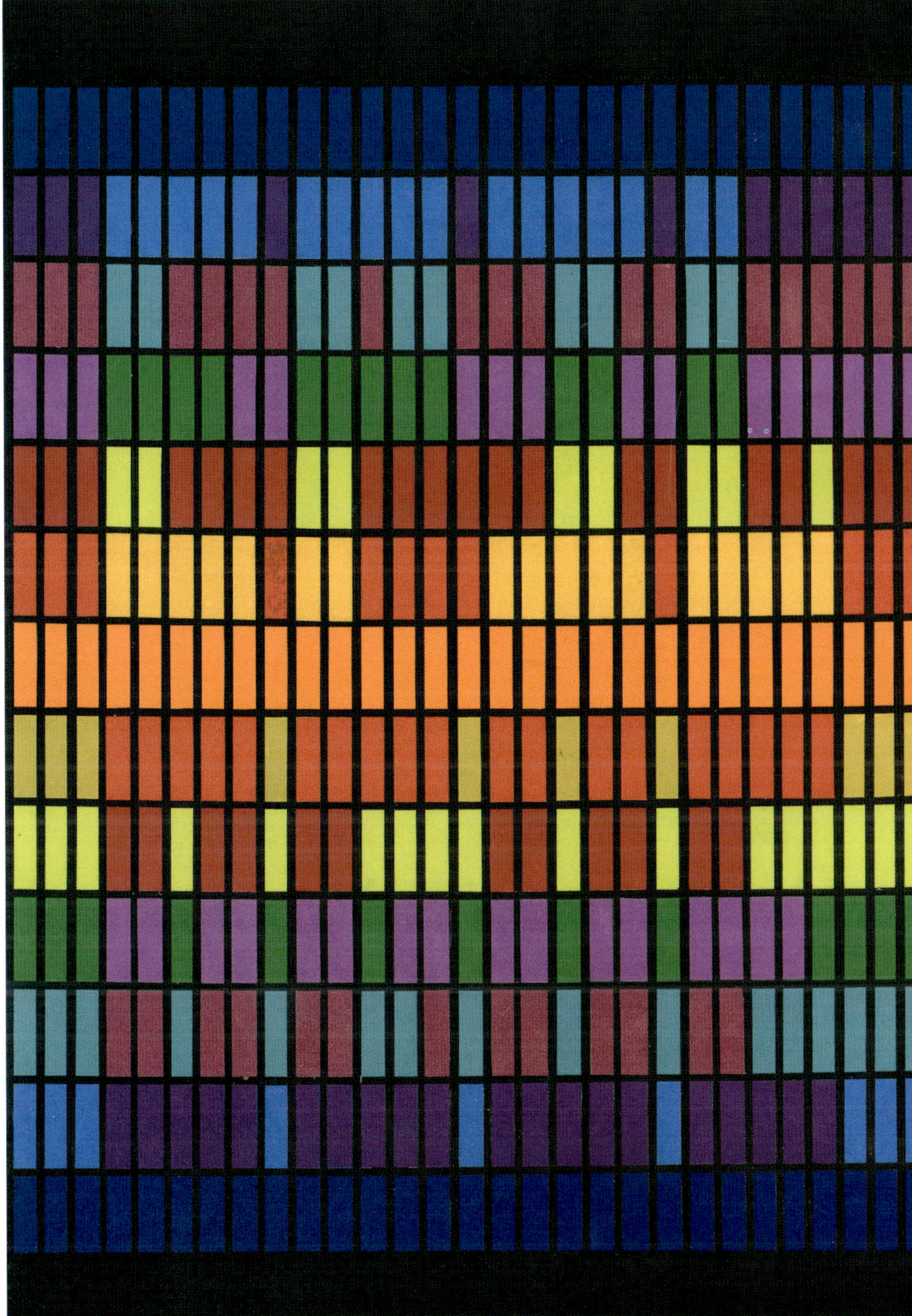

Credits/Imprint

Collaborators and Production Information

A Formal Film in Nine Episodes, Prologue and Epilogue
35 mm Film/High Definition Multiple Video Projection for Exhibition Space, Stereo, 51 min.
Hindi, Tamil, Marathi and English with English subtitles
Produced in India, edited and post-produced in Germany in 2010

Cast: Gopal Jha, Nandani Verma
Director of Photography: Avijit Mukul Kishore
Location Sound Recording: Suresh Rajamani
Sound Design: Thomas Wallmann
Production/Location Manager: Dhiraj Singh

Casting: Mario Pfeifer, Sujata Venkateswaran, Parul Wadhwa

Assistant Director/Research Assistant: Sujata Venkateswaran
Production Assistant: Parul Wadhwa
Location Assistant: Ganesh Mistry
Focus Puller: Pratap Rout
Camera Rental: Ramavision Mumbai, Mr. Rao
Translation, Title Design: Ragunath Vasudevan
Colourist: Emilio Batungbacal
Post-Production: Pixion, Bandra, India

This film was shot on 35 mm colour negative Kodak Vision III with Arri SR II and ARRI SR III
moving-image cameras using Carl Zeiss high-speed lenses. On-location sounds were recorded
with a 744T Sound Device using a Sennheiser MKH 416 Mono Microphone, a Pearl MSH Stereo
Microphone and Lectrosonics Wireless Microphones. The 35 mm film material was transferred
on a Thompson Spirit Datacine, the color grading platform was a Da Vinci 2K+.

The film's production and completion were supported by
Frankfurter Kunstverein
Kodak Mumbai
KOW
MMK Museum für Moderne Kunst Frankfurt am Main
Werkleitz – Centre for Media Art

Produced by *[blackboardfilms]*
Conceived by Mario Pfeifer

Thanks To

Ashim Ahluwalia, Farhad Bonmanjee, Vivek Divan, Jörg Drefs, Lilian Engelmann, Marc Glöde,
Shumona Goel, Tarje Gullaksen, Shai Heredia, Shanay Jhaveri, Avijit Mukul Kishore,
Ganesh Mistry, Michael Müller, Ashutosh Naidu, Rigvedita Nigam, Suresh Rajamani, Lucy Raven,
Sanjay Shah, Swati Sen, Dhiraj Singh, Rahul Srivastava, Sujata Venkateswaran, Parul Wadhwa,
Apichatpong Weerasethakul and Peter Zorn.

Special thanks to Nadani Verma, Gopal Jha, Loise Braganza, Baptist Coelho, Deepika Sorabjee,
Dev Benegal, Cara Eastscott, Ragunath Vasudevan, Thomas Wallmann, Vincent Vulsma,
Nikolaus Oberhuber, Alexander Koch, Alastair Cookson, Albert Groot, Kevin McGarry,
Victor Kriengsak Silakong, Bernd Reiß, Susanne Gaensheimer, Sophie von Olfers,
Markus Weisbeck and Chloé Quenum.

Exhibition History

Frankfurter Kunstverein & Zollamt, Museum für Moderne Kunst Frankfurt, Germany 2010
KOW, Berlin, Germany, 2011
Nassauischer Kunstverein, Wiesbaden, Germany 2011
The Cultural Centre of Bruges, Belgium, 2012
MMK Museum für Moderne Kunst Frankfurt am Main, Germany, 2012
KHOJ, New Delhi, India, 2013

Accompanied Film Presentations

During solo exhibitions of the installation at KOW, Berlin and the Nassauischer Kunstverein
Wiesbaden, Louis Malle's *L'Inde fantôme* (1969), a 378-minute-long documentary produced for the
BBC was shown in parallel. The seven episodes of Malle's documentary were screened non-
chronologically, each for one week in the gallery's basement on a TV monitor, while the entire
film was shown chronologically on a TV monitor in one of the Kunstverein's exhibition spaces.
As a result of the documentary, the BBC was prohibited from making films in India for several years
and even today three scenes of Malle's film are still banned from being shown in India.
During the course of the exhibition at KOW, Jonathan Pouthier, in collaboration with Mario Pfeifer,
curated a programme that presented a different film every two weeks in the gallery space. The
films presented included Pier Paolo Pasolini's *Appunti per un film sull'India – Notes for a Film about
India* (1968), Robert Gardener's *Forest of Bliss* (1986) and Kamal Swaroop's *Om-Dar-Ba-Dar* (1988),
which is still relatively unknown and has not yet been distributed or released in a subtitled version.

World Premieres at Film Festivals

London International Documentary Film Festival, 2011 – World Premiere
Migrating Forms, New York, 2011 – North America Premiere
The 10th World Film Festival of Bangkok, 2012 – South East Asia Premiere

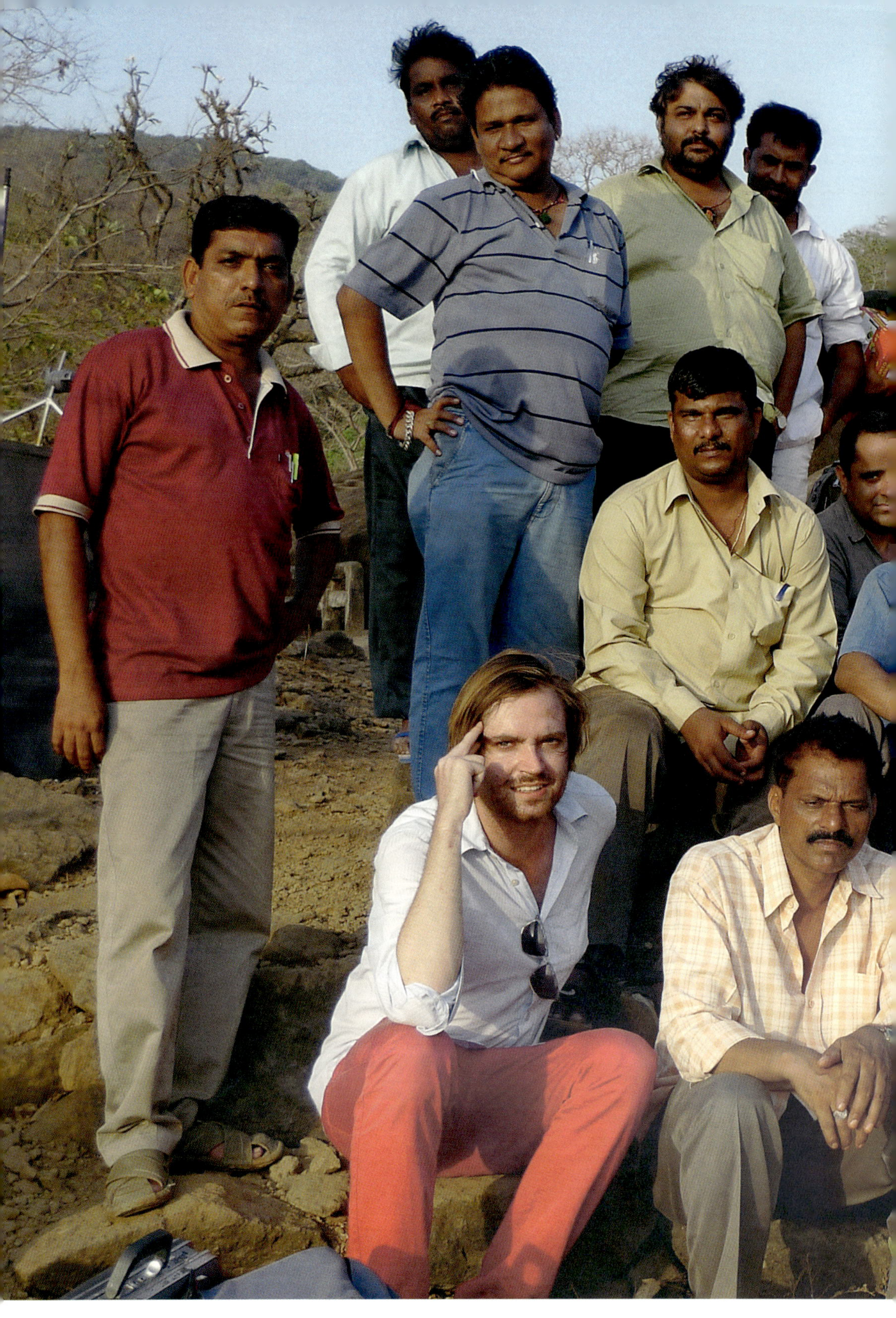

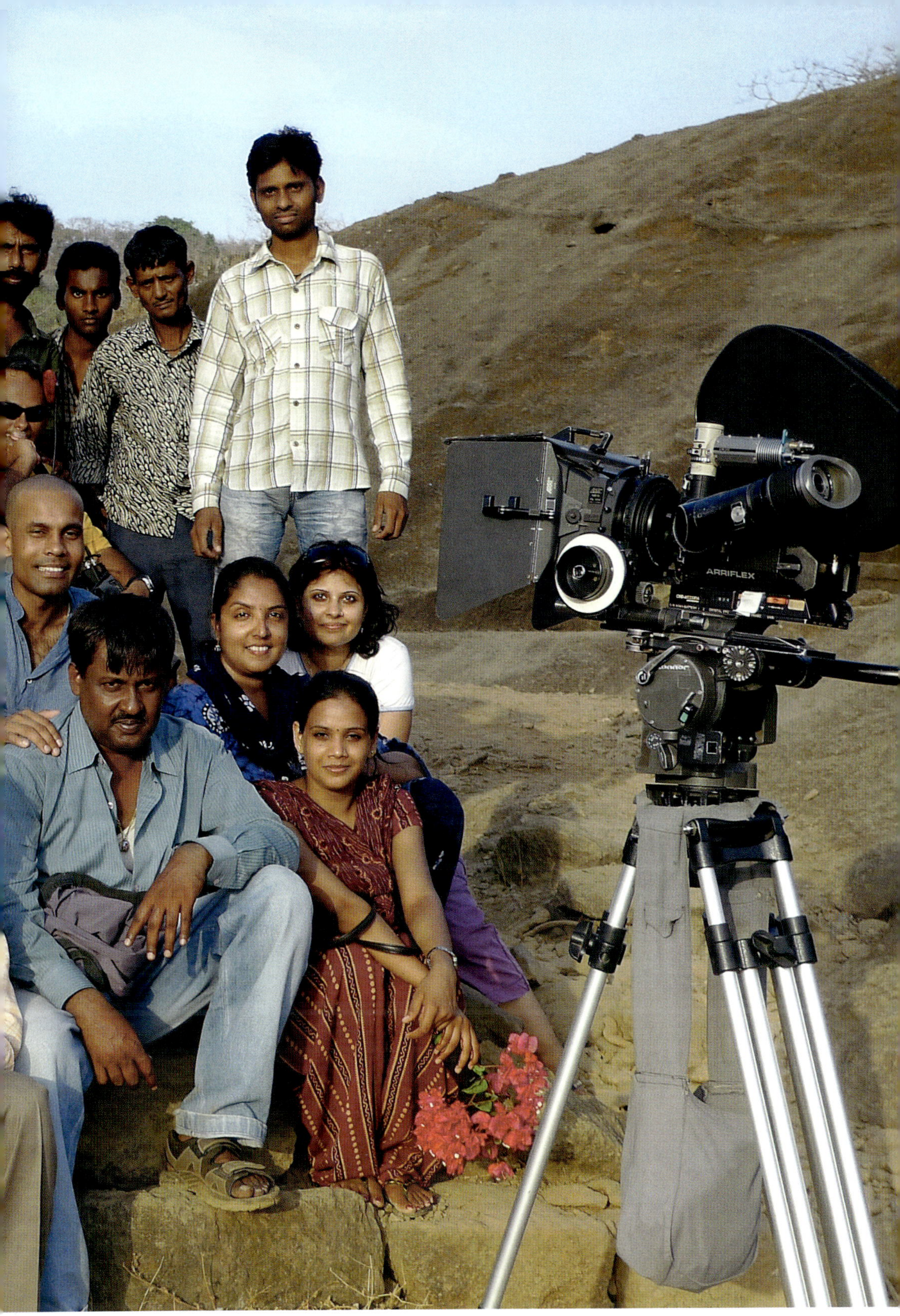

Production plan/crew call – shoot day 1 of 4

CALL SHEET				
May 14-15, 2010, Friday-Saturday **Shoot Day : 1 of 4**		**CREW CALL**	**1:00 AM**	Sunrise: 6:04 AM Sunset: N.A. Weather: Low Tide - 6:08 AM; Min 28°C, Max 33°C; Sunny

NOTE 1 : PLEASE CARRY EXTRA SOCKS+SHOES / OTHER FOOTWEAR - can get dirty and wet on the sea

NOTE 2 : CREW MEETING POINT - End of Sion flyover - 12:40 AM

LOCATION 1	LOCATION 1 to 2	LOCATION 2
ADDRESS : CHEMBUR STN (E) Opp Gita Bhavan **ROLL TIME : 2:00 AM**	**TRAVEL TIME** **20 mins**	**ADDRESS : MANKHURD BRIDGE** **ROLL TIME : 5:30 AM**

SCHEDULE					
Description	**D / N**	**I / E**	**Cast**	**Location**	
Gopal gets his head shaved	N	I + E	Gopal, Barber	Barber shop	
Fishermen on the sea; Gopal watches	Mrng	E	Fishermen; Gopal	Under the bridge; Harbour	
Gopal watches from harbour	Mrng	E	Gopal; Fisherman	Harbour	

ACTORS				CHARACTERS					
Cast	**Pick-up**	**Car No.**	**On Set**	**Character**	**Name**	**On Set**	**Character**	**Name**	**On Set**
Gopal	**12:00:00 AM** *	3	1:00 AM	Fisherman 1		5:00 AM	Ice worker 1		----
Nandini		----		Barber		1:00 AM	Ice worker 2		----
	*** Mario Home**			Worker 1		----	Auto Driver		----
				Worker 2		----	Hijra		---

REQUIREMENTS				
CAMERA	**On Set**	**LIGHTING / GRIP**		**On Set**
435 Hand and Shoulder grips Plastic protection for going on boat	1:00 AM	2-feet 4-bank kino - **1 - MUKUL**		1:00 AM
ART / SET DRESSING	**On Set**	**COSTUME / MAKE UP / HAIR**		**On Set**
		Sandalwood paste for shaven head		1:00 AM
VEHICLES	**On Set**	**OTHER**		**On Set**
Fishing Boat	5:00 AM	Motor boat for crew Stopwatch Railway Timetable		5:00 AM 1:00 AM 5:00 AM

TRANSPORT DETAILS									
CREW	**CALL TIME**	**PICK UP**	**SPOT**	**CAR NO.**	**CREW**	**CALL TIME**	**PICK UP**	**SPOT**	**CAR NO.**
MUKUL	1:00 AM	**12:00 AM**	Home	2	MARIO	1:00 AM	**12:00 AM**	Home	3
PRATAP	1:00 AM	**12:10 AM**	Highway	2	CAMERA	1:00 AM	**12:00 AM**	Office	1
SURESH	1:00 AM	**12:45 AM**	Home	3	PARUL	1:00 AM	**12:20 AM**	Highway	2
SUJATA	1:00 AM	**12:20 AM**	Highway	2	LIGHTS	nil			
DHIRAJ	1:00 AM	**12:20 AM**	Home	3	GRIP	nil			
GANESH	1:00 AM	**11:45 AM**	Home	3					
NOTES :	**Plastic for camera, sound**								

CONTACT NO.S					
Sujata Mario		Dhiraj Ganesh		Mukul Pratap	Suresh Parul	Camera Lights+Grip

CALL SHEET				
May 15-16, 2010, Saturday-Sunday **Shoot Day : 2 of 4**		**CREW CALL** **9:00 PM**		**Sunrise: 6:04 AM** **Sunset: N.A.** **Weather: Min 26°C, Max 31°C; Mostly Sunny**

NOTE :   CREW MEETING POINT - Versova Ice Factory

LOCATION 1	LOCATION 1 to 2	LOCATION 2
ADDRESS : VERSOVA ICE FACTORY	**TRAVEL TIME**	**ADDRESS : BELAPUR (near HLL)**
ROLL TIME : 10:00 PM	**90 mins**	**ROLL TIME : 5:45 AM**

SCHEDULE

Description	D / N	I / E	Cast	Location
Ice is produced and stored	N	I + E	Gopal; Ice workers	Ice Factory
Train whizzes past construction site	Mrng	E	Gopal	Construction site
Workers in their home	Mrng	E	Gopal; Workers	Construction site

ACTORS / CHARACTERS

Cast	Pick-up	Car No.	On Set	Character	Name	On Set	Character	Name	On Set
Gopal	**8:15 PM***	2	9:00 PM	Fisherman 1		----	Ice worker 1		9:30 PM
Nandini		----		Barber		---	Ice worker 2		9:30 PM
	*Andh. Stn ?			Worker 1		5:30 AM	Auto Driver		----
				Worker 2		5:30 AM	Hijra		---

REQUIREMENTS

CAMERA	On Set	LIGHTING / GRIP	On Set
Arri 3	9:00 PM	4-feet 4-bank kinos - TWO	9:00 PM
Hand and Shoulder grips ???		tubes at ice factory - (previously readied)	---
		Track-trolley	9:00 PM

ART / SET DRESSING	On Set	COSTUME / MAKE UP / HAIR	On Set
		Sandalwood paste for Shaven head	9:00 PM

VEHICLES	On Set	OTHER	On Set
		Railway Timetable	5:30 AM

TRANSPORT DETAILS

CREW	CALL TIME	PICK UP	SPOT	CAR NO.	CREW	CALL TIME	PICK UP	SPOT	CAR NO.
MUKUL	9:00 PM	**7:00 PM**	Home	2	MARIO	9:00 PM	**7:00 PM**	Office	1
PRATAP	9:00 PM	**7:45 PM**	Highway	2	CAMERA	9:00 PM	**7:00 PM**	Office	1
SURESH	9:00 PM	**7:00 PM**	Self	---	PARUL	9:00 PM	**8:15 PM**	Andh. Stn	2
SUJATA	9:00 PM	**8:15 PM**	Flyover	3	LIGHTS	9:00 PM			self
DHIRAJ	9:00 PM	**7:00 PM**	Home	3	GRIP	9:00 PM			self
GANESH	9:00 PM	**6:30 PM**	Home	3					

NOTES :

CONTACT NO.S

Sujata		Dhiraj		Mukul		Suresh		Camera	
Mario		Ganesh		Pratap		Parul		Lights+Grip	

UNRESOLVED
TO BE CONFIRMED
TO BE FILLED

Production plan/crew call – shoot day 3 of 4

CALL SHEET				
May 17, 2010, Monday	**CREW CALL**	**10:00 AM**	Sunrise: 6:04 AM Sunset: 7:06 PM	
Shoot Day : 3 of 4			Weather: Max 31°C, Min 25°C; Mostly Sunny	

NOTE :   **CREW MEETING POINT - National Park Entrance -10.30 AM**

LOCATION 1	LOCATION 1 to 2	LOCATION 2
ADDRESS : 113 Avon Classic, Dattapada Road, Borivali (E)	**TRAVEL TIME**	**ADDRESS : KANHERI CAVES, National Park**
ROLL TIME : 10:30 AM	**10mins**	**ROLL TIME : 12:00 PM**
	LOCATION 2 to 3	LOCATION 3	
	TRAVEL TIME	**ADDRESS : THAKUR VILLAGE**	
	45 mins	**ROLL TIME : 7:30-8:00 PM**	

SCHEDULE					
Description	**D / N**	**I / E**	**Cast**	**Location**	
Beehive in the corner	D	I + E	Gopal	Apartment Corridor	
Gopal & Nandini share moments in the Caves	D	E	Gopal; Nandini	Pathway & Caves	
Auto rickshaw ride; Hijra asks for money	N	E	Hijra	Roads	

ACTORS				CHARACTERS					
Cast	**Pick-up**	**Car No.**	**On Set**	**Character**	**Name**	**On Set**	**Character**	**Name**	**On Set**
Gopal	**9:30:00 AM ***	2	10:00 AM	Fisherman 1		----	Ice worker 1		----
Nandini	**10:00 AM ****	3	11:00 AM	Barber		----	Ice worker 2		----
	* Home			Worker 1		----	Auto Driver		7:00 PM
	** Highway			Worker 2			Hijra		7:30 PM

REQUIREMENTS					
CAMERA			**On Set**	**LIGHTING / GRIP**	**On Set**
Arri 3			10:00 AM	Skimmer s 12 x 12 - **1**	11:00 AM
Hand and Shoulder grips ???				6 x 4 - **2**	11:00 AM
				Reflectors / flexis	
ART / SET DRESSING			**On Set**	**COSTUME / MAKE UP / HAIR**	**On Set**
				Sandalwood paste for Shaven head	10:00 AM
VEHICLES			**On Set**	**OTHER**	**On Set**
Auto Rickshaw			6:30 PM	Addnl transport for lights ???	11:00 AM
				Ice box	11:00 AM

TRANSPORT DETAILS									
CREW	**CALL TIME**	**PICK UP**	**SPOT**	**CAR NO.**	**CREW**	**CALL TIME**	**PICK UP**	**SPOT**	**CAR NO.**
MUKUL	10:00 AM	---	---	---	MARIO	10:00 AM	**8:15 AM**	Home	1
PRATAP	10:00 AM	**9:15 AM**	Highway	2	CAMERA	10:00 AM	**8:00 AM**	Office	1
SURESH	10:00 AM	**8:00 AM**	Home	2	PARUL	11:00 AM	**10:00 AM**	Highway	3
SUJATA	10:00 AM	**9:00 AM**	Highway	2	LIGHTS	11:00 AM			self
DHIRAJ	11:00 AM	**9:20 AM**	Home	3	GRIP	nil			
GANESH	11:00 AM	**9:00 AM**	Home	3					

NOTES :

CONTACT NO.S					
Sujata	Dhiraj	Mukul	Suresh	Camera	
Mario	Ganesh	Pratap	Parul	Lights+Grip	

UNRESOLVED
TO BE CONFIRMED
TO BE FILLED

Production plan/crew call – shoot day 4 of 4

<table>
<tr><td colspan="11" align="center">CALL SHEET</td></tr>
<tr>
<td>May 23, 2010, Sunday

Shoot Day : 4 of 4</td>
<td colspan="2"></td>
<td colspan="4" align="center">CREW CALL</td>
<td colspan="2" align="center">5:00 AM</td>
<td colspan="2">Sunrise: 06:02 AM
Sunset: 07:09 PM
Weather: Mostly sunny</td>
</tr>
</table>

NOTE 2 :   CREW MEETING POINT -

LOCATION 1	LOCATION 1 to 2	LOCATION 2
ADDRESS : 1302, Jaywant Apts., Tardeo **ROLL TIME : 5:20 AM**	**TRAVEL TIME** **60 mins**	**ADDRESS : 18th Rd., Ambedkar Garden, Chembur** **ROLL TIME : 10:15 AM**
	LOCATION 2 to 3 **TRAVEL TIME** **90 mins**	**LOCATION 3** **ADDRESS : Opp. Maganlal Dresswala, BHULESHWAR** **ROLL TIME : 6:30 PM**

SCHEDULE

Description	D / N	I / E	Cast	Location
Nandini applies Henna	N	I	Nandini	Apartment
Sunrise View	Mrng	I + E	Fishermen; Gopal	Apartment
Laser treatment process	D	I	Nandini	Eye Clinic
Gopal and Nandini at the temple	Evng	I + E	Gopal, Nandini	Temple & Street

ACTORS / CHARACTERS

Cast	Pick-up	Car No.	On Set	Character	Name	On Set	Character	Name	On Set
Gopal	**5:45:00 PM***	2	6:00 PM	Fisherman 1		----	Ice worker 1		----
Nandini	4:10 AM	2	5:00 AM	Barber		----	Ice worker 2		----
	* Charni Rd Stn			Worker 1		----	Auto Driver		----
				Worker 2		----	Hijra		---

CAMERA / LIGHTING / GRIP

CAMERA	On Set	LIGHTING / GRIP	On Set
Arri 3		4-feet 4-bank kinos - 2	9:30 AM
Hand and Shoulder grips		2-feet 4-bank kinos - 2	9:30 AM
		Straight and curved tracks	3:30 PM

ART / SET DRESSING / COSTUME / MAKE UP / HAIR

ART / SET DRESSING	On Set	COSTUME / MAKE UP / HAIR	On Set
Gold jewellery shop		Sandalwood paste Henna cone	

VEHICLES	On Set	OTHER	On Set

TRANSPORT DETAILS

CREW	CALL TIME	PICK UP	SPOT	CAR NO.	CREW	CALL TIME	PICK UP	SPOT	CAR NO.
MUKUL	5:00 AM		Home	2	MARIO	4:45 AM	---	---	---
PRATAP	5:00 AM		Highway	2	CAMERA	4:45 AM	**4:30 AM**	Office	1
SURESH	10:00 AM	---	Self	---	PARUL	5:00 AM	**4:10 AM**	SV Road	2
SUJATA	5:00 AM		SV Road	2	LIGHTS	9:30 AM	Self	---	
DHIRAJ	12:00 PM	---	Self	---	GRIP	3:30 PM	Self	---	
GANESH	12:00 PM	---	Self	---					

NOTES :

CONTACT NO.S

Sujata	Dhiraj	Mukul	Suresh	Camera
Mario	Ganesh	Pratap	Parul	Lights+Grip

Shooting permission, Archaeological Survey of India, Mumbai

GOVERNMENT OF INDIA
ARCHAEOLOGICAL SURVEY OF INDIA
MUMBAI CIRCLE,
PURATTAVA BHAVAN
SION FORT, SION (E), MUMBAI – 400 022

<u>LICENSE FOR FILMING OPERATION AT A CENTRALLY PROTECTED MONUMENT</u>
(Vide Rule 44 of A.M. & A.S.R. Act 1959)

Where as ▮▮▮▮▮▮ **(Independent Filmmaker),** ▮▮▮▮▮▮▮▮▮
▮▮▮▮▮▮ has applied for a license to carrying out filming/video filming operations at the protected monuments mentioned overleaf/ in the list attached and has undertaken to observe the provisions of the Ancient Monuments and Archaeological Sites and Remains Act 1958 and the rules made there under,

I, **Superintending Archaeologist, ASI, Mumbai Circle, Mumbai,** do herby grant the license under Rule 44 of the said rules to the said permission for carrying out filming/video filming operations at the above mentioned monuments with cast for preparation of film **"Documentary Project Film"** shows in the <u>**Exterior**</u> parts of the monument, as mentioned below.

<u>The license is granted subject to the provisions of the said Act and Rules and is further subject to the following conditions, namely,</u>

a) The licensee shall not film interior of the monument(s), that is to say, such parts of the monuments as is covered by a roof of any description.

b) The licensee in respect of monument(s) of religious character shall not violate any customary or religious practices in vogue or do anything which is not in keeping with the religious sentiments.

c) The licensee shall not use any flash or any other artificial light in respect of paintings.

d) The licensee or any other member of his party shall abide by the instructions of the Archaeological Officer or his representative at the monuments.

e) The licensee shall not take any person or cast and heavy equipment near the monument(s).

f) The licensee shall make the good damage, if any, cause to the monument(s) during the course of filming operation.

g) The licensee shall ensure that the movement of visitors within the precincts of the monuments is not in any way hampered.

h) The courtesy of the Archaeological Survey of India shall be duly acknowledged.

i) Contravention of the above conditions may lead to the cancellation of the license without any compensation to the licensee.

j) The permission is granted for a specified period and will not be extended.

k) No addition & alteration in the site/location will be entertained.

l) No fitting or fixture of the light will be put on the ancient structure of the monument.

m) The copy of the film shot at the monument would be submitted by the licensee to this office either in VHS cassette or CD format.

n) If the film shot at the monument contain any objectionable scenes. The department reserves the right to remove or delete the same from telecasting/screening and action will be taken as per rules. Therefore, the licensee should ensure that a copy of the CD is submitted before the release of the film.

The license is not transferable. It shall be **valid for 17th May, 2010 (only One Day)** (from Sunrise to Sunset only).

SUPERINTENDING ARCHAEOLOGIST

SUPERINTENDING ARCHAEOLOGIST

Station: Mumbai

Archaeological Survey of India

File No. LIC/Filming/Mts/MC/Mumbai Range/2008-09 – 2 0 5

Mumbai Circle, Mumbai – 400 022.

Dated:-5th May 2010

1 2 MAY 2010

Name of Monument: Buddhist Caves (Kanheri)

District- Mumbai Suburban

Dated- 17th May, 2010 (only One Day)

To,

Note: Any violation of permission & provision of A.M.A.S.R. Act, 1958 and rules 1959 and conditions during the filming operation by the party, the local officer is permitted to cancel the license on the spot.

Copy to-

1) The Director General, Archaeological Survey of India, Janpath, New Delhi for information.
2) The Director (Monuments), Archaeological Survey of India, Janpath, New Delhi for information.
3) The Caretaker, ASI, Mumbai Range Office, Mumbai for information along with a copy of the script. He is instructed to make it ensure that conditions as mentioned above are not violated by the licensee or his/her team. He is also instructed to submit a "No damage" certificate within a week after completion   of the filming operation.

Postcard invitation for the film's world premiere, London 2011

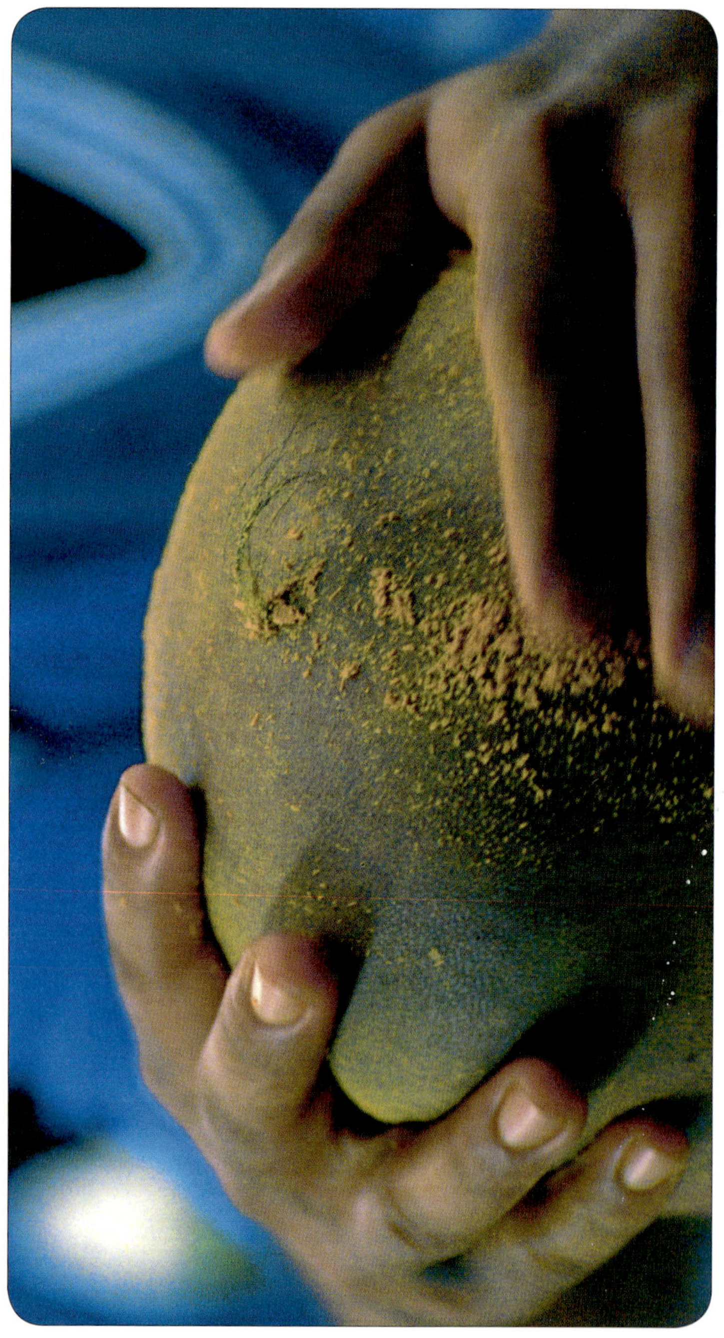

एक औपचारिक फिल्म नौ प्रसंग, प्रस्तावना और उपसंहार में

A FORMAL FILM IN NINE EPISODES, PROLOGUE & EPILOGUE

A Film by Mario Pfeifer
35 mm, Color, Stereo, 51"
Hindi, Tamil with English Subtitles
© 2011 India / Germany
Courtesy of Mario Pfeifer & *[blackboardfilms]* & KOCH OBERHUBER WOLFF

Cast: Nandani Verma & Gopal Jha
Director of Photography: Avijit Mukul Kishore
Sound Design: Thomas Wallmann
Assistant Director / Research Assistant: Sujata Venkateswaran
Sound Operator: Suresh Rajamani
Casting: Mario Pfeifer / Sujata Venkateswaran / Parul Wadhwa
Production / Location Manager: Dhiraj Singh
Production Assistant: Parul Wadhwa
Translation / Title Design: Ragunath Vasudevan
Colorist: Emilio Batungbacal
Supported by Kodak Mumbai, Frankfurter Kunstverein & MMK Museum für Moderne Kunst, Frankfurt am Main & Werkleitz - Centre for Media Art.
Produced by *[blackboardfilms]*
Conceived by Mario Pfeifer

A FORMAL FILM IN NINE EPISODES, PROLOGUE & EPILOGUE describes a contemporary Asian Metropolis through an observational, anthropological approach to filmmaking. The scenery depicted in the nine episodes portrays landscape, architecture, interiors or humans from rural communities to factories, medical facilities or ancient and religious sites. The sites all share miraculous beauty, yet the film explores a critical, self-reflexive exploration of the city's development as well as its cultural phenomena. Slowly establishing two characters, the film leaves its documentarian nature and progresses into a narrative, which follows two humans, sharing their movements in time and space letting us remember a cinema of love in the Asian context.

Shot on 35 mm in only single takes, the production of the film attempts to be aware of its outsider position looking at a contemporary, vastly booming Third World Country and its cultural history of 5,000 years by capturing and reenacting experienced situations. Trying to avoid a clear genre definition to this film, it is entirely shot on location in the city of Mumbai and its suburbia. Both performers, Gopal and Nandani, work on regular day jobs and live in Bombay's suburbia—and have never participated in a film project ever in their lives before.

World Premiere: London International Documentary Film Festival, 2011 • May 13 – 28, 2011
Screening: May 25th, 7:30pm - Courthouse Hotel Cinema, Soho, London
North America Premiere: Migrating Forms, New York • May 20 – 29, 2011
Screening: May 28th, 2011, 2:00pm - Anthology Film Archives, New York City
South East Asian Premiere: The 9th World Film Festival of Bangkok • January 20 – 27, 2012
Screening: January 21th, 2012 – 1:30pm, Esplanade Cineplex Ratchada 6, Bangkok

Exhibition History: Frankfurter Kunstverein & Zollamt MMK (2010), KOCH OBERHUBER WOLFF (2011), Nassauischer Kunstverein (2011), KHOJ, New Delhi (2013) - A publication will be available 2013.

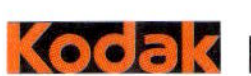

KODAK   MMK MUSEUM FÜR MODERNE KUNST FRANKFURT AM MAIN   FRANKFURTER KUNSTVEREIN   werkleitz ||\ NKV   KOCH OBERHUBER WOLFF   *[blackboardfilms]*   www.blackboardfilms.com www.kow-berlin.com

Publication's Production
    Research: Mario Pfeifer, Markus Weisbeck
    Research Assistance, Line Production: Eve Lemesle, Siddhika Lahori, Phalguni Desai
    Research Locations: Greater Mumbai region
    Production, Binding, Supervision: Jak Printers Pvt. Ltd., Mumbai, India

    The table of content was produced by local typists at Expresso Typing Centre, Ali Chambers, Fort,
    Mumbai through Mr. Vasan Shelke for the English part and Mr. Santosh More for the Hindi part
    on Remington typewriters.

    Letterpress chapters are printed on News Glaze Glossy paper, a standard paper for this process
    and also often used for newspaper and magazine printing. 1/1 Xerox on Maplitho Pink, a popular
    paper often to be found in drawing and writing books for students at schools. Silkscreen on
    80 GSM Maplitho white. 1/1 Xerox on Green Ledger Paper, an official paper used for judicial
    documents in India that indicates legal matters.

    4/4 Offset is printed on 130/170 GSM Sinar Royal Matt Art Paper with a 5-Offset UV flood varnish.

    The inbound blue paper is one of the four colours in the national Flag of India in which it is the colour
    of the Ashoka Chakra – the eternal wheel of Law and Time. The bookmark, a ready-made Dalit flag,
    was acquired by Mario Pfeifer at Chor Bazaar, located near Bhendi Bazaar in South Mumbai.

    Dust Jacket concept: S. Vasudevan, K. Vardarajan, Ragunath Vasudevan
    Dust Jacket supplier: Classic Trading company, Fort, Mumbai
    Bollywood Painter for Dust Jacket (special edition): Suresh Sandal, Shri Chamunda Kripa,
    near Starcity cinema, Mahim (W), Mumbai

    Export coordination: Sanmeet Singh

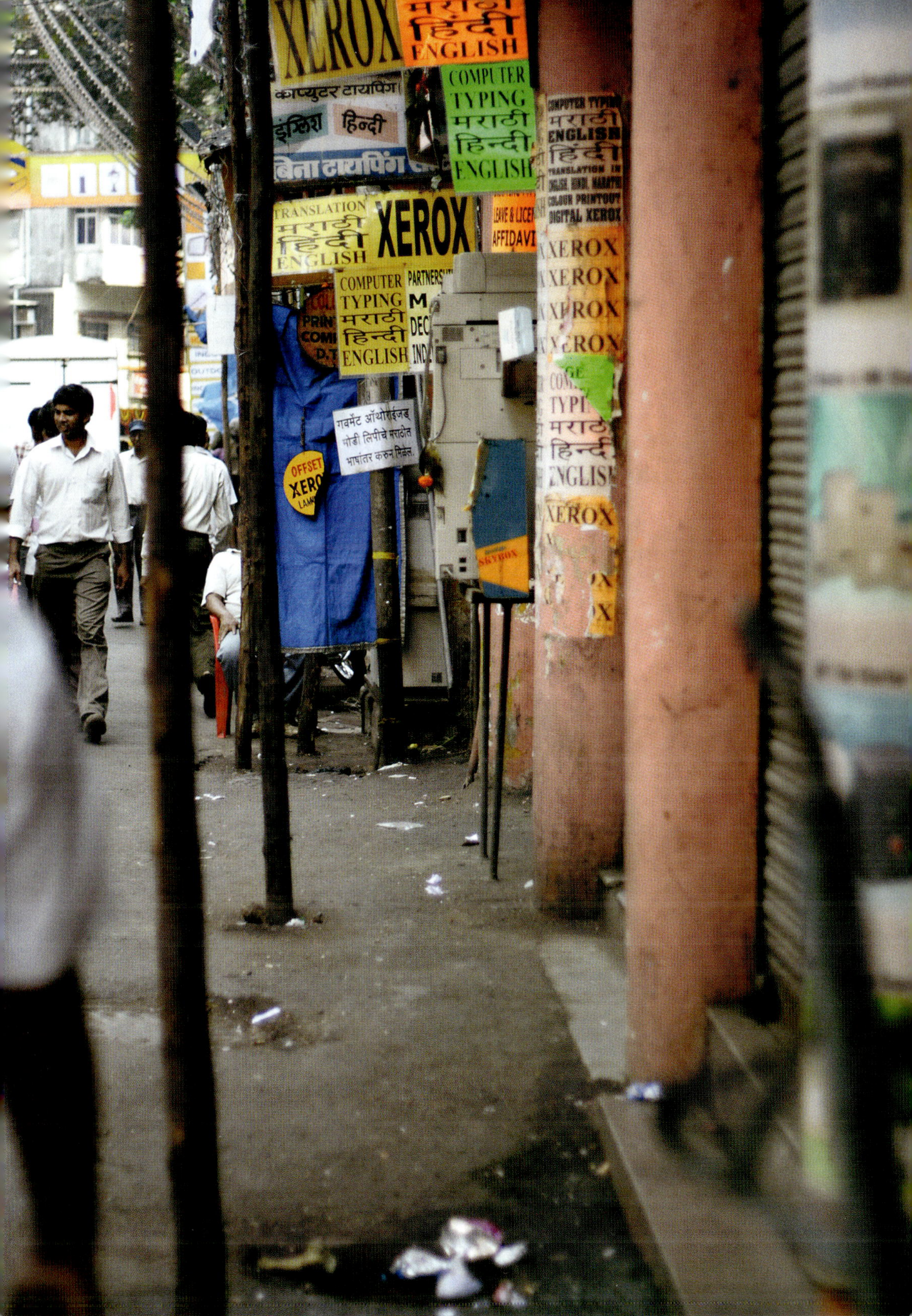

XEROX
मराठी
हिंदी
ENGLISH
COMPUTER
TYPING
मराठी
हिंदी
ENGLISH
COMPUTER TYPING
ENGLISH
हिंदी
TRANSLATION IN
ENGLISH HINDI MARATHI
COLOUR PRINTOUT
DIGITAL XEROX
कॉम्प्युटर टायपिंग
इंग्लिश हिंदी
बिना टायपिंग
TRANSLATION
मराठी
हिंदी
ENGLISH
XEROX
LEAVE & LICEN
AFFIDAVI
XEROX
XEROX
XEROX
XEROX
COMPUTER
TYPING M
मराठी DEC
हिंदी
ENGLISH IND
PARTNERSH
COM
TYP
मराठी
हिन्दी
ENGLISH
XEROX
OFFSET
XEROX
LAM
गवर्मेंट ऑथोराईज्ड
मोडी लिपीचे मराठीत
भाषांतर करुन मिळेल.
SKYBOX
X
X

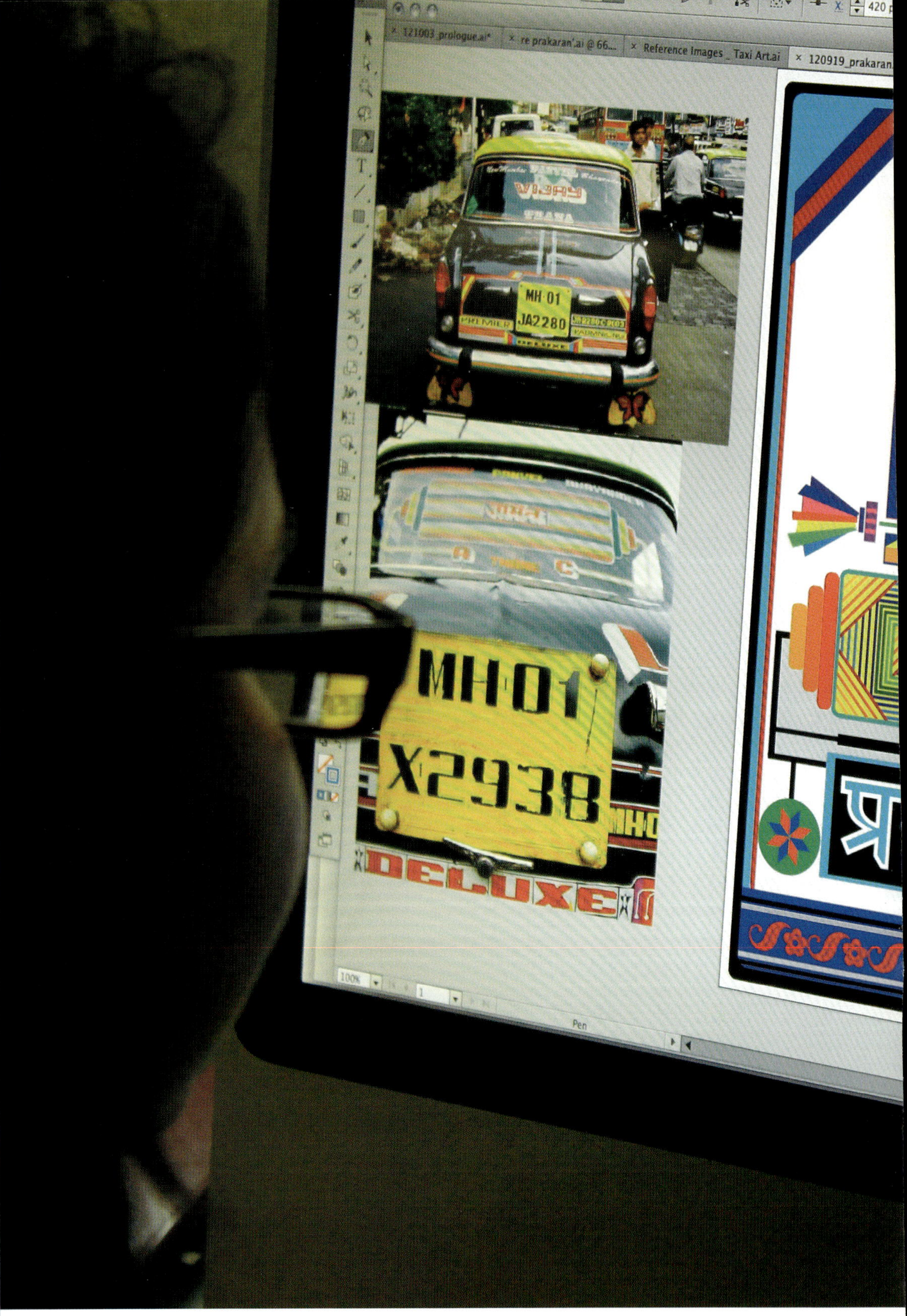
121003_prologue.ai*
re prakaran'.ai @ 66...
Reference Images _ Taxi Art.ai
120919_prakaran
MH·01
JA2280
PREMIER
MH01
X2938
DELUXE
100%
Pen

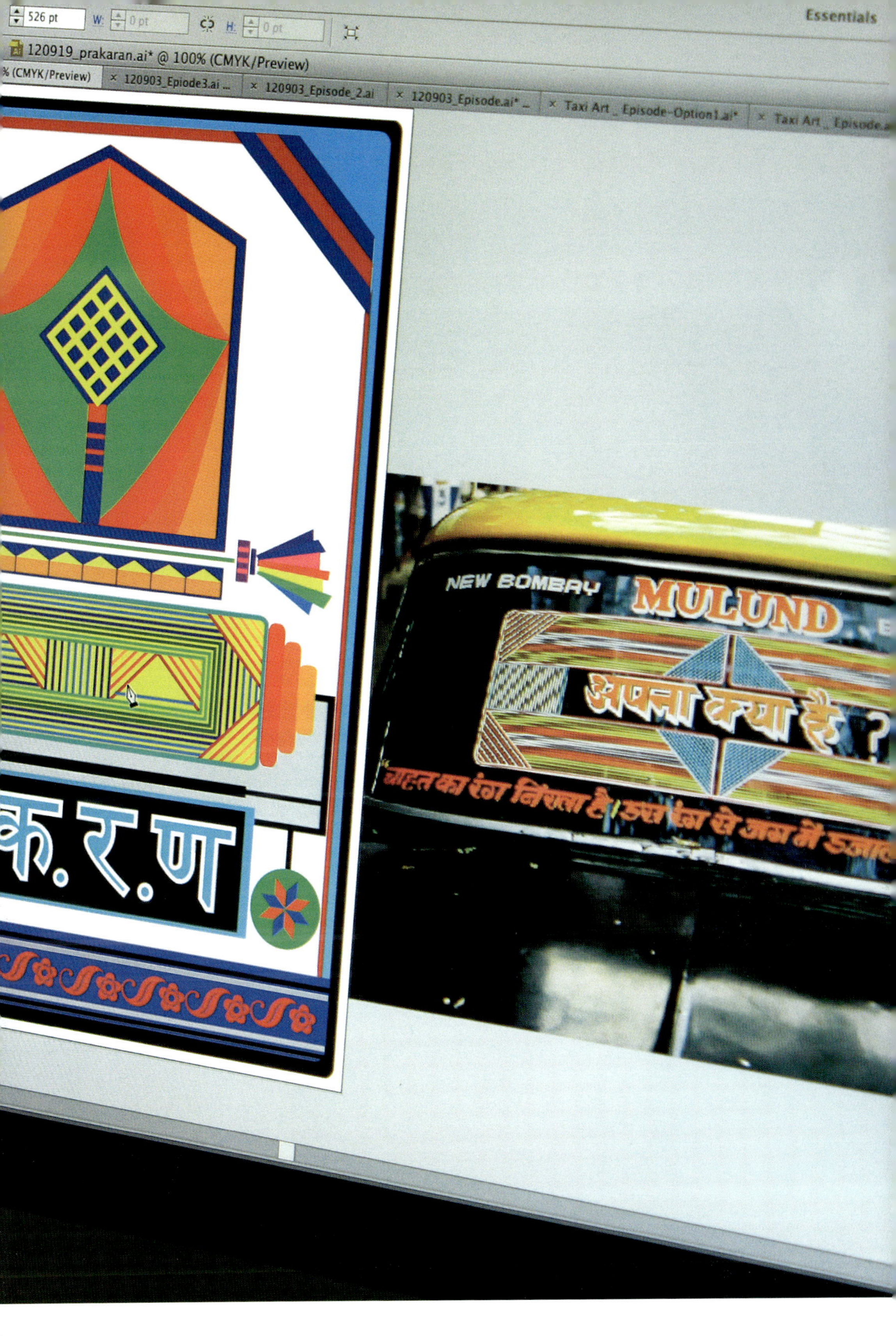

526 pt
W: 0 pt
H: 0 pt
Essentials
120919_prakaran.ai* @ 100% (CMYK/Preview)
% (CMYK/Preview)
120903_Epiode3.ai
120903_Episode_2.ai
120903_Episode.ai*
Taxi Art _ Episode-Option1.ai*
Taxi Art _ Episode.
NEW BOMBAY
MULUND
क. र. ण

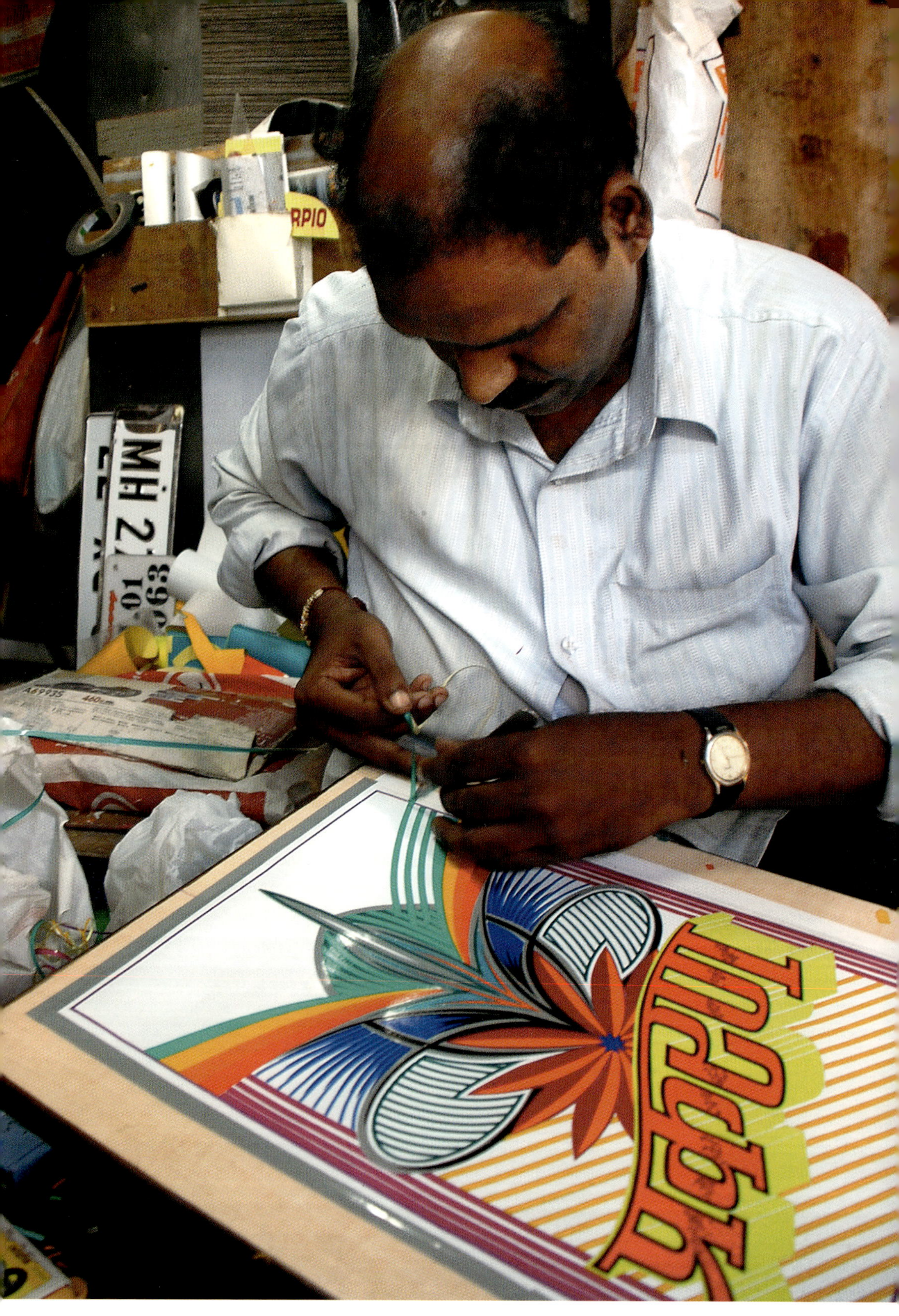

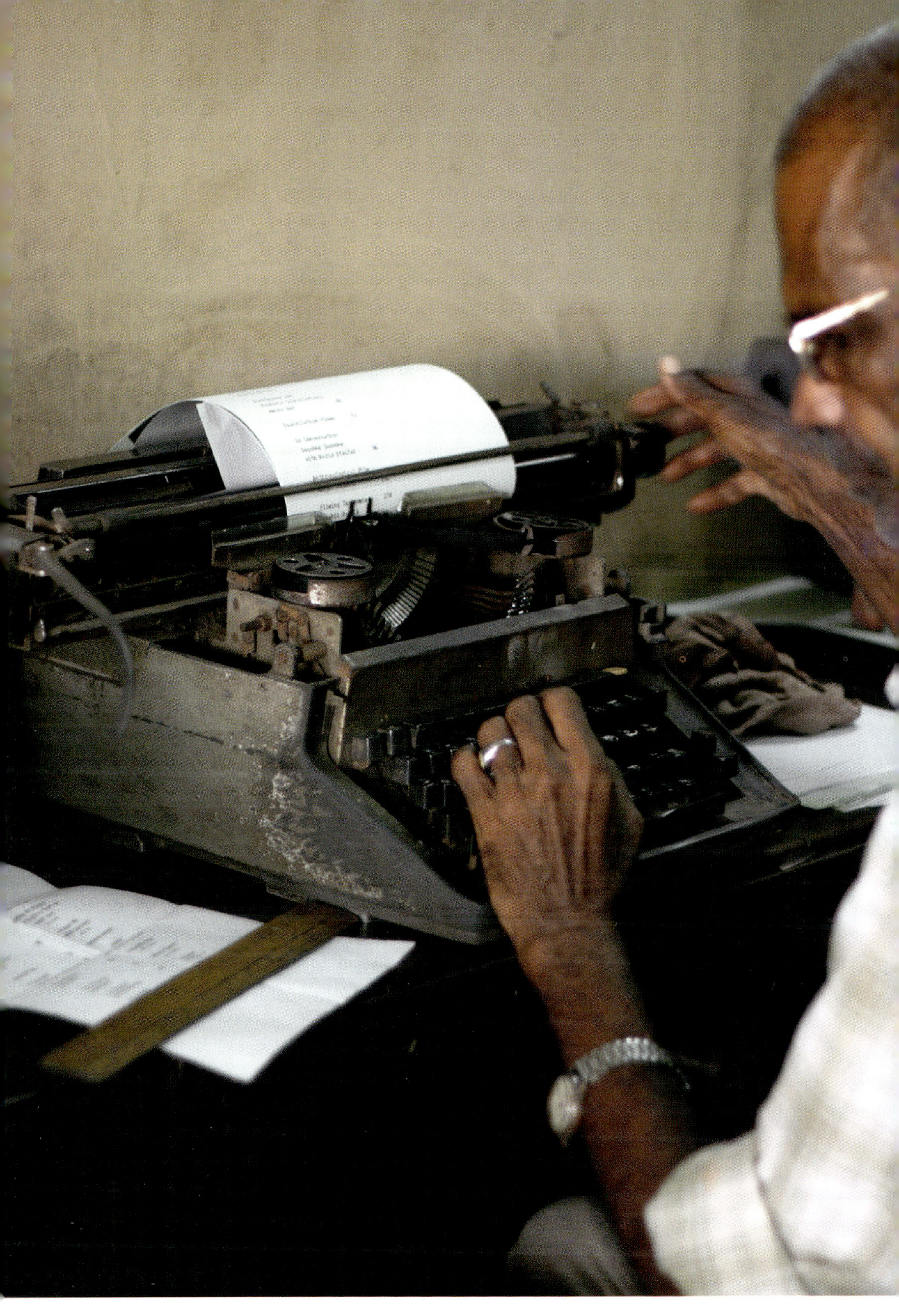

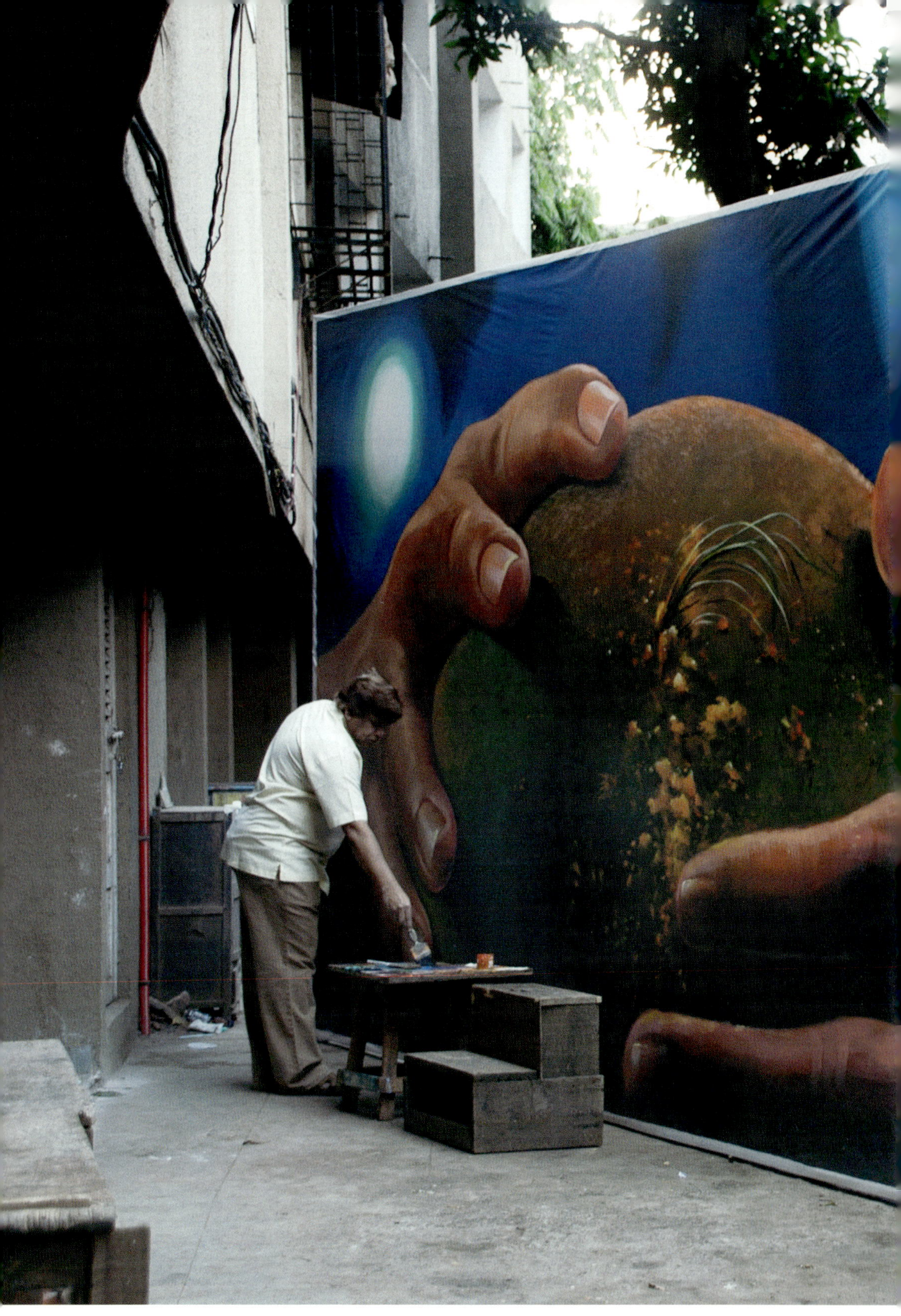

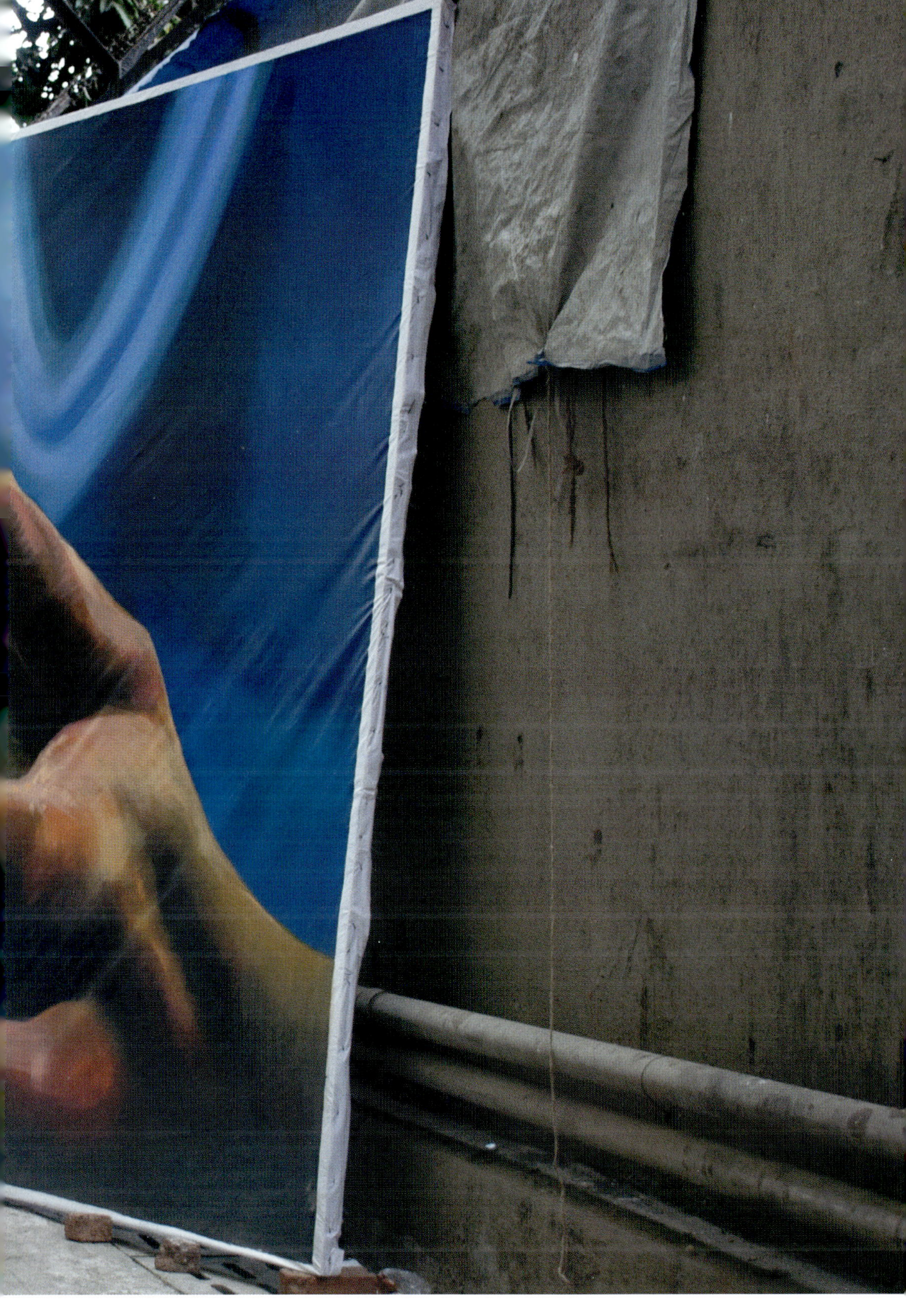

This reader is published to offer thoughts, reflections and further information on *A Formal Film in Nine Episodes, Prologue and Epilogue*, a multiple high definition video projection for an exhibition space and film projection for cinema. The film was entirely developed and produced in the Greater Mumbai region in 2010, and post-produced in Germany in the same year. The installation was first shown at the Frankfurter Kunstverein and Zollamt, MMK Museum für Moderne Kunst Frankfurt am Main, Germany, in 2010. The film version world premiered at the London International Film Festival in May 2011.

In line with the structural elements of the installation, the book is entirely produced in the Greater Mumbai region with the help of local printers and manufacturers. Research conducted by Pfeifer/Weisbeck in Mumbai, including meetings and discussions about the nature of the publication project, took place in March 2012 in collaboration with Eve Lemesle and Siddhika Lahori, who also organized a short term research residency at Last Ship, Bandra. Kurnal Rawat and Anand Tharaney of Grandmother India, Bombay, collaborated on the chapter designs with local producers of taxi art patterns. The bookmark included in this publication is an original Buddhist flag, often used by the Dalit Buddhist movement, representing the lowest-caste people and their conversion to Buddhism to escape the caste inequalities and the hierarchy they found themselves subject to. It was acquired by Mario Pfeifer at Chor Bazaar—also known as Thieves' Market—in South Mumbai in March 2012.

The hand-painted dust jacket covers were produced by Bollywood painter Suresh Sandal, based on film stills from this project—images reproduced in this publication on pages 296–297 and page 299. The flex material serves as a conventional canvas for Bollywood painters, who recycle it and paint their motifs, representing local film productions, on the back. The fronts of these banners show industrially and digitally produced motifs drawn from commercial mainstream Bollywood images from recent releases. For the production of this dust jacket, banners from the following movies were used: *Wanted* (directed by Prabhu Deva, starring Salman Khan, Ayesha Takia and Vinod Khanna, 2009), as well as a misprint of motifs from two movies (which were overlapped by mistake), *Singham* (directed by Rohit Shetty, starring Ajay Devgn, 2011) and *Dabangg* (directed by Abhinav Kashyap, starring Salman Khan and Sonakshi Sinha, 2010), see page 258.

The publication accompanies exhibitions at KOW, Berlin (2011), the MMK Museum für Moderne Kunst Frankfurt am Main (2012), KHOJ, New Delhi (2013) and Mumbai (2013). The first presentation of this publication takes place in spring 2013 at the MMK Museum für Moderne Kunst Frankfurt am Main, Germany with a lecture by Mario Pfeifer and Markus Weisbeck. A second part will be published throughout 2013 in parallel to exhibitions and roundtables in Mumbai and New Delhi.

A special edition accompanied by a photographic work by Mario Pfeifer in an edition of 25 copies (+ 10 APs) is available and a limited edition of 100 copies with a hand-painted dust jacket can be obtained on request through KOW and the MMK Museum für Moderne Kunst Frankfurt am Main.

The research and production of this publication has been generously funded by the Goethe-Institut/Max Mueller Bhavan, the MMK Museum für Moderne Kunst Frankfurt am Main and KOW.

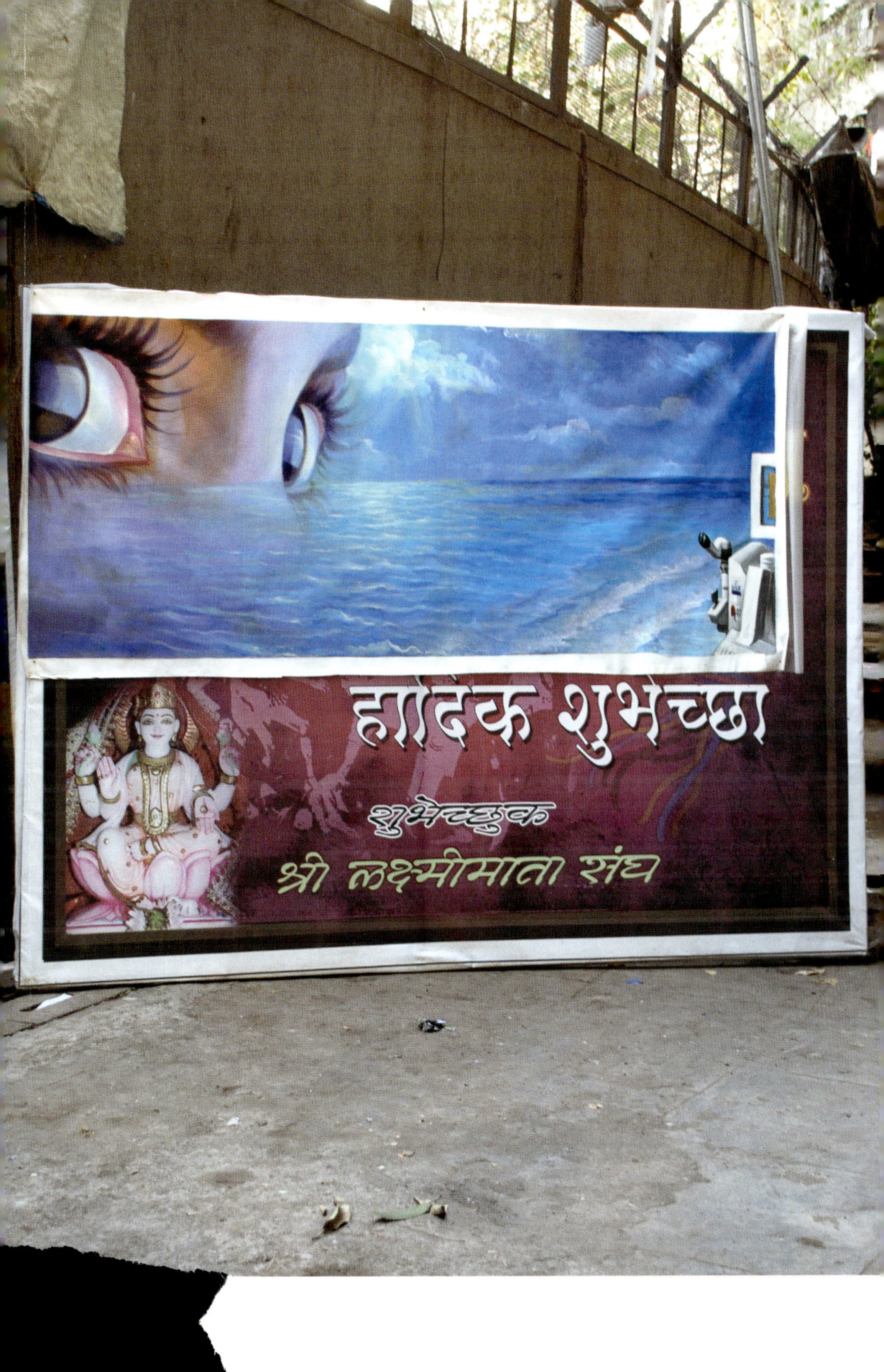
हार्दिक शुभेच्छा
शुभेच्छुक
श्री लक्ष्मीमाता संघ

Mario Pfeifer: A Formal Film in Nine Episodes, Prologue and Epilogue—A Critical Reader
Editors: Susanne Gaensheimer, Bernd Reiss, MMK Museum für Moderne Kunst Frankfurt am Main
in collaboration with the Goethe-Institut/Max Mueller Bhavan and KOW
Concept: Mario Pfeifer, Markus Weisbeck
Book Research and Line Production: Eve Lemesle, Siddhika Lahori, Phalguni Desai
Project Adviser: Ragunath Vasudevan
Graphic Design, Typography: Markus Weisbeck with Silke Eiselt and Maximiliane Schling
Graphic Design of Chapter Titles: Kurnal Rawat and Anand Tharaney of Grandmother India
Authors: Suprio Bhattacharjee, Kaushik Bhaumik, Amira Gad, Susanne Gaensheimer,
Nikolaus Hirsch, Ranjit Hoskote, Shanay Jhaveri, Kurnal Rawat, Bernd Reiß,
Shuddhabrata Sengupta, Anand Tharaney, Ragunath Vasudevan and Markus Weisbeck
Translations: Tim Connell, Rajeev Dhawan, Judith Rosenthal, Ragunath Vasudevan
Copy Editing: Simon Cowper, Ragunath Vasudevan
Photography: Phalguni Desai, Grandmother India, Norbert Miguletz, Alexander Koch,
Kurnal Rawat, Axel Schneider, Priya Shree, Markus Weisbeck, Mario Pfeifer
and [blackboardfilms]
Pre-Press: ScanColor Reprostudio, Leipzig, Germany
Print Production Supervisor: Anand Tharaney
Printing: Jak Printers Pvt Ltd, Mumbai, India
The Hindi typeface that has been used for this book is Mangal, the English typeface Graphik.

ISBN: 978-3-940064-60-8

We would like to express our gratitude for the opportunity to create this publication
to the funders and supporters: the Goethe-Institut/Max Mueller Bhavan, the MMK Museum für
Moderne Kunst Frankfurt am Main and KOW. We would also like to thank Julian Macwan
of Last Ship, Bandra, for their hospitality, as well as all contributors and collaborators.
We would like to thank Ragunath Vasudevan for his continous support, advice and expertise
in supervising the publication's bilingual edition and many content related concerns.
Special thanks to Robin Mallick, Susanne Gaesnheimer, Bernd Reiß, Malavika Vengupol,
Suprio Bhattacharjee, Kaushik Bhaumik, Amira Gad, Nikolaus Hirsch, Ranjit Hoskote,
Shanay Jhaveri, Kurnal Rawat, Shuddhabrata Sengupta, Anand Tharaney, Silke Eiselt,
Maximiliane Schling, Markus Dreßen and Jan Wenzel of Spector Books, Sophie von Olfers,
Amit Kumar Jain, Alessandro Vincentelli, Julia Prezewowsky, Hardik Metha, Ralf Lenk,
Markus Berger, Axel Schneider, Phalguni Desai, Jonathan Poutier and Swen Harport.
On a personal note, particular thanks go to Loise Braganza, Simon Cowper, the Pfeifers,
Markus Weisbeck and Bernadette Karl, Ragunath Vasudevan, Eve Lemesle and Siddhika Lahori,
Alexander Koch, Nikolaus Oberhuber, Johanna Chromik, Simon Cowper, Tim Connell,
Sophie von Olfers, Simon Denny, Tarje Gullaksen, Vincent Vulsma, Vivien Trommer and
Sonia Traikia.

Published by Spector Books, Leipzig, Germany

Spectormag GbR
Harkortstraße 10 D
04107 Leipzig
Germany
spectorbooks.com
© 2013